双百优秀裁判文书的 形与神

—— 裁判思路与说理技巧 ——

（第二辑）

民事、执行卷

邓修明　主编

最高人民法院审判管理办公室　编

人民法院出版社

图书在版编目（CIP）数据

双百优秀裁判文书的形与神：裁判思路与说理技巧.第二辑.民事、执行卷 / 邓修明主编；最高人民法院审判管理办公室编. -- 北京：人民法院出版社，2024.4
ISBN 978-7-5109-4131-3

Ⅰ．①双… Ⅱ．①邓… ②最… Ⅲ．①民事诉讼－审判－法律文书－研究－中国②执行(法律)－法律文书－研究－中国 Ⅳ．①D926.134

中国国家版本馆CIP数据核字(2024)第076576号

双百优秀裁判文书的形与神
——裁判思路与说理技巧（第二辑）（民事、执行卷）

邓修明　主编
最高人民法院审判管理办公室　编

策划编辑	李安尼
责任编辑	张　怡
封面设计	鲁　娟
出版发行	人民法院出版社
地　　址	北京市东城区东交民巷 27 号（100745）
电　　话	（010）67550691（责任编辑）　67550558（发行部查询）
	65223677（读者服务部）
客 服 QQ	2092078039
网　　址	http://www.courtbook.com.cn
E - mail	courtpress@sohu.com
印　　刷	保定市中画美凯印刷有限公司
经　　销	新华书店

开　　本	787 毫米×1092 毫米　1/16
字　　数	418 千字
印　　张	23.5
版　　次	2024 年 4 月第 1 版　2024 年 4 月第 1 次印刷
书　　号	ISBN 978 - 7 - 5109 - 4131 - 3
定　　价	92.00 元

版权所有　　侵权必究

《双百优秀裁判文书的形与神——裁判思路与说理技巧》编辑委员会

主　　编：邓修明

副 主 编：赵晋山　孙长山　宋春雨

委　　员：(按姓名拼音字母为序)
　　　　　段翠英　董晓敏　胡继先　何　汀　刘冠兵
　　　　　李卓凝　马　剑　沈　睿　吴光侠　谢　亮
　　　　　杨爱军　杨　帅　杨雨婧　赵　娟　张琳琳
　　　　　张　曦

执行编辑：董晓敏　沈　睿

前　言

　　裁判文书是人民法院代表国家依法行使审判权、适用法律解决纠纷的载体，是明确当事人法律权利义务的重要形式，直接体现国家强制力，具有高度的严肃性和权威性，其质量集中反映了人民法院的司法能力和司法水平。法官制作裁判文书必须严格依据事实和法律，时刻保持高度的责任心，严谨规范、精益求精。优秀裁判文书能以案释法，既体现法律尺度，又展现司法温度；既反映法官的法律专业功底，又展示法官论证说理的能力以及语言组织能力，在解决争议、化解矛盾纠纷的同时，明确法律规则和价值导向，增强社会对司法裁判的认同感和对公平正义的获得感，形成与社会道德建设、社会主义核心价值观的有效共振。

　　最高人民法院始终高度重视裁判文书质量，自2018年以来持续开展全国法院"百篇优秀裁判文书"评选活动，通过层层选拔，甄选出了一批政治效果、法律效果和社会效果相统一的优秀裁判文书。获奖裁判文书来自全国各级法院，覆盖刑事、民事、行政、赔偿、执行等各种类型。为充分展现人民法院裁判文书制作水平，全方位发挥精品文书的引领示范作用，最高人民法院于2022年出版了《双百优秀裁判文书的形与神——裁判思路与说理技巧丛书》，收录了第一届、第二届、第三届获奖的裁判文书，社会反响良好。在此基础上，本书选取了第四届、第五届获奖的裁判文书，作为《双百优秀裁判文书的形与神——裁判思路与说理技巧丛书（第二辑）》，更为集中展示优秀获奖文书的裁判要旨、撰写心得、专家评析等重要而有价值的内容，展现人民法官的裁判思路，分析说理技巧，帮助读者剖析优秀裁判文书的"形"与"神"，以供全国法律从业者学习参鉴。

编者

2024 年 4 月

目 录

第一编 民事类

第一章 人格权

第一节 生命权、身体权、健康权

1. 陈某某与施某某健康权纠纷案 ·· 1
   【关键词】 正当防卫 对象范围 必要限度
   一、简要案情 ··· 1
   二、撰写心得 ··· 3
   三、专家评析 ··· 5

2. 饶某某与任某某生命权纠纷案 ·· 7
   【关键词】 男女朋友 非侵权 保护挽救他人生命 补偿
   一、简要案情 ··· 7
   二、撰写心得 ··· 8
   三、专家评析 ··· 10

3. 李某与中铝山西铝业有限公司生命权、身体权、健康权纠纷案 ············ 12
   【关键词】 挖坑 修缮安装地下设施 侵权 安全措施 未成年人
   一、简要案情 ··· 12
   二、撰写心得 ··· 13
   三、专家评析 ··· 14

4. 齐某某、杨某2与邵某某、北京某公司、杭州某公司、某快递公司等生命权、健康权、身体权纠纷案 ·············· 16
　　【关键词】 多数人侵权　共同侵权　共同危险
　　一、简要案情 ·· 16
　　二、撰写心得 ·· 18
　　三、专家评析 ·· 19

5. 谷某、杜某某与崇川区辉田超市生命权纠纷案 ·············· 21
　　【关键词】 自助行为　法律上的因果关系　安全保障义务
　　一、简要案情 ·· 21
　　二、撰写心得 ·· 23
　　　（一）秉承正确司法裁判理念，拒绝"和稀泥"式判决 ····· 24
　　　（二）参照最高人民法院指导性案例，加强裁判文书释法说理 ····· 24
　　　（三）主动回应人民群众关切，推动争议焦点越辩越明 ····· 24
　　三、专家评析 ·· 25
　　　（一）关于过错问题 ··· 25
　　　（二）关于安全保障义务 ······································ 26
　　　（三）关于自助措施 ··· 26
　　　（四）关于公平原则 ··· 26

第二节　肖像权

6. 楼某某与杜某、北京微梦创科网络技术有限公司肖像权纠纷案 ·············· 27
　　【关键词】 未成年人　肖像权　精神损害赔偿　社会主义核心价值观
　　一、简要案情 ·· 27
　　二、撰写心得 ·· 28
　　三、专家评析 ·· 30

第三节　隐私权、个人信息保护

7. 沈阳市人民检察院与宁某等六被告个人信息保护民事公益诉讼案 ········ 32
　　【关键词】 个人信息安全　人格权益　公益诉讼
　　一、简要案情 ·· 32
　　二、撰写心得 ·· 33

（一）明确微信账户信息属于法律保护的个人信息范畴……… 33
（二）侵权者按其过错以及在侵权行为中的地位和作用，
承担相应的民事侵权责任……………………………… 33
（三）以公益诉讼之力守护公民个人信息安全……………… 34
三、专家评析……………………………………………………… 35
（一）对于个人信息侵权行为的认定准确，责任范围与侵权
行为相适应……………………………………………… 35
（二）凸显公益诉讼在保护公民个人信息和社会公共利益方面的
重要作用………………………………………………… 35

**8. 黄某与某讯广州公司等隐私权、个人信息权益网络
侵权责任纠纷案**……………………………………………… 37
【关键词】 个人信息保护　隐私权　社交软件相关信息
一、简要案情……………………………………………………… 37
二、撰写心得……………………………………………………… 39
（一）网络时代的个人信息…………………………………… 40
（二）大型平台应如何在关联产品中合理使用用户数据…… 41
（三）互联网背景下个人信息和隐私的合理区分…………… 42
三、专家评析……………………………………………………… 44

**9. 四川省自贡市人民检察院与李某某等个人信息保护
民事公益诉讼案**……………………………………………… 46
【关键词】 民事公益诉讼　个人信息保护　弱势群体利益
一、简要案情……………………………………………………… 46
二、撰写心得……………………………………………………… 47
（一）侵犯个人信息的"罪与罚"…………………………… 47
（二）适用法律规范的"新与旧"…………………………… 48
（三）裁判文书写作的"繁与简"…………………………… 48
三、专家评析……………………………………………………… 49

10. 王某涛与深圳市腾讯计算机系统有限公司个人信息保护纠纷案……… 51
【关键词】 个人信息处理　互联网平台　合法必要原则
一、简要案情……………………………………………………… 51

二、撰写心得 ·· 53
  （一）裁判文书释法说理要透彻，做到阐明事理和
      释明法律并重 ·· 53
  （二）裁判文书应当对适用法律规范的依据进行充分阐释，
      又要使判决体现司法的温度 ··· 54
  （三）裁判文书应当是树立规则、传递司法态度的载体 ········· 54
三、专家评析 ·· 54
  （一）法理探索 ·· 55
  （二）规则适用 ·· 55
  （三）逻辑贯彻 ·· 55

第四节　一般人格权

11. 范某1、范某2与重庆龙赢市政建设有限公司、范某3、
范某4侵权责任纠纷案 ·· 57
【关键词】　民事　人格权　一般人格权　骨灰安葬权
一、简要案情 ·· 57
二、撰写心得 ·· 60
  （一）撰写本裁判文书时的侧重点与利益考量 ························· 60
  （二）撰写本裁判文书时的分层次逻辑脉络 ····························· 60
  （三）参考本裁判文书时需要注意的地方 ································· 61
三、专家评析 ·· 62
  （一）明确了骨灰安葬权属于《民法典》人格权编保护的
      一般人格权 ·· 62
  （二）明确了骨灰不宜根据近亲属少数意见服从多数的
      原则处理 ·· 62
  （三）明确了骨灰安葬权的行使顺位 ··· 63

第二章　继承

12. 沈某1与刘某1、沈某5、沈某6继承纠纷案 ························· 64
【关键词】　代位继承　转继承　公证遗嘱　口头遗嘱　继父母子女间继承
一、简要案情 ·· 64

二、撰写心得 ·· 65
（一）准确全面地归纳双方的诉辩意见 ·· 66
（二）科学合理地分析案件的证据效力 ·· 66
（三）真实客观地还原案件的基本事实 ·· 66
（四）简单明了地归纳案件的争议焦点 ·· 67
（五）条理清晰地论述案件的法律适用 ·· 67
（六）认真细致地纠正文书的书写错误 ·· 67
三、专家评析 ·· 68
（一）法律关系分析透彻 ··· 68
（二）争议焦点论述清晰 ··· 68
（三）文书结构严谨流畅 ··· 68
（四）精确绘图亮点突出 ··· 68

第三章　物权

13. 梁某某与卢某1等排除妨害纠纷案 ·· 70
【关键词】 邻里纠纷　社会主义核心价值观　裁判文书　释法说理
一、简要案情 ·· 70
二、撰写心得 ·· 72
（一）前提：涉邻里纠纷运用社会主义核心价值观释法说理的必要性 ·· 73
（二）过程：涉邻里纠纷案件中具体运用社会主义核心价值观释法说理的步骤 ·· 74
（三）展望：强化社会主义核心价值观释法说理，有利于正确贯彻实施民法典，构建社会共识平台 ·································· 76
三、专家评析 ·· 77

14. 重庆孚骐汽车销售有限公司与重庆中外运物流有限公司等物权纠纷案 ·· 78
【关键词】 民事　物权　铁路提单　指示交付　交易安全
一、简要案情 ·· 78
二、撰写心得 ·· 80

（一）裁判理念：宏观考量与具体释法的兼容 ………………… 80
　（二）论证思路：兼收并蓄与独立判断的平衡 ………………… 81
　（三）撰写技巧：展示细节与突出重点的协调 ………………… 82
三、专家评析 ……………………………………………………………… 83
　（一）规则开放理念 ……………………………………………… 83
　（二）司法指引理念 ……………………………………………… 83
　（三）推动完善国际经贸规则 …………………………………… 83

15. 陈某某与黑龙江省建三江农垦山阳农资经销有限公司、姚某财产损害赔偿纠纷案 …………………………………………………… 85
【关键词】 农药　推荐用量　销售商　侵权责任
一、简要案情 ……………………………………………………………… 85
二、撰写心得 ……………………………………………………………… 86
　（一）抓牢首要，把准裁判文书的重要作用 …………………… 86
　（二）打实基础，坚持细研案卷、吃透案情 …………………… 87
　（三）扭住关键，全力做好庭审、查明事实 …………………… 87
　（四）紧扣核心，始终围绕焦点、强化说理 …………………… 88
　（五）端正态度，注重细节打磨、精益求精 …………………… 88
　（六）实现价值，追求规则引领、传递正义 …………………… 89

第四章　合同

第一节　买卖合同

16. 次某与青州市某机械有限公司等买卖合同纠纷案 ……………… 90
【关键词】 买卖合同　交付单证　质量瑕疵　合同解除
一、简要案情 ……………………………………………………………… 90
二、撰写心得 ……………………………………………………………… 92
三、专家评析 ……………………………………………………………… 95

第二节 拍卖合同

17. 成都金创盟科技有限公司与成都爱华康复医院有限公司拍卖合同纠纷案 ·········· 97

【关键词】 司法拍卖 包税条款 合同解释 税费承担

一、简要案情 ··· 97

二、撰写心得 ·· 100

（一）梳理对于争议焦点的不同观点及其理由 ················ 100

（二）梳理规范拍卖合同中包税条款的法律制度内容 ········ 100

（三）依法合理认定和解释拍卖公告中的包税条款 ············ 101

（四）裁判方法在本案中的运用 ····································· 102

三、专家评析 ·· 103

第三节 房屋买卖合同

18. 李某乙、姬某与卢某房屋买卖合同纠纷案 ·· 105

【关键词】 房屋买卖 冒名处分 虚假意思表示 事实推定

一、简要案情 ·· 105

二、撰写心得 ·· 106

（一）抽丝剥茧，清楚认定事实 ····································· 106

（二）去伪存真，准确适用法律 ····································· 107

（三）繁简得当，直面争议焦点 ····································· 107

三、专家评析 ·· 108

第四节 借款合同

19. 闫某与高某及原审被告张某1、张某2民间借贷纠纷案 ·········· 110

【关键词】 资金来源 转贷认定 利息认定 保证责任

一、简要案情 ·· 110

二、撰写心得 ·· 111

（一）高度重视庭审过程，归纳总结争议焦点 ················ 112

（二）准确理解法律规定，提升释法析理水平 ················ 112

三、专家评析 ·· 113

（一）案件的普遍性中凸显典型性 ································· 113

（二）具有相应的示范性 ·· 113
　　（三）判决书逻辑结构严谨具有规范性 ····························· 113

第五节　租赁合同

20. 陈某某与昭通市水电移民工作办公室（原昭通市移民开发局）房屋租赁合同纠纷案 ·· 114
【关键词】　情势变更　合同履行不能　约定解除　公平原则　诚信原则
　一、简要案情 ··· 114
　二、撰写心得 ··· 114
　　（一）再审判决叙述事实客观全面、层次清楚、语言精练、用语规范、表述准确 ·· 114
　　（二）说理充分 ··· 115
　　（三）具有指导意义 ·· 115
　三、专家评析 ··· 115

21. 西藏某公司与郭某某房屋租赁合同纠纷案 ···························· 117
【关键词】　房屋租赁合同　面积　撤销权　合同解除
　　　　　　合同解除的法律后果
　一、简要案情 ··· 117
　二、撰写心得 ··· 119
　三、专家评析 ··· 120

第六节　建设工程合同

22. 广东腾越建筑工程有限公司湖北分公司与徐某某、王某某建设工程施工合同纠纷案 ·· 122
【关键词】　建设工程施工合同　内部转包　对账单　工程造价
　　　　　　司法鉴定意见
　一、简要案情 ··· 122
　二、撰写心得 ··· 123
　　（一）涵养勇于担当的豪气 ······································· 124
　　（二）涵养力争一流的志气 ······································· 124
　　（三）涵养一往无前的锐气 ······································· 125

（四）涵养敢于亮剑的硬气 ··· 125
　　（五）涵养精益求精的底气 ··· 126
　三、专家评析 ··· 127
　　（一）裁判文书写作方式新颖 ··· 127
　　（二）恰当运用了证据优势原则 ····································· 127
　　（三）合理确立了内部转包关系中的工程款结算的裁判规则 ······ 127
　　（四）准确运用了法律解释规则 ····································· 128

23. **重庆正川永成医药材料有限公司与重庆瀛方电力工程有限公司建设工程施工合同纠纷案** ··· 129
　【关键词】 民事　故意违约　损失范围　再审利益
　一、简要案情 ··· 129
　二、撰写心得 ··· 131
　　（一）高质量的庭审是写好裁判文书的基础 ··················· 132
　　（二）认真听取不同意见是写好裁判文书的前提 ············· 132
　　（三）注重逻辑推理是写好裁判文书的关键 ··················· 132
　　（四）情理分析对于写好裁判文书，与逻辑推理同等重要 ······ 133
　　（五）反复推敲是写好裁判文书的必要环节 ··················· 133
　三、专家评析 ··· 134
　　（一）违约金制度的功能 ··· 134
　　（二）违约金过高的处理 ··· 134
　　（三）诚信原则不但是市场交易的基本要求，而且是
　　　　　民事诉讼活动的基本要求 ····································· 135

24. **南宁大自然花园置业有限公司与广西建筑工程有限责任公司等建设施工合同纠纷案** ··· 136
　【关键词】 发包人　实际施工人　欠付工程款　责任范围
　一、简要案情 ··· 136
　二、撰写心得 ··· 138
　三、专家评析 ··· 139

25. **唐某1与图木舒克市润景房地产开发有限公司、鄂州市第二建筑工程公司建设工程施工合同纠纷案** ······························· 141

【关键词】 发包人 承包人 事实工程施工合同关系 工程款承担
 一、简要案情 ……………………………………………………… 141
 二、撰写心得 ……………………………………………………… 143
  （一）做好阅卷和庭审工作 …………………………………… 143
  （二）准确把握当事人之间的法律关系 ……………………… 144
  （三）要用当事人看得懂的语言阐述法律 …………………… 144
  （四）说理在注重逻辑性的同时可以适当融入情理 ………… 144
 三、专家评析 ……………………………………………………… 144

第七节 保管合同

26. 华泰财产保险有限公司北京分公司与广西防城港中外运东湾仓储物流有限公司港口货物保管合同纠纷案 …………………… 146
 【关键词】 大宗散货 港口交付 保管人 协助义务
 一、简要案情 ……………………………………………………… 146
 二、撰写心得 ……………………………………………………… 148
 三、专家评析 ……………………………………………………… 151

第八节 服务合同

27. 王某1与厦门安宝医院有限公司医疗服务合同纠纷案 ………… 153
 【关键词】 冷冻胚胎 体外受精—胚胎移植（IVF-ET）
      丧偶单身妇女 试管婴儿 人工辅助生殖技术
 一、简要案情 ……………………………………………………… 153
 二、撰写心得 ……………………………………………………… 155
  （一）运用常识、常情、常理，确保裁判结果合乎法理、事理、情理 …………………………………………………… 155
  （二）准确区分各类主体"同意"的意涵及其层次，兼顾各方利益和关切 …………………………………………… 156
  （三）注重裁判文书诉求、事实、说理、裁判四个方面的前后呼应，增强裁判文书的逻辑性和系统性 …………………………… 158
 三、专家评析 ……………………………………………………… 159

28. 中国江苏国际经济技术合作集团有限公司与安徽明博律师事务所、安徽中杭股份有限公司、南京商杰物资贸易有限公司、安徽金都融资担保有限公司法律服务合同纠纷案 ·················· 160

　【关键词】 民事　法律服务合同纠纷　买卖合同　民间借贷
　　　　　　委托　货物所有权　风险

　一、简要案情 ·················· 160
　二、撰写心得 ·················· 162
　　（一）依据自身司法经验提出疑问 ·················· 162
　　（二）借鉴他人司法经验拓宽视角 ·················· 163
　　（三）提炼总结司法经验加以完善 ·················· 164
　三、专家评析 ·················· 166

29. 吴某与北京爱奇艺科技有限公司网络服务合同纠纷案 ·················· 168

　【关键词】 格式条款　单方变更　合同解释

　一、简要案情 ·················· 168
　二、撰写心得 ·················· 169
　三、专家评析 ·················· 172

第九节　其他合同

30. 力诺集团股份有限公司与山东派思新能源发展有限公司合同纠纷案 ·················· 174

　【关键词】 约定解除　绿色原则

　一、简要案情 ·················· 174
　二、撰写心得 ·················· 176
　　（一）"绿色原则"的性质 ·················· 176
　　（二）"绿色原则"中"资源"的内涵 ·················· 177
　　（三）本案裁判文书的撰写思路 ·················· 177
　三、专家评析 ·················· 178

31. 青海新高度房地产投资有限公司与青海省创业发展孵化器有限公司合同纠纷案 ·················· 180

　【关键词】 合作开发房地产合同　合同解除　违约

　一、简要案情 ·················· 180

二、撰写心得 181
三、专家评析 181
　（一）案件争议焦点归纳准确、针对性强 181
　（二）文书说理论证充分、逻辑严谨 182
　（三）文书格式规范、内容紧凑 182

第五章　无因管理

32. 科左中旗某养殖有限公司与刘某1、刘某2、吴某某无因管理纠纷案 183
【关键词】　无因管理　善意救助　责任承担
　一、简要案情 183
　二、撰写心得 184
　　（一）行为的定性 185
　　（二）结合具体案情，考量吴某某等三人是否尽到了救助义务，
　　　　是否应当承担侵权责任 185
　　（三）对于社会影响重大的案件，在裁判文书撰写前，法官
　　　　应当积极能动履职，深入调查，还原案件的
　　　　真实面貌 185
　　（四）在裁判文书的撰写中，应当寻求最大限度符合公平正义、
　　　　法律目的和社会需求的判决结果 186
　三、专家评析 186
　　（一）精准概括事实 186
　　（二）论理层层递进 187
　　（三）深刻体现社会主义核心价值观 187

第六章　劳动争议

33. 张某某与中卫市某某快运有限公司劳动争议纠纷案 188
【关键词】　事实劳动关系　外卖配送　从属性　稳定性
　一、简要案情 188
　二、撰写心得 189

（一）双方是否符合法律、法规规定的主体资格，张某某从事的
　　　　工作是否系某某快运公司的业务范围 …………………… 190
　　（二）张某某受某某快运公司的组织、管理和约束 …………… 191
　　（三）在人格上、组织上，张某某是否对某某快运公司具有
　　　　从属性和稳定性 …………………………………………… 191
　　（四）张某某提供的是有报酬的服务 …………………………… 191
　三、专家评析 …………………………………………………………… 192
　　（一）该判决书具有参考价值 …………………………………… 192
　　（二）该判决书形式规范严谨 …………………………………… 192
　　（三）该判决书价值导向鲜明 …………………………………… 192

第七章　侵权责任

第一节　网络侵权责任

34. 上海美询实业有限公司、浙江淘宝网络有限公司与苏州美伊娜多化妆品有限公司网络侵权责任纠纷案 …………………… 194

【关键词】　网络侵权责任　通知与反通知　初步证据审核标准
　一、简要案情 …………………………………………………………… 194
　二、撰写心得 …………………………………………………………… 196
　　（一）违法行为的判断 …………………………………………… 196
　　（二）主观过错的判断 …………………………………………… 197
　三、专家评析 …………………………………………………………… 198

第二节　机动车交通事故责任

35. 文某某与余某某、成都哈拜网络科技有限公司等机动车交通事故责任纠纷案 …………………………………………………… 200

【关键词】　顺风车　居间人　经营者　商业险
　一、简要案情 …………………………………………………………… 200
　二、撰写心得 …………………………………………………………… 202
　　（一）为什么要重视裁判文书的写作 …………………………… 202
　　（二）现实中裁判文书写作存在的普遍性问题 ………………… 203

（三）怎样做好优秀裁判文书的写作 …………………… 204
　三、专家评析 …………………………………………………… 206
　　（一）厘清了顺风车与搭便车的概念区别 ………………… 206
　　（二）界定了顺风车网络平台的法律地位和义务范畴 …… 206
　　（三）确定了顺风车发生交通事故商业险拒赔风险的负担主体 …… 207

36. 李某某等与北京神州汽车租赁有限公司等机动车交通事故责任纠纷案 …………………………………………………… 208
　【关键词】　民事　机动车交通事故责任　互联网租赁汽车
　一、简要案情 …………………………………………………… 208
　二、撰写心得 …………………………………………………… 210
　三、专家评析 …………………………………………………… 212

第三节　医疗损害责任

37. 窦某某与西宁市湟中区第二人民医院、青海省妇女儿童医院医疗损害责任纠纷案 …………………………………………… 214
　【关键词】　诉讼时效　鉴定意见书　被告资格
　一、简要案情 …………………………………………………… 214
　二、撰写心得 …………………………………………………… 216
　　（一）充分认识民事裁判文书的撰写意义 ………………… 216
　　（二）文书写作过程中应注意的具体问题 ………………… 216
　三、专家评析 …………………………………………………… 218
　　（一）该文书制作规范，完全符合最高人民法院对一审民事判决书的格式要求 ………………………………………… 218
　　（二）该文书在审查判断证据方面做到了客观、公正、合法 …… 218
　　（三）认定案件事实客观、全面、准确无误，文字精练，将复杂的案情用较短篇幅全面概括，有较强的文字表达能力和概括能力 ……………………………………………… 219

38. 时某与某医院医疗损害责任纠纷案 ………………………… 221
　【关键词】　侵权责任　医疗损害责任纠纷　司法鉴定意见
　　　　　　　瑕疵司法鉴定意见　相当因果关系　改判
　一、简要案情 …………………………………………………… 221

二、撰写心得 ………………………………………………… 223
　　　（一）裁判文书应把握模式化和个性化的平衡 ……………… 223
　　　（二）裁判文书应体现批判性的思维过程 …………………… 223
　　　（三）裁判文书要体现审判观点和审判思路 ………………… 224
　　　（四）裁判文书释法说理要透彻、精准 ……………………… 224
　　　（五）裁判文书要体现社会主义核心价值观 ………………… 224
　　　（六）裁判文书应体现终审法院的司法担当 ………………… 225
　　三、专家评析 ………………………………………………… 225
　　　（一）逻辑架构清晰，审判思路鲜明 ………………………… 225
　　　（二）对鉴定意见审查充分，认定事实清楚 ………………… 225
　　　（三）释法说理翔实充分，事实依据与法律依据并重 ……… 226

第八章　公益诉讼

39. 江苏省宿迁市人民检察院与章某消费民事公益诉讼案 …… 227
　【关键词】　未成年人　文身　公共利益
　　一、简要案情 ………………………………………………… 227
　　二、撰写心得 ………………………………………………… 229
　　　（一）坚持受众思维 …………………………………………… 230
　　　（二）坚持素材集成 …………………………………………… 230
　　　（三）坚持重点突出 …………………………………………… 231
　　三、专家评析 ………………………………………………… 232

40. 乐融致新公司与江苏省消费者权益保护委员会消费民事公益诉讼案 … 233
　【关键词】　智能电视开机广告　明确提示　一键关闭　公共利益
　　一、简要案情 ………………………………………………… 233
　　二、撰写心得 ………………………………………………… 235
　　三、专家评析 ………………………………………………… 239

第九章 执行异议之诉

41. 广州圣景房地产开发有限公司与广州农村商业银行股份有限公司会展新城支行等案外人执行异议之诉案 ······ 241

【关键词】 执行异议之诉　商品房买卖预告登记　预查封

一、简要案情 ······ 241

二、撰写心得 ······ 243

三、专家评析 ······ 245

42. 李某与杨某某、吕某某、范某某、徐某某案外人执行异议之诉案 ······ 247

【关键词】 账户资金特定化　独立于被执行人其他财产　权利优先

一、简要案情 ······ 247

二、撰写心得 ······ 248

三、专家评析 ······ 249

第二编　生态环境资源类

43. 中国生物多样性保护与绿色发展基金会与合浦县白沙镇独山泰盛石场生态环境保护民事公益诉讼案 ······ 251

【关键词】 生态环境保护　民事公益诉讼　修复责任　损害赔偿责任

一、简要案情 ······ 251

二、撰写心得 ······ 253

三、专家评析 ······ 257

44. 濮阳市人民政府与聊城德丰化工有限公司环境污染责任纠纷案 ······ 259

【关键词】 生态环境损害赔偿　补贴销售　磋商　补充救济

一、简要案情 ······ 259

二、撰写心得 ······ 260

　（一）守好价值引领之本 ······ 260

　（二）做好释法说理之功 ······ 260

　（三）走好改革创新之路 ······ 261

三、专家评析 ······ 261

（一）事实表述层次分明 …………………………………… 262
　　（二）裁判思路逻辑严密 …………………………………… 262
　　（三）裁判理由论证透彻 …………………………………… 262

45. 上海市奉贤区生态环境局与张某某、童某某、王某某生态环境损害赔偿诉讼案 …………………………………………………… 264
　【关键词】 数人环境侵权　空白溯及原则　生态修复责任　费用审查
　一、简要案情 ……………………………………………… 264
　二、撰写心得 ……………………………………………… 266
　三、专家评析 ……………………………………………… 268

46. 江苏省南京市人民检察院与王某某生态破坏民事公益诉讼案 …… 271
　【关键词】 非法采矿　生态环境损害　损失整体认定　系统保护修复
　一、简要案情 ……………………………………………… 271
　二、撰写心得 ……………………………………………… 274
　　（一）充分展示环境资源案件裁判思维理念 ……………… 275
　　（二）注重对破坏行为造成生态环境要素损失部分的着重分析 … 276
　　（三）注重裁判说理的科学性，充分论证展示科学认定修复费用并写明使用方向 …………………………………… 277
　三、专家评析 ……………………………………………… 279

47. 江西省上饶市人民检察院与张某1、张某2、毛某某生态破坏民事公益诉讼案 ………………………………………………… 281
　【关键词】 民事　生态破坏民事公益诉讼　自然遗迹　风景名胜　生态环境损害赔偿金额
　一、简要案情 ……………………………………………… 281
　二、撰写心得 ……………………………………………… 282
　　（一）学深悟透习近平生态文明思想，以思想为导航 ……… 282
　　（二）融会贯通法律内在精神，以原则为指引 ……………… 283
　　（三）深刻把握司法的社会功能，以判决为引导 …………… 285
　三、专家评析 ……………………………………………… 285
　　（一）政治效果好 …………………………………………… 286
　　（二）法律效果好 …………………………………………… 286

（三）社会效果好 ……………………………………………… 286
　四、一审裁判文书撰写心得 ……………………………………… 287
　　（一）明确一个目的——努力说服受众 ……………………… 287
　　（二）把握一个要领——平等展现对话 ……………………… 288
　　（三）打下一个基础——夯实审理程序 ……………………… 288
　　（四）抓住一条主线——找准权利规范 ……………………… 289
　　（五）把握一个关键——准确提炼争点 ……………………… 289
　　（六）冲破一种禁锢——创新说理方式 ……………………… 290
　五、一审裁判文书专家评析 ……………………………………… 290
　　（一）文书在争议焦点提炼方面，精准全面、层次清晰 …… 290
　　（二）文书在法律规则释明方面，寓法于理、科学严谨 …… 290
　　（三）文书在生态价值捍卫方面，旗帜鲜明、立场坚定 …… 291

48. 遵义市人民检察院与肖某1、肖某2生态环境损害责任民事公益诉讼案 …………………………………………………………… 292
　【关键词】 环境要素一体保护　公益诉讼类型选择
　一、简要案情 ……………………………………………………… 292
　二、撰写心得 ……………………………………………………… 294
　　（一）裁判格式要规范 ………………………………………… 294
　　（二）裁判论证要充分 ………………………………………… 295
　　（三）裁判结果要正确 ………………………………………… 296
　三、专家评析 ……………………………………………………… 296

49. 海南省海口市人民检察院与海南中汇疏浚工程有限公司、陈某、海口浏源土石方工程有限公司海洋环境污染责任纠纷民事公益诉讼案 ……………………………………………………………… 298
　【关键词】 海洋环境污染　举证责任再分配　事实推定运用
　　　　　　 共同侵权行为认定
　一、简要案情 ……………………………………………………… 298
　二、撰写心得 ……………………………………………………… 300
　　（一）判决书撰写的总思路 …………………………………… 300
　　（二）重点加强判决书的说理论证 …………………………… 301
　三、专家评析 ……………………………………………………… 303

（一）对于当事人各方诉讼主张或辩解的归纳言简意赅，
层次分明 …………………………………………… 303
（二）结合证据对于案件各方主要争议事实的分析具有
很强的逻辑性和客观性 …………………………… 303
（三）判决书对法庭查明案件事实的记载全面、客观 …… 303
（四）详细归纳争议焦点，在结合各方主张和辩解的基础上
充分说理，得出令人信服的结论 ………………… 303

50. 中华环保联合会与延川县永坪石油货运车队、高某某、白某、中国
平安财产保险股份有限公司延安中心支公司环境民事公益诉讼案 …… 305
   【关键词】 环境民事公益诉讼　应急处置费用　虚拟治理成本法
   一、简要案情 ………………………………………… 305
   二、撰写心得 ………………………………………… 307
   三、专家评析 ………………………………………… 309

51. 北京市朝阳区自然之友环境研究所与中国水电顾问集团新平开发有限公司
等环境污染责任纠纷案 …………………………………… 311
   【关键词】 民事　环境民事公益诉讼　濒危野生动植物　重大风险
   一、简要案情 ………………………………………… 311
   二、撰写心得 ………………………………………… 312
   三、专家评析 ………………………………………… 313

第三编　执行类

52. 杨某某与李某某、林某某、福建省汇峰林业发展有限公司等民间
借贷纠纷执行复议案 ……………………………………… 315
   【关键词】 案外人　再审　适格主体
   一、简要案情 ………………………………………… 315
   二、撰写心得 ………………………………………… 316
   （一）倾听诉求，回应质疑，使程序正义可见 …………… 316
   （二）围绕焦点，释法析理，让实体公正可信 …………… 317
   （三）阶梯审查，分类处理，令救济效率可感 …………… 318
   三、专家评析 ………………………………………… 319

（一）纲举目张、化繁为简，准确归纳案件事实 …………… 319
（二）抽丝剥茧、层层递进，翔实论证争议焦点 …………… 320
（三）避害就利、程序减负，充分彰显裁决智慧 …………… 320

53. 广州市润树实业公司与信达广东公司等金融借款保证合同纠纷执行复议案 …………………………………… 321

【关键词】 评估机构　生效裁判既判力　公司权力边界　土地权属　撤销拍卖

一、简要案情 ……………………………………………………… 321
二、撰写心得 ……………………………………………………… 324
（一）写好裁判文书，要从做好法庭审理工作做起 ………… 324
（二）写好裁判文书，要有逻辑思维能力和统筹规划能力 … 324
（三）写好裁判文书，要有优秀的语言文字表达能力 ……… 325
（四）写好裁判文书，要有精益求精不断修改的决心恒心 … 325
三、专家评析 ……………………………………………………… 326
（一）政治效果方面 …………………………………………… 326
（二）法律效果方面 …………………………………………… 326
（三）社会效果方面 …………………………………………… 327

54. 合肥稳银物业管理有限公司与安徽万世伟业投资集团有限公司、焦某某、许某某委托贷款纠纷执行复议案 ……………… 328

【关键词】 评估逾期　重新评估　利息承担

一、简要案情 ……………………………………………………… 328
二、撰写心得 ……………………………………………………… 330
（一）注重还原执行过程，清晰完整展现与争议焦点相关的案件事实 ……………………………………………………… 330
（二）注重法理情融合，充分展现对争议问题的认知判断过程 … 331
（三）注重说理针对性，力争全面回应当事人所提复议理由 … 332
三、专家评析 ……………………………………………………… 332

55. 江某某与胡某某、罗某、刘某某民间借贷纠纷执行监督案 …… 334

【关键词】 混合担保的执行顺位　未办理不动产抵押登记的责任范围　债务清偿顺序

一、简要案情 …………………………………………………… 334
　　二、撰写心得 …………………………………………………… 336
　　三、专家评析 …………………………………………………… 338
　　　（一）关于混合担保情形中被执行人的顺位认定问题 ………… 338
　　　（二）关于担保责任中费用、利息、债务等具体项目的
　　　　　　清偿次序问题 ………………………………………… 339

56. 浙商银行股份有限公司重庆分行申请执行重庆市新城开发建设股份
　　有限公司、隆鑫集团有限公司金融借款合同纠纷执行案 ………… 341
　　【关键词】　民事执行　上市公司股票　集中竞价
　　一、简要案情 …………………………………………………… 341
　　二、撰写心得 …………………………………………………… 342
　　　（一）准确理解执行标的性质 …………………………………… 342
　　　（二）力求逻辑推论严密并突出争议焦点 …………………… 343
　　　（三）运用多方协同以细化执行方案 …………………………… 343
　　　（四）追求法律效果与社会效果的良好统一 …………………… 343
　　三、专家评析 …………………………………………………… 344

第一编 民事类

第一章 人格权

第一节 生命权、身体权、健康权

1. 陈某某与施某某健康权纠纷案*

【关键词】

正当防卫 对象范围 必要限度

【裁判要旨】

明知行为违法而共同参与，为不法侵害提供助威、控制对方等辅助行为的人员，应认定为不法侵害的共同参与人，属于正当防卫对象范畴。正当防卫必要限度要求防卫行为达到足以有效制止不法侵害的强度。实务中应综合考量双方力量对比、防卫紧迫程度、防卫手段及强度、不法侵害与防卫利益位阶等因素予以判断。

一、简要案情

案外人蔡某某（外甥）与施某某（舅妈）此前因动迁事宜产生纠纷。2017年7月19日中午，蔡某某至施某某家要求沈某某（舅舅）赔礼道歉。当日傍晚，蔡某某召集其退役战友陈某某、案外人黄某某等多人驱车至施某某家。起先蔡某某独自进入施某某家中，与沈某某发生肢体冲突，后陈某某、黄某某等3人亦进入施某某家院内，此时蔡某某实施殴打沈某某、施某某的

---

* （2021）沪01民终262号。

行为，陈某某等2人则实施控制沈某某母子的行为。其间，施某某在阻止蔡某某殴打沈某某时，也被蔡某某殴打并致多处受伤、满脸是血。施某某被打倒在地后随手抓起身边的塑料洒水壶向陈某某等人泼洒。因沈某某是漆工，家中洒水壶里盛有脱漆剂，陈某某被泼出的脱漆剂烧伤。经鉴定，本次纠纷致施某某、沈某某面部软组织挫伤、鼻骨骨折等，构成轻微伤；陈某某躯干、四肢灼伤，构成轻伤。检察院经审核认定施某某行为系正当防卫。案外人蔡某某因实施入室殴打他人的行为，被治安处罚拘留十日并罚款500元。陈某某提起本案诉讼，要求施某某赔偿医疗费、误工费、残疾赔偿金等共计32万余元。

一审法院认为，本案纠纷的起因是蔡某某带着包括陈某某在内的4人至施某某家中为母亲"讨公道"。在两方人员中，施某某方处于劣势，在蔡某某殴打沈某某而施某某方无法制止蔡某某的暴力行为时，施某某抓取手边的物品进行泼洒的行为，属于为了使本人和他人的人身权利免受正在进行的不法侵害而采取的行为，可认定为正当防卫。施某某进行防卫时正在进行的暴力行为为蔡某某殴打沈某某的行为，陈某某等人并未参与殴打，蔡某某无持械等其他加重行为，亦无证据证明在施某某泼洒液体之前陈某某曾动手殴打被告，而施某某针对蔡某某的暴力行为采取的措施是向众人泼洒脱漆剂，并最终造成陈某某轻伤的结果，施某某之行为已经明显超过必要限度并造成了不应有的损害，构成防卫过当，综观本案具体情况酌定施某某应对陈某某的受伤承担35%的责任，并对可得赔偿的损失进行确定。故判决：施某某于判决生效之日起十日内赔偿陈某某102 093.52元。

二审法院认为，本案争议焦点为：（1）施某某是否构成正当防卫；（2）施某某的防卫行为是否超出必要限度。本案中陈某某主观上对蔡某某约人至其舅舅沈某某家"撑场面、讨说法"，可能发生的侵害结果事先已有认识，客观上又主动随蔡某某等人共同前往，且在蔡某某殴打沈某某、施某某过程中，陈某某对施某某一方家人实施人身控制行为，系不法侵害行为的共同参与人。施某某对于进入其家中并实施侵害行为的人员进行防卫，起因是存在不法侵害，时机处于不法侵害正在进行之中，对象系针对不法侵害行为人，意图为阻却不法侵害行为，系依法行使防卫权利，属于正当之举。关于防卫是否超出必要限度。本案中，施某某面临的侵害行为具有突然性、暴力性和现实紧迫性，以较缓和的手段难以制止。施某某进行防卫的时间处于蔡某某与陈某某等人侵害行为开始后和终止前，采取的手段为在被侵害过程中随手拿起身边的洒水壶进行挥洒,且当蔡某某与陈某某等人逃离后亦停止防卫。结合双方的力量对比及防卫一方的急迫情景、紧张心理及对洒水壶内液体认识的限制等情况,施某某防卫行为适当,实施行为在手段和强度上均未超出必要的限度。且施某某并非以反击重大利益来维护较小利益,本案防卫行为导致受损的利益与侵害行为损害的利益相当,亦未超过必要限度。一审法院虽认定施某某系正当防卫,但以施某某采取向众人泼洒脱漆剂为由,结合陈某某轻伤的结果,认为施某某行为明显超过必要限度并造成了不应有的损害,据此认定施某某属于防卫过当,系未全面认定案件事实,所作判决适用法律有误,依法应予以纠正。故判决:一、撤销上海市浦东新区人民法院(2020)沪0115民初10462号民事判决;二、改判驳回被上诉人陈某某一审全部诉讼请求。

二、撰写心得

近年来,"于某案""昆山龙哥案"等案件的发生,引发社会各界对正当防卫的普遍关注和激烈讨论,反映出各方面对正当防卫制度存在较大不同认识。正当防卫的司法审查、裁判规则具体化,对于实务中正当防卫的司法认定,有较强的借鉴意义。

《民法典》第181条规定:"因正当防卫造成损害的,不承担民事责任。正当防卫超过必要的限度,造成不应有的损害的,正当防卫人应当承担适当的民事责任。"正当防卫是行为人为保护社会公共利益、自身或者他人的合法权益免受正在进行的紧迫侵害,而针对非法侵害采取的必要防卫措施。实务中,涉及正当防卫的案件往往系自然人间因琐事发生肢体冲突,一方以遭受损害诉请赔偿,另一方以正当防卫进行抗辩,因该类案件涉及民众合法权益,"谁受伤谁有理"的习惯观念还未完全转变,社会关注度普遍较高。本篇裁判文书撰写紧扣正当防卫的法律要件分析,侧重从文字表达和价值表达两方面入手,以案件事实为基础,结合证据分析,围绕争议焦点展开说理论证,将抽象法律与具体事例相结合,呈现裁判过程和传递价值导向,着重对正当防卫的构成要件、防卫对象、必要限度的审查规则进行较全面的论述。

就《民法典》的体例而言,正当防卫规定于总则编第八章民事责任之下,为通用性的违法性阻却事由,系法律规定的私力救济方式之一,在其认定上应当持较为谨慎的态度。笔者在审理案件时,最高人民法院关于《民法典》总则编理解与适用的意见尚未公布,故关于正当防卫的构成要件,按照通说认为需满足：（1）须有防卫目的；（2）有不法侵害行为；（3）不法侵害正在进行；（4）遭受不法侵害时，来不及请求有关国家机关公力救济；（5）针对不法侵害者本人实行；（6）不超过必要的限度。

1. 从侵权行为的要件构成阐述行为人具有不法侵害的共同意思联络和实施侵害事实、对他人的人身和财产权益造成损害结果、行为和结果间有因果关系，从而确定本案一方当事人存在故意侵害他人合法权益，另一方当事人具有合理免责事由的事实，即本案首先构成法律意义上的正当防卫。

本案起因系蔡某某召集陈某某在内多人至其舅舅沈某某家"撑场面、讨说法"，陈某某等人出于情面和彼此朋友关系一同前往为蔡某某"壮胆、帮忙"，陈某某等人的行为，系明知可能会给他人权益造成侵害而有意为之，具有共同侵权的意思联络和具体的实施行为，应认定为不法侵害行为的共同参与人；蔡某某与陈某某等4人至施某某家后，即实施蔡某某殴打沈某某、施某某，陈某某等人控制沈某某和施某某儿子及沈某某母亲的侵权行为。在施某某进行反击之前，蔡某某与陈某某等人的侵害行为处于持续状态并已严重损害了施某某及其家人的人身权利，沈某某、施某某被打致面部软组织挫伤、鼻骨骨折、脸部出血。在施某某进行反击之前，蔡某某与陈某某等人的侵害行为处于持续状态并已严重损害了施某某及其家人的人身权利；施某某面对进入其家中并实施上述侵害行为的外来人员，在家人和自己被打伤及受迫控制的情形下，随手抓取身边的洒水壶进行泼洒的行为，并非以防卫为借口实施报复或防卫挑拨行为，其行为针对的是陈某某与蔡某某等上门实施侵害行为的特定一方，系对正在进行中的不法侵害行为进行的防卫，其防卫对象明确，理由正当，属于正当防卫行为。

2. 从防卫行为必要性和相当性入手，全面阐述防卫行为是否达到足以有效制止侵害行为的强度，比较被侵害的权益与其防卫行为所保护的权益，进一步判断防卫是否超过必要限度，既丰富和充实了防卫行为必要性和相当性的审查要点，也让裁判结论更具合理性和说服力。

关于防卫行为的必要性，本案中蔡某某与陈某某等4人至施某某家后，即实施殴打沈某某、施某某和控制其家人的行为，施某某面临的侵害行为具有突然性、暴力性和现实紧迫性，以较缓和的手段难以制止该侵害行为。施某某采取防卫的时间上处于蔡某某与陈某某等人侵害行为开始后和终止前，采取的手段为在被侵害过程中随手拿起身边的洒水壶进行挥洒，且当蔡某某与陈某某等人逃离后亦停止防卫。结合双方的力量对比及防卫一方的急迫情景、紧张心理及对洒水壶内液体认识的限制等情况,施某某防卫行为在手段和强度上均未超出必要的限度。

关于防卫行为的相当性,蔡某某、陈某某等人的不法行为,侵犯他人住宅权、人身自由权及身体健康权。施某某防卫行为导致陈某某身体受伤,对应的是身体健康权,故从双方利益衡量来看,施某某并非以反击重大利益来维护较小利益,本案防卫行为导致受损的利益与侵害行为损害的利益相当。综上,裁判意见的结论是:施某某在遭受不法侵害过程中,为使本人和家人的人身权利免受正在进行的不法侵害而采取的行为系正当防卫,防卫行为未超过必要限度,其权益应当受到法律保护。

本案聚焦正当防卫在民事诉讼中司法审查中的争议和难点,既关注法律的逻辑推理与形式正义,亦兼顾法条背后的价值观念与实质正义,通过分析说理和裁判理由的阐述论证,明确正当防卫适用的前提、正当防卫的对象及正当防卫限度是否适当,通过法律适用的方法将抽象和概括的法条转换成"看得见的公正",通过司法裁判把社会主义核心价值观融入法治建设和社会治理,充分发挥了司法独有的价值引领作用。

(唐春雷,上海市第一中级人民法院法官)

三、专家评析

正当防卫是行为人为保护社会公共利益、自身或者他人的合法权益免受正在进行的紧迫侵害,而针对非法侵害采取的必要防卫措施,是一种阻却违法的重要私力救济权利。若正当防卫超过必要的限度,造成不应有的损害,应承担适当的民事责任。构成正当防卫应当符合以下条件:(1)必须是针对实际存在的、正在进行的不法侵害;(2)具有必要性和紧迫性;(3)必须针对不法侵害本人实施;(4)具有保护合法权利的目的性;(5)不得超过必要限度。

本案中施某某针对不法侵害行为人,意图为阻却不法侵害行为,依法行使防卫权利。从陈某某的行为看,其主观上对可能发生的侵害结果事先已有认识,客观上又主动随蔡某某等人共同前往,且在蔡某某殴打沈某某、施某某过程中,陈某某并无劝解阻拦之举,对施某某一方家人实施人身控制行为,系不法侵害行为的共同参与人。明知行为违法而共同参与,为不法侵害提供助威、控制对方等辅助行为的人员,亦应认定为不法侵害的共同参与人,属于正当防卫对象范畴。

正当防卫的必要限度要求该防卫行为达到足以有效制止不法侵害的强度。对于正当防卫是否超过必要的限度，应当结合不法侵害的性质、手段、强度、危害程度和防卫的时机、手段、强度、损害后果等因素判断。本案中综合了双方力量对比、防卫紧迫程度、防卫手段及强度、不法侵害与防卫利益位阶等因素进行判断。施某某面临的侵害行为具有突然性、暴力性和现实紧迫性，以较缓和的手段难以制止该侵害行为。结合双方的力量对比及防卫一方的急迫情景、紧张心理及对洒水壶内液体认识的限制等情况，施某某防卫行为适当，实施行为在手段和强度上均未超出必要的限度。从防卫的利益位阶来看，蔡某某、陈某某等人的不法行为，既有非法侵入他人住宅，又有造成施某某及配偶沈某某身体被打受伤、其家人人身权利被侵犯的后果。施某某防卫行为导致陈某某身体受伤，对应的亦是人身权，二者的权益属同一法律位阶。由此施某某的防卫并未超出必要限度。

法律的底色是道德人心。司法实践中要准确把握正当防卫的裁量标准，充分考虑正当防卫行为的必要性，不能脱离具体的案件情景过于理想化和理性化地构建案件当事人的行为选择，避免"谁受伤谁有理"的思维误区。每一个公平的裁决，都是一场浸润人心的普法宣传；每一次捍卫正义的努力，都在为法治信仰的大厦添砖加瓦。裁判者作出的判决，能否让普通群众感受到公平正义，是至关重要的。本案生效裁判立足具体案情，既关注法律的逻辑推理与形式正义，亦兼顾法条背后的价值观念与实质正义，积极回应了人民群众对公平正义的新期待，充分发挥了司法独有的价值引领作用。

（点评人：彭诚信，上海交通大学凯原法学院教授、博士生导师）

（2021）沪01民终262号裁判文书原文

2. 饶某某与任某某生命权纠纷案*

【关键词】

男女朋友　非侵权　保护挽救他人生命　补偿

【裁判要旨】

男女朋友之间无法定救助义务。一方落水，生命陷入危急时刻，另一方跳河救助致自身溺亡。虽一方获救并非由于另一方的救助行为，但救助方系保护、挽救其人身安全而致自己于危险之中，故其作为受益人仍应给予施救者亲属适当补偿。

一、简要案情

原告饶某某与蔡某（已故）系母子关系。被告任某某与蔡某系男女朋友关系，双方均已与对方父母见过面，后原告与蔡某一同去被告任某某家提亲，双方家长就二人婚事、彩礼数额等方面进行沟通。2021年7月1日0时20分许，被告任某某与蔡某从吴忠市利通区某酒店门口乘坐证人何某某驾驶的出租车前往黄河大桥桥洞下面。二人到达目的地后，站在黄河边护栏处交谈，因黄河边护栏处没有座椅等公共设施，被告任某某便坐在护栏上面，其间被告任某某的一只鞋不慎掉进黄河岸边的护栏内的浅滩上，之后二人随即翻过护栏找鞋。双方谈论二人婚事时发生争吵，后被告任某某不慎掉入黄河，蔡某随即也跳入黄河并呼喊"救命"，被告任某某掉入黄河后撞到一块石头，其顺着石头爬上了岸并呼喊"救命"，被告任某某便要求在黄河边乘凉的证人陈某某拨打"110"报警电话，后陈某某便让路人马某拨打了报警电话。2021年7月9日，银川市公安局兴庆区分局月牙湖派出所出具非正常死亡说明，蔡某因溺水而亡。2021年8月3日，蔡某被火化。

饶某某诉至一审法院，要求任某某赔偿其死亡赔偿金、丧葬费、交通费、精神损害抚慰金合计282 594.05元。任某某辩称其与蔡某系情侣关系，其并

---

* （2021）宁0302民初5261号。

未使用割腕自杀等方式威胁蔡某,在黄河边交谈时因为蔡某情绪激动殴打自己,任某某在阻止蔡某自伤时不慎被蔡某甩入黄河。同时,任某某的获救与蔡某下河救助行为没有关系,系任某某自行被河中石头拦住而获救。

一审法院审理认为,本案审查的重点是蔡某溺水而亡被告是否应承担赔偿责任。根据《民法典》第1165条"行为人因过错侵害他人民事权益造成损害的,应当承担侵权责任"之规定,构成一般的民事侵权责任必须包含有侵权行为、损害结果、侵权行为与损害后果之间的因果关系、行为人主观过错等方面。本案中,蔡某溺水而亡并非系被告任某某实施了侵权行为所致,且原告也未提交证据证明被告任某某实施了侵权行为,故不存在侵权行为与损害后果之间的因果关系。原告主张被告以割腕、跳河等任性行为导致蔡某搭救被告而亡,但根据原告提交的证据及庭审查明的事实无法证明被告落水系故意任性所为,故原告要求被告承担赔偿的责任的诉求,缺乏相应的法律依据,法院不予支持。但是,蔡某与被告任某某系情侣关系,在面临女朋友任某某落水的突发情况下,蔡某选择跳河救人正是其高尚的道德感和强烈的责任感的驱使,其跳河的原因系挽救失足落水的女友即被告任某某,系保护、挽救被告任某某的人身安全而致自己于危险之中,故被告任某某系受益人。根据《民法典》第183条"因保护他人民事权益使自己受到损害的,由侵权人承担民事责任,受益人可以给予适当补偿。没有侵权人、侵权人逃逸或者无力承担民事责任,受害人请求补偿的,受益人应当给予适当补偿"之规定,被告任某某作为受益人理应适当予以补偿,且被告任某某作为蔡某的女朋友,虽其不承担侵权法律规定上的赔偿责任,但蔡某不幸遇难给其家人造成严重的损害后果,如果被告不分担损失,不符合社会的一般道德观念和准则,亦与我们国家倡导的公平精神和人文理念也不相符合。因此,被告任某某应补偿原告60 000元为宜。最后,法院希望原告能够早日从丧子之痛中走出来,生者的幸福是对逝去亲人最好的安慰,身边亲朋好友多点鼓励和陪伴,争取早日振作。宣判后,任某某不服一审判决上诉至吴忠市中级人民法院,经吴忠市中级人民法院审理作出驳回上诉,维持原判的判决。

二、撰写心得

每当与周围同事、朋友谈论起生命的价值和意义时,脑海中总会闪现出那些让人难以忘却的画面,在笔者经办的案件中,有一个案件时常会出现在我的脑海里,不时闪现出一位年轻人奋不顾身跃入黄河的场景。

本案苍白无力的证据、高额的经济索赔、一个伤心欲绝的母亲和一帮议论纷纷的群众，让笔者感受到一种前所未有的压力和深深的担忧，一份判决带来的价值和效果不仅仅溯及本案的当事人，同时这份判决还承载着法律的态度并肩负引领社会价值导向的责任和担当，更决定着每一个看到这份判决的人，今后对法律的评价和对自己面临此种情况下所作出的抉择导向。

本案中，蔡某与任某某系男女朋友，二人家长已见、婚期彩礼已谈，按照当地习俗俨然已是准夫妻。但生活就是这样，永远无法预料意外和明天哪个先到，根据公安机关的笔录仅能证实蔡某系为挽救失足落水的女友而溺亡，按照常理任某某理应以遇到这样的男子而感到莫大的自豪，其以生命为代价践行了爱的誓言，但剑拔弩张的庭审现场、怨声载道的原告、神情冷漠的任某某使案情变得扑朔迷离。兼顾情理的审判原则在一定程度上赋予了法官更多的自由裁量权。但平衡法律和情理需要法官有更高的法律素养、更中立的价值判断，倾听民意但不盲从。作为法官，即便陷入此种状态，却依然要作出抉择和裁判，法律的价值和魅力也正在于此。首先，蔡某在女友落水的瞬间，不假思索义无反顾地跳入黄河营救其女友，行为本身就符合我国倡导的社会主义核心价值观，其行为彰显了社会的责任、良心和温度，虽任某某辩解施救和获救之间没有关系，但评价一个行为的好坏不能以最终取得的效果为评判标准，当危险来临时蔡某无所畏惧、奋不顾身选择跳下水那一刻，足以称得上是伟大的事情。其次，任某某作为蔡某的女友，无论其获救与蔡某的施救行为是否存在因果关系，也无论生前双方因何事发生纠纷，在危险面前蔡某不顾一切选择跳下水，最后付出了生命的代价，任某某理应深感自豪也为之心痛，理应给予蔡某母亲更多的安慰和关爱。感恩是中华民族的传统美德，也是中华民族一脉相承的精神追求、精神特质、精神脉络和精神价值，但任某某的辩解与其在庭审时的表现显然不符合上述精神价值。最后，虽本案无法以侵权法律规定要求任某某承担责任，但法律的价值并不仅仅是执法办案、定分止争，同样还应是社会主义核心价值观的传播者、引导者、守护者。法律应肯定蔡某奋不顾身救人这一行为本身所体现的价值，而任某某作为该行为的受益者，即便该行为未达到一定的客观效果，但其仍然要作出一定的补偿，让有"德"者有"得"，既有助于弘扬乐于助人的社会主义核心价值观，也让当事人感受到司法的温暖、法律的温情以及社会的公平正义。

习近平总书记指出:"以法治承载道德理念,道德才有可靠的制度支撑。"① 法律法规要树立鲜明的道德导向,弘扬美德义行。社会主义核心价值观,承载着一个民族、一个国家的精神追求,体现着一个社会评判是非曲直的价值标准,公平与正义本身就是社会主义核心价值观的重要内容。努力让人民群众在每一个司法案件中感受到公平与正义是所有法律人的初心和使命,作为一名法官,每一份裁判文书都应亮明立场、辨别方向,让司法有温度、有力量、有是非,让人民群众有温暖、有引领、有保障。

(马晓波,宁夏回族自治区吴忠市利通区人民法院法官)

三、专家评析

所谓见义勇为,是指在没有法定或约定义务的前提下,为保护他人的人身、财产权益,制止各种侵权行为、意外事件的救助行为。我国《民法典》第183条对见义勇为者受到损害后的民事救济问题作了明确规定:"因保护他人民事权益使自己受到损害的,由侵权人承担民事责任,受益人可以给予适当补偿。没有侵权人、侵权人逃逸或者无力承担民事责任,受害人请求补偿的,受益人应当给予适当补偿。"

本案是蔡某跳河救人而使自身权益受到损害引发的生命权纠纷案件,蔡某实施的救助行为与受益人任某某获救之间虽然不存在实质上的关联,但蔡某为保护他人民事权益而使自身受到损害的行为,完全符合见义勇为受害责任的要求。

《民法典》关于"见义勇为损害救济规则"的确立是弘扬中华美德和社会主义核心价值观的集中体现,在不断激发全社会明德惟馨、崇德向善的社会风尚过程中起到了积极的作用。

《最高人民法院关于当前形势下加强民事审判切实保障民生若干问题的通知》中指出:"要依法鼓励和保护见义勇为等好人好事,坚决制止利用媒体恶意炒作、谎称见义勇为逃避民事责任的行为。"为了弘扬社会主义核心价值观,倡导引领好的社会风尚,鼓励和支持舍己为人的高尚行为,防止见义勇为者"流血又流泪"的问题出现,《民法典》第183条规定了见义勇为者的请求权和承担责任的规则。

---

① 《习近平在中共中央政治局第三十七次集体学习时强调 坚持依法治国和以德治国相结合 推进国家治理体系和治理能力现代化》,载《人民日报》2016年12月11日,第1版。

关于见义勇为受害责任的承担，《民法典》第183条规定了一般情况下由侵权人承担赔偿责任，受益人承担适当补偿责任。本案特殊性在于本案无加害人，任某某作为蔡某的女友，无论其获救与蔡某的施救行为是否存在因果关系，也不论生前双方因何事发生纠纷，在危险面前蔡某奋不顾身选择跳入黄河施救，最后付出了生命的代价，任某某理应为之心痛，理应给予蔡某母亲更多的安慰和关爱。感恩是中华民族的传统美德，也是中华民族一脉相承的精神追求、精神特质、精神脉络和精神价值。任某某作为受益人理应适当分担损害，给予适当的补偿。补偿不等同于赔偿，赔偿一般是填平原则，即受损多少赔偿多少，而补偿仅是其中的一部分。在性质上。这里的适当补偿兼具伦理性与风险分配的机制与功能，由此，在确定适当补偿责任的范围时，应考虑如下因素：（1）行为人与受益人双方的经济状况。因补偿责任具有伦理性，在确定其范围时，亦应将伦理和道德因素考虑在内，由此，补偿的范围就不能不考虑双方的经济状况，防止补偿负担过重，造成新的失衡。（2）受益人的受益范围。不仅应考虑实际的获益数额，还应考虑受益人所受保护的民事权益位阶。本案中，受益人的民事权益位阶属于生命权，虽然人的生命不能以金钱衡量，但见义勇为本身就需要极大的勇气和能力，况且见义勇为者也付出了生命的代价，受益人理应予以补偿。（3）受益人于损害的发生是否有过错。如果受益人对于危险的发生亦有过错，但又不构成侵权责任，此时则应考虑加重受益人的补偿义务。本案中受益人任某某作为一个心智健全的成年人，不顾男友蔡某的阻拦，只身站在没有任何防护的黄河岸边，使其陷入危险境况，其自身存在一定的过错。本判决在查明事实后，适用法律正确，对案件中存在的争议进行了充分有力的阐述，基于双方的受损（受益）情况确定了补偿的数额，部分支持原告诉讼请求的判决既维护了法律的权威，也彰显了法律的温度。

（点评人：朱宏，宁夏回族自治区高级人民法院审判管理办公室主任、二级高级法官）

（2021）宁0302民初5261号裁判文书原文

3. 李某与中铝山西铝业有限公司生命权、身体权、健康权纠纷案*

【关键词】

挖坑　修缮安装地下设施　侵权　安全措施　未成年人

【裁判要旨】

在公共场所或者道路上挖坑、修缮安装地下设施等,没有设置明显标志和采取安全措施造成他人损害的,施工人应当承担民事赔偿责任。受害人为无民事行为能力人、限制行为能力人的,监护人未完全尽到监护的职责,亦应承担相应的责任。

一、简要案情

本案原告为李某,被告为中铝山西铝业有限公司(以下简称中铝公司)。1991年1月,李某出生在一个三口之家,家住山西省河津市某小区。1997年12月2日,距离90后女孩李某7周岁的生日还有一个月。这天中午,李某如往常一样走在放学回家的路上,在经过小区楼栋西侧时,因中铝公司工人为维修热力管道而将热力井井盖打开,同时周围未设护栏等安全警示措施,致使李某在经该热力井附近时,不慎坠入其中,被热水烫伤。事故发生后,李某被送往第四军医大学唐都医院住院治疗132天,接受了3次手术治疗,检查诊断为全身热水烫伤87%,现四肢、躯干已有瘢痕增生挛缩、功能障碍,部分区域有水泡生成,反复破溃,形成残余创面。出院后需注意残余创面清洁、换药,防治瘢痕增生,涂瘢痕膏,戴弹力绷带6个月至2年,坚持功能锻炼并需手术矫治,方案待定。这之后,李某的父母带着李某辗转于北京、西安等地的各大医院之间,除了治疗因热烧伤导致的瘢痕增生与肢体畸形,随着李某一天天地长大,李某先后多次接受异体植皮、自体表皮植皮、腹部取皮植皮、头部取皮植皮、背部取皮植皮等手术,共计住院423天。

---

* (2021)晋0882民初859号。

1998年12月1日，李某因烫伤起诉中铝公司后，因其伤情不稳定，医疗费用无法确定，且中铝公司答应继续支付费用，1999年4月25日，河津市人民法院作出（1998）河民初字第664号民事裁定书，裁定中止案件审理。后李某因整理提交新的证据所需时间长申请撤诉，2021年3月23日，河津市人民法院作出（1998）河民初字第664号民事裁定书，裁定准许李某撤回对中铝公司的起诉。本案系李某于2021年4月2日再次向法院提起的诉讼。从最初立案到最后的宣判，李某先后经过了接受了（进行了）三次鉴定：（1）1998年7月21日，河津市法医检验所出具技术鉴定书，意见为李某伤残程度为Ⅲ级，花费鉴定费200元。（2）2020年3月24日，李某自行委托北京中正司法鉴定所鉴定：①被鉴定人李某体表瘢痕的伤残程度属四级（致残率70%）；双侧乳房严重畸形的伤残程度属七级（致残率40%）；左肩关节功能障碍的伤残程度属十级（致残率10%）；右肩关节功能障碍的伤残程度属十级（致残率10%）；左膝关节功能障碍的伤残程度属十级（致残率10%）；右膝关节功能障碍的伤残程度属十级（致残率10%）。综合评定，被鉴定人李某的累计综合赔偿指数为80%。②被鉴定人李某后续根据临床症状，遵医嘱行相关松解术、成形术等，具体费用可参照北京大学第三医院于2019年7月19日至2019年7月29日就诊费用，具体支出费用以实际发生为准，花费鉴定费4000元。（3）李某向法院重新起诉后，中铝公司申请对李某的伤残等级重新进行司法鉴定，同时李某申请对她的误工期、营养期、护理期、后续治疗费及护理依赖程度进行司法鉴定，经河津司法鉴定中心鉴定：①李某的全身瘢痕形成评定为四级伤残；外生殖器损伤评定为五级伤残；四肢活动受限评定为九级伤残。②李某的后续治疗费用以实际发生为准。③李某的休息期365天，护理期365天，营养期365天，鉴定费3500元由李某支付。

二、撰写心得

　　从事司法工作25年，任审判员15年，从敲响法槌的第一天起，笔者就在想怎样的判决才是公众口中情理法相融合的"好判决"。

　　本案的特殊性在于：（1）李某遭受事故之初尚为垂髫小儿，在本该无忧无虑的童年，她只能跟随父母辗转于医院之间，每晚忍受灼伤之痛，这次事故不仅给李某的身体造成终身伤害，也给她的心灵与家庭都留下了难以抹平的伤痛；（2）安全是城市基础建设的首要，一直以来，关于城市基础设施安全的话题热度不断。从种种揪心的案例中不难看出，城市基础设施建设过程中确实存在一些问题。正是出于以上两方面的考虑，笔者在起草本案文书时即从如下三个主旨出发：

1. 从以人为本，践行社会主义核心价值观的角度出发。李某全身烫伤87%，即使伤痛伴随这个花季女孩的一生，李某从未自暴自弃，她始终积极乐观面对生活，努力学习，博士毕业后更是选择了教书育人，她与家人对生活的态度也感染和激励了笔者，笔者希望能让更多人去了解、学习李某身上积极向上的品质，同时这也有助于推动社会主义精神文明建设，营造良好社会舆论氛围。

2. 立足于案件事实，从客观公正的法律规范出发。在本院认为部分强化论理说法，准确回应关切，把事理、法理、情理、文理讲明白说到位，让裁判结果公正的同时让公众理解、认同，真正做到让当事人服判息诉。

3. 以案讲法、以案释理、以案共情。通过本案的审理和判决，希望能以此为契机提高公众的法治意识和安全意识，同时对承建基础设施的建设单位起到宣传教育引导的作用，震慑、警醒潜在的施工违法人，增强施工人员的安全意识和责任意识，真正做到以人为本、安全第一。

25年的司法工作，16年的党龄，使笔者深知，一位司法从业者，只有始终保持站稳人民立场不变，既遵循法律条文"文本法"，又符合公众"内心法"，将天理、国法、人情、良知融为一体，不断增强人民群众的司法获得感，真正做到"如我在诉"，才能使裁判文书不仅仅是文字与法条的堆砌，而是让人民群众切实感受到公平正义的"好判决"。

（赵杰，山西省河津市人民法院法官）

三、专家评析

原告李某于1991年1月出生。1997年12月2日，被告公司在李某所住小区栋楼西侧维修热力管道时，其施工工人将热水井的井盖打开后，周围未设护栏等安全警示措施，原告李某在中午放学期间，经过该热水井不慎坠入热力井中，被热水烫伤。原告李某住院治疗共计423天。原告李某为治疗烫伤花费医疗费519 383.13元，被告公司已赔偿原告李某133 816.55元，医保报销54 764.35元，李某个人支付医疗费330 802.23元。2017年11月29日，被告公司名称由"山西铝厂"变更为"中铝山西铝业有限公司"。1998年12月1日，原告李某因烫伤起诉被告后，因原告的伤情不稳定，医疗费用无法确定，且被告公司（原山西铝厂）答应继续支付费用，1999年4月25日，河津市人民法院作出（1998）河民初字第664号民事裁定书，裁定中止案件审理。原告因时间长需整理提交新的证据申请撤诉，2021年3月23日，河津市人民法院作出（1998）河民初字第664号民事裁定书，裁定准许原告李某撤回对被告中铝山西铝业有限公司的起诉。原告李某于2021年4月2日向法院提起诉讼。

该案审判程序合法，认定事实清楚，适用法律准确，判决书质量较高，审判作风细致，法律效果和社会效果良好。

1. 本裁判文书本着以人为本的思想，从践行社会主义核心价值观的角度出发，充分体现了对社会弱势群体的保护及司法的温度。李某全身烫伤87%，即使伤痛伴随着一个花季女孩的一生，李某并未自暴自弃，积极乐观面对生活，努力学习，博士毕业后选择教书育人。通过裁判文书的上网，让更多人了解、学习李某身上积极向上的品质，有助于推动社会主义精神文明建设，营造良好社会舆论氛围。

2. 裁判文书说理透彻，逻辑严密，论证充分，于法有据，裁判结果公正，当事人服判息诉。

3. 本案通过以案讲法、以案释理、以案共情，起到宣传教育引导的作用。通过该案的审理和判决，有效提高了当事人的法治意识和安全意识，震慑潜在的施工违法人，起到警示作用，又向普通公众进行普法宣传，起到教育作用，扩大了办案效果。

（点评人：邓一峰，山西省高级人民法院审判委员会专职委员）

（2021）晋0882民初859号裁判文书原文

4. 齐某某、杨某2与邵某某、北京某公司、杭州某公司、某快递公司等生命权、健康权、身体权纠纷案*

【关键词】

多数人侵权　共同侵权　共同危险

【裁判要旨】

受害人通过网络交易平台二手交易网购买"三有保护野生动物"银环蛇，后被咬身亡。二手平台交易公司未尽对平台发布商品的审查义务、快递公司未尽收寄快递检视义务、银环蛇出售方不具备合法来源证明，均存在过错行为，且各被告的过错行为与受害人被咬伤致死存在因果关系，均应承担侵权责任。

一、简要案情

杨某1为齐某某与杨某2之女。2018年6月20日，杨某1通过北京某公司运营的某二手交易平台与邵某某联系，欲购买活的银环蛇。邵某某与杨某1沟通后，在某二手交易平台发布商品出售信息，标题为银环蛇未去毒，并配有银环蛇图片。杨某1通过某二手交易平台拍下银环蛇订单，为此支付110元。邵某某接到订单后，通过微信联系杨某3，要求杨某3向杨某1地址邮寄银环蛇，并支付杨某3共计70元。上述订单由某快递公司承运，杨某1于2018年6月24日收到银环蛇。

2018年7月1日，杨某1再次通过某二手交易平台与邵某某联系购买银环蛇，邵某某在某二手交易平台发布商品出售信息，标题为"银环大成体公"，描述为超级毒物并配有银环蛇图片。杨某1拍下并支付115元。邵某某再次联系杨某3发货，并支付80元。杨某3收取邵某某款项后，通过微信与王某某联系，王某某按照杨某3提供的杨某1地址自广东省清远市将银环蛇

---

* （2018）京0108民初61705号。

通过快递邮寄发出，并收取杨某3共计60元。上述快递由案外人黄某某收件，由杭州某公司快递运输，杨某1于2018年7月6日收到第二条银环蛇。

2018年7月9日，杨某1左手食指被银环蛇咬伤，其在被咬伤后曾外出购买创可贴药品。同日下午6时许，杨某1电话告知齐某某自己于下午5时许在公园被蛇咬伤，但未告知蛇的种类。齐某某遂将杨某1送往渭南市华州区人民医院（以下简称渭南医院）急诊，就诊时未能说明蛇的种类，渭南医院给予注射抗蝮蛇毒血清。齐某某于7月10日凌晨自杨某1的手机记录中得知杨某1曾购买银环蛇，因陕西省内无法购得抗银环蛇血清，齐某某遂联系其他省市购买。取得抗银环蛇血清后，渭南医院给予杨某1注射抗银环蛇毒血清，杨某1未有好转。2018年7月11日，杨某1转入陕西省人民医院住院2天，杨某1于2018年7月13日出院，被接回家中，于2018年7月15日在家中去世。

2018年7月31日，清远市邮政管理局认定杭州某公司清远分公司未依照规定对寄递物品进行开封验视和安全检查，给予罚款20万元的行政处罚。2019年1月16日，清远市清城区工商行政管理局查实，王某某未报林业行政主管部门批准，擅自寄出装有银环蛇的快递件，给予罚款1万元的行政处罚。

本案中，齐某某与杨某2主张六被告分别参与了两条银环蛇的出售、运输、提供交易服务等环节，因无法确定杨某1被哪条银环蛇咬伤，故六被告均与杨某1的死亡相关，要求六被告承担连带赔偿责任。六被告提出主要抗辩杨某1应自行承担购蛇风险，且无法确定杨某1因哪条银环蛇咬伤，双方就此产生争议，引发本案纠纷。

法院经审理后认定，根据"如无则不"的判断标准，如果银环蛇未交付给杨某1，则其不会遭受银环蛇咬伤的损害结果，六被告整体行为产生的两组银环蛇交付结果，客观上构成杨某1遭受银环蛇咬伤损害事实上的原因。邵某某、杨某3、王某某作为银环蛇出售方，实施了出售、交邮银环蛇的行为，是危险源的提供者；北京某公司作为网络服务平台，为银环蛇交易提供了线上交易场所和服务；某快递公司和杭州某公司作为物流服务提供者，接受了装有银环蛇的包裹并向杨某1运输并投递；六被告若不实施各自行为，则不会产生银环蛇交付给杨某1的后果，故六被告行为均与杨某1损害之间存在因果关系。邵某某作为杨某1的卖方、杨某3作为邵某某的卖方、王某某作为杨某3的卖方，均在明知银环蛇毒性极强、具有高度致害性和危险性并要向杨某1进行交付的情况下，仍向其出售、交寄银环蛇，三人提供的银环蛇危险源给杨某1的人身安全增设了明显不合理的风险。三人抱着轻信杨某1可以避免的心态直接、间接向杨某1出售、交寄银环蛇，其行为均具有过失。北京某公司在两次交易中均未能通过机器或人工审核方式及时发现该上架链接并加以管控，其未及时、有效审核、管控危险物品上架交易并为邵某某和杨某1继续提供银环蛇网上交易服务的行为，违反了《电子商务法》第13条、《野生动物保护法》第32条的规定，其行为具有过失。某快递公司和杭州某公司作为物流服务提供者，未对装有银环蛇的快递包裹进行开箱验视、安检，具有过失。后法院按照各被告的过错程度，判决各被告按照责任比例承担赔偿责任。

二、撰写心得

整个案件的审理，笔者经历了收案时的紧张兴奋、审案时的一波三折、结案时的如释重负三个阶段。"陕西女孩网购毒蛇，被咬身亡"，这则新闻看完几天后，笔者就收到了这个案件。作为一名法官，在收到案情新颖的案件时，内心还是有些激动的。收案后，笔者进行了新闻检索，发现原告方已就此事接受了央视等多家媒体采访，案件具有一定社会关注度，也给审判工作带来一些压力。

案件的审理过程，远比笔者想象的复杂。案件收案时，被咬女孩的父母仅提及女孩购买了一条银环蛇，起诉了与该条银环蛇买卖、运输、提供交易平台、发货相关的四名被告。但随着庭前会议、证据交换程序的进行，通过北京某公司提供的被咬女孩在其平台与卖家的沟通记录及订单详情，被咬女孩的父母才得知女孩实际购买了两条银环蛇，且在其被咬时，两条银环蛇均已签收。后原告申请追加了参与另一条银环蛇买卖、运输等环节的其他被告，但由于网络交易的虚拟特点，原告方对其他被告的信息均不掌握，在追加当事人环节亦涉及大量证据的调取工作。追加当事人后，因为女孩被咬时两条银环蛇均已签收，双方当事人针对女孩被哪条银环蛇咬死产生了较大争议。本案的审理，除了事实查明的难点，还涉及网络交易平台对用户在平台上发布商品的审查义务认定、快递企业收寄快递的验视义务认定、微商与代理商的法律关系认定、各被告责任承担方式等多项争议。案件审理中，多次组织合议庭针对案件中涉及的事实、法律问题合议，最终，案件宣判后，双方当事人均未提出上诉，服判息诉，取得了良好的纠纷化解效果。

裁判文书是对双方当事人权利义务争议的认定与分配，具有化解矛盾、定分止争的作用。通过裁判文书的公开，裁判文书也是面向公众的普法途径，通过文书中的辨法析理，引导公众合理行使诉权、增强法律意识、倡导良好道德风尚。一篇优秀的裁判文书还具有司法研究价值。裁判文书是一名法官的基本功，也是值得一名法官去不断学习、不断精进的技能。

如何撰写出一篇优秀的裁判文书，笔者也在不断地学习、精进当中，个人认为须有以下三点。

1. 应严谨查明案件事实。查明案件事实对于文书的撰写至关重要，应扎实地完成裁判文书撰写之前的送达、证据交换、开庭等诉讼程序，做到庭前阅卷、法庭询问、充分听取当事人意见，必要时通过调查取证、评估鉴定等方式查明案件事实。

2. 精准总结当事人争议焦点。民事案件当事人可能存在法律知识不足，且因涉及切身利益而情绪激动的情况，在听取当事人陈述时，法官应筛选出当事人理性的陈述，以便裁判文书围绕当事人争议焦点展开。

3. 不断学习，提高政治理论素养和专业能力。裁判文书应当政治方向正确、法律适用正确。知不足而奋进，望远山而力行。通过对典型案例、调研报告、学术论文、审理规范、上级法院的裁判指引及发改报告的学习，填补知识漏洞。还可通过类案检索，对同样的法律问题及时总结归纳。一篇优秀的裁判文书应做到文书格式规范、事实查明清楚、争议焦点明确、说理清晰透彻、法律适用准确、凝聚法理人情。

虽然已经办案11年，但面对浩瀚的法律知识、层出不穷的新类型案件，笔者也只是一个需要继续学习的"年轻"法官，愿我们都能够始终葆有法治信仰的初心、司法为民的情怀，葆有学习的热忱及谦卑、进取、敬畏之心。

（刘雪琳，北京市海淀区人民法院法官）

三、专家评析

多数人侵权是指二人以上实施侵权行为时的侵权责任。相较于单独的侵权行为，多数人侵权在是否存在因果关系、各侵权人如何承担侵权责任及各侵权人的责任分担等问题上更为复杂。本案二原告之女通过网络交易平台前后两次购买"三有"保护野生动物银环蛇，后被咬身亡，案情复杂新颖，涉及银环蛇出售人、网络交易平台、快递公司三类、六个被告，属多数人侵权纠纷的疑难案件。

多数人侵权责任纠纷案件的认定难点和裁判分歧主要集中于共同侵权、

共同危险、分别侵权三类侵权形态的认定。从多数人侵权责任的立法沿革看，2003 年最高人民法院出台的《关于审理人身损害赔偿案件适用法律若干问题的解释》曾规范列举，将共同故意、共同过失和侵害行为"直接结合"的分别侵权三类纳入共同侵权范畴，是对《民法通则》第 130 条的细化列举，但实务中对共同过失、行为"直接"或"间接"结合的认定标准存在分歧，使同类案件的裁判结果处于不稳定状态。新修订的该司法解释已予删除，但对共同侵权行为的各类型认定，仍为司法实践中的认定难点。本案文书对六被告的行为是否构成共同侵权、共同危险逐一论述，逻辑严谨、论证周密、说理透彻。本案交易各环节的被告行为结合具有偶然性，行为内容和性质亦不符合"行为直接结合"特征，故本案认定六被告不构成共同侵权。而共同危险行为形态应同时满足各行为单独均能引发同等危险、各行为人对特定损害均具有同等可预见性和可避免性两项要件。本案中，二人以上实施的侵权行为相结合分别形成的数组行为，与同一损害后果间存在择一确定的因果关系，但组内部分侵权行为人与其他侵权行为人之间无特定意思关联，且仅在功能上为其他侵权行为导致损害结果的发生创造了条件、提供了"工具"，单独确定不能引发特定危险，故本案认定六被告的行为不构成共同侵权行为和共同危险行为，不承担连带赔偿责任。

此外，本案还涉及网络交易平台对用户在平台上发布商品的审查义务、快递企业收寄快递的验视义务、微商与代理商的法律关系等热点法律问题以及多部法律适用问题。该判决对案件事实叙述清晰完整，对关键情节交代清楚，对各项法律问题逐一进行论述，条分缕析、逻辑严谨。案件宣判后，各方当事人服判息诉，不仅妥善地解决了个案，对类似案件的审理也具有参考价值，是一篇高质量的裁判文书。

（点评人：陈昶屹，北京市海淀区人民法院中关村人民法庭庭长）

（2018）京 0108 民初 61705 号裁判文书原文

5. 谷某、杜某某与崇川区辉田超市生命权纠纷案*

【关键词】

自助行为　法律上的因果关系　安全保障义务

【裁判要旨】

公共场所的经营者为制止不当行为，在合理范围和限度内对行为人采取必要的阻拦措施，属于合法的自助行为；行为人被阻拦后因自身疾病倒地猝死，经营者及时报警求助，已尽安全保障义务，其近亲属主张经营者承担赔偿责任的，人民法院不予支持。

一、简要案情

2020年，谷某某藏匿鸡蛋放入裤子口袋内，被超市员工发现拦住后返回超市，否认藏匿事实，并将鸡蛋悄悄放入超市置物柜内。在超市员工拉扯谷某某衣袖并跟随行走过程中，谷某某突然倒地。超市员工立即拨打110报警，亦有群众对谷某某进行心肺复苏胸外按压抢救。经接处警民警电话提示后，超市员工立即拨打120急救中心，救护人员及时赶到超市进行急救，并将谷某某送至南通市中医院抢救，但未能成功。谷某某死亡原因推断为心肌梗死。谷某某之子谷某及其妻杜某某遂提起诉讼，要求超市承担人身损害赔偿责任。江苏省南通市崇川区人民法院经审理，判决驳回谷某、杜某某的诉讼请求。谷某、杜某某不服提起上诉。

江苏省南通市中级人民法院二审后认为，关于争议焦点1，判断超市是否承担侵权责任可从行为人的过错、行为的违法性、行为与损害后果之间的因果关系等角度分析。

关于超市是否存在过错的问题。判断行为人是否具有过错应分析是否尽到了社会交往中的必要注意义务。本案中，超市员工在发现谷某某不当行为后，主要通过拉住衣袖、语言交流的方式与其交涉。双方并无大幅度、过激

* （2021）苏06民终189号。

的动作，谷某某在交涉时仍可前后走动。超市与谷某某交涉系为维护超市正常经营秩序，制止不当行为。反观谷某某，其在被员工拦住返回超市时，采取相对隐蔽的方式将裤袋里的鸡蛋放至超市置物柜上，被员工发现后对超市的交涉采取回避态度。超市员工与谷某某素不相识，更不清楚其身体状况，对其突发疾病倒地无法预见，劝阻行为也较为克制，对谷某某倒地死亡不存在过错。

关于超市的劝阻行为是否违法的问题。最高人民法院第142号指导案例裁判要旨指出："行为人为了维护因碰撞而受伤害一方的合法权益，劝阻另一方不要离开碰撞现场且没有超过合理限度的，属于合法行为。被劝阻人因自身疾病发生猝死，其近亲属请求行为人承担侵权责任的，人民法院不予支持。"可见，只要未超过合理限度，即使是他人阻拦不当行为人也是被法律认可的。本案中，超市作为谷某某不当行为的直接利益相关方，其员工拉扯谷某某衣袖，继续与谷某某交谈，制止不当行为的举措更具有正当性，更应受到法律的保护。从监控视频也可以看出双方没有发生肢体冲突，超市员工的劝阻方式和内容均在合理限度之内。因此，该劝阻行为是正当的，不具有违法性，应认定为合法的自助行为。

关于劝阻行为与损害后果是否存在因果关系的问题。虽然超市员工的劝阻可能诱发谷某某情绪波动而突然倒地，但事实上的因果关系有别于法律上的因果关系。判断行为与损害后果的因果关系不仅应满足必要性，即无此原因必无此结果的条件关系，还需要考察是否具有相当性，即有此原因通常有此结果的相当性。本案中，从超市员工与谷某某交涉到谷某某倒地，前后不到3分钟。超市员工的劝阻方式、内容和时长均在合理限度内。故从社会一般观念来看，该行为通常并不会造成谷某某突发疾病倒地。谷某某有高血压等基础病史，其倒地原因主要在于自身身体状况。综上，超市员工的劝阻行为与谷某某倒地之间不具有相当性，不能认定为存在法律上的因果关系。

关于争议焦点2，根据《侵权责任法》第37条①以及《消费者权益保护法》第18条第2款规定，宾馆、商场、餐馆、银行、机场、车站、港口、影剧院等经营场所的经营者，应当对消费者尽到安全保障义务。本案应首先确定超市应承担的安全保障义务范围。

最高人民法院第140号指导案例裁判要旨指出："公共场所经营管理者的

---

① 现为《民法典》第1198条。

安全保障义务，应限于合理限度范围内，与其管理和控制能力相适应。"确定安全保障义务的范围，应符合社会公众对安全保障的一般期待，既要为受害人提供必要的保护，也要避免对安全保障义务人课以过重责任。本案中，在谷某某倒地后，超市员工第一时间拨打了110报警求助。从110接处警记录的内容可知，超市员工报警求助时不仅客观描述了纠纷的原因和过程，还如实陈述了谷某某晕倒的事实。在接处警民警提示下，超市员工又迅速拨打120急救电话。因此，从本案的发生原因和发展过程来看，虽然超市拨打120急救电话系在谷某某倒地后近19分钟，但鉴于谷某某倒地前双方发生纠纷，谷某某倒地又具有突发性，超市员工难以对谷某某身体状况进行判断，通过拨打110处理纠纷，符合一般公众的社会认知，具有合理性，应认定尽到了安全保障义务。

从救助行为与死亡结果的因果关系来看，医方推断谷某某的死亡原因为心肌梗死，其中包括心脏骤停。超市拨打110后，已有群众对谷某某进行心肺复苏胸外按压抢救，仍未能挽救其生命。谷某某的心肌梗死具有突发性和极高的致死率。即使超市第一时间拨打120急救电话，按照通常行驶时间，120急救中心人员需14分钟到达现场施救，也难以挽回谷某某生命。因此超市在事发近19分钟时拨打120与谷某某的死亡后果之间亦不具有法律上的因果关系。

综上，超市作为谷某某不当行为的利益相关方，其员工劝阻方式和内容均在合理限度之内，不具有违法性，应认定为合法的自助行为。谷某某倒地具有突发性，超市员工难以对其身体状况进行判断，及时拨打110报警电话、120急救电话处理施救，符合一般公众社会认知，具有合理性，超市尽到安全保障义务。遂判决驳回上诉，维持原判。

二、撰写心得

老人超市拿鸡蛋被拦猝死案一审宣判后，一度引起媒体广泛关注。作为该案二审承办人兼审判长，如何在查清案件事实的基础上，通过司法裁判把情理说通、把事理说清、把法理说透，既解决案件"法结"，又解开当事人"心结"，是笔者在二审审理和裁判文书写作过程中反复思考的问题。该案二审裁判结果，得到社会大众广泛认同，先后入选"2021年度人民法院十大案件""江苏法院2021年度十大典型案例""新时代推动法治进程2021年度十大提名案件"，裁判文书入选"全国法院'百篇优秀裁判文书'"。如今思来，笔者只是作出了一名新时代司法者该有的理性选择。

（一）秉承正确司法裁判理念，拒绝"和稀泥"式判决

个案中，不乏有司法者受法律外观念影响采取"和稀泥""各打五十大板"的做法，看似解决了矛盾纠纷，但实则不啻为一颗"毒树之果"，侵蚀着整个社会的价值观念。司法裁判不只是要在当事人之间定分止争，它更重要的一个价值功能是向全社会宣示法律坚持什么、倡导什么、反对什么、抵制什么。"谁能闹谁有理""谁横谁有理""谁受伤谁有理"等"和稀泥"做法，只会披上"公平"的外衣不断向全社会传递混乱甚至错误的价值导向。这不仅是对守法者的不公，更是对不守法者、秩序破坏者的变相鼓励。为此，在本案审理过程中，笔者始终要求自己坚持法治思维，准确把握职能定位，在查明事实的基础上，分清是非对错，彰显法院在当事人过错分配上的基本立场。在民事责任领域，有责就是有责，无责就是无责，绝不可借由"公平"的口子，以"和稀泥"的方式争取案件的快速解决。要敢于担当，坚决抵制"和稀泥"，只有这样才能让司法有力量、有是非、有温度，让群众有温暖、有遵循、有保障，让公平正义可触可感可信。

（二）参照最高人民法院指导性案例，加强裁判文书释法说理

法律并不是冷冰冰的条文，背后有情有义。要坚持以法为据、以理服人、以情感人，既要义正词严讲清"法理"，又要循循善诱讲明"事理"，感同身受讲透"情理"，让当事人胜败皆明、心服口服。裁判文书的核心便在于释法说理。参照最高人民法院发布的指导性案例加强裁判文书的说理论证，显然能够提高裁判结论的正当性和可接受性，提升裁判的说服力和权威性。因此，为了准确界定超市应承担的安全保障义务的范围，本案裁判文书援引了最高人民法院第140号指导性案例裁判要旨，进一步强调"公共场所经营管理者的安全保障义务，应限于合理限度范围内，与其管理和控制能力相适应"，加强了对超市已尽安全保障义务的说理论证。这一做法不但严格遵循了《最高人民法院关于加强和规范裁判文书释法说理的指导意见》，而且以案例指导的"小切口"切实解决了司法实践中的难点问题。

（三）主动回应人民群众关切，推动争议焦点越辩越明

裁判文书的核心功能在于全面、准确围绕争议焦点进行释法析理，只有争议焦点得到有效回应，才能解开当事人的心结，让赢者明白，让输者服气。本案二审中的争议焦点之一，系超市在老人倒地后约19分钟才拨打120急救电话，是否违反安全保障义务？对此，笔者并没有回避，而是在进一步查清

案件事实的基础上,明确指出:"在老人倒地后,超市员工第一时间拨打了110报警求助。从110接处警记录的内容可知,超市员工报警求助时不仅客观描述了纠纷的原因和过程,还如实陈述了老人晕倒的事实。在接处警民警提示下,超市员工又迅速拨打120抢救。因此,从本案的发生原因和发展过程来看,虽然超市拨打120系在老人倒地后近19分钟,但鉴于老人倒地前双方发生纠纷,老人倒地又具有突发性,超市员工难以对老人身体状况进行判断的情况下,通过拨打110处理纠纷,符合一般公众的社会认知,具有合理性,应认定为超市尽到了安全保障义务。"这种将法律判断标准与事实密切结合的分析方式,既具有极强的说服力,又积极回应了社会关切,以一种"让人感受得到的方式"呈现司法的公正性。

人法兼资,而天下之治成。作为新时代的司法者,只有不为各种纷繁所扰,不为各种噪声所惑,不为各种压力所阻,在众声喧哗中始终保持法治定力,才能对法律负责、对人民负责、对历史负责。司法者不需要名片,一份让当事人心服口服的判决书就是司法者最好的名片。

(刘碧波,江苏省南通市中级人民法院法官)

三、专家评析

2021年3月,江苏省南通市中级人民法院对此前备受关注的"老人超市拿鸡蛋被拦猝死案"作出终审判决:驳回上诉,维持原判。之前,南通市崇川区人民法院曾作出一审判决:驳回死者家属的诉讼请求。二审判决是对社会主义核心价值观的贯彻与弘扬,具有重要的裁判指引功能和导向价值。

(一)关于过错问题

本案争议的核心问题是超市工作人员的行为有无过错?此种行为与老人的死亡之间有无因果关系?就本案而言,超市工作人员发现老人私自将鸡蛋藏入其衣物后,及时提出异议并与之交涉;在交涉期间,由于老人始终拒绝承认,因此双方有拉扯的行为。由于老人的行为涉嫌侵害超市的财产权,超市工作人员有权采取合理的措施维护自身的合法权益;其交涉及阻止老人离开等行为具有合理性,未超过法律所允许的必要限度。在交涉过程中,老人意外倒地死亡,超市工作人员也及时报警并打急救电话。老人的最终死亡系因其身体原因,超市方事前无法预见。因此,超市方并不存在过错。而且,由于老人的意外死亡是由于自身的身体原因所致,因此,超市工作人员的交涉行为与其意外死亡之间并不存在法律上的因果关系。

(二) 关于安全保障义务

虽然商场对于消费者负有安全保障义务，但此义务并非是无限的，而是有限度的：作为职业经营者，商场必须在可预见的合理限度之内，采取必要的安全预防与保护措施，防止、避免安全事故的发生。就本案的情况而言，在交涉中，老人的意外倒地系由于自身身体原因，超市工作人员无法事先预见；事发后，超市员工及时报警并拨打急救电话，其间亦有其他人的紧急施救行为。鉴于超市的营业规模及其工作人员的认知能力，其本身并没有专业的施救设备与进行施救的能力；超市工作人员所采取的上述措施，应当认为其已经尽到了必要的安全保障义务。

(三) 关于自助措施

本案中，超市工作人员所采取的主要措施是阻止老人离开以防止事后无法举证和追索、致使其权益遭受难以弥补的损害，而非扣留老人的财物。总体来说，本案中超市工作人员所采取的交涉措施并未超出自助措施的合理范畴，是法律所允许的限度之内。因此，二审判决指出超市劝阻行为是正当的，不具有违法性，应认定为合法的自助行为。法院的这一认定符合《民法典》第1177条的立法精神。

(四) 关于公平原则

鉴于《民法典》实施前公平责任曾被滥用，出现了一些"和稀泥"式的判决，南通市两级法院吸取了司法实践中的相关经验与教训，从《民法典》第1186条的立法精神出发，不再援引公平原则来"各打五十大板"，而是从法律的原则与精神出发依法定分止争，让相关当事人各得其所，实现了法律效果与社会效果的有机统一。

（点评人：石佳友，中国人民大学法学院教授、民商事法律科学研究中心执行主任）

（2021）苏06民终189号裁判文书原文

第二节 肖像权

6. 楼某某与杜某、北京微梦创科网络技术有限公司肖像权纠纷案*

【关键词】

未成年人　肖像权　精神损害赔偿　社会主义核心价值观

【裁判要旨】

行为人在信息网络平台罔顾客观事实以造谣传播等方式盗用、歪曲使用他人肖像，可认定为《民法典》第1019条第1款规定的，以丑化、污损或者利用信息技术手段伪造等方式侵害他人肖像权的行为。

未成年人相较成年人具有脆弱和身心不成熟的特点，侵害未成年人人格权益造成其爱国情感、民族情怀等精神利益受到伤害的，易对其产生不良的国家身份认同影响，可认定造成未成年人严重精神损害，未成年人主张精神损害赔偿，人民法院应依法予以支持。

一、简要案情

2021年7月7日，杜某发布一条博文，内容为在地铁上的小女孩照片，称"日本地铁上的小乘客，一个人上学，那眼神里充满自信和勇气，太可爱了"。经查明，案涉图片为楼某某乘坐杭州地铁的情景。2021年7月8日，楼某某母亲在网络中辟谣："网传我家孩子是日本小孩！在此特此申明：我家孩子是我大中华儿女，并深深热爱着我们的祖国！"杜某获知后仍拒不删除案涉博文，还在该微博下留言称"只有在世界上最安全、最文明的国度里才有这个可爱、幸福的镜头，感谢摄影师"等。楼某某向人民法院提起诉讼，认为杜某行为侵害其肖像权，亵渎其爱国感情、民族情怀，请求杜某公开登报赔礼道歉并赔偿精神抚慰金及维权费用损失等。

---

* （2021）浙0192民初5556号。

人民法院认为，杜某在国家重要纪念日这一特殊时刻，未经同意在网络上发布楼某某肖像图片，并将图片中的楼某某阐释为日本人，借楼某某"眼神里充满自信和勇气"和可爱的外在形象，以达到其自身崇洋媚外的目的，此种行为严重损害了楼某某的国家认同感和民族自豪感，侵害了楼某某的肖像权，也造成楼某某民族意识、国家认同等人格精神利益受到严重损害。故判决支持楼某某的诉讼请求，判令杜某在《法治日报》向楼某某赔礼道歉，并赔偿精神抚慰金及合理维权费用等。

二、撰写心得

社会主义核心价值观塑造了《民法典》的精神灵魂，《民法典》亦将弘扬社会主义核心价值观明确为立法宗旨。从司法工作的视角而言，就是要求人民法院在司法工作、审判活动中切实践行社会主义核心价值观，通过个案审理和裁判，使符合社会主义核心价值观的行为受到鼓励、褒奖，使背离社会主义核心价值观的现象受到制约、制裁，形成有利于弘扬主流价值观念的法律导向、社会环境。《民法典》确立的平等原则、自愿原则、公平原则、诚信原则、守法原则、绿色原则，是社会主义核心价值观在民法中的具体体现，但法律并未直接赋予社会主义核心价值观以规范效力和强制执行力，对于司法裁判者而言，如何在个案审理、裁判中有机地将社会主义核心价值观的精神、气质融入释法说理中，考验着裁判者的忠诚、智慧、担当及对法治精神的深刻领悟。"地铁小女孩肖像权案"从案件事实和结果的处理来看，并不是一个复杂的案件，案件的要件事实与绝大多数肖像权纠纷案件基本一致，但这个事件为什么会引起新闻媒体和社会舆论的高度关注，为什么会数次冲上网络热搜，究其根本是事件唤起、点燃了社会公众普遍的爱国之心，那么司法如何对这种关注进行回应，如何将爱国主义注入具体的法律规范条文背后的精神气质之中，并以此向社会公众传递正确价值导向，引领良好社会风尚，则成了司法工作者责无旁贷的初心使命。

行为人侵害的不仅是权利人的肖像权，更是侵害了蕴含爱国情怀在内的个体人格精神利益。《民法典》规定，任何组织或者个人不得以丑化、污损，或者利用信息技术手段伪造等方式侵害他人的肖像权。未经肖像权人同意，不得制作、使用、公开肖像权人的肖像，但是法律另有规定的除外。当我们在审视"地铁小女孩肖像权案"中行为人的侵害方式时，最简单的一种认定方式就是认为行为人没有经过肖像权人的同意使用、公开了肖像权人的照片，这应该是最表层但也可以说是最"稳妥"的一种侵权行为方式认定。正是这种"稳妥",反而让笔者内心极不安宁,案件的处理结果是"稳妥"了,当事人受到创伤的心灵、社会公众的普遍关注、被唤起的爱国情怀、条文规范之上的法治精神,却被这种"稳妥"掩盖、忽视,甚至践踏了。当笔者一次又一次地审视案件,发现案件的核心不在于未经许可使用了权利人的肖像照片,根本还在于行为人在国家特殊纪念日这一特定时刻,在网络上发布权利人的肖像图片,有意将图片中的肖像人物阐释为日本人,借权利人"眼神里充满自信和勇气"和可爱的外在形象,以达到盲目崇拜他国、贬低中华民族的意图,甚至不惜通过对自己祖国的贬损与丑化,来凸显对他国的"热爱"与"向往",该行为严重损害了权利人的国家认同感和民族自豪感,应该认定以造谣传播等方式歪曲使用他人肖像的恶意侵权行为。

人是一种社会性的动物,人永远不能作为一个孤立的个体存在,人需要一种归属感,一种身份的认同感,侵害、伤害一个人对自身身份的认同,特别是对国家身份的认同,本身就是对个体人格的一种侵害。我们在裁判文书中以此作为连接点,将爱国主义的精神与个人人格精神利益进行有机的连接,通过文书说理向社会传递了一种价值观念和法治精神:对一个人的最基本尊重是尊重其人格,对一个国家的最基本尊重是尊重其国格,国格就是国家尊严,国格也是国家每一个公民个体人格中所包含的国家身份认同、民族情感的重要组成,尊重公民的国家身份认同、民族情感也是尊重其个人人格的重要体现,扭曲、虚无、丑化个人的民族意识、国家认同,也是对个人人格权益的侵害。习近平总书记指出,"爱国,是人世间最深层、最持久的情感"。[①]爱国作为社会主义核心价值观的重要组成部分,是每一个中国公民必须秉持的价值理念。爱源自"我"属于这个国家,也只有这个国家包含着"我",这是"我"的国家,"我"与这个国家的山川、历史、文化、价值有着无法割裂的精神血脉联系。中华优秀文化传统、悠久历史传承是中国人民族身份的标识,对于华夏子孙而言,只有认同自己的文化、历史,才能在多元杂陈的世界文化中找到自己的根基,产生归属感。爱国使人具有身份认同感、文化归属感、价值依存感,由此"我"对自己的国家产生出特殊的爱和认同,对这个国家及其同胞的福祉有着特殊的关切,哪怕近代中国积贫积弱、民族危难多舛,仍有无数仁人志士抛头颅、洒热血,"寄意寒星荃不察,我以我血

---

① 《习近平在北京大学师生座谈会上的讲话》,载《人民日报》2018年5月3日,第2版。

荐轩辕"，甘愿为国家的兴盛、繁荣贡献生命。正是这种身份认同、历史认同、文化认同、政治认同和族群认同使无数个小"我"，构成了我们的祖国，国家由每一个小"我"组成，"我"是国家难以割舍的一分子。我们希望能够通过个案的裁判，通过将社会主义核心价值观融入释法说理向全社会弘扬爱国不仅是每个公民应遵从的政治原则、道德要求，还是每个公民应该遵守的法律规范，是每个公民都应当履行的责任和义务。

在草拟"地铁小女孩肖像权案"裁判文书时，笔者常常会感受到"代入"和"超脱"的张力在激烈地相互碰撞，作为一个裁判者应当与事件保持距离，尽量不受情感支配地超脱看待案件，同时作为一个中国人、一个父亲，又难以抑制地受到自身情感的影响，这对一个裁判者而言是一种艰难的考验。笔者克制着不被炽热的情感蒙蔽了理性，也极力保持着司法的温度，不希望成为一个冰冷而无生机的机器，于是写下来这么一段话，"原告现仅为3周岁的儿童，当下其对于案涉事件的认知可能尚处于懵懂状态，但事件在网络中的痕迹不会随着时间的经过而自动被遗忘，当原告慢慢长大后仍需独立面对事件可能给其造成的不良影响，试想当其进入小学后翻开人教版一年级语文课本上册第一课《我上学了》，读到第一页'我是中国人'时，联想到案涉事件而产生的内心波澜、悸动，以及可能对其造成的连锁反应，凡此种种均需由其一人独立面对，故被告的侵权行为对原告造成的精神损害是客观存在的，且后果较为严重"，借此以表达保障儿童的健康成长不仅是保障其身体健康，更需要保障其发展健全的人格，养成坚实的国家身份认同和深切的民族情怀。

（肖芄，杭州互联网法院法官）

三、专家评析

司法裁判的核心目的在于定分止争、公正裁判，提高司法裁判的可接受性，进而进行价值引领，实现法律效果与社会效果的统一。作为价值体系的内核，社会主义核心价值观对法治中国建设具有指导功能，对构建和谐社会发挥着价值引导功能。社会主义核心价值观作为当代中国精神的集中体现，凝结着全体人民的共同追求，接近当事人与社会公众，易于唤起情感共鸣，因此可以作为裁判文书的重要说理材料，构建论证理由，发挥提升裁判可接受性的功能。社会主义核心价值观在司法中的运用，对于赋予社会主义核心价值观的生命力和构建司法权威之间是一个双向塑造的过程，在司法裁判中适用社会主义核心价值观不仅能够增强裁判结果的可接受性，明确司法机关的立场和态度，让人们感知社会主义核心价值观对涉案行为的具体价值评价，同时也能够借助于司法机关中立、权威和专业的角色定位向案件当事人及社会输出社会主义核心价值观的权威性。本案判决在法律适用和裁判说理的过程中，能够在客观事实的辨别认证、法律条文的解释适用、法律条文与案件事实结合推导司法结果的整个过程中，充分阐释社会主义核心价值观的内在要求，促使诉讼两造和社会公众形成对社会主义核心价值观的心理皈依，输出社会主义核心价值观的权威性，具有很强的示范性。

（点评人：张彪，武汉大学法学院副教授）

（2021）浙 0192 民初 5556 号裁判文书原文

第三节 隐私权、个人信息保护

7. 沈阳市人民检察院与宁某等六被告个人信息保护民事公益诉讼案*

【关键词】

个人信息安全 人格权益 公益诉讼

【裁判要旨】

自然人的个人信息受法律保护，任何组织、个人不得侵害自然人的个人信息权益。微信账号承载大量自然人身份信息，应当被认定为个人信息范畴，甚至是敏感个人信息范畴。通过欺骗手段窃取他人微信账号并对外出售，不但侵扰个人信息主体的生活安宁、损害公民人身和财产安全，同时也给不特定的社会公众带来潜在的风险，对社会公共利益造成损害，侵犯了自然人的个人信息权益，可以通过公益诉讼方式使侵权人承担相应民事侵权责任。

一、简要案情

2020年6月至12月，被告宁某组织、招用李某某、孔某某、刘某某、赵某某、姜某，由宁某提供场所和电脑设备，由孔某某、刘某某、赵某某、姜某担任聊手，通过即时通信软件联系经常参与电子竞技游戏的网民，以免费领取游戏装备为诱饵，利用固定话术引诱网民提供微信账号、绑定的手机号、登录密码和支付密码，进而通过修改密码，再解除微信号与原手机号的绑定，彻底控制微信账号。宁某将骗取的微信账号对外进行出售，并按骗取微信账号的数量和等级给各聊手分配提成。李某某在上述骗取微信号的活动中，受宁某指派对聊手骗取的微信账号信息进行汇总，并帮助宁某进行销售。六被告共骗取他人微信账号1400余个，对社会公众的个人信息安全造成严重危

---

* （2021）辽01民初3574号。

害。沈阳市人民检察院在履行检察公益诉讼职责中发现六被告上述行为，向沈阳市中级人民法院提起个人信息保护民事公益诉讼，要求宁某等人在国家级媒体公开道歉，并在各自获利额内承担赔偿责任，宁某对其他五被告的赔偿额承担连带责任。

二、撰写心得

随着互联网产业规模的持续增长与信息消费蓬勃发展，个人信息成为可以获取利益的资源，个人信息泄露和不当使用等侵害个人信息安全问题频发，精准诈骗等电信诈骗更是成为全社会关注的焦点问题。宁某等六被告通过欺骗的手段窃取他人个人信息，在给个人信息主体造成人身和财产损失的同时，也给社会不特定群体的利益带来潜在的风险，给社会公共利益造成损害。本案的审判在一定程度上遏制了电信诈骗的进一步发生，保护公民财产不受非法侵害，这也是社会主义法治理念的价值追求。

（一）明确微信账户信息属于法律保护的个人信息范畴

本案从大的案由分类上来讲，属于侵权责任纠纷，具体被侵犯的权利是人格权项下的个人信息权。侵权纠纷的审判思路，必须先明确起诉人的请求权基础，侵犯的权利类型是什么，是否构成法律所保护的民事权利范畴。因此，在本案中，首先要明确各被告非法获取、篡改、出售的微信账户信息是否属于法律所保护的个人信息。本案的起诉时间是在《民法典》和《个人信息保护法》施行后，但法律事实发生在上述法律施行前。在审理中，合议庭注意到法律的适用问题，援引了旧法的相关规定，同时吸收、借鉴了新法的立法精神。先是明确了"个人信息"的概念和范围，然后通过分析微信账号的属性，确定其属于"个人信息"的范畴，再进一步阐明微信账户所承载的个人信息一旦被泄露或者被非法利用可能产生的危害。通过层层递进的论述，旗帜鲜明地表达了人民法院坚决维护个人信息权益和坚决惩治侵害个人信息权益行为的态度。

（二）侵权者按其过错以及在侵权行为中的地位和作用，承担相应的民事侵权责任

本案六被告实施的侵害自然人个人信息权益的行为，既构成民事侵权，同时也可能构成刑事犯罪。公安机关已经对被告实施的行为予以刑事立案，本案审结时，刑事案件尚在侦查阶段。合议庭在审理前，先对本案是否需要等待刑事案件处理结果再进行民事审理进行了综合研判。经合议庭评议认为

检察机关已经掌握了被告骗取、篡改、出售大量个人信息的确凿证据，被告承认检察机关所主张的侵权事实，民事案件需要审查认定的事实有充分证据支持，故刑事案件的进展并不影响民事公益诉讼案件的审理。通过民事公益诉讼审判能够尽早对社会公共利益及时加以保护。

民法对自然人个人信息权益提供保护，个人信息同时承载人格利益和财产利益，侵权人实施侵害自然人个人信息权益的行为，应当对被侵权人所遭受的人身损失和财产损失承担相应的民事侵权责任，既包括财产性责任，也包括非财产性责任。非财产性责任主要通过赔礼道歉、消除影响等方式实现，赔礼道歉的范围应当与其侵权行为的严重性及影响范围相适应。本案侵权行为涉及受害主体达1400余个，因侵权行为发生在互联网社交软件上，受害人可能分布在全国各地，侵权后果的影响范围具有不确定性，所以侵权人应当承担与其行为相应的民事责任，即应在全国范围内进行赔礼道歉。而对于侵权人所应承担的财产性责任，一般应当按照被侵权人实际受到的损失进行赔偿，损失难以确定的，应按照侵权人获得的利益赔偿。在本案中，六被告将获取的微信账户信息进行售卖，但并未直接从这些微信用户的账户中获取钱财，对每个具体的受害人而言，其个人信息被出售、泄露后，是否遭受财产损失或财产损失的数额均难以确定，但侵权人确已因此获利，所以根据侵权人获利情况确定其承担的赔偿数额法律依据更加充分。

考虑到既要充分保护公共利益，又要准确地让各被告承担的责任与其实施的侵权行为相适应，合议庭对各被告所应承担的侵权责任方式和范围先进行了研判，在庭审前与检察机关进行了多次沟通，检察机关采纳合议庭建议对诉讼请求做出了适当调整。

(三) 以公益诉讼之力守护公民个人信息安全

《民事诉讼法》第58条规定，对污染环境、侵害众多消费者合法权益等损害社会公共利益的行为，法律规定的机关和有关组织可以向人民法院提起诉讼。在大规模侵害个人信息案件中，特定自然人的民事权益受损，而且危及众多不特定主体的社会公共利益。尽管此类案件受害人众多，但单个受害人受到实际损失较小或者难以举证，而个人信息泄露等问题确实会给人们生活造成极大困扰，甚至威胁人民群众的安全。自然人个人面对案涉侵权行为存在取证难、维权成本高等问题，难以通过私益诉讼获得有效救济，但民事诉讼法提供的公益诉讼的救济途径可以更好地维护社会公众的个人信息权益。检察机关作为公益诉讼起诉人提起公益诉讼案件，能够充分发挥法律监督职能作用，维护社会公平正义，维护社会公共利益。《个人信息保护法》进一步明确了人民检察院、法律规定的消费者组织和由国家网信部门确定的组织可以依法向人民法院提起民事公益诉讼。

人民法院通过司法审判充分保护公民个人信息安全和权益，惩治和预防违法犯罪，让违法者不敢再犯，通过公益诉讼方式斩断个人信息侵权与电信网络诈骗间的利益链条，切实落实习近平总书记对网络安全和信息化工作提出的要求，让人民群众在信息化发展中有更多获得感、幸福感、安全感。

（高悦，辽宁省沈阳市中级人民法院法官）

三、专家评析

本案系辽宁省首例由检察机关提起的个人信息保护民事公益诉讼案件，对于侵犯他人个人信息行为的认定以及通过公益诉讼的形式保护公民个人信息、维护社会公共利益具有重要的借鉴意义。本案裁判文书格式标准规范、事实表述清晰、释法说理充分、结构层次分明，具有典型性和代表性。

（一）对于个人信息侵权行为的认定准确，责任范围与侵权行为相适应

在信息产业高速发展的大数据时代，个人信息的泄露已经成为较为普遍的社会问题，其危害性极高，既可能损害公民的隐私权、名誉权和生活安宁权，又严重危及公民的财产安全，乃至全社会的公共信息安全和公共秩序的安定。关注个人信息安全，共同维护健康网络环境，已经成为司法审判中亟待解决的重大课题。本案法律事实发生在《民法典》和《个人信息保护法》施行前，本案裁判文书准确地适用了《民法总则》和《网络安全法》的相关规定，同时巧妙地融入了《个人信息保护法》对个人信息概念的界定。裁判文书开宗明义地阐释了法律意义上"个人信息"的定义，再通过要素归纳认定了本案所涉的被侵权客体属于个人信息，且属于公益诉讼所保护的法益。进一步确认六被告各自实施了哪些侵权行为，应当以何种方式承担侵权责任，对组织者和参与者所承担的侵权责任范围予以区分。裁判文书的切入点明确，论理翔实，对个人信息侵权行为的认定具有重要借鉴意义。

（二）凸显公益诉讼在保护公民个人信息和社会公共利益方面的重要作用

个人信息泄露等问题会给百姓生活造成极大困扰，包括电话骚扰甚至是电信诈骗，威胁着人民群众生命财产安全。但因受害人取证难、维权成本高、无形损失难以证明等问题，独立个体私益救济存在客观困难和障碍。本案充分彰显了公益诉讼制度在保护最广泛人民群众利益方面的优越性和重要性。

随着公益诉讼制度的建立和发展，已经逐步形成一套成熟的公益诉讼审理机制。通过运用公益诉讼司法手段，能够更有效地弥补自然人个人维权能力的不足，更全面地保护社会公共利益，推进法治化建设进程，建立良好的现代公共生活秩序。本案作为一起典型的民事公益诉讼案件，通过惩治侵权行为，让侵权者受罚、让受害者宽慰、让旁观者获教。裁判文书归纳焦点准确，逻辑性强，引据精准，分层次论述说理使结构更加分明、层次更加严谨，对于六被告的行为是否构成侵犯他人个人信息权益以及能否通过公益诉讼的形式使六被告受到法律制裁，进行了层次鲜明且充分的论述。通过个案的审理，能够推动保护个人信息安全，对惩罚非法获取、出售公民个人信息的行为，具有积极的引领、示范和指导作用，对非法处理个人信息的违法行为也能够起到震慑作用，能够实现"审理一案、教育一片"的法治宣传效果。

（点评人：陈林，辽宁省鞍山市中级人民法院党组书记、院长，全国审判业务专家）

（2021）辽 01 民初 3574 号裁判文书原文

8. 黄某与某讯广州公司等隐私权、个人信息权益网络侵权责任纠纷案*

【关键词】

个人信息保护 隐私权 社交软件相关信息

【案例要旨】

个人信息处理者在一个服务平台获得处理个人信息的同意，未真实、准确、完整告知个人信息主体将个人信息提供给关联产品的，不应认定个人信息处理者获得了在关联产品中处理个人信息的有效同意。

应合理区分隐私权和个人信息权益。个人信息处理者是否侵害隐私权，应结合信息类型、内容是否具有私密性、信息处理方式、个人合理预期等予以综合判定。

个人有初步证据证明个人信息处理者通过自动化方式处理了个人信息且掌握处理记录，个人信息处理者拒不提供的，人民法院应认定个人主张的处理行为成立。个人信息处理者不能证明该处理行为没有过错的，应该承担相应责任。

一、简要案情

原告黄某在通过某社交软件账号登录某读书软件时发现，在原告没有进行任何添加关注操作的情况下，原告在读书软件中"我关注的"和"关注我的"页面下出现了大量原告的社交软件好友。此外，无论是否在读书软件中添加关注关系，原告与共同使用读书软件的社交软件好友也能够相互查看对方的书架、正在阅读的读物、读书想法等。原告认为，读书软件及社交软件运营者的上述行为侵犯了原告的个人信息权益和隐私权，某讯公司作为读书软件及社交软件的开发、运营方，应当承担相应的侵权责任。原告请求法院判令某讯公司停止其侵权行为，解除读书软件中的关注关系、删除好友数据、

---

* （2019）京 0491 民初第 16142 号。

停止展示读书记录等,并要求某讯深圳公司、深圳某讯计算机公司(三被告共称某讯公司)向原告赔礼道歉。

某讯公司认为,读书软件没有为原告自动添加好友,获得原告的社交软件好友关系数据、向原告共同使用读书软件的社交软件好友展示读书信息,均在用户协议中有约定,经过了原告的授权同意。

法院经审理查明:某读书软件系一款手机阅读应用,用户可以在该款软件上阅读书籍、分享书评等。在应用软件市场中,读书软件的开发者是某讯深圳公司广州分公司,注销后由某讯深圳公司承继其权利义务。某社交软件的开发者是某讯北京公司。两软件的运营者为某讯公司。

原告通过案涉社交软件登录自己的读书软件,在"关注"栏目中"我关注的"和"关注我的"页面均可以搜索到自己的社交软件好友,并可以查看其读书信息。原告举证,有大量网络用户发帖及评论显示读书软件存在为用户自动关注好友的行为,某讯公司亦承认可能存在自动关注的设计,但未提交相关数据或操作日志,并坚持认为原告系自行添加关注。此外,即使原告未在读书软件中将社交软件好友添加为关注关系,也能使用读书软件查看共同使用该读书软件的社交软件好友的读书记录。

法院经审理认为,本案争议焦点包括,社交软件好友关系、读书信息是否属于个人信息和隐私;原告主张的阅读软件获取原告社交软件好友关系、向原告共同使用该应用的社交软件好友公开原告读书信息、为原告自动关注社交软件好友并使关注好友可以查看原告读书信息的行为,是否构成对原告个人信息权益或隐私权的侵害;如构成,被告公司应当承担的法律责任。

本案中,阅读软件获取的社交软件好友列表包括用户的昵称、头像、OPEN_ID以及共同使用阅读软件的社交软件中好友的OPEN_ID,达到了识别性标准,应认定为用户的个人信息。同理,阅读软件中的读书信息包含了可以指向该信息主体的网络身份标识信息,且包括读书时长、最近阅读、书架、读书想法等,能够反映阅读习惯、偏好等,属于个人信息。关于是否属于隐私,由于不同用户对于阅读习惯是否公开有不同的期待,一些用户则能因为读书信息上承载着其习惯、偏好、品位等不愿让他人获知此信息,一些用户则可能希望分享自己的阅读经验、体验进行交流,而一些文化领域的名人甚至可以通过公开及分享自己的阅读兴趣而获得商业利益,而这同时也成为相关互联网产品吸引用户关注的方式。从某种程度上讲,个人信息权利既包含着隐私期待中拒绝被动地被刻画"数字人格"的权能,也包含主动地建立"数字人设"的权能。因此，不能笼统地、机械地将阅读信息一概纳入隐私范畴，有必要结合信息内容、处理场景、处理方式等进行符合社会一般合理认知的判断。

从本案被告对用户信息处理的方式来看，阅读应用显而易见能被用户理解的功能是阅读。应当认为，从一般用户的认知来看，并不能认知到同一家公司运营的社交软件和阅读软件可以共享好友关系信息并公开阅读记录。而在本案中，被告对于两个软件共享好友关系并公开阅读记录，因阅读记录可能成为用户不愿公开的隐私信息，因此，被告应对用户进行显著的告知，确保用户充分了解、知悉信息处理的方式、范围及风险，充分保障用户将阅读信息是否作为隐私或作为主动分享的信息的决定权。特别是，通过庭审查明，被告确实还存在在阅读软件中自动为用户添加软件好友的行为，并且这些好友之间的阅读记录都是相互开放的，这种使用方式显然有着较高的侵害用户隐私的风险。但是，本案中，被告仅在冗长的用户协议中将阅读记录向社交软件好友公开的功能予以告知，无法让用户充分知晓个人信息使用方式、范围，并不能认定被告获得了用户的有效同意。同时考虑本案中，原告主张的特定阅读信息尚未达到私密性标准，不构成对原告隐私权的侵害。

就被告公司应当承担的法律责任问题。为尊重和保护公民合法权益，发挥司法裁判价值导向和社会指引的功能，法院综合考虑侵权方式、范围、情节等，判决由被告公司停止阅读软件收集、使用原告社交软件好友列表信息，删除阅读软件中留存的原告社交软件好友列表信息；解除原告在阅读软件中对其社交软件好友的关注；解除原告的社交软件好友在阅读软件中对原告的关注；停止将原告使用阅读软件生成的信息向原告共同使用阅读软件的社交软件好友展示的行为，同时判决被告公司以书面形式向原告赔礼道歉并赔偿公证费用。

二、撰写心得

随着互联网产业不断发展，互联网产品对用户个人信息的收集、使用的方式日益多样，同时过度收集、超范围使用个人信息的情况日益多见。本案是全国首例手机阅读软件侵害用户个人信息权益的典型案件。

虽然在来到互联网法院之前，笔者有涉互联网人格权案件的审理经验，但是面对全新的互联网审判、多样的互联网产业类型，以往的审判经验都不足以应对全新的挑战。本案被告作为大型平台运营者，在不同产品之间共享用户数据，案件一方面涉及人民群众的人格权益保护，另一方面涉及产业的发展，需要充分考虑二者的平衡。而案件审理过程中，《民法典》正式颁布但尚未实施，《个人信息保护法》正在制定，当时关乎个人信息保护的主要法律规范依据为《全国人大常委会关于加强网络信息保护的决定》和《网络安全法》《民法总则》，这些法律规范中明确了收集、使用个人信息应遵循合法、正当、必要原则，应征得用户同意。但是，如何具体在实践中适用合法、正当、必要原则，怎样才是征得用户有效的同意，缺乏更明确具体的规定。如何在互联网高速发展的背景下，通过司法裁判诠释好"合法、正当、必要"的规定，不仅需要法律逻辑的推演，更需要深刻把握互联网产业发展规律。为此，笔者阅读了大量关于个人信息保护、隐私权的专业书籍，收集了全国法院以及域外的个人信息保护典型案例，就相关问题请教了来自高校、研究机构、司法机关、产业界的多位专家，院内召开法官会议开展问卷调查，笔者甚至下载了多个不同类型的读书软件研究其功能、用户协议。案件进行了三次长时间庭审，判决修改了三十几稿，最后一版一直修改至凌晨三点。最终，宣判后胜败皆服，当事人均未提起上诉。案件庭审获得北京法院"模范云庭"专项业务技能比赛金奖、民事类第一名，案件写入最高人民法院2021年工作报告，入选中国消费者协会评选的2019—2020年全国消费维权十大司法案例。本案对多个个人信息保护的新问题进行了系统的回应。

（一）网络时代的个人信息

随着互联网技术和产业的发展，人们网络活动日益丰富，大量的网络行为痕迹被以数据形式记录，在传统社会中无法利用的个人信息形成了巨大的数据资源。本案裁判时，关于个人信息定义和范围的法律规范主要是《网络安全法》第76条第5项规定："个人信息，是指以电子或者其他方式记录的能够单独或者与其他信息结合识别自然人个人身份的各种信息，包括但不限于自然人的姓名、出生日期、身份证件号码、个人生物识别信息、住址、电话号码等。"当时已经颁布尚待实施的《民法典》定义与之相近，并将电子邮箱、健康信息、行踪信息等也纳入个人信息范围。此外，《信息安全技术 个人信息安全规范》（GB/T 35273—2017）（以下简称《个人信息安全规范》）中对个人信息的概念表述为：以电子或者其他方式记录的能够单独或者与其他信息结合识别特定自然人身份或者反映特定自然人活动情况的各种信息。该标准参考了《欧盟一般数据保护条例》（GDPR）的规范，在实践中被广泛认可。本案判决借鉴了《信息安全技术 个人信息安全规范》对个人信息的定义方法，认为个人信息的核心特点为"可识别性"，既包括对个体身份的识别，也包括对个体特征的识别；对个体身份的识别确定信息主体"是谁"，对个体特征的识别确定信息主体"是什么样的人",即该信息能够显现个人自然痕迹或社会痕迹,勾勒出个人人格形象。判定某项信息是否属于个人信息,应考虑以下两条路径:一是识别,即从信息到个人,由信息本身的特殊性识别出特定自然人;同时,识别个人的信息可以是单独的信息,也可以是信息组合。可识别性需要从信息特征以及信息处理方的角度结合具体场景进行判断。二是关联,即从个人到信息,如已知特定自然人,则在该特定自然人活动中产生的信息即为个人信息。符合上述两种情形之一的信息,即应判定为个人信息。《个人信息保护法》第4条规定了个人信息是"是以电子或者其他方式记录的与已识别或者可识别的自然人有关的各种信息",事实上采纳了"可识别"及"已识别+关联"的观点,本案完全符合之后颁布实施的《个人信息保护法》对个人信息的定义。故而,在已知用户昵称、性别、OPEN_ID这些可识别自然人的信息的基础上,好友列表、读书信息等关联性信息亦构成个人信息。

(二) 大型平台应如何在关联产品中合理使用用户数据

本案中,某讯公司对用户个人信息使用方式的突出特点,是将社交软件的好友列表数据共享给读书软件,进而在好友间开放读书信息。某讯公司认为其在用户协议中已经约定了阅读记录会向共同使用读书软件的社交软件好友公开,已经获得有效的用户同意,则本案另涉及个人信息处理的"告知—同意"原则。理论和实践中,用户勾选用户协议或隐私政策是否构成有效的处理个人信息的同意,一直存在争议。

法院认为,虽然社交软件与读书软件均由某讯公司运营,但同一信息处理者在关联产品中共享个人信息,需要个人信息主体在充分知情的前提下,自愿、明确同意该处理方式。同时,读书信息中可能包括用户不愿意向他人公开的信息,且某讯公司处理的方式对用户人格权益有较大影响,因此,仅以用户概括性地同意用户协议,不能认定某讯公司充分履行了告知和获得用户同意的义务。本案进一步提出了信息处理知情同意的"透明度"标准,即信息主体在合理预期下对处理方式、目的的知晓程度及自主决定的程度,知情同意应该充分、自愿、明确。对于两个产品共用好友数据,判决指出:"两个软件共用好友关系不符合一般用户的合理预期。事实上,随着互联网产业的不断发展,随着大众互联网生活的日益丰富,用户可以自由选择各类应用中的社交圈,恰恰是互联网开放、自由、多元的体现。一个用户社交软件中的好友并不当然可以成为音乐软件、短视频软件或游戏软件中的好友,更何况现今某社交软件已经几乎承载了大多数用户的全部社会关系,应用软件更不应简单地将某社交软件好友迁移至个人生活各领域的具有社交属性的软件中。"对于读书信息，判决指出其"一定程度上可以彰显一个人的兴趣、爱好、审美情趣、文化修养，可能勾勒刻画出一个人的人格侧面，而这些有关人们精神世界的信息组合恰恰是大量社会评价产生的基础。某些具体或一段时间的阅读信息或习惯，一旦可以形成对人格的刻画，既可能给人带来关注、肯定、赞赏，也可能给人带来困扰、不安、尴尬，甚至羞耻感等。在这个几乎各种生活轨迹均被记录并刻画的数字时代，用户应享有通过经营个人信息而自主建立信息化'人设'的自由，也应享有拒绝建立信息化'人设'的自由，而这种自由行使的前提是用户清晰、明确地知晓此种自由"。这些内容，都充分彰显了互联网环境下，人民法院对于人民群众"数字人格权益"的充分尊重。判决中确定的告知同意"透明度"原则，也与之后颁布的《个人信息保护法》中所规定的"个人信息处理者应当以显著方式、清晰易懂的语言真实、准确、完整地向个人告知"个人信息的相关处理事项的精神一致。

（三）互联网背景下个人信息和隐私的合理区分

《民法典》明确将隐私权与个人信息权益归入人格权编，并对隐私、个人信息以及保护方式进行了定义。从隐私的定义来看，包括了私生活安宁、私密空间、私密活动、私密信息几个方面，而私密信息属于个人信息范畴，这意味着隐私中的信息隐私属于个人信息范畴。

判决重点论述了个人信息与隐私权的关系。二者客体的私密信息既有交叉亦有不同。从权利类型看，隐私权具有绝对权属性，个人信息是受法律保护的法益，并非绝对权。从立法价值取向看，隐私权与个人信息权益根本上都体现自然人的人格尊严和人格自由价值，但个人信息权益同时涉及信息利用、流通价值。从利益内容看，隐私权主要体现精神利益，而个人信息权益可能同时包括精神利益及财产利益。从保护客体和损害后果来看，隐私权保护具有私密性的信息，一经泄露极易导致个人人格利益受到损害；而非私密信息的个人信息，仅在被过度处理的情形下才可能使信息主体受到人格或财产损害。从权利特点和保护方式上看，隐私权更注重消极性、防御性，保护更为严格；而个人信息权益保护在注重预防侵害的同时，还强调信息主体积极、自觉地利用权益，如选择、访问、更正、删除等。

大数据时代，大量的个人生活轨迹有了数字化呈现，个人信息可能存在个人自主、社会交往、公共利益价值上的交融，需要合理界分私密信息与一般个人信息，进而达到个人权益保护与公共利益平衡。私密信息强调关于

"不愿为他人知晓"及"私密性","不愿为他人知晓"的主观意愿应符合社会一般合理认知。该社会一般合理认知,可能受到地域、文化传统、法律传统、习惯风俗、经济发展状况、社会普遍价值观等因素的影响。数字时代,用户对于具有社交属性的网络软件上的个人行为信息可能有不同的隐私期待,因此,有必要深入实际应用场景,以"场景化模式"探讨该场景中是否存在侵害隐私的行为。从合理隐私期待维度上,个人信息基本可以划分为几个层次:一是符合社会一般合理认知下共识的私密信息,如有关性取向、性生活、疾病史、未公开的违法犯罪记录等,此类信息要强化其防御性保护,非特定情形不得处理;二是不具备私密性的一般信息,在征得信息主体的同意后,即可正当处理;三是兼具防御性期待及积极利用期待的个人信息,此类信息的处理是否侵权,需要结合信息内容、处理场景、处理方式等,进行符合社会一般合理认知的判断。基于此种分析方法,本案认为,在互联网移动应用场景下,用户对于软件内的读书信息进行积极利用或消极防御均属于合理预期,故不宜将读书信息"一刀切"地划入隐私的范畴,还要结合具体信息内容、信息处理方式等进行判断。

习近平总书记指出,保护人民权益,这是法治的根本目的。[①] 坚持以人民为中心是习近平法治思想的根本立场,是落实全面依法治国战略,建设社会主义法治国家、实现国家治理体系和治理能力现代化的重要要求。习近平法治思想高扬以人民为中心的精神旗帜,用法治维护人民权益、保障人民获得感幸福感安全感,凝聚起全体人民的法治信仰。

必须看到,我国的互联网产业高速发展,促进了经济发展、社会进步,便利了人民群众的生活。但同时,在技术高速发展、法律规范相对原则的情况下,信息技术也给广大人民群众带来了个人信息和隐私泄露的风险。人民法院应该发挥裁判的指引作用,维护人民群众在互联网时代的合法权益和幸福生活。

"讲清楚实施好民法典,是坚持以人民为中心、保障人民权益实现和发展的必然要求",[②] 这是习近平总书记对《民法典》这部新时代人民法典的深刻阐述。我国《民法典》创造性地将人格权单独成编,并将个人信息权益纳入

[①] 参见习近平 2015 年 2 月 2 日《在省部级主要领导干部学习贯彻党的十八届四中全会精神全面推进依法治国专题研讨班上的讲话》。转引自《习近平:不能让一些过时的法律条款成为改革的"绊马索"》,载人民网 http://jhsjk.people.cn/article/29652886。

[②] 《习近平在中央政治局第二十次集体学习时强调 充分认识颁布实施民法典重大意义 依法更好保障人民合法权益》,载《人民日报》2020 年 5 月 30 日,第 1 版。

人格权保护，是信息文明时代以人为本、尊重保障人格的体现。

本案虽发生在《民法典》实施之前，但准确把握了《民法典》精神和规范内涵，深入论述了个人信息权益、隐私权的内涵和区别，详细阐述了数字时代、信息时代中，如何进行保障个人权利、保障信息有序流动的利益平衡。本案裁判旗帜鲜明地否定网络服务提供者通过"一揽子"协议，在用户不充分知情情况下处理个人信息的行为，彰显了以人为本、尊重和保障自然人个人信息自主决定的价值导向，有助于推动互联网产业尊重个人信息，并建立用户个人信息正确使用的规范，事实上也有助于互联网产业的长远健康发展。同时，对于在全社会范围内树立个人信息保护的权利意识、优化互联网产业环境、构建以人为本的互联网生态体系具有积极的意义。

（孙铭溪，北京互联网法院法官）

三、专家评析

本案是关于《民法典》人格权编中的"隐私权和个人信息保护"制度的典型案件，涉及"隐私权"和"个人信息权益"二者如何界分这一理论和实践难题。不同于美国法上宽泛的"隐私"概念，我国《民法典》明确对隐私、个人信息以及保护方式进行了"二元"区分，建立了"二元化"的体系。随着信息技术的不断深入，原本未被记载下来的个人活动、个人私生活开始以数字化的信息方式呈现出来，从而进入网络流通领域，转化为个人信息。因此，《民法典》实施后如何合理区分隐私与个人信息，成为司法实践必须面对的难题。本案的主要争议焦点之一，就在于某社交软件好友关系、某读书软件读书信息等属于私人生活、具有人格利益的属性但同时又具有流动、利用价值的信息，是否构成隐私或者（和）个人信息？

从权利属性看，隐私权彰显人格尊严价值，个人信息体现的是对信息的自主决定。隐私权是一种防御性权利，主要是精神性的人格权，而个人信息是一种主动性的权益，既包括了精神价值，也包括了财产价值；从权利客体看，隐私是私人生活安宁和不愿为他人知晓的私密空间、私密活动、私密信息，而个人信息是能够单独或者与其他信息结合识别特定自然人的各种信息；从权利内容看，隐私权主要包括维护个人的私生活安宁和私密空间、个人私密不被公开，而个人信息主要是指权利人对个人信息的支配和自主决定；从保护方式看，对个人信息的保护应注重预防，而隐私的保护则应注重事后救济。

本案判决比较准确地理解了我国民法典体系下的隐私权和个人信息权益

的概念内涵。法官紧扣个人信息"可识别性"的核心特征，遵循识别和关联的两条路径，科学合理地将某社交软件好友关系和某读书软件读书信息纳入个人信息概念中；而在探讨是否属于隐私时，从合理隐私期待维度上创新性地将个人信息划分为符合社会一般合理认知下共识的私密信息、不具备私密性的一般信息、兼具防御性期待和积极利用期待的个人信息三类，进一步明确某社交软件好友关系和读书信息应属于第三类，需要结合信息内容、是否涉及人格尊严等因素判断是否侵犯隐私权。这一认识为本案实现信息主体和信息控制者之间的平衡奠定了基础：一方面，未经用户有效的知情同意，构成对用户个人信息权益的侵害，从而在层级划分的基础上，界定了什么是有效的知情同意，形成相区别的授权同意规则；另一方面，依据具体情形，未达到对用户人格刻画的程度，不涉及人格尊严的维护问题，尚未构成私密信息，不能够成为隐私的保护对象，从而确立了该类个人信息转化为隐私的标准。

《民法典》正式颁布前，隐私权体系与个人信息保护之间常常难以有效区分，因此时常导致司法实践中适用的混乱与法律标准的不统一。按照过往的案例，将个人信息作为隐私权的一部分进行保护，或者可能由于达不到隐私的保护标准而导致用户的个人信息权益得不到保护，或者可能导致隐私"触角"伸得过长而遏制产业发展的活力，均不利于公民网络人格权的保护和数字经济的健康发展。《民法典》不仅区分了隐私和个人信息，而且于第1034条第3款规定："个人信息中的私密信息，适用有关隐私权的规定；没有规定的，适用有关个人信息保护的规定。"即当某信息既涉及私密隐私，也涉及个人信息的时候，首先适用隐私的保护，不能适用隐私的，才适用个人信息的保护。"二元化"体系的确立为解除这一困境提供了有效的解决路径，本案判决的推出正是在这一路径的引导下作出的有益探索，将为未来准确理解和适用《民法典》中隐私权和个人信息权益的相关规定提供有价值的实践素材，具有十分重要的意义。

（点评人：王利明，中国人民大学教授）

（2019）京0491民初16142号裁判文书原文

9. 四川省自贡市人民检察院与李某某等个人信息保护民事公益诉讼案*

【关键词】

民事公益诉讼　个人信息保护　弱势群体利益

【裁判要旨】

侵权人针对法律知识和个人信息保护意识相对淡薄、容易被"占便宜"吸引的老年人群体，采取回馈小礼品等方式非法获取个人信息的行为，不仅有悖于法律和社会主义核心价值观，更是对老年人群体的合法权益造成了严重损害，应当通过公益诉讼给予否定评价。

一、简要案情

2018年6月1日，李某某、叶某某、岳某某到四川省自贡市沿滩区瓦市镇沱湾村，以移动回馈用户赠送鸡蛋、毛巾为名，要求领取人现场拍照并提供身份证件原件，获取上述信息后，将非法获取的自然人个人信息注册开通移动电话卡号并售卖100张获利5000元。2018年6月23日，李某某、叶某某、岳某某三人伙同刘某某再次以同样方式，非法办理移动卡号并售卖175张，非法获利11 375元。上述自然人个人信息被多次非法倒卖，众多不特定人员的个人信息长期遭受侵害，致使社会公共利益受损。公益诉讼起诉人四川省自贡市人民检察院依法提起个人信息保护公益诉讼，请求：（1）判令李某某、叶某某、岳某某、刘某某在"川观新闻"上发布不少于300字的道歉书，道歉内容须经四川省自贡市人民检察院和四川省自贡市中级人民法院审查认可，所需费用由李某某、叶某某、岳某某、刘某某承担；（2）判令李某某、叶某某、岳某某对三人共同实施的侵权行为按非法获利金额共同承担5000元的民事赔偿责任；（3）判令李某某、叶某某、岳某某、刘某某对四人共同实施的侵权行为按非法获利金额共同承担11 375元的民事赔偿责任。

---

* （2021）川03民初102号。

四川省自贡市中级人民法院受理后组成七人合议庭进行了审理，依法判决：一、李某某、叶某某、岳某某、刘某某于本判决生效之日起三十日内在"川观新闻"上发布不少于300字的道歉书，道歉书的内容须经本院审定。逾期未主动履行的，由本院代为发布，产生的费用由李某某、叶某某、岳某某、刘某某共同负担。二、李某某、叶某某、岳某某连带赔偿公益损害赔偿金5000元，李某某、叶某某、岳某某、刘某某连带赔偿公益损害赔偿金11 375元，于本判决生效之日起三个月内向公益诉讼起诉人四川省自贡市人民检察院指定的财政专账交纳，专门用于公益事项支出。

二、撰写心得

如何让司法有力量、有是非、有温度，让群众有温暖、有遵循、有保障？裁判文书就是最好的与当事人、法律人、社会公众对话的窗口。"司法是良善的艺术"，司法的裁判功能不仅是定分止争，还具有指引社会正向价值观的功能。法官要通过司法裁判指引社会，我们的法律提倡什么、反对什么、保护什么、制裁什么。以本篇文书为例，笔者从以下三个方面撰写心得与大家探讨和交流。

（一）侵犯个人信息的"罪与罚"

侵犯公民个人信息，刑事民事双重追责。从刑法规制上，我国自《刑法修正案（七）》增设《刑法》第253条之一，并经《刑法修正案（九）》修订之后，侵犯公民个人信息罪成为对个人信息实行刑事保护的主要罪名。在民事领域，我国制定的《网络安全法》《电子商务法》《民法典》《个人信息保护法》等均对个人信息保护作出了明确规定，特别是《民法典》中人格权编单独成编，《个人信息保护法》作为我国首部个人信息保护单独立法，翻开了我国个人信息保护法治事业的新篇章，也将个人信息保护提高到前所未有的高度。本案中，四川省自贡市自流井区人民检察院以李某某涉嫌侵犯公民个人信息罪，向四川省自贡市自流井区人民法院提起公诉。公诉机关认为，李某某以移动回馈用户赠礼为名，骗取当地公民居民身份信息，并利用其所持有的移动工号通过移动公司业务系统，将非法获取的身份证件注册开通移动电话卡号并进行售卖，其行为已触犯《刑法》，应当以侵犯公民个人信息罪，追究李某某的刑事责任。同时，因李某某、叶某某、岳某某、刘某某的行为导致众多不特定的公民个人信息被泄露，侵害公民个人信息安全，损害社会公共利益，依法应当承担民事责任，故四川省自贡市人民检察院提起个人信息保护民事公益诉讼，请求判令李某某、叶某某、岳某某、刘某某在省级媒体上公开赔礼道歉并共同承担赔偿责任。个人信息保护具有维护网络信息安全、社会秩序稳定以及个人生活安宁等社会公共利益属性。侵害公民个人信息不仅要承担刑事责任，也应当承担民事责任。

（二）适用法律规范的"新与旧"

"法律的生命力在于实施，法律的权威也在于实施。"法不溯及既往是法律适用的一项重要原则，《民法典》自2021年1月1日起施行，《民法总则》《侵权责任法》等9部法律同时废止，当事人在《民法典》施行之后提起诉讼的案件，如何正确适用法律，是切实实施《民法典》亟待解决的现实问题。在全国掀起了适用《民法典》热潮的大背景下，本案在适用《民法典》上具有一定"优先级"，但由于本案的法律事实发生在《民法典》施行之前，《民法典》关于个人信息保护的立法本意、保护范围、赔偿方式与《民法总则》《侵权责任法》一脉相承，援引《民法总则》《侵权责任法》处理实体问题，能够更加尊重和保护当事人合理预期，维护法律秩序稳定，遵循民事审判规律，确保裁判尺度统一。值得关注的是，本案还适用了《个人信息保护法》。《个人信息保护法》作为同时具有公法规范和私法规范的一部法律，对于《个人信息保护法》中的私法规范，首先要坚持不溯及既往的基本立场，同时也要注意溯及既往的例外情形，即空白溯及和有利溯及，以充分发挥《个人信息保护法》的规范价值，更好地处理个人信息相关民事纠纷。《个人信息保护法》第70条规定："个人信息处理者违反本法规定处理个人信息，侵害众多个人的权益的，人民检察院、法律规定的消费者组织和由国家网信部门确定的组织可以依法向人民法院提起诉讼。"该条规范解决了人民检察院提起民事公益诉讼的主体资格问题，本案适用该条以确认四川省自贡市人民检察院提起民事公益诉讼符合法律规定。

（三）裁判文书写作的"繁与简"

裁判文书是法官落笔的住所、判案的载体。裁判文书不能仅是对裁判结论形成过程的公式化阐述，而应当做到言之有物、言之有理、言之有礼、言之有情。《最高人民法院关于加强和规范裁判文书释法说理的指导意见》中明确规定，要提升裁判结果的可接受性，要阐明事理、释明法理、讲明情理、讲究文理，对诉讼各方对案件法律适用无争议且法律含义不需要阐明的，裁判文书应当集中围绕裁判内容和尺度进行释法说理。这就要求一份优秀的裁判文书要"繁简适当"，不仅要让"法律人"看到专业的深度，也要能够让

"不懂法的人"简单、清晰地感受到司法的力量。例如,本案中对诉讼主张准确进行概括、清晰具体列载证据、简明扼要叙述案件事实、争议焦点清晰明了便是裁判文书写作中的"简",对被告的答辩完整记载、证据认定充分、说理逻辑严谨、论证有力便是裁判文书写作中的"繁"。简洁与直白,远不如长篇累牍写起来简单,本院认为部分要阐明事理,说明裁判依据的法律规范和适用法律规范的理由,通过阐明裁判结论的形成过程和正当性理由,提高裁判的可接受性。同时,要有力度和温度,情理兼容。

(吴洪汛,四川省自贡市中级人民法院法官)

三、专家评析

"小案件"里的"大民生"。民生无小事,枝叶总关情。本案的发生源于大家在生活中所遇到送纸、鸡蛋、毛巾等小事,但领取物品却需要填表拍照。然而,这并不是一个普通的信息登记,殊不知个人信息安全可能已陷入危险境地。此案中绝大部分的被侵权人为老年人,由于老年人辨别能力弱,缺乏保护自身权益的能力,往往是不法分子紧盯的目标,更需要法治的保护和关怀。加强老年人权益司法保障,是社会主义核心价值观的生动体现。"老吾老以及人之老",尊老爱幼是中华民族的传统美德。本案在适用具体法律规范的同时,将社会主义核心价值观融入裁判文书进行释法说理,提升了裁判的法律认同度、情理接受度和社会认可度,不仅收到了服判息诉的良好效果,也积极回应了人民群众对个人信息保护的关切和期待。

"小细节"里的"大作为"。治国有常,利民为本。面对公益诉讼"等"外领域的包罗万象,自贡市中级人民法院联合自贡市人民检察院,充分发挥行政与司法联动保护工作机制,开展重大案件个案会商,在个人信息保护公益诉讼领域开展有益探索,充分体现了人民法官以人民为中心的情怀、执法办案的智慧和技巧,在法律适用、司法政策把握方面既严格坚持法律规定,又全面理解立法精神,为《个人信息保护法》提供了生动的实践案例。本案通过邀请人民监督员以及老年人代表等参加庭审旁听,以案释法,加强老年人权益保障普法宣传,提高老年人运用法律手段保护权益意识,提升老年人识骗防骗能力。

"小切口"里的"大文章"。致广大,尽精微。案件虽小,但辐射面大,在本案审理过程中反映出社会基层治理存在问题,自贡法院在法治的框架下能动履职,通过司法建议积极为社会治理建言献策,将司法理念从办结案到办好案、从矛盾纠纷末端化解到类案纠纷源头预防进行转变。通过向相关部门发送司法建议，督促相关部门做好法治宣传、排查整治诈骗隐患、建立养老机构"红橙黄绿"分级管理，体现了人民法院能动履职、主动作为，从源头保护与前端治理实现对老年人权益的全方位保护，是贯彻《民法典》《个人信息保护法》和加强老年人权益保障的生动实践，为维护老年人权益提供有力司法服务和保障，不断提升老年人获得感、幸福感、安全感。

（点评人：刘维秋，四川省高级人民法院民一庭副庭长、三级高级法官）

（2021）川 03 民初 102 号裁判文书原文

10. 王某涛与深圳市腾讯计算机系统有限公司个人信息保护纠纷案[*]

【关键词】

个人信息处理　互联网平台　合法必要原则

【裁判要旨】

互联网平台普通用户综合识别场景、识别主体、识别效果、识别作用等要素，能够单独或结合其他信息判断平台上与自然人相关的信息具体指向特定个人的身份或特征的，可以认定该信息具有个人信息意义上的"识别性"；个人信息处理者收集、使用个人信息是否符合必要原则，人民法院需要综合考虑其提供的产品或服务的功能、类型、使用目的和使用范围等因素。

一、简要案情

王某涛 2019 年 4 月首次通过微信登录微视 App 授权获取其微信好友关系；卸载微视 App 重新下载，通过原同一微信号再次登录。微视 App 申请获得用户公开信息（昵称、头像、地区及性别）和"微信好友"，其中关于"昵称、头像、地区及性别"处必须填写；关于"微信好友"可以选择取消勾选。王某涛重新下载登录时没有授权同意微视使用"微信好友"，但查看微视 App 仍然显示其微信好友浏览信息。

双方确认王某涛首次登录使用微视 App 手机同意授权微视使用微信好友关系后，卸载微视恢复出厂设置重新下载微视 App 再次登录微视，即使用户并未勾选同意授权，但在微视 App 默认为开启状态。微视 App 获取用户微信"地区、性别"个人信息，但同时又允许用户在微信和微视 App 随意更改和填写。2020 年 5 月之前，用户只能返回微信设置来撤销微视 App 对微信好友关系的使用，不能直接在微视 App 上操作撤销对微信好友

---

[*]（2021）粤 03 民终 9583 号。

关系的授权。

王某涛认为，使用微信账号登录深圳市腾讯计算机系统有限公司（以下简称腾讯公司）微视 App，其从未明确授权同意该 App 获取和使用用户微信好友信息。腾讯公司"强制授权"的行为侵害了用户隐私及个人信息，遂向法院请求判令腾讯公司立即停止侵犯王某涛隐私权、个人信息的行为，并在服务器中彻底删除王某涛的全部个人信息，公开赔礼道歉并赔偿损失及合理支出1万元。腾讯公司则认为，《微信软件许可及服务协议》《微信隐私保护指引》向用户告知了收集、使用用户的地区、性别信息以及用户在使用微信与其他软件互通时，其他软件可以获取用户公开或者传输的信息，即已告知用户包括微视在内的软件将获取用户微信信息；腾讯公司取得了用户的授权同意，不侵害王某涛隐私和个人信息。

二审中，微视后台数据不再保留王某涛的微信好友关系，不再显示微信地区和性别信息。王某涛主张腾讯公司行为为其带来困扰，但没有提供证据证明存在的"损害"。

深圳市中级人民法院二审认为，本案涉及互联网社交平台个人信息和隐私的法律认定标准以及互联网平台处理个人信息合法性的认定问题。本案中，王某涛诉请保护其"微信好友关系"以及"地区、性别"信息，其中"微信好友关系"属于用户的"个性化特征"，从识别作用看，能够与王某涛的其他平台信息结合判断具体特定个人，应当被认定为受法律保护的个人信息。王某涛本案中的"微信性别、地区和微信好友关系"，不属于受法律保护的隐私。互联网社交平台收集和使用个人信息应满足必要、正当和合法原则。本案涉及两类个人信息，分别评述如下：

一是关于微视 App 在收集用户"地区和性别"时是否满足必要、正当和合法原则的问题。首先，腾讯公司通过相关协议内容、微视 App 的功能界面告知了王某涛"地区、性别"信息的收集、使用情况，使王某涛使用微视 App 时已知晓其个人微信填写的上述信息已授权微视使用，微视和微信平台也通过《微信软件许可及服务协议》等向用户披露信息收集、处理的目的和范围。就诉讼行为发生前，腾讯公司通过微视 App 获取王某涛地区、性别信息不违反合法性、正当性。其次，微视 App 获取用户"地区、性别"个人信息，但同时又允许用户在微信和微视 App 随意更改和填写，说明"地区、性别"信息的准确性、一致性并非使用微视 App 服务所必需。

二是关于微视 App 获取用户微信好友信息是否符合必要、合法和正当要求，是否为用户提供便捷的撤回同意的方式的问题。首先，王某涛授权和撤销微视 App 使用其微信好友关系的情况。根据一审查明事实确认腾讯公司在初次使用王某涛"微信好友关系"获得了授权，满足了告知义务具有合法性。其次，王某涛在卸载微视 App 恢复出厂设置重新安装微视 App 后，微视 App 仍然在登录首页征询用户是否授权"寻找你的微信共同好友"选项，在王某涛拒绝勾选同意授权的情况下，王某涛作为用户有合理理由相信其已经不再授权微视 App 使用微信好友关系，无须通过回到微信撤销授权。而微视 App 后台仍然将"通知推送"界面中"好友加入微视"默认为开启状态，在后台对已储存的微信好友关系继续使用的行为不符合王某涛对其授权行为意思后果的"合理预判"，故微视 App 在王某涛二次下载微视 App 未予授权的情况下继续使用其微信好友关系的行为并未获得有效的用户知情同意，不符合正当性要求。

三是关于本案侵权损害责任问题。虽然王某涛主张腾讯公司的侵权行为给其带来困扰，王某涛微信"地区、性别和微信好友关系"信息属于王某涛在微信中已公开的信息，微视 App 从微信处获取的前述王某涛个人信息公开和覆盖的影响范围与微信相同，尚无证据表明王某涛将获取的个人信息通过其他方式给与第三方知晓或使用。故在王某涛未提供证据证明造成微视 App 使用微信已公开的个人信息造成严重后果或导致损害的情况下，对王某涛主张腾讯公司行为造成其个人权益损害要求赔偿的诉讼请求不予支持。王某涛参加诉讼的支出已实际产生，故对王某涛主张支付参与诉讼合理支出的请求，二审法院予以支持。

深圳市中级人民法院二审判决：一、撤销一审判决；二、腾讯公司支付王某涛参与诉讼的合理支出 1 万元；三、驳回王某涛的其他诉讼请求。

二、撰写心得

裁判文书是法官司法审判工作的产品，体现了法官审理思路和法律适用，是法官司法经验和理性思考的记录。

（一）裁判文书释法说理要透彻，做到阐明事理和释明法律并重

本案二审审理期间，我国《个人信息保护法》颁布实施，本案的处理涉及如何理解个人信息保护在具体司法实践中的适用问题。即本案的处理既要体现国家治理层面对数据应用的导向，还需要兼顾对个人信息的合法保护。因此本案二审裁判文书重点分析了《民法典》《个人信息保护法》《网络安全

法》对个人信息的收集和处理符合"合法、正当、必要"基本原则如何理解，结合本案事实，具体分析了互联网平台使用和收集用户个人信息提出互联网环境下按照个人信息类型的不同和应用场景的差异，准确界定不同场景之下，个人、社会公众以及互联网平台对个人信息的界定。

（二）裁判文书应当对适用法律规范的依据进行充分阐释，又要使判决体现司法的温度

本案原告在一审、二审中最主要的诉求是要求赔偿损失，但原告并未提供任何证据证明其损失。本案根据《民法典》和《个人信息保护法》对损失认定的过错原则，通过举证责任分配的论述认定原告主张并不符合法律规定，但基于原告为参加一审、二审实际支出的费用是真实存在的，二审判决对这一合理请求予以支持。

（三）裁判文书应当是树立规则、传递司法态度的载体

裁判文书的撰写不仅仅是解决个案争议，更应明确裁判规则，尤其是在新类型案件的审理中，应充分发挥司法裁判在国家治理、社会治理中的规则引领和价值导向，明确裁判规则，回应人民群众对司法的期待。本案所涉及的是大型互联网平台对用户个人信息的收集和处理方式是否违反法律的问题。党的十九届四中全会提出将数据作为市场化生产要素之一，数据首次作为生产要素纳入分配制度。2020年，中共中央、国务院印发的《关于构建更加完善的要素市场化配置体制机制的意见》进一步明确了"数据"市场化配置体制及改革的方向，数据被认为是与土地、劳动力、资本、技术等传统要素并列的市场化配置改革的五大基础生产要素。个人信息数据是数据的重要来源之一，个案的裁判应当体现国家对数据要素的态度。本案判决一方面肯定对个人信息的合法保护，另一方面也提出互联网平台对个人信息收集使用的原则与合理使用的平衡，肯定了被告在无国家法律明确规定的情况下不断修正作出的努力，鼓励互联网平台在正当、合法、必要原则下合理收集和处理个人信息以实现国家对数据治理的目的。

（蒋筱熙，广东省深圳市中级人民法院法官）

三、专家评析

本案系个人信息法律保护争议的典型案件。随着《网络安全法》《民法典》《数据安全法》《个人信息保护法》的生效实施，我国在短时间内高效建立起个人信息保护的法律框架，有力地回应了数字时代的法治需求。但由于技术发展迅速、立法时间不长等原因，个人信息保护法律规则的认知与把握还存在一些模糊之处，因此本案及其同类相关案件的裁判就别具价值与意义。具体到本案判决而言，以下三个方面尤可称道。

（一）法理探索

判决书同时援引《民法典》《网络安全法》《个人信息保护法》，围绕"识别性""私密性"等关键要素，详细阐释个人信息、隐私的法律内涵并厘清二者间交叉关系；深入解读个人信息保护中合法、正当、必要与诚信等法律原则以及知情同意权，为案件的裁判奠定了坚实的实体法基础。同时，本案判决在考察当前技术条件与商业实践后，充分权衡互联网平台与个人信息主体"举证能力、举证成本、当事人对证据的控制能力等因素"，对"就个人信息收集和处理过程中是否符合合法、正当和必要性原则"的举证责任分配也作出专门论述。简言之，本案判决既融贯学理又紧扣实践，且兼顾实体标准与程序利益。由此，不仅为本案裁判建构起翔实的法律规则，也充分体现出新技术条件下中国法院的司法智慧与创新，对同类案件具有借鉴性和参考性。

（二）规则适用

本案判决严格遵守"以事实为根据、以法律为准绳"的诉讼法基本原则，在克服诸多技术障碍而查明案中全部要件事实、梳理出清晰的案情脉络基础上，合理归纳待决事项并准确提炼争议焦点，继而依据前已建构的法律规则，将不同事项分别划入相应规则之下，逐一展开针对性评析，丝丝入扣、有理有据地揭示"其所以然"，析疑解惑，令人信服。另外值得指出的是，在面对如何评判个人信息主体"撤回权行使便捷性"等处于法律空白地带的挑战性问题时，本案裁判者既未回避更未"机械司法"，而是从实际出发，主张在"满足合法、正当和必要原则的前提下，也应当尊重意思自治与契约自由，让个人信息的商业利用市场机制予以解决"；"……实现个人数据权益保护与数据流动发展之间的平衡"。本案判决在规则适用中的这种责任担当、谦抑品格、平衡理念，充分体现出法理、情理与事理交织下裁判者娴熟的司法技艺与"法律人"的全局、长远视野。

（三）逻辑贯彻

本案判决恪遵"大前提—小前提—结论"的三段论逻辑范式，从法律条文阐释、案情事实梳理，到涵摄归入、推演结论，环环相扣、一丝不苟，从而保证了本案说理高质量地完成。一般来讲，所有司法裁判都应因循此种分析路径，但新型案件中裁判逻辑的大小前提均更难确立，特别是本案裁判作出时间就在相关几部主要法律生效的当年甚至当月，因而严谨的推演就尤有必要也更难能可贵。

当然，本案判决在详略安排、字词表述上还有进一步优化的空间。但瑕不掩瑜。无论从内容还是形式上来看，本案判决的引领价值和示范意义均足以使之堪称一篇优秀裁判文书。

（点评人：朱谢群，深圳大学法学院教授、博士生导师，中国法学会知识产权法学研究会副秘书长）

（2021）粤03民终9583号裁判文书原文

第四节　一般人格权

11. 范某1、范某2与重庆龙赢市政建设有限公司、范某3、范某4侵权责任纠纷案*

【关键词】

民事　人格权　一般人格权　骨灰安葬权

【裁判要旨】

当死者近亲属对骨灰安葬无法协商一致时，骨灰安葬权的行使可按照以下规则确定：(1) 死者生前有遗愿的，从其遗愿。(2) 死者生前没有遗愿的，由其配偶、子女、父母协商行使；死者没有配偶、子女且父母已经死亡的，则由其他近亲属协商行使。(3) 同一顺位近亲属无法协商一致的，根据权利义务相一致原则，由与死者关系密切，共同生活时间较长，承担日常生活照料、物质经济帮助、精神情感慰藉、丧事善后处理等主要义务的近亲属行使。同时，行使骨灰安葬权不得妨碍其他近亲属对死者悼念祭奠。

一、简要案情

重庆市铜梁区人民法院于2020年8月28日作出（2019）渝0151民初5485号民事判决：驳回范某1、范某2、范某3的诉讼请求。范某1、范某2不服一审判决，提起上诉。重庆市第一中级人民法院于2021年2月19日作出（2020）渝01民终7122号民事判决，驳回上诉，维持原判。

法院生效裁判认为，我国相关法律已明确遗体受法律保护，骨灰作为遗体火化后的特定物，亦应受法律保护。近亲属对死者的安葬既是义务也是权利。《民法典》第994条规定，"死者的姓名、肖像、名誉、荣誉、隐私、遗体等受到侵害的，其配偶、子女、父母有权依法请求行为人承担民事责任"。

---

* （2020）渝01民终7122号。

骨灰安葬权可概括为亲属基于特定身份关系对死者骨灰进行安葬处置的权利，具体包括决定安葬时间、安葬地点、安葬方式等。《民法典》第8条规定："民事主体从事民事活动，不得违反法律，不得违背公序良俗。"因此，亲属行使安葬权不得违反法律，不得违背公序良俗。《民法典》第10条规定："处理民事纠纷，应当依照法律；法律没有规定的，可以适用习惯，但是不得违背公序良俗。"据此，亲属因安葬权行使发生争议引发民事纠纷的，人民法院应当依照法律规定以及社会公众普遍认同的丧葬传统习惯处理。当死者亲属无法对骨灰安葬协商一致，骨灰安葬权的行使可按照以下规则确定：（1）死者生前有遗愿的，从其遗愿。（2）死者生前没有遗愿的，由其配偶、子女、父母协商行使；死者没有配偶、子女且父母已经死亡的，则由其他近亲属协商行使。（3）同一顺位近亲属无法协商一致的，根据权利义务相一致原则，由与死者关系密切，共同生活时间较长，承担日常生活照料、物质经济帮助、精神情感慰藉、丧事善后处理等主要义务的近亲属行使。同时，行使骨灰安葬权不得妨碍其他近亲属对死者悼念祭奠。范某4与范某某共同生活26年，时间最长，且承担了生活照料、看病陪护及丧事处理等义务，并保管其骨灰40余年。在近亲属对范某某骨灰安葬无法达成一致意见时，由范某4行使骨灰安葬权，符合权利义务一致原则，契合社会公众认知和常理常情。同时，范某某妻子叶某某的骨灰也由范某4保管，基于夫妇合葬的传统习俗，范某4决定将二者骨灰合葬于龙赢公司经营的重庆福果山生命纪念园，符合民事习惯和公序良俗。龙赢公司与范某4签订安葬协议，依据该协议持有并安葬骨灰属于正当履行合同义务，不具有违法性，不存在过错。范某某系《傻儿师长》《哈儿传奇》等影视作品主人公原型，于1894年出生于四川省大竹县，1938年被委任为川军第27集团军第88军军长，自募兵员进行抗日。1949年9月，范某某被委任为国民党重庆挺进军总司令。1949年12月，范某某率部起义。此后范某某历任中国人民解放军第四野战军五十军高参，中南军政委员会参事室参事、河南省人大代表、河南省政协委员、河南省体育运动委员会副主任。范某某在世时曾在重庆居住生活多年，后在河南省郑州市工作生活至终老。范某某在中华人民共和国成立前曾有多妻多子，其中包含范某1、范某2、范某3、范某4、范某5等子女。范某某之妻叶某某（非范某4生母）于1960年左右与范某某共同生活至范某某去世，范某4自出生起一直随范某某生活，范某3在1957年至1971年与范某某共同生活，后因工作原因从范某某家中搬出，在节假日探望范某某。审理中，范某3陈述，范某1在1949年至1951年与范某某共同生活，1954年范某某到河南工作而范某1复员到东北后分开居住，但中间仍有联系。范某2毕业后到江苏工作，与范某某联系较少，范某某曾在1957年至1961年通过范某3向范某2邮寄生活费，在叶某某与范某某共同生活后才停止邮寄。

范某某因病于1977年3月5日去世，于1977年3月9日火化，叶某某、范某1、范某3、范某4参加了范某某追悼会。在范某某遗体火化后，其骨灰、死亡证明一直由叶某某、范某4保管。叶某某此后与范某4共同生活，由范某4赡养至1998年去世。叶某某去世后，范某某及叶某某骨灰均由范某4独自保管。

2018年11月27日，范某3与四川大竹县猴儿岩骨灰公墓签订了入墓协议书，范某4在审理中表示其并未同意将范某某骨灰安放在四川省大竹县，甚至不清楚公墓地址。

2019年4月30日，范某4与重庆龙赢市政建设有限公司（以下简称龙赢公司）签订《协议书》，将范某某先生的骨灰安葬至龙赢公司所属的重庆福果山生命纪念园。2019年5月4日，范某4将范某某骨灰移交给龙赢公司，龙赢公司举办了迎灵仪式。

原告范某1、范某2、范某3诉称，龙赢公司明知三原告不同意将父亲安葬在福果山生命纪念园内的情况下，仍然坚持与范某4签订骨灰安葬协议书，侵犯了原告作为直系亲属对父亲范某某骨灰依法享有的特殊物权及安葬权。请求法院判决：（1）被告龙赢公司立即停止侵权行为，并向原告返还范某某骨灰；（2）判令被告向原告支付精神损害赔偿金10万元；（3）判令被告支付本案诉讼费用。

龙赢公司辩称，其基于与第三人范某4的合同关系而取得骨灰的占有权，并非无权占有，其不存在侵犯原告人格权的行为，原告基于被告侵权要求返还骨灰并赔偿精神损害抚慰金没有事实及法律依据。

第三人范某4称，其与父亲范某某在长达26年的共同生活中，同父亲建立了难以割舍的父子情，父亲晚年系由母亲叶某某女士及范某4共同照顾起居。在母亲叶某某女士去世后，其骨灰也是由范某4保管，直至2019年5月范某4将二老的骨灰移送给龙赢公司保管，范某4自行管理父亲骨灰长达42年，现范某4自愿将二老骨灰一并安葬在龙赢公司经营的重庆福果山生命纪念园内并未损害原告任何权益。

二、撰写心得

（一）撰写本裁判文书时的侧重点与利益考量

当前，随着我国城镇化建设、户籍制度改革和产业资源配置聚集等原因，人口流动迁徙性加大，由此引发的骨灰安葬权案件日益增多，也对"叶落归根""魂归故里"等传统安葬文化注入了新的认识和新的注解。然而，我国立法和司法对骨灰安葬权方面的法律规则几乎空白，无规则先例可循。骨灰安葬权纠纷案件直接关乎民生问题，关乎人格权保护，涉及家庭和睦、社会稳定、社会主义核心价值观等多方面，处理好相关案件具有较大的理论和实践价值。因此，在撰写本裁判文书时，注重新时代能动履职理念，侧重探索骨灰安葬权的行使规则，为同类纠纷提供裁判指引，规范公众行为，达到"办理一案，治理一片"的效果。

同时考虑到，独立的人格权编成就我国《民法典》独特的七编制法典体例，开世界民事立法之先河，是世界人格权保护立法的典范，彰显现代化人格权保护模式。骨灰安葬权是人格权内容的重要组成部分，连接着生者与死者的人格利益，涉及个体权利保护和公共习俗秩序的维护。因此，对于骨灰安葬权是否应受到法律保护的问题，结合社会发展、一般认知、风俗习惯、伦理道德等因素，骨灰安葬权应纳入一般人格权进行保护。

（二）撰写本裁判文书时的分层次逻辑脉络

在撰写本裁判文书时，着重注意论证说理的逻辑严密性、层次清晰性、论述充分性。本裁判文书的逻辑脉络层次，主要体现在以下几个方面：

1. 第一层次论述骨灰安葬权的法律性质。骨灰安葬权是死者近亲属基于特定身份关系对死者骨灰进行安葬处置的权利，具体包括决定安葬时间、安葬地点以及安葬方式等。骨灰安葬权不具有直接的财产性内容，所以其非财产权，属于人身权范畴。骨灰安葬权一方面指向死者的人格利益，关乎死者人格尊严的实现，是一般人格权中人格尊严之体现；另一方面指向死者近亲属的祭奠利益，这种特定的利益在于保护生者对死者表达哀思、寻求心理宽慰的行为自由，是一般人格权中人格自由之体现。同时，祭奠利益所包含的道德评价和"认祖归宗"的身份认同也是一般人格权中人格尊严之体现。因此，骨灰安葬权属于一般人格权的范畴。从司法实践来看，大多数法院也认为应将骨灰安葬权纠纷归入"一般人格权纠纷"的案由之下。

2. 第二层次论述骨灰安葬权的行使顺位。骨灰是逝者亲人寄托哀思的重要载体，死者近亲属享有骨灰安葬权。死者近亲属因行使骨灰安葬权发生争议引发民事纠纷的，人民法院可按照"意思自治""民主议定""公序良俗"等顺序原则确定骨灰安葬权的行使顺位。

（1）意思自治：死者生前有遗愿的，从其遗愿。骨灰安葬权的行使应当充分尊重死者生前的意思表示，这不仅因为"死者为大、亡者为重"的理念已被社会成员普遍接受，还因为死者对骨灰的自我决定权是死者个人人格实现的需要，为死者生前人格之延续。

（2）民主议定：死者生前没有遗愿的，由其配偶、子女、父母协商行使骨灰安葬权；死者没有配偶、子女且父母已经死亡的，则由其他近亲属协商行使。在死者未有意思表示的情况下，骨灰安葬权的行使应由死者近亲属协商决定。因死者近亲属与死者之间血脉厚薄、亲疏远近不尽相同，故死者近亲属对死者骨灰享有的祭奠利益存在一定程度的差别。

（3）公序良俗：同一顺位近亲属无法协商一致的，根据权利义务相一致原则，由与死者关系密切，共同生活时间较长，承担日常生活照料、物质经济帮助、精神情感慰藉、丧事善后处理等主要义务的近亲属行使。这是指在死者生前未有意思表示、同一顺位近亲属又不能协商解决的情况下，骨灰安葬权的行使应当符合社会公认的伦理道德观念。当"意思自治"与"民主议定"均无法确定骨灰安葬权的行使时，应由与死者关系密切，共同生活时间较长，承担日常生活照料、物质经济帮助、精神情感慰藉、丧事善后处理等主要义务的近亲属行使。相较于其他近亲属，对死者承担主要义务的近亲属享有的祭奠利益更具优先性，由其行使骨灰安葬权不仅符合权利义务一致原则，也符合一般社会公众的道德观念和法感情。

（三）参考本裁判文书时需要注意的地方

现行法律体系下，由于骨灰安葬权尚未成为一项法定权利，因而在已有的司法案例中，当事人提起诉讼时的依据及法官的裁判依据各不相同，但骨灰安葬所指向的死者人格利益与近亲属的祭奠利益应当受到法律保护，并要在现行法律体系中积极探寻予以支撑其裁判说理的具体条款。

参照《民法典》人格权编中的第994条关于死者人格利益保护主体的范围和顺序，骨灰安葬权的行使应先由第一顺位的配偶、子女、父母进行协商；若没有配偶、子女且父母已经死亡的，则由第二顺位的其他近亲属进行协商。关于其他近亲属的范围，参照《民法典》婚姻家庭编中的第1045条的规定，应包括死者的兄弟姐妹、祖父母、外祖父母、孙子女、外孙子女。

骨灰安葬权作为一项非法定权利，需要寻求民法基本原则和一般条款，并借助于自由裁量权进行价值补充和类型化处理以获得不同于法定权利的保护。另外，骨灰安葬权的行使还需要通过民事法律行为的"安全阀"——"公序良俗"予以检视。除了对民事立法司法原则性指导外，公序良俗还发挥着"限制民事行为"的司法裁判功能。此外，涉及英雄烈士的骨灰安葬时，需要考虑到社会主义核心价值观的弘扬，以使英雄烈士的爱国主义精神更好地得到继承与发扬。

法官在处理骨灰安葬权侵害纠纷时，根据当事人的诉讼请求基础，在综合考量利益保护强度、行为正当化程度、过错程度、因果关系贡献度、因果关系确定性程度以及损害轻微程度的基础上，灵活地选取上述一般条款或基本原则作为个案骨灰安葬权的保护方式，以妥善化解双方当事人的矛盾。

（陶旭东，重庆市第一中级人民法院法官）

三、专家评析

本裁判文书逻辑严密、用语精确、说理深入、论述充分，更为难能可贵的是，探索了骨灰安葬权的行使规则，丰富了人格权保护内容，为类似案件的审理提供了重要参考。

（一）明确了骨灰安葬权属于《民法典》人格权编保护的一般人格权

骨灰安葬权是否受法律保护？若是，那么属于什么性质的权利？其在《民法典》具体法律规定中处于什么样的位置？该判决根据《民法典》第990条规定，探讨了一般人格权的保护范围，认为对于具体人格权无法涵盖，但与人格尊严紧密相连，根据社会发展、一般认知、风俗伦理等因素，需要给予法律保护的人格利益，可纳入一般人格权进行保护。循此可知，丧葬在我国有着深厚的文化传统和伦理根基，关乎死者和亲属的人格尊严，骨灰安葬权应纳入一般人格权进行保护。判决同时指出，近亲属对死者的安葬既是一项义务也是一项权利，明确了安葬权利义务属性。

（二）明确了骨灰不宜根据近亲属少数意见服从多数的原则处理

对于当事人一方主张骨灰应当参照《民法典》物权编共有关系中少数服从多数原则处理，该判决进行了深入论证分析，认为物权编侧重于物作为财产的经济属性和利用价值，以充分发挥物的效用，促进社会财富增长。而骨灰不在于满足人们生产生活等物质性需求，而在于满足亲属等缅怀逝者、抚慰生者的人格性精神需求，因而不应参照适用物权编。同时，判决也指明了骨灰安葬纠纷的参考适用方向，认为婚姻家庭编和继承编主要调整家庭成员内部关系，促进文明和睦的亲属关系，具有深刻的人文精神内涵和伦理色彩，可供参照适用，并根据关系亲密程度以及对死者生老病死承担义务多寡确定。该说理论证精彩，逻辑严丝合缝，为类案处理方向提供了重要参考借鉴。

（三）明确了骨灰安葬权的行使顺位

在参照适用《民法典》婚姻家庭编和继承编的基础上，当死者亲属无法对骨灰处理达成一致意见时，骨灰安葬权由谁行使，本判决进行了探索，认为：死者生前有遗愿的从其遗愿；死者生前没有遗愿的，由其配偶、子女、父母协商行使；死者没有配偶、子女且父母已经死亡的，则由其他近亲属协商行使。同一顺位近亲属无法协商一致的，根据权利义务相一致原则，由与死者关系密切，共同生活时间较长，承担日常生活照料、物质经济帮助、精神情感慰藉、丧事善后处理等主要义务的近亲属行使。这种规则探索具有充分的科学合理性，不仅符合权利义务一致原则，也契合社会公众认知和常理常情，符合公序良俗原则。

本判决书美中不足之处在于，本案死者是一位抗日爱国将领，爱国主义传承教育因素在该起骨灰安葬纠纷处理中的影响和作用方面，判决的论述说理还可更进一步加强，这也是当事人提出的诉辩理由之一。

（点评人：张国庆，重庆市第一中级人民法院党组成员、副院长、审判委员会委员、二级高级法官）

（2020）渝 01 民终 7122 号裁判文书原文

第二章 继承

12. 沈某1与刘某1、沈某5、沈某6继承纠纷案[*]

【关键词】

代位继承 转继承 公证遗嘱 口头遗嘱 继父母子女间继承

【裁判要旨】

被继承人口头遗嘱系病重期间所立，无法实现两个见证人同时与被继承人对话的条件，但该两名见证人所见证的内容相吻合，该情形属于在危急情况下所立，且符合两个见证人在场的条件，被继承人在立口头遗嘱后不久便死亡，未出现危急情况解除的情形，所立口头遗嘱有效，其遗产应按遗嘱继承处理。

被继承人留有见证遗嘱后又留有公证遗嘱，无法证实在作出公证遗嘱时处于精神疾病发作期间且无证据证实公证程序中存在违法情形的，对公证遗嘱予以认定。

一、简要案情

原告沈某1提出诉请：（1）依照公证遗嘱继承分割坐落于唐山市丰润区东大街××号的房屋及宅院房产判归原告所有，原告按份额给其他继承人补偿；（2）诉讼费用由被告承担。庭审中，原告明确要求房产无论属于谁的遗产，均在本案中一并处理。

法院认定事实：沈某某、鲁某某系原配夫妻，二人共生育三子。沈某某于1959年死亡。长子沈某3于2002年死亡。次子沈某4于1988年死亡，生前未婚未育。沈某某死亡后，鲁某某带三子沈某5与刘某2再婚，鲁某某于2007年死亡，其父母均先于鲁某某死亡。刘某2于2014年死亡，刘某2生前

---

[*]（2020）冀0208民初696号。

亦无其他子女，且父母均先于刘某2死亡。沈某3与丁某某系夫妻关系，共生育二子。长子沈某1、次子沈某2。丁某某于2017年死亡。沈某2与刘某1系夫妻关系，二人生育一女沈某6。沈某2于2009年死亡。沈某3、鲁某某、刘某2生前未立遗嘱、未与他人签订遗赠扶养协议。丁某某名下有唐山市丰润区东大街宅基地一处，该宅基地上盖有房屋两处，一处的房屋所有权证号为唐新房字×××7号建筑面积总和为71.58平方米，另一处房屋所有权证号为唐新房字×××6号房屋建筑总面积为56.05平方米。此外该宅基地另盖有无房屋所有权证的房屋三间及门房三间。沈某2去世前立有口头遗嘱，内容为沈某2遗留的财产由沈某6一人继承。2012年，丁某某留有见证书一份，内容为在其去世后丰润区东大街×号房屋及宅院中属于其个人所有的部分和继承沈某3的部分全部遗留给沈某1，上述房产和宅院如进行平改开发，所得的补偿利益中属于其个人所有的部分和继承沈某3的部分也全部遗留给沈某1。2017年，丁某某留有公证遗嘱一份，内容为待其去世后，将房屋所有权证号为：唐新房字×××7号平正房中属于其的房产份额的半间遗留给沈某6所有，剩余的属于其的房产份额（其中包括院内无证的房产）全部遗留给沈某1所有。刘某1、沈某6申请撤销上述遗嘱公证申请，公证处作出决定书，维持遗嘱公证书。刘某1、沈某6不服，投诉至唐山市公证协会，唐山市公证协会作出意见书："我会决定终止公证复查争议投诉处理，就该投诉事项所涉及的事实和法律问题由人民法院作出裁决。"

法院作出判决：一、对于唐山市丰润区东大街××号（房屋所有权证号为唐新房字×××7号）的房产，原告沈某1分得538/960份额、被告刘某1分得65/960份额、被告沈某6分得257/960份额、第三人沈某5分得100/960份额；二、对于唐山市丰润区东大街××号（房屋所有权证号为唐新房字×××6号）的房产，原告沈某1分得146/192份额、被告刘某1分得13/192份额、被告沈某6分得13/192份额、第三人沈某5分得20/192份额；三、驳回原告沈某1的其他诉讼请求。

二、撰写心得

该案例集合了各种继承方式及各种遗嘱效力的确定，加之当事人人数众多、矛盾突出等特点，审理和裁判需要格外细致和耐心。撰写判决书需条理清晰、认定事实准确，论理部分按不同的继承法律关系逐一细致剖析，为便于梳理，在实践中可通过制作各被继承人和继承人的人物关系图的方式，列明了人物关系及各被继承人的死亡时间，便于明确继承顺序及继承人的范围。

　　裁判文书的撰写，最能体现一个法官的综合素质，一篇好的裁判文书，需要以案件承办法官查清案件事实、正确适用法律为基础。更为重要的是，要在裁判文书中将查清的案件事实写清楚，将法律条文的适用写明白。此外，还要准确地列明当事人的诉讼请求和答辩意见，并确保文书当中没有书写错误。

（一）准确全面地归纳双方的诉辩意见

　　在司法实践中，部分审判人员对于当事人的起诉意见和答辩意见，往往是采取照抄照搬的方式，原原本本地将当事人的意见抄录在裁判文书中，并没有对当事人的意见进行归纳和整理；也有部分人员仅是记录当事人起诉状或答辩状的内容，甚至还会遗漏当事人在庭审过程中增加或变更的诉讼请求。一份好的裁判文书，最先需要的是准确全面地归纳争议双方的诉辩意见。准确，是指要通过法言法语将当事人的诉讼请求、抗辩理由全部列明，使当事人在阅读该份裁判文书时能够快速地定位到自己的诉求和主张。全面，是指对于当事人的诉讼请求和抗辩理由没有遗漏，对于当事人没有直接表述清楚的主张要予以归纳和概括，尤其是对于当事人在庭审过程中增加或变更的主张，更要以凝练的语言予以体现，从而确保能够完整体现当事人的各项主张。

（二）科学合理地分析案件的证据效力

　　对于证据的分析认证决定着最终案件基本事实的认定，因此，在裁判文书撰写过程中应格外注意对证据的分析认证。对于当事人提交的证据，应当根据不同的证据类型进行不同的认证分析，同时还应注意对证据的分析不应过分地强调法言法语的运用，应当以当事人能够理解为限。就家事审判而言，证据主要集中于书证和证人证言两种类型，对于书证的证据分析应当注重分析证据的真实性，并尽可能地分析透彻书证内容对案件事实认定的影响，同时对于必须符合法律规定形式的证据，还要进行证据形式的合法性分析，并注意形式瑕疵合理性的限度，既不能过分苛责当事人符合证据形式的要件，还不能因过于追求形式完美而影响最终事实的认定。对于证人证言的分析认证，则应当注重对其作证陈述内容真实性的分析，采信证人证言的，要讲明采信的理由；反之亦应说明证人证言的矛盾之处，写明不予采信的理由。

（三）真实客观地还原案件的基本事实

　　在当事人争议的客观真实与裁判文书认定的法律真实之间始终存在一条难以逾越的"鸿沟"，而裁判文书撰写过程中的基本事实认定，则是在尽量填平这条"鸿沟"。根据对证据的分析认证，按照法律规定认定或推定相应事实的成立与否,最终呈现出来的就是当事人所看到的认定事实部分。对于基本事实的撰写,应当遵守"七何"(何事、何时、何地、何物、何情、何因、何人)要素式的撰写思路,时间、人物、地点、行为等要素缺一不可。对于双方争议的主要事实,则应当着重进行描述,清晰明了地还原案件的基本事实。此外,在还原案件基本事实过程中,还应当注重逻辑上的顺序性,可根据案件的不同选择以时间顺序或人物顺序的方式展现案件事实,切忌采用"流水账"式的还原方式。

(四)简单明了地归纳案件的争议焦点

案件争议焦点在裁判文书中虽然所占篇幅不大,但却是"画龙点睛"之笔,争议焦点的归纳是否准确、明了,关系到案件争议能否解决,可以说是一篇裁判文书成功与否的关键。能否在复杂的法律关系中找寻到当事人争议的核心焦点,非常考验一个法官对法律关系的认识和梳理能力。争议焦点的归纳讲究简单、明了,即要用最简短的语言表述争议的核心问题,且该问题应属于观点认识问题,证据分析和事实认定问题不应属于争议焦点范畴,而应在相应部分中论述。同时,争议焦点应当是案件争议的核心问题,当事人所有矛盾的产生、发展都是由该核心争议展开或衍生,不宜将边缘争议列为争议焦点。

(五)条理清晰地论述案件的法律适用

法律适用的论述是一篇裁判文书的精华,也最能体现一个法官的裁判水平,法律适用的论述应当遵守逻辑思维的规定程式,总体上按照大前提、小前提、结论的方式展开论述。这就要求大前提的选用要恰当,在对同一问题法律有不同规定的情形下,要严格按照法律位阶的规定选用法律依据。小前提的论述则要围绕争议焦点进行展开,在论述的过程中还要根据不同类型案件采用适当的表述方式,比如刑事案件要注重严谨,商事案件要尊重当事人"意思自治",家事案件则要讲究法理人情,体现法律的温度。结论的论述要符合逻辑规则,即要确保结论的正确性,确保当事人信服该结论的合理性,易于其接受最终的裁判结果。此外,裁判文书的法律适用论述部分,还应当同社会主义核心价值观相结合,直观地体现社会主义核心价值观的核心要义和基本要求,引导社会公众自觉践行社会主义核心价值观。

(六)认真细致地纠正文书的书写错误

此处的书写错误包含格式和内容两个方面。文书格式正确是对裁判文书质量的最低要求,因此务必要确保裁判文书格式符合文书格式规定的要求,注意首部、落款等关键部位的格式要求，同时对于字号、行距等也应符合文书格式规范。在内容方面，则是要求语句、语序的通顺、正确，文字书写和数字计算没有错误。

（李宏，河北省唐山市丰润区人民法院法官）

三、专家评析

该案是一起继承纠纷案件，案件审理程序合法规范，认定事实清楚、适用法律正确，裁判结果公正适当。裁判文书整体流畅、思路清晰、论理充分，最终结果裁量适当、公正合理，充分展现了承办法官较高的庭审调查能力和文书撰写水平。

（一）法律关系分析透彻

该案几乎涵盖了继承法律纠纷所涉及的全部纠纷类型，不仅包含了多个继承法律关系，而且案件当事人之间的身份关系错综复杂。承办法官在撰写裁判文书时，采用自行绘制人物关系图的方式，对各被继承人的继承人范围和继承顺序进行细致的梳理，在文书中清晰地展现了各人物之间的身份关系、继承方式，以及各自应当继承的份额。

（二）争议焦点论述清晰

该案中涉及了一方当事人对公证遗嘱效力提出异议，部分当事人主张被继承人在重病手术之后，在急救舱内，通过两名见证人见证将自己的全部遗产留给当时两岁的女儿的口头遗嘱无效等问题。围绕当事人的争议，承办法官将法定继承和紧急情况下的口头遗嘱、见证遗嘱、公证遗嘱等的效力认定，以及代位继承、转继承、继父母子女之间的法定继承、继承过程中夫妻财产认定等归纳为本案争议焦点。针对争议焦点，承办法官在裁判文书中，按照"三段论"式的逻辑结构，对各个问题进行了科学合理的分析，对当事人争议的焦点逐一进行了详细论述，认定正确、思路清晰。

（三）文书结构严谨流畅

承办法官紧紧围绕案件的争议焦点，对各被继承人的继承人范围和遗产范围逐一进行了论述，并对当事人提交的每一份证据都作了论证说理。案件事实的认定，逻辑顺畅、思路清晰，法律适用的论述规范合理，反映出承办法官具有较高的庭审能力和证据论证说理能力。

（四）精确绘图亮点突出

该份裁判文书最为突出的亮点在于，承办法官基于分析案件、撰写文书、判后答疑的考虑，针对该案法律关系复杂、被继承人人数众多，涉及的被继承房产需进行多次分割的事实，便采用了绘制人物关系图的方式来辅助办理该案。针对每一个被继承人列出一份关系图，直观地展现人物关系、继承顺序、被继承人的死亡时间、遗产份额及各继承人应继承的份额，做到了认定事实清楚，适用法律正确，裁判结果公正。

  一方面，人物关系图的绘制，更有利于承办法官开展判后答疑和释法明理工作，在送达裁判文书的时候，可以通过人物关系图更为直观地向当事人展示案件事实、法律关系。能够更好地从证据认证、事实查明、法律适用、遗嘱效力、继承顺序等各个方面解释说明，使当事人从"法"的角度有正确认识。另一方面，清晰的人物关系图，更有利于承办法官又从情感的角度进行疏导，帮助当事人修复失恰的家庭关系，维护亲属之间的感情，让当事人在"情"的角度感到温暖。做到了"情"与"法"的有机结合，实现了政治效果、法律效果和社会效果的三效统一。

  （点评人：宋晓玉，河北省高级人民法院审判委员会委员、民一庭庭长，河北省审判业务专家）

（2020）冀 0208 民初 696 号裁判文书原文

第三章 物权

13. 梁某某与卢某1等排除妨害纠纷案[*]

【关键词】

邻里纠纷　社会主义核心价值观　裁判文书　释法说理

【裁判要旨】

不动产的相邻权利人应当按照有利生产、方便生活、团结互助、公平合理的原则,正确处理相邻关系。相邻关系方在实现自身需求的同时,不得损害他人的合法权益。在尚有其他排放生活污水可能的情况下,一方持续排放污水,对另一方房屋及日常生活造成实质不良影响,另一方用混凝土堵住下水管道的做法,应认定为是在其自身权益受到侵害时的一种自力救济方式,并无明显不当。

一、简要案情

梁某某诉称:梁某某与卢某1系前后院邻居,两家因为宅基地使用范围存在争议,2019年6月15日,卢某1、卢某2强行在争议的宅基地上砌墙,梁某某进行阻止,后卢某1、卢某2即将梁某某存放在南院门旁边的杂物堵在梁某某家南门处,同时用混凝土将梁某某家下水管道堵死,由此造成梁某某家出行及排水不便,同时也造成农家院经营损失。为此,梁某某请求法院判令:卢某1、卢某2将堵在梁某某家南院门外的杂物清理,以便于梁某某通行,同时要求卢某1、卢某2将堵在梁某某家下水管道内的混凝土清除,不得妨碍梁某某家下水管道排水,同时还要求卢某1、卢某2自2019年6月15日起赔偿梁某某农家院经营损失每日1500元。

卢某1辩称:梁某某购买了同村村民赵某某家的旧宅,后其新建了房子,

---

[*]　(2021) 京01民终2680号。

在卢某1、梁某某两家之间原有的空地本是卢某1家的宅基地,因此卢某1在翻建自家平房时向北错出近一米的距离也属于合理使用自家宅基地,而梁某某自2016年起将其污水直接排到卢某1家房后,导致卢某1家房后散水受损,2018年其在自家南院墙开南门直通卢某1家房后,其目的是欲侵占卢某1家房后的宅基地,因此卢某1才将其排水口及南门堵了,现其要求卢某1排除妨害、赔偿损失没有道理,故不同意其全部请求。

卢某2辩称:梁某某与卢某1因宅基地使用问题发生争执,后卢某1因梁某某不当排水和开南院门才予以封堵,而卢某2并没有参与,因此梁某某起诉卢某2要求排除妨害、赔偿损失属于诉讼主体错误。

法院经审理查明:卢某1、卢某2系父女关系。梁某某与卢某1系前后院邻居,梁某某居北,卢某1居南,梁某某宅院地势稍高于卢某1家宅院,两家宅院东侧为街道。梁某某系早年购买本村村民赵某某(赵某之子)的旧房屋及院落,该宅院与卢某1北房之间的空地上原有一道石头墙,2012年5月梁某某拆除了两家之间的石头墙,并在赵某某家原宅基地上新建了房屋,其南院墙即建于原石头墙处,而其取得赵某某的集体土地使用证中明确宅基地东西宽20米、南北长16米,与实际宅基地东西宽19.2米、南北长12.5米不符。2012年9月,卢某1亦翻建自家北房,其新建北房后墙向北错出近2米,由此两家之间的空地变窄,现距离为3米,同时卢某1沿梁某某南院墙向东砌起北院墙,并搭建了石棉瓦棚子。为此梁某某曾于2013年诉至法院要求卢某1拆除,但被认定为宅基地使用权争议后驳回起诉,梁某某提出上诉,后又撤回上诉。后梁某某再向北京市国土资源局延庆分局申请宅基地确权,但被告知本市尚未出台具体可操作性规定而未予解决。2015年3月及5月,梁某某拆除了卢某1所建北院墙其中3.66米,为此卢某1诉至法院,要求梁某某恢复原状、赔偿损失。法院经审理,认定双方虽存在宅基地使用权争议,但在争议未经处理的情况下,其拆除卢某1所建院墙的行为不妥,为此判令梁某某恢复原状,但对卢某1主张的其他损失以无证据证实为由驳回,对此双方均提出上诉,后被驳回上诉,维持原判。2016年,梁某某利用其宅院西侧排水口直接向南墙外排放污水,为此卢某1起诉要求梁某某改排污水。法院经审理认为,卢某1在双方宅基地使用权发生争议未得到处理的情况下,其翻建北房向北移位,并将两家之间东侧可以活走的空地堵死,因此其自身对损害后果负有责任,故驳回了其诉讼请求。对此,卢某1提出上诉,后被驳回。2018年,梁某某在其南院墙东侧开院门,并在墙外堆放杂物。2019年

6月15日，卢某1用梁某某南墙外所堆放杂物将梁某某所开南院门封堵，同时用水泥混凝土将梁某某西侧排水管道堵塞。为此梁某某于2019年7月19日诉至法院，要求卢某1排除妨害即疏通排水管，并将封堵南院门的杂物清理，以便于其排水和通行，并要求赔偿损失。本案在审理过程中，双方均坚持对该地块享有使用权，梁某某坚持要求卢某1疏通排水管、清理南院门前杂物，并赔偿其农家院经营损失，卢某1拒绝；卢某2否认参与封堵梁某某排水管及南院门，为此双方未能协商解决；梁某某未能提交证据证明卢某2有封堵其排水及南院门的行为。另经各方当事人确认，经由梁某某家南院墙下水管道向外流出的水包括了洗手间的污水。

一审法院审理后判决卢某1将封堵在梁某某南院门外的杂物清理，以便于梁某某能正常出入对自家南院墙进行维护，对于梁某某要求疏通排水管并赔偿其农家院经营损失的请求未予支持。梁某某不服提出上诉，二审法院审查后认为本案二审争议焦点主要在以下三个方面：一是梁某某要求清除堵在其房屋下水管道内混凝土的主张是否应予支持；二是一审法院未认定卢某2承担责任、未支持梁某某歇业损失是否正确；三是一审审判程序是否存在问题。二审法院经审理后最终判决驳回上诉，维持原判。

二、撰写心得

本案当事人因宅基地权属存有争议引发纠纷，数年来多次诉诸法院诉讼，积怨越来越深。在审理本案的时候，作为裁判者，笔者再一次感受到了涉邻里纠纷事情碎、纠纷大、矛盾深的特点。此时，笔者想到了最高人民法院颁行的《关于深入推进社会主义核心价值观融入裁判文书释法说理的指导意见》，里面对如何深入推进社会主义核心价值观融入裁判文书释法说理有了比较明确的规定和架构。于是笔者考虑，在面对此类纠纷时，如果能在开展文书撰写、做当事人工作等活动时，多思考如何有效运用社会主义核心价值观来释法说理，从而确立类案审理思路，达到有效化解矛盾、树立行为规则、引领社会风尚的效果，不失为一种有益尝试。因此，本案二审裁判文书在适用法律规范处理纠纷的同时，在论理中融入了社会主义核心价值观的阐释。根据案件具体情况，笔者选择了社会主义核心价值观中社会层面上的"法治"和个人行为层面上的"友善"这两点内容展开，聚焦案件争议焦点的同时，亦符合法律规定处理以相邻关系、排除妨害为代表的涉邻里纠纷应遵循的"有利生产、方便生活、团结互助、公平合理"原则的内在含义，增强了论理的可读性、易懂性,彰显了刚性司法柔性的一面,取得了较好的效果。总结在处理涉邻里纠纷案件裁判文书中运用社会主义核心价值观释法说理的心得体会,主要有以下三方面认识。

(一) 前提:涉邻里纠纷运用社会主义核心价值观释法说理的必要性

与以往找法、用法的路径相同的是,运用社会主义核心价值观释法说理之前,第一步是先要识别和判断某一类型或某一个案是否属于运用社会主义核心价值观释法说理的范围。按照上述指导意见的规定,[①] 我们认为,涉邻里纠纷具备的下述特征决定了其具备运用社会主义核心价值观释法说理的条件:

1. 涉邻里纠纷普遍发生在邻里之间,城镇和乡村在纠纷具体内容上可能不同但产生纠纷的实质原因无异,而从社会治理的层面上看,邻里之间又属于法律与道德交织、传统和现代博弈的地界和领域。因此,在此类案件中运用社会主义核心价值观释法说理,有利于上述各类社会调整方式之间的良性互动,进而实现指导意见中要求的切实发挥司法裁判在国家治理、社会治理中的规范、评价、教育、引导等功能。法律或政策的推行和生成,有一个"自上而下"和"自下而上"的过程,法律或政策从制定到落实到最小的一个社会治理单元,往往要经历一个相对漫长的过程。中国千百年来形成的一些处理人情世故的方式方法、行为准则,有些可能成了法律或政策推行的桎梏。同样,法律或政策的出台,也需要一个社会孕育和实验的过程,传统文化及现代文化中的精华、民众处理日常琐事的智慧以及地方社会治理机构颁行的行之有效的规范性文件,相较于法律或政策而言,都是一种地方性资源,在经过筛选、整合后获得了向上的新的生命力。而在这个过程中,社会主义核心价值观既是黏合剂,又是缓冲台,更是国家对社会世情和上述互动过程的总结和概括。因此,涉邻里纠纷这一既古老又现代的纠纷类型,是裁判者运用社会主义核心价值观释法说理的合适容器。

2. 涉邻里纠纷的矛盾根源可能无法根本化解,且往往会衍生出数次诉讼,纠纷各方宿怨较深,而当事人对回归正常生活秩序和幸福生活的期盼又具有急迫性,这就强化了在此类案件中运用社会主义核心价值观强化释法说理的

[①] 《最高人民法院关于深入推进社会主义核心价值观融入裁判文书释法说理的指导意见》第2条规定:"各级人民法院应当深入推进社会主义核心价值观融入裁判文书释法说理,将社会主义核心价值观作为理解立法目的和法律原则的重要指引,作为检验自由裁量权是否合理行使的重要标准,确保准确认定事实,正确适用法律。对于裁判结果有价值引领导向、行为规范意义的案件,法官应当强化运用社会主义核心价值观释法说理,切实发挥司法裁判在国家治理、社会治理中的规范、评价、教育、引领等功能,以公正裁判树立行为规则,培育和弘扬社会主义核心价值观。"

必要性。本案即具有代表性。农村邻里之间矛盾的根源往往在于各方对宅基地使用范围存有争议，本案中双方当事人多年来对此争执不下。在可预见的未来（至少是在个案审理的过程中），这一矛盾根源不能够及时得到彻底解决。在《最高人民法院关于深入推进社会主义核心价值观融入裁判文书释法说理的指导意见》颁行之前，此类文书在释法说理时不能说不精细，但在运用三段论阐明了裁判理由后，当事人的司法获得感可能并不能得到很好的满足。而在上述指导意见颁行之后，裁判者在文书中运用社会主义核心价值观释法说理，兼采了法律技术和以情入理的优势。社会主义核心价值观的内容本身，在多年的宣传和普及后，已逐渐深入人心，加之其本身通俗易懂，这对于增强裁判文书的可读性、易懂性以及彰显刚性司法柔性的一面，都具有重要作用。因此，运用社会主义核心价值观进行释法说理，判定个案的裁判结果符合社会主义核心价值观这一看似宏大的结论，其实都是解答了在符合法律规定的前提下，如何使个人生活得更幸福的命题。

（二）过程：涉邻里纠纷案件中具体运用社会主义核心价值观释法说理的步骤

根据法律法规和上述指导意见等规范性文件的要求，我们认为，在涉邻里纠纷案件中具体运用社会主义核心价值观释法说理可遵循以下四个步骤：

1. 识别个案有无规范性法律文件裁判依据，进而根据指导意见要求，确定不同的释法说理方向。[①] 因涉邻里纠纷在我们国家法律中已有明确规定，故在此类案件中，裁判者应当阐明具体法律规定中的社会主义核心价值观为何。这既是上述指导意见提出的要求，同时也是依法运用社会主义核心价值观释法说理的必然结果。强化社会主义核心价值观在裁判文书中的释法说理作用，并不意味着裁判者仅依据社会主义核心价值观即可作出判决。这是因为，一方面，按照我们国家法律形成的机制可知，现行有效的法律本身与社会主义核心价值观并不存在冲突，裁判者今后所多出的一项论证义务，则是挖掘出具体法律规定背后所隐含的社会主义核心价值观的具体内容。另一方面，严

[①] 《最高人民法院关于深入推进社会主义核心价值观融入裁判文书释法说理的指导意见》第5条规定："有规范性法律文件作为裁判依据的，法官应当结合案情，先行释明规范性法律文件的相关规定，再结合法律原意，运用社会主义核心价值观进一步明晰法律内涵、阐明立法目的、论述裁判理由。"第6条规定："民商事案件无规范性法律文件作为裁判直接依据的，除了可以适用习惯以外，法官还应当以社会主义核心价值观为指引，以最相类似的法律规定作为裁判依据；如无最相类似的法律规定，法官应当根据立法精神、立法目的和法律原则等作出司法裁判，并在裁判文书中充分运用社会主义核心价值观阐述裁判依据和裁判理由。"

格按照上述指导意见的要求，可以有效规范法官自由裁量权。社会主义核心价值观本身内容和具体阐释虽已被明确，但若裁判者仅据此作出裁判，则有可能无法实现有效规范法官自由裁量权行使的目的。故在具体运用社会主义核心价值观释法说理时，应有此要求。

2. 确定社会主义核心价值观中与案件争议最直接相关的具体内容。众所周知，社会主义核心价值观是分别从国家层面、社会层面、个人行为层面三个维度进行总结和归纳。以本案为例，"敬业"虽然也是社会主义核心价值观的具体内容之一，但这显然不是与本案最直接相关的社会主义核心价值观的内容。因此，裁判者在释法说理时，不宜笼统地以"符合社会主义核心价值观""彰显了社会主义核心价值观"来"释法说理"，应当找出与案件最直接相关的一个或几个社会主义核心价值观的具体内容，详细地予以阐释。这样才真正达到了在裁判文书中强化社会主义核心价值观释法说理作用的目的。以本案为代表的涉邻里纠纷中，我们认为，社会层面上的"法治"和个人行为层面上的"友善"，是与案件最直接相关的社会主义核心价值观内容，也是法律规定处理相邻关系应遵循的"有利生产、方便生活、团结互助、公平合理"原则的内在含义。法治强调的是规则之治，强调法律面前人人平等，无论纠纷发生的场域，亦不论各方主体的社会地位，一旦发生纠纷、纳入法律的调整范围、进入司法程序，那么，遵循法治理应成为诉讼活动中各方主体的共同信仰。友善，是在个人行为层面的价值准则，而这一层面上的社会主义核心价值观的具体内容，都是发生在个体与外界的互动和联系上的。友善，之于我们而言并不陌生。这是千百年来传承下来的智慧和精神，也是我们待人接物、对待邻里乡亲的基本准则。日常生活中，我们每一个个体均应当以一个友善的态度来对待他人。法治、友善这两点是与本案最直接相关的内容，也是裁判文书需要阐释的重点。

3. 甄别出某个个案中是否涉及多种价值取向。如若涉及，应当运用社会主义核心价值观予以抉择和决定位阶。这一步骤的内容，既是通知上明确提出的要求[1]，同时也是裁判者缓解多年来司法裁判困境的有益尝试。尤其是深耕裁判一线多年的法官对此会深有体会，如涉邻里纠纷这类涉及多种价值取向的案件中，其实选择哪种价值取向，均不宜说是错的，更不能认为是违反

---

[1] 《最高人民法院关于深入推进社会主义核心价值观融入裁判文书释法说理的指导意见》第7条规定："案件涉及多种价值取向的，法官应当依据立法精神、法律原则、法律规定以及社会主义核心价值观进行判断、权衡和选择，确定适用于个案的价值取向，并在裁判文书中详细阐明依据及其理由。"

法律规定的。但个案裁判者的自身经历、知识背景以及个案案情等均有所不同，如何在多种价值取向，尤其是在同一位阶的多种价值取向中进行个案的选择，一直是裁判者面临的一项难题。而运用社会主义核心价值观释法说理，辅助裁判者在涉及多种价值取向的案件中进行选择，能有效缓解裁判者所面临的这一困境。

4. 运用裁判说理技巧，合理安排运用社会主义核心价值观释法说理时的裁判文书体例，以求释法说理效果的最大化。裁判文书的写作在遵循法律规定的情况下，时常会带有裁判者自己的写作习惯和个人特色。个体审判经验和知识结构的不同，也决定了裁判文书写作本身各有千秋。在将社会主义核心价值观纳入文书说理后，如何在有限的文书体量下安排这些内容，考验着裁判者的智慧。因此，裁判者应根据个案的内容，合理调整具体说理内容和篇幅，这也是贯彻裁判文书可读性的要求。

（三）展望：强化社会主义核心价值观释法说理，有利于正确贯彻实施民法典，构建社会共识平台

上述指导意见引言部分便明确提出，"正确贯彻实施民法典"是制定指导意见的目的之一。我们认为，强化社会主义核心价值观释法说理，之所以能够起到有利于正确贯彻实施《民法典》的作用，是因为在现阶段的社会共识层面上，社会主义核心价值观是连接民众和法律的桥梁。社会主义核心价值观从提出至今已有数年，在社会公众心中已形成了较高的认知和可接受度。而《民法典》虽然已经实施一段时间，但对于大多数并不以法律为业的公众而言，理清楚里面的具体内容并非易事。因此，面对现实的社情民情，强化发挥社会主义核心价值观释法说理的作用，可以帮助社会公众逐渐理解民法典中与之较为相关的法律规定的内在含义。同时，无论是社会主义核心价值观，还是已经实施的《民法典》，均是社会共识的一种凝练和体现，在包括司法活动在内的人类的社会活动中，参与各方能够达到的共识程度，往往决定了各方对最终结果的接受边界。因此，以已经达成的社会共识，来谋求更多的社会共识，也是包括法律在内的社会调整方式的价值追求之一。裁判文书中强化社会主义核心价值观释法说理，实现其价值指引、规则补充、回应社会之功能，便是谋求更多共识的一种有益的尝试。

（杨磊，北京市第一中级人民法院法官）

三、专家评析

《最高人民法院关于深入推进社会主义核心价值观融入裁判文书释法说理的指导意见》颁布以后，昭示着裁判者应当逐渐掌握在裁判文书中运用社会主义核心价值观释法说理的能力，这是新时代人民法院工作对裁判者提出的新要求。如何具体运用社会主义核心价值观加强裁判文书的释法说理，各级人民法院的裁判者一直都在积极探索。上述指导意见是这类文书撰写所应遵循的基本原则，但与此同时，裁判者也需要结合司法实践，对具体适用的案件类型、文书撰写体例和技巧以及如何更好地发挥社会主义核心价值观释法说理的作用进行更多有益尝试。本案虽只是一起普通的邻里间纠纷，但却事关百姓切身利益，如何在准确适用法律公正处理案件的同时，有效化解双方之间的矛盾，解开当事人的心结，考验着裁判者的智慧。本案二审判决围绕当事人的上诉请求准确归纳总结案件争议焦点并进行了全面深入分析，逻辑清晰、论理充分。对百姓邻里间陈年积怨抽丝剥茧地分析研判，选择"法治"和"友善"两点与本案争议最直接相关的社会主义核心价值观内容，层层深入展开说理，以司法判决形式为基层百姓提供了明确的价值引领和行为准则，发挥了司法裁判在国家、社会治理中的规范、评价、教育、引领的功能，有较好的示范效应，值得推广和借鉴。

（点评人：肖建国，中国人民大学法学院教授）

（2021）京 01 民终 2680 号裁判文书原文

14. 重庆孚骐汽车销售有限公司与重庆中外运物流有限公司等物权纠纷案[*]

【关键词】

民事　物权　铁路提单　指示交付　交易安全

【裁判要旨】

铁路提单及相应的运输交易，是依托中欧班列推进"一带一路"国际陆上贸易产生的新商业模式，人民法院应当在不违反法律、行政法规强制性规定和社会公共利益的前提下尊重当事人意思自治并保障交易安全。

国际贸易各方约定缔约承运人签发国际铁路提单并明确铁路提单持有人具有提货请求权的，转让铁路提单应视为提货请求权的转让，属于民法上的指示交付。以在铁路提单上背书方式完成指示交付的，交易各方均应在铁路提单上背书，确保交易安全。

一、简要案情

被告重庆中外运物流有限公司（以下简称中外运公司）、第三人重庆物流金融服务股份有限公司（以下简称物流金融公司）、第三人英飒（重庆）贸易有限公司（以下简称英飒公司）签订三方协议，约定英飒公司从境外进口货物，以铁路提单作为结算方式项下的单证及提货凭证；中外运公司接受英飒公司委托为货物进口提供全程一体化货运代理服务，其在接收进口货物时向境外供应商签发铁路提单，并保证向铁路提单持有人交付货物，该单证系无争议地排他性提取货物的提货凭证。物流金融公司为英飒公司向银行提供担保，英飒公司以铁路提单作为反担保。

而后，中外运公司在境外接收进口货物并签发铁路提单。该铁路提单托运人为境外出口商，指示人为物流金融公司，通知人为英飒公司；签发地点为德国杜伦。该铁路提单载明"除非另有说明，已接收如下所述的外表状况

---

[*]（2019）渝 0192 民初 10868 号。

良好的货物。承运人依照本提单条款的规定：（1）负责履行或设法履行货物从接管地至本提单指定的交付地的全程运输及（2）承担本提单所规定的运输责任。提取货物时应交出经背书的一份正本提单。接受本提单者兹明白表示接受并同意本提单及背面所载一切印刷、书写或打印的规定、免责事项条件"。英飒公司与孚骐公司签订《IMSA车辆销售合同》后，将经出口商和物流金融公司背书的铁路提单交付给孚骐公司。货物运抵目的地后，孚骐公司持铁路提单向中外运公司要求提货，被告中外运公司以运费及仓储费尚未付清以及背书不连续为由拒绝交货，孚骐公司遂将其诉至法院，要求确认货物所有权并交付货物。

重庆两江新区（自贸区）人民法院于2020年6月24日作出（2019）渝0192民初10868号民事判决：一、确认原告孚骐公司享有GT0000×××3号铁路提单项下车辆的所有权；二、被告中外运公司判决生效之日立即向孚骐公司交付GT0000×××3号铁路提单项下的车辆。

宣判后，各方当事人均未提出上诉，裁判已生效。

法院生效裁判认为：铁路提单是市场主体在依托中欧班列开展国际货物运输及国际贸易中签发，是"一带一路"陆上贸易发展到一定阶段的实践产物。人民法院应当尊重当事人意思自治，既要依法支持商业实践的创新做法，又要注意维护交易安全。本案各方核心的争议在于孚骐公司持铁路提单是否代表其有权提取其项下的车辆；案涉铁路提单的背书是否符合向孚骐公司交付车辆的条件；中外运公司可否行使留置权阻却孚骐公司持单提货。

关于孚骐公司是否有权提取铁路提单项下的车辆的问题。在货物运输过程中，货物的权利主体与占有主体相分离，本案各方当事人通过约定使用或受让铁路提单的方式，预先确认或认可了一种特殊的交付规则，即将返还原物请求权与铁路提单对应起来，由缔约承运人签发铁路提单并作出以此为据以交付货物的单据的承诺，铁路提单持有人背书或交付铁路提单的行为则视为转让其享有的返还原物请求权。这种预设的规则符合物权法关于指示交付的规定。孚骐公司受领铁路提单，享有铁路提单项下车辆的提货请求权，应视为英飒公司完成了车辆交付。但孚骐公司是否因受领交付而取得物权以及取得何种类型的物权，取决于其所依据的基础法律关系。孚骐公司与英飒公司签订的是车辆买卖合同，目的是转移车辆的所有权，因此，孚骐公司要求确认其享有案涉车辆所有权的诉讼请求，应予支持。

关于案涉铁路提单的背书是否符合向铁路提单持有人交付车辆的条件的

问题。孚骐公司接受交付铁路提单视为交付车辆的方式,那么意味着其接受铁路提单上的条款。孚骐公司亦应遵照铁路提单的内容提取货物。铁路提单上载明"提取货物时应交出经背书的一份正本提单"。现孚骐公司已按铁路提单的要求提交了经指示人背书的正本提单,中外运公司提出该背书不符合背书规则应进一步举证证明。中外运公司作为专业的运输企业,其经营范围包括无船承运人业务,理应充分理解三方协议中的相关约定有凭单交货的意思。并且,物流金融公司、英飒公司均为三方协议合同相对方,该二者以及中外运公司明确认可铁路提单为唯一提货凭证。二者背书及交付行为足以说明了二者的真实意思是将铁路提单所对应的提货请求权予以转让。

至于中外运公司提出的留置权抗辩。行使留置权的前提是债务履行期限已经届满或履行条件已经成就。本案三方协议中约定的运费系在车辆交接完毕之后支付,仓储服务费用为月结,但车辆尚未交付,中外运公司亦未举证证明各方已经完成了仓储服务费用的核对等。因此,运费及仓储服务费的支付条件均未成就,中外运公司不得行使留置权。

综上,孚骐公司从英飒公司处受让铁路提单,表明英飒公司已将返还原物请求权转让,孚骐公司享有铁路提单项下车辆的提货请求权,应视为完成了车辆交付。结合双方所建立的车辆买卖合同这一基础法律关系,孚骐公司取得车辆所有权,应予以确认。中外运公司关于背书不连续和留置权的抗辩理由均不成立,应当向孚骐公司交付车辆。值得注意的是,当铁路提单经过多次转让,铁路提单的背书是当事人意思表示的最直接反映,交易各方均应在铁路提单上背书,以保证背书真实地反映交易的全过程,使货物交付始终能够通过铁路提单流转来完成并确保其安全性。

二、撰写心得

梦想,这个词常常被归入宏大叙事的范畴,但笔者认为梦想是人们所追求的美好目标,它可以很远大,也可以很简单。作为一名法官,笔者的梦想并不宏伟,只希冀自己撰写的裁判文书能够说服别人,说服当事人、律师抑或是无意间翻看到裁判文书的人。从业十余年,不敢言梦想达成,但一直在追求的道路上未曾停歇。结合本篇有幸入选百篇的裁判文书,谈谈其间对于如何增强裁判文书说服力的些许感悟。

(一)裁判理念:宏观考量与具体释法的兼容

法律不是纯理论的学术探究,也不是纯技术的技艺博弈,它存在的最根本价值在于解决实际问题。从时间维度看，法律制度随着社会变迁而不断发展，但是当代科技进步、经济发展等因素推动社会生活的方方面面都发生着快速变化，新产业、新现象不断出现，新问题、新纠纷随之而来，等待法律制度的更新完善显然不能完全满足解决当下矛盾纠纷的现实需求，当这些新类型纠纷诉诸司法，无论法官的主观意愿为何，司法评价客观上可能带来或好或坏的示范效应。从空间维度来看，不同国家和地区因其社会特点不同而法律制度不尽相同，甚至可能对同一问题存在截然相反的规定，全球治理也出现区域转向的趋势，但是这些都无法阻断各个国家和地区之间的密切交往，当人们超越现有规则体系重构新规则以适应新形势时，司法对于该规则的评价可能对于国际规则未来的发展产生影响。因此，无论从时间还是空间维度来看，当法官面临对一个新生事物的评价时，不能局限于个案本身，而应超越案件从宏观维度考虑法律条文背后的立法背景、全社会追求的普遍价值、社会经济发展的一般规律等因素。

尽管面对新现象、新问题，法官需要从更宏观的角度进行思考，但并不意味着法官可以超越法律进行裁判，法官作出裁判的过程实质是找法—释法—适法的过程。司法的谦抑特质决定了法官应当在现有法律框架之内审理案件。那么以首例铁路提单物权纠纷案为代表的新类型案件，其实质是对法官提出了用有限的法律规范解决无限的矛盾纠纷的要求。法官是如何在现有法律框架下评价新生事物、解决新类型纠纷，更多地体现在具体法律条文应当如何解释、如何理解、如何适用的论述中，因此，释法对于增强裁判文书的说服力起着至关重要的作用。

（二）论证思路：兼收并蓄与独立判断的平衡

一个法官即便理论功底扎实、法律逻辑严谨、审判经验丰富，仍然难免存在思维盲区，这是因为法官并非神祇，承认法律事实不等于客观事实即为例证。为尽力弥补个体思维的不足，以更多维、全面的视角分析案件、审视问题，兼收并蓄吸纳各方观点必不可少。裁判文书主要是法官的论理，但其论的是当事人之间的理，当事人各自的主张及其证据是裁判文书最基础的素材，充分引导当事人发表意见，准确把握两造观点是撰写裁判文书的基础。裁判文书不仅凝聚着撰写者个人的心血，在合议制审理的案件中，裁判更多的是体现合议庭的集体智慧，在合议庭充分讨论中的思想碰撞往往能够梳理出更为周延的裁判思路。裁判文书是个案适法过程的呈现，但其影响着司法裁判统一性和前瞻性的社会评价。面对疑难复杂案件，考察司法实践中的不同审理思路，研究学术理论中的不同声音，有助于找到更严谨、周密的裁判思路。

兼收并蓄并非指毫不甄别全盘接受各方观点，事实上，各方观点往往非此即彼，求同存异的空间不大。因此，此处的兼收并蓄是指要有开放包容的态度、耳闻目览的行动、观点累积的结果。在充分发掘和掌握信息的基础之上，仍然需要法官们运用其法律素养作出独立判断。尤其像面对评价类似铁路提单这样的新生事物的时候，准确把握法律精神，依据法律规范和事实，比较、选择、修正相关法律观点，从而为个案裁判找到符合法律逻辑、生活常识、发展规律的思路。

（三）撰写技巧：展示细节与突出重点的协调

裁判文书撰写需要遵循形式逻辑学中三段论的推理规则，发现法律规范，查明案件事实，阐明法律规范与案件事实之间的关系。裁判文书说理充分建立在查明案件事实的基础之上，很多情况下查明案件事实的细致程度决定了案件办理质量的高低。因此，裁判文书全面、细致展示查明的案件事实是非常重要的一环。笔者一度在裁判文书撰写中将"细节决定成败"奉为圭臬，认为细节展示越多，信息越全面，更有助于阅读者作出准确的判断，但是渐渐发现很多裁判文书看似展示了很多案件事实方面的细节，但是仅为事实的罗列和堆砌，让阅读者提取关键信息时不得要领，反而降低了裁判文书的说服力。

展示细节极为必要，同时突出重点亦是必需，尤其是在案件事实比较繁复的情况下。当各方存在多个争议焦点时，若案件事实与争议焦点的对应性比较强，在裁判文书撰写过程中可以将案件事实划分为与争议焦点相对应的几个部分，便于找到裁判文书评述争议焦点的事实依据。针对每个案件事实的每个部分亦可提炼出该部分的关键事实作为小标题以提纲挈领地展示该部分的主要事实。同样，针对每个争议焦点亦可以采取演绎法或者归纳法在该部分的开始或结尾处直接说明结论及简要理由。

裁判文书是逻辑推理的再现、是法律适用的过程、是裁判结果的载体，它既关乎个体命运，也关乎司法公正和司法权威，增强裁判文书的说服力远不止如前提及的三个方面，笔者追求自己并不宏大梦想的脚步也不会就此止步。

（刘娟娟，重庆自由贸易试验区人民法院法官）

三、专家评析

本案是全国首例铁路提单物权纠纷案，本案裁判文书所体现的价值和意义应当放在西部陆海新通道建设、自贸试验区制度创新、司法保障商业创新的背景下进行考量，本案裁判体现出三重理念。

（一）规则开放理念

重庆是西部陆海新通道重要枢纽，铁路提单是产生于中欧班列（重庆）运行过程中的新生事物，市场主体在商业实践中使用铁路提单的核心诉求为凭单提货、交易、融资，但是部分市场主体对于铁路提单是否具备凭单提货及融资功能有所迟疑。无论是凭单提货还是铁路提单融资，核心均在于交付铁路提单的法律效力问题，而目前并没有对铁路提单基础性法律问题的法律评价。本判决突破观念局限，从物权法指示交付的理论出发，创新性地认为各方当事人在国际铁路货物运输过程中，约定缔约承运人签发铁路提单，并承诺持有人具有提货请求权，不违反法律、法规强制性规定和社会公共利益，该约定合法、有效。铁路提单的背书或交付应当视为提货请求权的转让，该交付方式属于指示交付的一种特殊形式，铁路提单持有人可以持铁路提单提取货物。判决体现出构建高水平对外开放法律规则体系的重要理念。

（二）司法指引理念

本判决首先阐明了铁路提单的产生背景为市场主体在依托中欧班列开展国际货物运输及国际贸易中签发，以满足陆上贸易融资需求，提升陆上贸易交易效率的创新单证，是"一带一路"陆上贸易发展到一定阶段的实践产物。在承认这一历史背景的基础上，判决沿用了铁路提单这一已经取得较为广泛认可的概念，体现了司法对于商业实践的尊重和认同。同时，本判决明确了既要尊重当事人意思自治又要考虑交易安全的裁判理念。依法支持商业实践的创新做法，将其置于现行法律之下进行审查，确保其不违反法律、行政法规的强制性规定，不损害社会公共利益，又注意维护交易安全。这一裁判理念为解决商业实践中新生事物伴生的法律问题提供了一定的指引，体现出司法的灵活性以及司法在推动自贸试验区制度创新中不可或缺的作用。

（三）推动完善国际经贸规则

目前，国际铁路运输规则体系建立在两大公约不同的规则基础上，没有形成统一规范，且两个公约制定时间较早，没有提及铁路提单，更没有确认铁路提单融资、流转功能，这对于中欧班列运行过程中商业实践创新运输规则构成挑战。所以，从司法上认同铁路提单的概念，并对其融资、流转的功能予以某种确认，客观上有利于积累司法实践经验，有助于推动两大公约组织以及联合国贸法会对于铁路运输规则的修订。

（点评人：张晓君，教授、博士研究生导师，西南政法大学国际法学院/区域国别学院院长、国家级涉外法治研究基地中国—东盟法律研究中心主任，最高人民法院民四庭东盟国家法律研究基地负责人，司法部国际法咨询委员会专家）

（2019）渝 0192 民初 10868 号裁判文书原文

15. 陈某某与黑龙江省建三江农垦山阳农资经销有限公司、姚某财产损害赔偿纠纷案[*]

【关键词】

农药　推荐用量　销售商　侵权责任

【裁判要旨】

具有专业知识的销售商因指导农药用量存在过错，导致种植户水稻减产，应承担相应的民事赔偿责任；作为有着多年种植经验的种植户未尽到高度审慎的注意义务，轻信推荐超量使用农药，也有过错，亦应承担一定的责任。

一、简要案情

2018年，陈某某在黑龙江省抚远市海青乡承包种植了28公顷水稻田，其于同年5月31日到黑龙江省建三江农垦山阳农资经销有限公司（以下简称山阳农资公司）购买10公顷用量的农药（二氯喹磷酸、稗休、灭草松等），山阳农资公司销售员姚某为陈某某出具了除草用药、用量配方。同年6月1日，陈某某按照姚某出具的配方对其种植的水稻进行了配比喷施。6月4日，陈某某按配方又购买了10公顷相同的农药。喷施十几天后陈某某发现水稻出现了药害症状，其向山阳农资公司反映水稻遭受药害情况欲求赔偿未果，遂向黑龙江省抚远市农业局投诉，该农业局接到投诉后对陈某某水稻受药害及水稻产量的情况委托宏诚司法鉴定中心（以下简称宏诚鉴定中心）进行司法鉴定。经宏诚鉴定中心对水稻现场鉴定，分别出具佳宏（2018）农司鉴字4号、17号司法鉴定意见书，鉴定意见为陈某某的水稻田水稻叶尖发黄、筒状叶、卷芯、死苗等现象，是由于氰氟草酯、灭草松实际使用剂量过大造成，受药害面积为26公顷；种植户陈某某水稻产量3932.85公斤/公顷，减产3006.68公斤/公顷，总减产量为78173.68公斤（3006.68公斤/公顷×26公顷）。

另查明：陈某某于2002年开始种植水稻，案涉水稻田中3公顷为田间工

---

[*] （2021）黑81民终77号。

程（田埂及晒水池）。

陈某某因与山阳农资公司就赔偿问题协商未果，提起本案诉讼。

二、撰写心得

"粮食安全"是习近平总书记从国家发展大局出发对东北地区作出的"五大安全"战略定位之一，事关国运民生，而黑龙江垦区粮食产量占我国口粮年均消费的1/10，被誉为"中华大粮仓"，更是国家粮食安全的"压舱石"。多年来，在黑龙江省农垦中级法院（以下简称农垦中院）从事民事审判工作，笔者更加深刻地认识到确保重要农产品特别是粮食供给的安全，不仅是黑龙江省实施垦区振兴战略的首要任务，也是农垦中院司法为民、服务大局的重大使命。因此，笔者也经常思考，立足当前建设农业强省的战略部署以及北大荒开启"二次创业"新征程的大局，法官如何做好司法保护"农"字、司法维护"粮"字的大文章问题。

本案属于典型涉农纠纷案件，在审理种植户陈某某起诉经营者山阳农资公司一案过程中，笔者通过总结其特点发现此案在辖区极具代表性，审理结果极可能产生示范效应，关乎农资质量安全、粮食产量稳定和农民收入增长，绝不能简单一判了之，而必须以"如我在诉"的意识和情怀，坚持办案与治理并重。为此，合议庭高度重视，共同对本案事实、证据等进行深入分析研究，认真倾听各方辩论观点，厘清争议焦点，保证庭审过程平稳有序。判决对各方提供的证据进行了详细分析论证，判后双方当事人服判息诉，取得了较好的法律效果和社会效果。本案判决是笔者以个案审理保障种植户不误农时农事的、服务粮食安全大局的一次有益实践探索，通过公平公正高效的司法服务保护了种植户的种粮积极性、依法维护了农资交易安全，切实守好群众"粮袋子"，护稳国家粮食安全"压舱石"。

（一）抓牢首要，把准裁判文书的重要作用

裁判文书是人民法院代表国家行使审判权、对具体案件的实体或程序问题作出的具有法律效力的权威书面结论，是记录诉讼过程、体现司法公正的最终载体，是法官的智慧才思以及公平正义理念的具象化身，具有高度的严肃性和权威性。一份好的裁判文书是人民法院向社会公众展示、让公众了解司法正义的平台和纽带，既可以让当事人服判息讼，实现案结事了人和，也可以让未参与诉讼的人明了案件的审理过程、案件证据、事实认定情况，以及法官的评判意见、依据、最终结论，进而产生事实清、道理明、依据足等令人信服之感。

裁判文书的重要作用决定了其不是高深理论或证据的堆砌，而是要把事实说清楚、道理讲明白，因此，撰写裁判文书首要在于充分认识、准确把握其功能定位，不仅要让人民群众看得到公平正义，还要让人民群众看得懂公平正义。

（二）打实基础，坚持细研案卷、吃透案情

裁判文书是适用法律解决纠纷的载体，是明确当事人法律权利义务的重要凭证，每一份裁判文书的背后都牵涉群众利益。要依法保护群众权益，撰写裁判文书就必须夯实案情基础，真正"吃透"案情，找到解决问题的办法。这个"吃透"不是一般意义上对案情的了解，只有实践者才能体会读一遍卷宗和十遍卷宗的区别，才能了解其中大不同的奥妙，这是一个反复思考、细节分析、总结归纳的过程，是一个量变到质变的过程。正因如此，对于每一起案件，笔者都会反复地阅卷，对案件的卷宗材料进行逐一查阅、整理，对当事人的起诉状（上诉状）、答辩状、陈述意见、举证材料，以及庭审笔录等进行认真研判，对与本案争议的有关的事实做好标记、画好重点，总结出各方当事人关于事实形成的一致或相反意见，并做好证据比对。本案陈某某提供的书面证据为销售清单，清单上载明的购药人为"陈某1"，山阳农资公司为此抗辩认为购药人是"陈某1"，陈某某无权起诉。一审法院曾因此认为，陈某某主体资格不适格，裁定驳回起诉。受理上诉案件后，笔者通过仔细阅读卷宗发现销售清单购药人虽书写为"陈某1"，但清单载明购药人的手机号码与陈某某手机号码一致。根据这一线索，通过调查询问查明：山阳农资公司销售员填写销售清单时，误将陈某某名字听写为"陈某1"，本案陈某某作为实际购药人提起诉讼，主体资格适格。故发回重审，充分保障了当事人的程序利益。

（三）扭住关键，全力做好庭审、查明事实

裁判文书是法官办案质量和审判水平的综合反映。优秀的裁判文书取决于案件审理在程序上的合法性和完整性，在事实调查中的全面性和准确性，其不是单纯凭借个人的写作功夫写出来的，而是审出来的。因此，撰写裁判文书要扭住庭审这一关键因素，做到如实反映当事人庭审的诉辩请求，依据庭审采信的证据认定事实，客观再现当事人质证和辩论意见，最终通过文字重构合议庭听审形成裁判结论的理由和内心确信过程，全方位实现对庭审过程的精炼和书面化。为撰写高质量裁判文书，笔者坚持做好高质量庭审工作：庭审前，认真审阅案件材料，就案件审理问题进行庭前评议，准确归纳当事人诉讼请求和诉辩意见、争议焦点，做好庭审提纲；庭审中，做当事人的倾听者、引导者和帮助者，让各方当事人充分地举证、质证、充分陈述观点和意见，保

障当事人充分参与，避免当事人对审理过程产生误解，增强当事人对裁判结果的接受程度。通过合议庭成员有序发问推进法庭调查的深入，准确发现事实和法律。本案通过阅卷发现鉴定机构未对水稻受害总面积进行测量，仅测量了未受药害的水稻面积为 2 公顷，并在水田中取几个样点确定的水稻减产平均值，按照 28 公顷的总面积（承包合同面积）估测出水稻总产量。本案司法鉴定忽略水田与旱田的种植方式和面积不同这个农业常识。水田含田间工程（田埂及晒水池），田埂和晒水池无法种植水稻。就此，庭审中有针对性地进行调查，查明：陈某某于 2002 年开始种植水稻，有一定的水稻种植经验。2018 年，其承包水稻田 28 公顷，其中 3 公顷为田间工程。陈某某购买的 20 公顷用量的农药实际喷施了 23 公顷的水稻。最终根据二审查明的事实，改判认定陈某某水稻减产面积为 23 公顷，综合考量山阳农资公司过错程度，增加其 10% 赔偿比例。

（四）紧扣核心，始终围绕焦点、强化说理

裁判文书作为审判活动的主要载体，理应直接展示司法过程，体现公平正义的司法成果，因此，依法论证说理，是裁判文书的灵魂。撰写裁判文书必须紧扣说理这一核心要旨，以事实情节为基础，紧紧围绕个案争议焦点，针对当事人诉辩主张是否成立、诉辩意见是否采纳进行全面回应。通过摆事实、讲道理，逐项论述，特别是对诉辩双方关于法律适用的分歧要进行严密的分析论证，作出否定或肯定的评判，详尽阐明理由，不能有所遗漏或避而不谈，而后运用有关法条和法学理论，合理论证案件事实和法律适用之间的关系，兼顾情理分析，将法、理、情有机结合，努力做到辨法析理、胜败皆服，制作出说理透彻、论证缜密、认定事实准确且适用法律恰当的优秀裁判文书。本案对陈某某和山阳农资公司的责任划分既确保扩大使用范围、加大剂量或者改变使用方法的行为受到惩处，又能够让种植户懂得未尽到谨慎的高度注意义务的后果，还考虑到了风速、水质等一定的自然因素。让双方当事人看到法院作出的判决并非"纸上谈兵"，法官也并非只懂"法"，更能引起共鸣，进而达到服判息诉的良好效果。

（五）端正态度，注重细节打磨、精益求精

裁判文书公开是实现司法权力在阳光下运行，促进司法公平正义，提升司法公信力的重要途径，同时，文书公开也意味着要接受人民群众的审视、监督和评判。撰写裁判文书就要坚持"精品态度"，发扬"工匠精神"。"天下大事，必作于细"，文书亦是如此，任何一个细枝末节的错误都可能引起网络非议，只有提高裁判文书的质量和水平，细心斟酌每一个环节、每一篇字句，反复推敲、反复打磨，才能经得起法律实践检验、群众媒体监督。具体而言，就要做到引用依据要合法有效、行文格式要标准统一、标点符号要规范准确、同一事物前后提法要保持一致；对事实清楚、争议不大的部分语言要精练、一语道破；对疑难复杂和分歧较大的焦点问题，展开详细论述、透彻说理，做到详略得当；要严格审签核程序，文书送达前对照案卷材料一字一句进行核稿，避免"带错裁判文书出门"，努力实现"零差错"，真正做到精益求精。

（六）实现价值，追求规则引领、传递正义

优秀的裁判文书不仅要释明法律关系、厘清法律适用标准，对同类案件有指导意义，更要树立一种价值导向促进社会发展。因此，撰写裁判文书必须注意实现其在社会治理中的规则引领价值，这就要求我们必须提高裁判文书质量，充分发挥裁判文书的引领示范作用。实践证明，一份好的裁判文书往往是靠法官扎实的法律和丰富的审判经验制作出来的，而要制作出一份真正能够达到"事实清、论证明、说理透、裁判公、效果好、人心服"要求的裁判文书，并非易事，只有通过不断地积累，反复地锤炼，才会创作出高质量的文书。多年来，笔者一直坚持自己撰写文书，坚持对裁判文书精雕细琢、努力创作精品。一方面，撰写文书能够帮助自己沉淀下来，静心研究法律、潜心研究案例，充分论述、辨法析理，做到温故而知新；另一方面，撰写文书的过程也是再次深入审查案件的过程，能够进一步明确裁判规则，更加精准地传递正向的核心价值，真正发挥出司法裁判文书在社会治理中的规则引领和价值导向作用，切实回应人民群众对公正司法的需求和期待。

裁判文书是法官最好的名片，今后的工作中，笔者将继续坚持不断学习、精进业务能力，不断提升审判质效和司法服务水平，坚持"质量重于泰山，公正就是生命"，持续把牢事实关、程序关、法律适用关，以匠心打磨裁判文书，用初心回应群众诉求，努力让经手的每一起案件都经得起历史的检验，撰写的每一份裁判文书都传递看得见的正义。

（点评人：周纹婷，黑龙江省高级人民法院法官）

（2021）黑 81 民终 77 号裁判文书原文

第四章　合同

第一节　买卖合同

16. 次某与青州市某机械有限公司等买卖合同纠纷案*

【关键词】

买卖合同　交付单证　质量瑕疵　合同解除

【裁判要旨】

卖方交付标的物的零部件存在质量瑕疵，但属于可更换的零部件，其价值在全部设备中占有较小比例，可以通过维修或者更换等补救措施解决，并非导致标的物无法使用的重大质量问题，且买方在使用过程中存在擅自改装的行为，故买方以标的物存在质量缺陷为由请求解除合同不能得到支持。

一、简要案情

2014年3月14日，次某从青州某公司堆龙分公司购买了本案所涉挖掘机，并支付了395 000元价款。青州某公司于当日随机交付了《挖掘机保养手册》及《合格证》等。该挖掘机在使用过程中曾出现过履带断裂、线路烧毁等问题，青州某公司对质保范围内的问题进行了维修，次某也一直在使用挖掘机。2015年3月26日，次某雇用的驾驶员在使用涉案挖掘机挖树坑时，挖掘机动力臂一侧的销轴断裂，由于青州某公司堆龙分公司无厂家原装配件，只给次某在其他商铺购买了非原装配件代替。3月28日，挖掘机另一侧的销轴断裂。同年4月，次某将涉案挖掘机放在青州某公司堆龙分公司门口，至本案再审时仍露天放置，已有7年之久。2015年12月7日，青州某公司堆龙

---

* （2020）藏民再12号。

分公司被工商部门注销。次某认为案涉挖掘机存在质量问题并且为翻新机，诉请解除合同，返还购机款及赔偿损失。

本案的争议焦点为：（1）案涉挖掘机的买卖合同履行过程中，是否存在交付单证瑕疵的问题；（2）案涉挖掘机是否存在质量问题；（3）次某是否享有合同解除权及是否享有返还购机款的权利；（4）次某所主张的各项损失诉请能否得到支持的问题。

法院认为：（1）关于案涉挖掘机是否存在交付单证瑕疵的问题。经审查：①青州某公司所交付的合格证，正面图样载明的挖掘机型号为CT150-8，背面文字载明型号为CT70-8G。故合格证正反面载明的型号不一致，与实际交付的挖掘机型号亦不一致。②根据堆龙区税务局于2018年10月12日出具的《情况说明》及《通用机打发票》显示，及通过法院再审庭审询问，青州某公司并未向次某交付案涉挖掘机的机动车销售统一发票。③次某主张未能从卡特重工官网及百度官网上查询到案涉挖掘机的生产备案信息。根据《合同法》第135条①、第136条②之规定，出卖人应当按照约定或者交易习惯向买受人交付提取标的物单证以外的有关单证和资料。《最高人民法院关于审理买卖合同纠纷案件适用法律问题的解释》第7条③进一步细化单证外资料的范围，包括发票、产品合格证、质量保证书、质量鉴定书、品质检验证书、使用说明书等。本案中，青州某公司作为出卖人，其向买受人次某交付的单证资料载明的型号与实际交付挖掘机型号不符，故存在交付相关单证的瑕疵。（2）关于案涉挖掘机是否存在质量问题。经审查，案涉挖掘机交付后使用过程中，2014年6月出现履带断裂，2015年出现线路烧毁等问题，青州某公司堆龙分公司予以维修。此后，2015年3月26日，次某雇用的驾驶员在使用案涉挖掘机挖树坑时，挖掘机动力臂一侧的销轴断裂，青州某公司堆龙分公司无原装配件，在其他商铺购买非原装配件予以代替。同年3月28日，挖掘机另一侧销轴断裂。对此，次某于2015年8月31日向拉萨市中级人民法院提出对案涉挖掘机是否存有质量瑕疵或设计缺陷进行质量鉴定的申请，并提供原装销轴作为检材。上海华碧公司委派专家到现场实地调查，考察了整机情况、铲斗

---

① 现为《民法典》第598条。
② 现为《民法典》第599条。
③ 该解释已于2020年12月29日修正，修正后的第4条规定："民法典第五百九十九条规定的'提取标的物单证以外的有关单证和资料'，主要应当包括保险单、保修单、普通发票、增值税专用发票、产品合格证、质量保证书、质量鉴定书、品质检验证书、产品进出口检疫书、原产地证明书、使用说明书、装箱单等。"

装置、动臂油缸、履带张紧情况,对样品、宏观断口、样品成分、断口部位金相组织、硬度等进行分析检测,于 2016 年 2 月 2 日出具沪华碧〔2015〕质鉴字第 48 号《产品质量鉴定报告》,该报告反映,两根销轴确实存在制造质量缺陷。但销轴本身属于易损物件,不属于"三包"产品,仅为小的零部件,现有鉴定意见仅能证明销轴存在制造质量缺陷,其系可更换的零部件,虽存在制造质量缺陷,应视为质量瑕疵,但不能以此认定整机存在重大质量问题。此外,在法院再审期间,鉴定机构鉴定意见也证实青州某公司交付的挖掘机并非翻新机。故,现有证据不能证明案涉挖掘机存在重大质量问题。检察机关认为,青州某公司堆龙分公司交付案涉机械时销轴本身存在质量缺陷,违反了《合同法》第 153 条"出卖人应当按照约定的质量要求交付标的物。出卖人提供有关标的物质量说明的,交付的标的物应当符合该说明的质量要求"之规定,交付标的物质量瑕疵的抗诉理由成立。(3)关于次某是否享有合同解除权及是否有权主张返还购机款的问题。根据前述理由,次某购买的挖掘机虽存在质量瑕疵影响其正常使用,但并非重大质量问题导致案涉挖掘机无法使用且并非翻新机。根据现有证据及两次鉴定意见,仅能证明挖掘机销轴存在制造质量缺陷,销轴仅为挖掘机的紧固件,属于可更换的零部件,其价值在全部设备中占有较小比例,可以通过维修乃至更换等补救措施解决。且案涉挖掘机发生销轴故障时,次某已经使用一年多,且其在使用过程中亦存在擅自改装加固铲斗的情形,存在一定过错。次某仅以零部件缺陷解除合同不利于维护交易安全。因此,青州某公司虽存交付单证瑕疵及交付挖掘机设备质量瑕疵等违约行为,但该违约行为并未致使合同目的不能实现。现有证据不足以证明双方存在约定解除情形或存在《合同法》第 94 条①所规定的法定解除情形,故对次某依据本案销轴存在制造质量缺陷、挖掘机为翻新机而主张解除合同、返还已付购机款的诉讼请求不予支持。(4)关于次某主张的各项损失应否得到支持的问题。因青州某公司交付的案涉挖掘机销轴存在质量瑕疵,其应按照《合同法》第 107 条②之规定,承担赔偿损失的违约责任。对次某主张的可得利益损失、误工费酌情考量予以支持。

二、撰写心得

本案因检察院抗诉进入再审后,主审人认真梳理案件,厘清案件由来、

---

① 现为《民法典》第 563 条。
② 现为《民法典》第 577 条。

历经程序、基本事实及法律关系,并亲到现场查勘,在多次调解无望的情形下,围绕本案最核心的问题即案涉挖掘机是否存在质量问题展开调查分析。

为此,主审人结合当事人的诉辩主张,逐一进行排除。

1. 是否为假冒产品。销售商交付的合格证确实存在瑕疵,合格证载明的型号与实际交付型号不一致,在官网上也确实查不到该型号挖掘机,我们看材料之初担心该产品是否为山东某公司生产,后面翻阅了(2016)藏0103民初380号卷宗,山东某公司参加诉讼,其在此次一审中提交答辩状,在庭审笔录中明确承认其卖给青州某公司再由青州某公司卖给次某,为其出厂产品,并认为提供的为合格产品。故案涉挖掘机并非假冒产品。且根据在卷证据材料显示,山东某公司与青州某公司堆龙公司签订的买卖合同中,山东某公司在西藏自治区出售共4台挖掘机,其中2台为案涉挖掘机型号,在该买卖合同中载明出售的挖掘机的发动机号与案涉买卖标的物发动机号一致。故能够确认案涉挖掘机并非假冒产品。

2. 是否为拼装机。主要的核心器件如发动机为山东某公司生产,其他部件根据社会生活实践,可以不为山东某公司生产;且现有证据不能证明其为拼装机或组装机。

3. 是否存在质量问题。履带断裂、线路烧毁都为小问题,引起本案争议的为销轴断裂,销轴不属于"三包"产品,仅为小的零部件,且本身属于易损物件;销轴虽然属于铰链连接核心部件,但螺丝钉掉了也可能影响机器使用;现有鉴定报告仅说明其存在质量瑕疵,更多的处理方式为维修更换。挖掘机已经使用一年多,次某在使用过程中对铲斗进行加固,使挖掘更强有力,如果长期超负荷运行,可能导致销轴断裂。机械设备是否存在质量问题,法院法官不具备识别能力,次某于2015年8月31日向拉萨中院提出对案涉挖掘机是否存在质量瑕疵或设计缺陷进行质量鉴定的申请,并提供原装销轴作为检材,法院委托上海华碧公司进行鉴定。上海华碧公司委派专家到现场实地调查,考察了整机情况、铲斗装置、动臂油缸、履带张紧情况,对样品、宏观断口、样品成分、断口部位金相组织、硬度等进行分析检测,于2016年2月2日出具沪华碧[2015]质鉴字第48号《产品质量鉴定报告》。从鉴定意见看,两根销轴确实存在制造质量缺陷。但是否存在因为销轴的问题导致挖掘机整体存在质量问题,主审人再次向亲临现场的鉴定人员进行了电话咨询,专家意见认为,虽然销轴是零部件,但属于铰链连接核心部件;销轴是挖掘机前面工作装置中的重要部件,如果销轴坏了,因销轴连接动臂和斗杆,则挖掘机前面的工作装置不能运转；由于销轴存在制造质量缺陷，引起了其他部件的损坏，如上车架动臂油缸轴座右侧耳板断裂；如需正常使用，不仅需要更换存在制造质量缺陷的销轴，还要更换因销轴缺陷所引发损害的其他部件，才能达到正常使用的目的。故，销轴系可更换的零部件，虽存在制造质量缺陷，应视为质量瑕疵，但不能以此认定整机存在重大质量问题。现在并无鉴定意见证明挖掘机存在重大质量问题，故不能得出案涉挖掘机存在重大质量问题的结论。

4.是否为翻新机。在法院再审期间，申诉人次某一直主张交付的合格证有瑕疵，且在官网上未能查询到案涉挖掘机型号的相关信息，对案涉挖掘机来源持有怀疑，主张案涉挖掘机为老旧机型和二手机。为此，合议庭认为，青州某公司在交付单证上确实存在瑕疵，案涉挖掘机亦存在销轴的制造质量缺陷，从查清案件事实的角度，对次某于2020年8月26日提出的对案涉挖掘机是否为翻新机进行鉴定的申请，予以准许。鉴定机构依据现有物证，不能证明案涉挖掘机为翻新机。

根据前述理由，次某购买的挖掘机虽存在质量瑕疵影响其正常使用，但并非重大质量问题导致案涉挖掘机无法使用且并非翻新机。根据现有证据及两次鉴定意见，仅能证明挖掘机销轴存在制造质量缺陷，销轴仅为挖掘机的紧固件，属于可更换的零部件，其价值在全部设备中占有较小比例，可以通过维修乃至更换等补救措施解决。且案涉挖掘机发生销轴故障时，次某已经使用一年多，且其在使用过程中亦存在擅自改装加固铲斗的情形，有一定过错。截至再审审理时，案涉挖掘机因已放置七年多，存在扩大损失的情形，解除合同对销售商不利。仅以部件缺陷解除合同不利于维护交易安全。故，青州某公司虽存在交付单证瑕疵及交付挖掘机设备质量瑕疵等违约行为，但该违约行为并未致合同目的不能实现。现有证据不足以证明双方存在约定解除情形或存在《合同法》第94条规定的法定解除情形，法院对次某依据本案销轴存在制造质量缺陷、挖掘机为翻新机而主张解除合同、返还已付购机款的诉讼请求不予支持。

此外，由于案涉诉讼时间长达8年，解除合同不妥当，最主要的为赔偿损失问题，再审期间主要进行利益衡平，尽可能妥善处理。根据申诉人提供的证据，并根据证据三性原则，对其主张的可得利益损失及误工费运用自由裁量权予以部分支持。对于鉴定费，考虑到第一次鉴定支持了次某所主张的销轴存在质量问题，故该费用由被申诉人即出卖人负担；第二次鉴定未能证实申诉人关于翻新机的主张，该费用由申诉人即买受人负担。对于律师费，本应按双方胜败诉比例分担，但考虑到申诉人维权前后8次诉讼，花费律师费很多，但再审仅对第一次诉请裁判，经审查该律师费并未超过本地域范围内律师服务费的政府指导价，经过合议庭综合考量，由被申诉人即出卖人承担。

（郑丽，西藏自治区高级人民法院法官）

三、专家评析

案涉挖掘机的买卖发生于2014年3月，交付使用仅一年，就发生线路烧毁及销轴断裂等问题。对此，买受人认为案涉挖掘机存在质量问题，要求解除合同、返还购机款及赔偿损失。双方发生纠纷诉至法院后，诉讼旷日持久，其间法院8次审理，两次发回重审（第一次：因次某在二审期间提出鉴定申请，根据鉴定报告显示案涉挖掘机存在质量缺陷，二审法院认为一审法院认定事实不清，裁定发回重审；第二次：因买受人追加挖掘机的生产商为共同被告，并要求承担侵权责任，二审法院认为本案涉侵权与违约竞合，当事人选择侵权之诉，一审法院以违约之诉审理不当，再次发回重审）；后再次经历一审、二审、申请再审、检察机关抗诉进入再审，诉讼时间长达7年，案涉买卖标的物挖掘机也放置户外露天场所达7年之久。双方积怨很深，至本院再审期间，纠纷已错过了最佳处理时机。为此，主审人及合议庭做了大量的工作，真正践行了司法为民。对案涉标的物是否存在质量问题，主审人先作各种预设再进行排除，是否为假冒伪劣产品、是否为拼装机、是否存在产品质量缺陷、是否为翻新机等。在第一次鉴定报告意见的基础上向当时亲临现场的鉴定人员进行电话咨询，在官网上进行查询，又考虑到本次系第8次审理，为了打消当事人心中关于是否为翻新机的顾虑，启动了第二次鉴定。鉴定意见出来后，认定案涉挖掘机不存在重大质量问题不符合法定解除情形，且露天放置存在扩大损失，如解除对销售商亦不利，在充分考量各方当事人利益基础上，运用证据裁判规则对申诉人所主张的损失予以部分支持，最大限度地达到利益衡平。

本案主审法官在办案中充分发挥能动履职作用，对专业问题虚心向鉴定机构咨询，对民专会及审委会讨论中提出的好的意见予以充分吸纳，最终达到该案裁判说理有理有据，使长达7年的诉讼得以圆满解决，达到了政治效果、法律效果和社会效果的统一。通过此案，真正实现了实质性解决纠纷，定分止争，落实为民办实事。若说不足之处，该裁判文书在文字表述时再精练一些则更好。

（点评人：琼巴，西藏自治区高级人民法院二级高级法官）

（2020）藏民再 12 号裁判文书原文

第二节 拍卖合同

17. 成都金创盟科技有限公司与成都爱华康复医院有限公司拍卖合同纠纷案*

【关键词】

司法拍卖　包税条款　合同解释　税费承担

【裁判要旨】

网络司法拍卖中,虽然拍卖公告载明"办理(标的物权属变更手续)过程中所涉及的买卖双方所需承担的一切税、费和所需补交的相关税、费"由买受人承担,但是,拍卖公告未披露卖方在拍卖前所欠特定税款,该特定税款也不在拍卖公告列举的由买受人承担的具体税费范围内,且该特定税款与办理权属变更手续无关,买受人对该特定税款无法查询且无法预见,基于买受人对拍卖公告披露信息的合理信赖和诚信原则,该特定税款应当由卖方承担。

一、简要案情

2018年10月,成都金创盟科技有限公司(以下简称金创盟公司)通过网络司法拍卖以29 339 060元的最高价竞得成都爱华康复医院有限公司(以下简称爱华医院)所有的案涉土地及土地上构筑物、机器设备。关于权属变更办理和案涉土地相关税费负担,法院发布的《拍卖公告》第6条载明,"标的物过户登记手续由买受人自行办理。拍卖成交买受人付清全部拍卖价款后,凭法院出具的民事裁定书、协助执行通知书及拍卖成交确认书自行至相关管理部门办理标的物权属变更手续。办理过程中所涉及的买卖双方所需承担的一切税、费和所需补交的相关税、费(包括但不限于所得税、营业税、土地增值税、契税、过户手续费、印花税、权证费、水利基金费、出让金以及房

---

* (2022)最高法民再59号。

产及土地交易中规定缴纳的各种费用）及物管费、水、电等欠费均由买受人自行承担，具体费用请竞买人于拍卖前至相关单位自行查询"。2019年12月，税务局通知爱华医院补交案涉土地2009年至2018年的城镇土地使用税1 579 094.16元以及增值税、印花税等及其滞纳金；2020年8月，爱华医院进行补交。其后，爱华医院向法院起诉，请求金创盟公司向爱华医院支付包括城镇土地使用税在内的上述税费。

四川省成都市中级人民法院判决金创盟公司向爱华医院支付税款5 322 925.59元，四川省高级人民法院维持一审判决。金创盟公司不服，向最高人民法院申请再审。

金创盟公司申请再审称，金创盟公司不应承担案涉城镇土地使用税1 579 094.16元。理由如下：（1）城镇土地使用税不属于权属变更手续办理过程中产生的税费，不应由金创盟公司承担。（2）案涉城镇土地使用税是爱华医院在经营过程中使用土地产生的行为税，与本次拍卖交易并无关系。（3）执行法院在拍卖前明知产权办理中可能会产生较高税费，且有能力对税费负担进行调查核实的情况下，并未在《拍卖公告》中对案涉巨额城镇土地使用税进行公示。（4）《拍卖公告》内容违反《最高人民法院关于人民法院网络司法拍卖若干问题的规定》第6条、第13条规定，未依法详细公示拍卖财产相关信息。综上，请求撤销二审判决并改判金创盟公司不承担城镇土地使用税1 579 094.16元。

爱华医院辩称，（1）《拍卖公告》第6条明确约定竞拍人应承担的税费包括所得税与出让金，而所得税与出让金并非土地权属变更手续办理过程中涉及的税费，可以证明金创盟公司应承担的税费并不限于权属变更中涉及的税费。（2）如果需承担税费仅限权属变更中涉及税费，则不存在"补交"一说。《拍卖公告》《拍卖成交确认书》已经提示本次竞买可能产生的成本和风险，金创盟公司负有核实爱华医院欠税情况的义务，应自行承担交易风险。综上，请求驳回金创盟公司的再审申请。

最高人民法院裁定提审本案后，于2022年3月30日作出（2022）最高法民再59号民事判决，撤销一审、二审判决，金创盟公司向爱华医院支付3 743 831.43元，未支持爱华医院要求金创盟公司城镇土地使用税1 579 094.16元等其他诉讼请求。

最高人民法院的裁判理由如下：

本案的争议焦点为金创盟公司是否应当承担爱华医院补交的城镇土地使

用税1 579 094.16元。判断金创盟公司是否应当承担爱华医院补交的城镇土地使用税，关键在于确定城镇土地使用税是否属于《拍卖公告》第6条约定的"所需补交的相关税、费"。根据《合同法》第125条第1款规定，当事人对合同条款理解存在争议的，应按照文义解释、体系解释、交易规则或者习惯、诚实信用等原则进行解释。

1. 从文义解释上看，《拍卖公告》第6条用概括加列举的方式约定了买受人需自行承担的税费，概括即"办理过程中所涉及的买卖双方所需承担的一切税、费和所需补交的相关税、费"，列举即括号中列明的相关税费。按通常理解，买受人应承担的税费应先以列举项目为准，如果某项税费不属于列举项目，则应判断是否属于"概括"范畴。案涉城镇土地使用税并非括号列明项目。"办理过程中所涉及的买卖双方所需承担的一切税、费和所需补交的相关税、费"明确表明买受人需承担的仅限于"办理过程中所涉及的"。《城镇土地使用税暂行条例》第3条第1款规定："土地使用税以纳税人实际占用的土地面积为计税依据，依照规定税额计算征收。"城镇土地使用税是基于土地使用权人实际占用土地而征缴的，是为提高土地使用效益设置的税种，与土地权属变更无关，不属于"办理过程中"的税费。因此，城镇土地使用税不属于《拍卖公告》第6条约定的需补交税费。

2. 从体系解释上看，《拍卖公告》第6条由三句话组成，第三句话是对买受人自行承担税费的约定，系在前两句话即关于权属变更语境下作出的，并不包括权属变更过程之外的税费，即不包括案涉城镇土地使用税。

3. 从交易规则或习惯来看，根据《最高人民法院关于人民法院网络司法拍卖若干问题的规定》第6条第2项和第14条第3项和第13条第9项规定，司法拍卖中应当说明拍卖财产现状、权利负担等内容，并在拍卖公告中特别提示拍卖财产已知瑕疵和权利负担；竞买人一般仅对权属变更本身形成的税费负担有合理预见。本案中，爱华医院未举证其提供了与案涉土地相关的城镇土地使用税欠缴情况，《拍卖公告》未对该笔税费欠缴情况进行说明和提示。城镇土地使用税虽与案涉土地直接关联，但竞买人对需要补交城镇土地使用税一般不会有预见，且其本身属于爱华医院纳税义务范畴。在此情况下，由金创盟公司承担拍卖时不属于权属交易行为产生的且无法预见的1 579 094.16元城镇土地使用税，有违公平原则和诚信原则。

4. 根据《最高人民法院关于人民法院网络司法拍卖若干问题的规定》第30条规定，网络司法拍卖本身形成的能够预见的权属变更税费，原则上由法律规定的纳税义务人承担。因此，与权属变更无关的超出竞买人预见的税费更应由法定纳税人承担，除非买卖双方当事人有明确具体的特别约定。

综上，金创盟公司不应承担爱华医院补交的 1 579 094.16 元城镇土地使用税。

二、撰写心得

裁判文书是人民法院对纠纷解决方案的集中体现，涉及裁判思路的选择和裁判方法的运用。寻找对于纠纷的妥善解决方案从收案后即开始，查明事实、了解和准确概括争议焦点、检索类案、梳理对争议焦点的不同观点及理由、梳理并理解相关法律规定等工作均影响纠纷解决方案的选择和裁判文书的质量。本案系因拍卖合同的履行而引发的纠纷，当事人参与拍卖活动、形成拍卖合同是在相关法律制度框架内进行，了解相关法律制度并判断当事人的诉求是否符合法律规定，是裁判需要面对的问题。此外，因合同条款引发的纠纷，合同解释是关键问题。承办法官及助理将综合考虑上述因素阐述撰写心得。

（一）梳理对于争议焦点的不同观点及其理由

本案涉及司法拍卖中的包税条款如何理解与认定的问题，争议焦点比较明确，即案涉城镇土地使用税是否应当由拍卖标的物买受人金创盟公司承担。承办法官及法官助理收集了因税费承担范围存在争议而引发的拍卖合同纠纷裁判文书。经分析发现，实践中，关于拍品税费负担多采取"一脚踢"模式，即把正常买卖过程中应由出卖人（被执行人或拍品原所有人）支付的各项税负和费用，统一要求由买受人负担。由此引发的争议屡见不鲜，处理的结果也不一致。多数观点认为，包税条款并非对法定纳税义务主体的变更，不违反法律法规的强制性规定，也不违背税收法定原则。在买受人知悉竞买约定和相关的法律后果的情况下，应当按照约定履行义务，承担约定税费。少数观点认为，包税条款与《最高人民法院关于人民法院网络司法拍卖若干问题的规定》第 30 条关于"因网络司法拍卖本身形成的税费，应当依照相关法律、行政法规的规定，由相应主体承担"的规定不符，应予纠正。执行法院应在执行款中先行扣除，买受人已经承担税费的，应当从执行款中扣除返还。在这种情况下，寻找妥善解决方案以消弭争议成为本案裁判的使命。

（二）梳理规范拍卖合同中包税条款的法律制度内容

根据当事人诉辩称中引用的法律依据，即可以找到规范拍卖合同包税条款的相关法律或者司法解释规定。目前规范包税条款的主要规范是2016年公布的《最高人民法院关于人民法院网络司法拍卖若干问题的规定》。根据《最高人民法院关于人民法院网络司法拍卖若干问题的规定》第6条第2项和第14条第3项规定，司法拍卖中应当说明拍卖财产现状、权利负担等内容，并在拍卖公告中特别提示拍卖财产已知瑕疵和权利负担。第13条第9项规定，法院应当在拍卖公告中公示"拍卖财产产权转移可能产生的税费及承担方式"。第30条规定："因网络司法拍卖本身形成的税费，应当依照相关法律、行政法规的规定，由相应主体承担；没有规定或者规定不明的，人民法院可以根据法律原则和案件实际情况确定税费承担的相关主体、数额。"此外，此问题在实践中争议较大，有人大代表提出"取消不动产司法拍卖公告中由买方承担税费的转嫁条款，统一改为'税费各自承担'"的建议，国家税务总局于2020年9月2日作出《对十三届全国人大三次会议第8471号建议的答复》，对上述建议表示赞同，并明确提出，"严格禁止在拍卖公告中要求买受人概括承担全部税费，以提升拍卖实效，更好地维护各方当事人合法权益"。从上述规定可知，为避免因税费承担约定不明而产生的争议，双方关于税费负担的约定应当明确；拍卖公告应当说明拍卖财产现状、权利负担、已知瑕疵等，以保障买受人的知情权；一般情况下，应当由法定纳税人承担相应税费。上述有关税费负担的精神为确定本案妥善解决方案提供了价值指引。

（三）依法合理认定和解释拍卖公告中的包税条款

经研究，合议庭认为，我国税法虽然明确规定了纳税义务人，但是并未禁止纳税义务人与合同相对人约定由合同相对人或者第三人缴纳税款，所以包税条款不宜认定为无效。但是，竞买人对被执行人财产税费情况不清，本案拍卖公告虽提示竞买人于拍卖前至相关单位自行查询税费负担，但是这对竞买人调查能力要求较高。在税费不明或调查成本较高的情况下，竞买人参与拍卖意愿降低、出价也倾向保守，不利于拍品价值实现，从而影响案件执行效果。同时，按照上述答复中"严格禁止在拍卖公告中要求买受人概括承担全部税费，以提升拍卖实效，更好地维护各方当事人合法权益"的精神，简单按照拍卖公告的约定要求竞买人概括承受所有税费，在一定程度上损害了买受人金创盟公司的利益，也不利于司法拍卖的良性发展。

在考虑现实约定和法律规定的情况下，具体到本案的裁判，关键在于对包税条款的解释。本案事实发生时有效的《合同法》第125条第1款①规定，"当事人对合同条款的理解有争议的，应当按照合同所使用的词句、合同的有关条款、合同的目的、交易习惯以及诚信原则，确定该条款的真实意思"。判决书从文义解释、体系解释、交易规则或者习惯、诚实信用等方面对包税条款进行了深入分析和解释，具体可见前述基本案情的裁判理由部分，此不赘述。

（四）裁判方法在本案中的运用

从裁判方法的分类来说，可以分为形式主义和现实主义两大类。形式主义，是一种逻辑分析的方法，严格按照法律规范进行裁判；现实主义，是根据社会公认价值、公共政策，并从不同角度评估不同裁判方案的效果后进行裁判的方法。法官在裁判方法的运用中应当处理好形式主义与现实主义的关系，完全脱离法律原则、法律规范是不现实的，同样，完全被动的司法是不存在的，纯粹的形式主义难以解决复杂的现实问题。对于疑难复杂案件来说，现实主义的裁判方法运用更为多见。本案中，根据合同法具体规定进行合同解释，考虑规范拍卖合同包税条款的法律规定的精神，均是形式主义裁判方法的运用。

从社会公众朴素的正义观来看，在爱华医院未披露欠缴城镇土地使用税、金创盟公司不会预见到由其承担案涉城镇土地使用税、该税也不属于权属交易行为产生的税费、拍卖公告对该税费的负担没有明确约定的情况下，要求金创盟公司承担该税费对于金创盟公司来说显然是不公平的，爱华医院提起本案诉讼也有违诚信原则；如果判决由金创盟公司负担该税费，将不利于引导参与拍卖的当事人对于税费负担作出明确具体的约定，从而引发更多的纠纷，严重影响司法拍卖的效率和效果。综合考虑上述因素，应当选择由爱华医院自行负担城镇土地使用税的解决方案。这也是现实主义裁判方法的运用。

本案确定的解决方案在认可包税条款有效的前提下，落实了司法解释关于"各担其税"规定的精神，统一了此类案件裁判标准，在一定程度上督促执行法院和被执行人在网络司法拍卖中详细披露拍卖标的状况，提升拍卖实效，更好地维护了各方当事人合法权益。

---

① 现为《民法典》第142条。该条规定："有相对人的意思表示的解释，应当按照所使用的词句，结合相关条款、行为的性质和目的、习惯以及诚信原则，确定意思表示的含义。无相对人的意思表示的解释，不能完全拘泥于所使用的词句，而应结合相关条款、行为的性质和目的、习惯以及诚信原则，确定行为人的真实意思。"

案件审理除了要实现个案公正，还要力求引导和规范秩序，达到"裁判一个，指导一片"的效果。这就需要法官树立大局意识，在着眼案件具体纠纷的同时，见微知著洞察案件背后的制度逻辑和治理现状，以适当方式方法推动规则完善。这就要求法官全面掌握法律法规，正确运用法律适用方法、法律解释方法、利益衡量方法，恰当使用自由裁量权，避免机械司法。为了实现这一效果，要加强对法律文书的释法说理，在客观、公正、准确认定案件事实认定的基础上，说明裁判所依据的法律规范以及适用法律规范的理由，体现法理情相协调，符合社会主流价值观，实现法律效果和社会效果的有机统一。

（郎贵梅，最高人民法院法官）

三、专家评析

作为解决民事执行难的重要举措，司法拍卖在近年来应用广泛，司法拍卖包税条款引发的纠纷也随之日益增多。纠纷产生原因是多方面的，其源头治理有赖于跨越实体法与程序法、民法与税法、司法与行政的系统制度设计。但在系统制度设计尚付阙如之前，纠纷不断涌入法院，而法院不能拒绝裁判，由此给法院裁判提出了巨大挑战。这些纠纷形态各异，但争议焦点常见于包税条款是否属于格式条款、有无法律效力、是否违反税收法定原则、买受人承担的税费范围如何确定、因纠纷而未及时纳税产生的滞纳金由谁承担、《最高人民法院关于人民法院网络司法拍卖若干问题的规定》与《税收征收管理法》等税法规范有无冲突等。学术界和实务界对这些问题存在不同程度的分歧，各地法院意见也不统一，影响了民事执行效果。

在此情况下，最高人民法院审理的此类案件备受关注。金创盟公司与爱华医院拍卖合同纠纷案就颇具代表性和典型性，该案在中国法学会财税法学研究会、首都经济贸易大学等组织的第五届（2022年度）影响力税务司法审判案例评选中，被评为十大案例之一。《中国税务报》等报刊和相关网络媒体对此进行了广泛报道。

该案受到各方关注和研究，直接得益于该案裁判文书的上乘质量。该案裁判文书样式规范，内容详略得当，表述流畅严密，全面客观反映了当事人的各项辩诉意见，整理归纳条理清晰、概括准确，分析层层递进、抽丝剥茧，对争议焦点的确定非常精准。该案争议焦点属于前述"税费范围如何确定"的问题，具体而言，当事人约定之由买受人承担"在办理权属变更手续过程中的税费"是否包括城镇土地使用税。从裁判文书来看，法官进行了充分说理，篇幅超过 2000 字。其裁判观点非常明确：城镇土地使用税不属于应当由买受人承担的"在办理权属变更手续过程中的税费"。其论证逻辑环环相扣：从文义解释上看，城镇土地使用税与土地权属变更无关，不属于"办理过程中"的税费；从体系解释上看，税费负担的约定系在权属变更语境下作出的，不包括权属变更过程之外的城镇土地使用税；从交易规则或习惯来看，《拍卖公告》未对该笔税费欠缴情况进行说明和提示，买受人无法自行查询欠缴情况，无法预见需缴纳城镇土地使用税，由其承担有违公平原则和诚信原则。可见，该文书的裁判说理逻辑严谨，分析全面，解释技术纯熟。

该案虽为民事纠纷，但与税法问题相互交织，对民事法官颇具挑战性。从裁判文书来看，法官视野宽阔，熟悉民法和税法相关规范，援引法律法规准确，对相关税种的特性把握得当，了解税收征管的若干实际情况。可见，法官办理此案用力颇深。

该案裁判文书提到的《最高人民法院关于人民法院网络司法拍卖若干问题的规定》和 2020 年国家税务总局《对十三届全国人大三次会议第 8471 号建议的答复》存在若干不一致之处，如"答复"明确"严格禁止在拍卖公告中要求买受人概括承担全部税费"，这些差异有待建立更系统而明确的制度来消除。在制度建立之前，该案裁判文书示范了司法拍卖包税条款约定不明情况下的解释方法，明确了类似情况下买受人承担税费的边界，其说理论证对今后类案处理具有积极的参考和借鉴价值。从某种意义上来说，该个案也具有一定的制度价值，对司法解释完善和相关制度建构均有积极意义。

（点评人：何锦前，首都经济贸易大学财税法研究中心主任，教授，博士生导师）

（2022）最高法民再 59 号裁判文书原文

第三节 房屋买卖合同

18. 李某乙、姬某与卢某房屋买卖合同纠纷案*

【关键词】

房屋买卖　冒名处分　虚假意思表示　事实推定

【裁判要旨】

当事人主张房屋所有权转移"名为买卖，实为赠与"时，法院应当综合考量该财产转让行为的动机、过程、结果，判断转让人是否曾经作出赠与的意思表示。如果转让人基于赠与的意思表示将房屋所有权转移至受让人名下之事实具有高度可能性，该赠与行为未违反法律、行政法规的效力性强制性规定且不违背公序良俗，则应确认转让人与受让人之间存在合法有效的赠与关系，而作为虚假意思表示的房屋买卖合同本身的效力瑕疵并不影响赠与关系的成立及生效。

一、简要案情

姬某与李某甲原为夫妻关系，于1995年协议离婚；李某乙是李某甲与姬某之女，离婚时约定由姬某抚养。卢某与李某甲为再婚夫妻，于2002年结婚。李某甲于2016年9月5日去世。

系争房屋由李某甲于1997年购买取得，产权登记在其一人名下，先由李某甲居住，自2003年起由李某乙、姬某实际居住至今。2003年4月，系争房屋产权以买卖的名义转移登记至李某乙、姬某名下，过户手续由中介人员张某办理，但过户资料中仅有中介公司盖章的委托书，无李某甲签名的委托书。过户登记时提交的《上海市房地产买卖合同》《上海市房地产转让、登记申请书》《上海市个人房屋出售发票》上，李某甲的签名均非本人所签，李某甲的印章与1997年购房材料上的印章也不一致。李某甲于1997年购买系争房屋

* （2020）沪02民终490号。

时的购房材料原件现由李某乙、姬某持有。

现卢某以《上海市房地产买卖合同》上李某甲的签名非其本人所签，李某乙、姬某擅自转移系争房屋产权之行为侵犯其财产权益为由，诉请确认《上海市房地产买卖合同》无效，并要求判令将系争房屋产权恢复登记到李某甲名下。李某乙、姬某则主张李某乙、姬某与李某甲就系争房屋"名为买卖、实为赠与"，李某甲在系争房屋过户的同时，将购房材料原件一并交给李某乙、姬某，可以证明其系自愿将系争房屋赠与李某乙、姬某。据此，系争房屋过户产权登记至李某乙、姬某名下究竟系其擅自转移所为还是李某甲赠与所致，系双方当事人的实质分歧，也是本案的争议焦点所在。

二、撰写心得

裁判文书是当事人争议的句点，也是司法过程的终端作品。裁判文书对案件的事实认定是否客观清楚、法律适用是否准确得当、论证说理是否周密严谨，都要接受当事人乃至整个社会的检验。撰写一篇优秀裁判文书，除应当做到要素齐全、结构完整、文字规范等基本要求外，更应当从事实认定、法律适用以及说理论证三个方面着力，让当事人和社会公众认可、信服、接受，让公平正义以看得见的方式实现。

（一）抽丝剥茧，清楚认定事实

事实是据以裁判的依据。基于客观事实作出法律判断固然是民事审判的理想状态，但法官并非案件事实的亲历者，囿于认知能力的局限性，难以将案件事实还原为绝对的客观真实，只能通过证据审查、事实推定等手段建立起最大程度接近客观真实的法律事实，并基于该法律事实作出相应判断。民事审判首先是抽丝剥茧的事实"求真"过程，在作为终端产品的裁判文书中也应当充分还原这一过程，全面、客观地对当事人争议的事实作出认定。

本案是一起"非典型"的房屋买卖合同纠纷案件。其"非典型性"首先体现在事实认定层面：一方面，本案双方当事人并非合同双方主体，其中一方实为合同一方主体的继承人，且并非争议事实的亲历者；另一方面，争议事实发生于近二十年前，要求相关亲历者准确回忆事件发展经过亦属苛求。在作为重要证据类型的当事人陈述存在先天不足的情况下，如何认定事实成为本案的难点。此时，应当注意避免机械适用举证规则，在居中裁判的前提下充分发挥主观能动性，审慎查明相关背景因素，适当借助背景因素，运用高度盖然性证明标准进行事实认定。本案中，李某甲生前持有本市多处房产及数家公司股份，对自身财产具备较强的管理意识和掌控能力；李某甲再婚后仍定期探望李某乙、姬某，基于李某甲与李某乙、姬某之间相对融洽的关系和一般公众的血缘亲情观念，李某甲将其个人财产系争房屋赠与女儿及前妻作为物质补偿与生活保障，具有一定的合理性。借由以上背景因素的辅助，即便姬某本人的陈述和其证人张某的陈述存在一定偏差，合议庭亦最终认定李某乙、姬某关于李某甲作出赠与意思表示的主张具有高度盖然性。

（二）去伪存真，准确适用法律

法律是据以裁判的准绳。在清楚认定法律事实的基础上，还要准确适用相关法律、司法解释的规定，对当事人诉讼请求或者抗辩理由是否成立作出认定。在当事人提出的法律依据较为明确时，一般可以径行遵循"司法三段论"进行内部论证；在当事人无法提出明确的法律依据时，则应当在既定法律框架内分析、甄别和选择可能的法律依据。民事审判也是去伪存真的法律"求实"过程，要求法官立足立法原意、价值导向，辅以法律解释、漏洞填补方法确定裁判的法律依据。

本案的"非典型性"同时体现在法律适用层面：卢某系以《上海市房地产买卖合同》上李某甲的签名非其本人所签为由，主张李某乙、姬某擅自转移系争房屋产权，基于这一事实主张应当适用冒名处分相关规则；李某乙、姬某主张李某甲系通过买卖形式将系争房屋赠与李某乙、姬某，基于这一事实主张则应当适用通谋虚伪表示相关规则。在认定李某甲曾作出将系争房屋赠与李某乙、姬某的意思表示的前提下，作为系争房屋过户依据的《上海市房地产买卖合同》由他人代为签署且李某甲并未就此出具委托书一节，又导致本案事实难以准确契合通谋虚伪表示的规范构造，如何适用法律亦为本案的难点。本案中，合议庭基于李某甲对自身财产具备较强的管理意识和掌控能力的事实，推定李某甲知晓系争房屋过户事实。由此进一步推定李某甲默许张某代为签署《上海市房地产买卖合同》以便完成过户登记，即张某基于李某甲的默示授权完成虚假意思表示的表意行为。进而得出裁判要旨：虚假意思表示是完成隐藏行为的手段，在确认当事人作出实施隐藏行为的意思表示的前提下，虚假意思表示本身存在形式瑕疵不影响隐藏行为的效力认定。

（三）繁简得当，直面争议焦点

说理是裁判文书的灵魂。论证说理整体一般遵循"大前提→小前提→结论"的逻辑，即"司法三段论"模式展开，因而是连接案件事实与裁判结果的桥梁，也是据以作出裁判的逻辑思维过程的集中呈现。一篇优秀裁判文书除明确作为基础论据的案件事实和法律依据外，还应当呈现逻辑严密的论证过程，保持案件事实、法律依据、裁判结果之间逻辑衔接的流畅性，更应当直面争议焦点，充分回应当事人提出的各项主张，做到"胜败皆明"。

本案二审中，李某乙、姬某提出两项主要上诉理由：一是卢某无权代替李某甲提起本案诉讼，其不具备原告主体资格；二是李某乙、姬某与李某甲就系争房屋"名为买卖、实为赠与"，李某乙、姬某依据李某甲的赠与行为取得系争房屋产权。上述两项上诉理由亦是李某乙、姬某一审中的主要抗辩意见。就两项主张的关系来看，前者作为程序层面的主张仅是一种防御性的诉讼技巧，后者作为实体层面的主张才真正触及当事人的实质争议。因一审判决就卢某是否具备原告主体资格这一问题已作详细论述，且与二审合议庭的意见并无实质差异，故二审判决删繁就简，不再予以赘述，转而直面当事人的实质分歧，即李某甲是否作出赠与意思表示。因双方对该节事实争议较大，在案证据又不足以直接还原该案争议事实，承办法官在裁判文书中将合议庭根据经验法则以及客观逻辑进行的演绎推理等心证内容予以充分披露，通过两种可能的事件发展经过的直观比对，呈现合议庭形成内心确信的过程，力争以理服人。

（徐江，上海市第二中级人民法院法官）

三、专家评析

本案涉及亲属间以买卖的形式实现房屋赠与目的之纠纷类型。在房屋原产权人去世的情况下，其继承人通常以买卖合同存在效力瑕疵、买受人未履行价款支付义务等为由主张房屋返还；现产权人则通常以名为买卖实为赠与，且赠与实际已完成进行抗辩。该类案件的审查核心和纠纷逻辑起点是探究合同当事人的真实意思表示，认定其真实的法律关系。因虚伪意思表示事实上是否存在，是对当事人内心意志作出的主观判断，裁判者需通过外化的行为不断接近当事人的真实意思表示。本案的说理充分秉持心证公开的原则，对裁判者审理过程中根据经验法则及客观逻辑进行的演绎与推理，以及形成的内心确信程度等心证内容予以了充分披露，逻辑清晰严密，说理翔实透彻。

在对缔约真意的查明和探究上，本案分别以原产权人赠与意思表示存在之可能性、买受人擅自转移房屋权属之可能性为视角，从合同主体的行为动机、过程、结果，针对性地逐项分析论证，探讨原产权人将名下房产无偿转移登记于他人名下且供其居住使用这一行为是否存在合理的解释路径，最终将房屋所有权的转移认定为当事人意思自治推动的结果,当事人关于原产权人生前基于赠与之意思表示而将房屋产权转移登记至现产权人名下的事实主张成立。在明确法律关系后,本篇文书对于买卖合同并非由原产权人本人所签这一行为瑕疵是否导致整体的赠与行为无效作出论述,基于买卖合同本身仅为实现赠与目的过程中的所需材料,是否由原产权人本人所签并非认定赠与有效与否的必备要件,认定本案房屋赠与关系应为合法有效。

本篇文书为处理该类型纠纷提供了值得借鉴的审理思路,结构层次清晰合理,在查明事实的基础上,围绕争议焦点及当事人所提诉辩意见,结合一般公众的血缘亲情观念与当事人社会身份特征,准确界定法律关系。在全面回应当事人诉讼请求及理由尤其是增强文书说理上,本篇文书亦做到了言之有理、论之有据。对于改判理由的阐述充分合理、措辞严谨,段落层次恰当,逻辑衔接顺畅,给予当事人有效回应。全文以事实为根据,以法律为准绳,充分阐明裁判结论的形成过程和正当性理由,提高了裁判文书的可接受性,增强裁判行为公正度、透明度,发挥裁判的定分止争和价值引领作用,做到了法律效果与社会效果相统一,保证了法律的正确适用和案件的妥当裁判,体现了公正司法的应有之义。

(点评人:费鸣,上海市第二中级人民法院民事审判庭庭长)

(2020)沪 02 民终 490 号裁判文书原文

第四节　借款合同

19. 闫某与高某及原审被告张某1、张某2民间借贷纠纷案*

【关键词】

资金来源　转贷认定　利息认定　保证责任

【裁判要旨】

在民间借贷纠纷案件审理过程中,需严格审查区分出借资金来源,平等保护借贷双方当事人的合法权利。依照《全国法院民商事审判工作会议纪要》中关于高利转贷的认定标准严格适用《最高人民法院关于审理民间借贷案件适用法律若干问题的规定》第13条第1项的规定,对出借资金源于银行信贷资金的,依法认定转贷行为无效。同时对出借人举出相反证据能够证实出借资金系自有资金的,认定出借行为有效并依法支持利息。案件所涉借贷资金部分源于银行信贷资金,部分源于出借人自有资金,故所涉借款合同按部分有效、部分无效区别对待,对相应的担保责任,亦按合同有效部分及无效部分分别进行确认。

一、简要案情

2016年12月,张某1通过中间人闫某向高某借款,高某于12月9日从酒泉农村商业银行贷得年利率6.42%的农户小额信用贷款150 000元。同日,其从中国农业银行账户向闫某转款190 000元,12月10日从酒泉农商银行账户向闫某转款145 500元。12月13日,张某1向高某出具借条,张某1作为借款人、闫某作为担保人分别在借条上签字、捺印。2017年1月19日,张某2(张某1妻子)向高某转款10 500元,2017年12月19日至2019年11月14日,高某在张某1、张某2经营的酒泉市肃州区某大酒店消费78 033元。2018

---

* （2021）甘09民终816号。

年2月9日，张某1就上述借款重新向高某出具借条，张某1作为借款人、张某2（张某1妻子）作为共同债务人在合同上签字、捺印，闫某及案外人李某作为担保人在合同上签字、捺印。后高某诉至酒泉市肃州区人民法院，请求判令闫某、张某1、张某2连带偿还高某借款350 000元及利息80 934元，合计430 934元。一审法院经审理作出（2020）甘0902民初5906号民事判决，判决：一、张某1、张某2于判决生效之日起十日内偿还高某借款本金335 500元及其利息78 415元；二、闫某对上述债务承担连带清偿责任。在实际偿还后，有权向张某1、张某2进行追偿，或者要求其他保证人清偿其应当承担的份额。闫某不服一审判决，认为高某出借资金系银行贷款，借款合同无效，其作为担保人不承担还款责任，遂上诉至酒泉中院。法院经审查确定以下争议焦点：（1）案涉民间借贷合同是否有效；（2）闫某是否应对案涉借款承担连带清偿责任；（3）一审关于利息的认定是否正确。酒泉市中级人民法院经审查认为，虽张某1在案涉借条中写明借到高某信用及担保贷款，但高某能够提供证据证实出借的190 000元系其自有资金，应区分出借资金来源分别认定借款合同效力。酒泉市中级人民法院于2021年8月20日作出（2021）甘09民终816号民事判决，判决：一、撤销甘肃省酒泉市肃州区人民法院（2020）甘0902民初5906号民事判决；二、原审被告张某1、张某2于本判决生效后十五日内偿还被上诉人高某借款本金145 500元及利息6994元；三、原审被告张某1、张某2于本判决生效后十五日内偿还被上诉人高某借款本金190 000元及利息21 806元；四、上诉人闫某对原审被告张某1、张某2不能清偿本判决第二项付款义务的三分之一即50 831元及本判决第三项付款义务承担连带清偿责任，其在承担清偿责任后，有权向原审被告张某1、张某2进行追偿；五、驳回上诉人闫某的其他上诉请求；六、驳回被上诉人高某的其他诉讼请求。二审判决送达后，各方当事人均服判息诉，未向甘肃省高级人民法院申请再审。

二、撰写心得

裁判文书是诉讼活动的总结性成果，既是展示人民法院司法公正的"窗口"，也是体现法院办案质量和司法能力的一张名片。好的裁判文书不仅能够客观反映案件审判过程及裁判结果，更能起到正面宣传效果。同时裁判文书也是法官价值取向、法律素养、文字功底的集中体现，撰写一篇高质量的裁判文书，要注意以下两个方面。

（一）高度重视庭审过程，归纳总结争议焦点

吃透案情是写好裁判文书的基础。要吃透案情，关键在于对证据的分析认定，去伪存真，对证据的审查判断，需要结合法律专业知识和审判实践经验，只有将案件审好，才可能判好。本案审理过程中，上诉人（担保人）主张被上诉人（出借人）将银行信贷资金转借他人，案涉借贷合同无效，上诉人作为担保人不应承担责任。合同效力问题是人民法院应当主动审查的内容，承办人通过前期阅卷发现案涉两张借条中明确载明借款人借到出借人银行贷款××元，出借人认可出借的两笔款项中，一笔源于银行贷款，另一笔系自有资金，但一审未继续审查。承办人二审中要求出借人提交个人信用报告及款项出借前一年的银行流水信息，仔细审核出借资金来源，针对各方当事人上诉及答辩理由归纳了二审争议焦点，通过庭审询问到庭的当事人，确认担保人（本案上诉人）介绍借款人到出借人处借款时对款项来源明知。通过这一细节，在二审判决中对案件重要事实予以补充认定，最终确定担保人的担保责任。

（二）准确理解法律规定，提升释法析理水平

近年来，随着国家政策调整和人民生活水平提高以及人民群众经营类用款需求的增长，民间借贷呈现井喷式增长，部分出借人利用自己在银行信用较好，可以取得信用贷款的有利条件，从银行以较低利率贷款后，再以高利率转借他人谋利，该行为违反法律禁止性规定，存在扰乱经济秩序的风险，人民法院在审理民间借款纠纷案件时，应运用法律武器对上述行为予以坚决打击，尚未构成高利转贷罪的依法确认借贷行为无效。同时也要依法保护正常的民间借贷秩序，对以自有资金出借的要甄别对待。承办人依照《全国法院民商事审判工作会议纪要》中关于高利转贷的认定标准，严格适用《最高人民法院关于审理民间借贷案件适用法律若干问题的规定》第13条第1项的规定。因本案所涉借贷纠纷在同一借款行为中出现部分借贷行为有效、部分借贷行为无效的情形，案件涉及借款合同的性质认定、担保人责任承担及利息认定，本院无类似判决，合议庭意见分歧较大，承办人多方查找资料，向合议庭详细具体地报告案件基本情况，最终合议庭取得一致意见，对借款行为的法律效力及担保人责任进行分别阐述，对原审判决结果进行了纠正。

承办人撰写本案判决时还是从事民事审判工作不足一年的新手法官，现在回头再看该案判决，感觉语言还显干涩、说理尚欠透彻，在今后的工作中，在写好裁判文书后要反复酝酿、斟酌，反复校对，确保不出纰漏的同时，力

争在语言表达和释法说理方面更上层楼，写出更加优秀的裁判文书。

（杨建波，甘肃省酒泉市中级人民法院法官）

三、专家评析

（一）案件的普遍性中凸显典型性

民间借贷案件是人民法院近年来审理的数量持续居多的类型化案件，但各地法院对该类案件的事实认定和判决结果有异，对民间借贷合同的效力认定标准、尺度把握并不统一。而本判决对民间借贷合同效力的认定与案件查明的事实紧密结合，区分民间借贷合同部分有效和无效分别判定，具有一定的典型意义。

（二）具有相应的示范性

本判决较好地划定了民间借贷合同有效和无效的界线。针对民间借贷案件中的高利转贷行为，各地法院的普遍做法是认定全案合同无效。而本判决依据案件具体事实区分高利贷转贷行为和自有资金借贷行为，作出了合同部分有效、部分无效的正确认定，判决理由论证严密、完整。对准确理解、适用《最高人民法院关于审理民间借贷案件适用法律若干问题的规定》具有案例示范作用。

（三）判决书逻辑结构严谨具有规范性

二审判决对一审判决遗漏的重要案件事实予以补充认定，针对当事人上诉理由和答辩理由准确归纳了二审争议焦点，对合同效力、担保责任、借款利息等焦点问题进行了全面的分析论述。在充分论证的基础上，对原审判决结果错误进行了纠正。判决书格式规范、用语准确精练，论理充分，层次严谨，体现了二审民事改判判决的特点。

（点评人：张耀泽，甘肃省酒泉市中级人民法院审监庭庭长，甘肃省审判业务专家）

（2021）甘09民终816号裁判文书原文

第五节　租赁合同

20. 陈某某与昭通市水电移民工作办公室（原昭通市移民开发局）房屋租赁合同纠纷案[*]

【关键词】

　　情势变更　合同履行不能　约定解除　公平原则　诚信原则

【裁判要旨】

　　双方合同约定的内容意思表示明确，在履行过程中单方变更原约定范围，不能以默示方式推定已经取得对方的同意，应严格执行"合同变更内容约定不明确、推定为未变更"的法定条件。

　　因不可归责于双方的事由导致合同履行不能，双方达成合意解除合同，不能认定某一方违约。

一、简要案情

　　2016年1月6日，陈某某起诉至昭阳区人民法院，请求判令终止《合作协议》，由昭通市移民开发局赔偿房屋修建及装修损失4 071 400元、设备损失1 742 364元、营业损失240万元等参考设备装修折旧后合计4 600 000元。昭通市移民开发局提出反诉，要求判令陈某某支付拖欠的房租480 600元（其中2013年158 200元、2014年160 200元、2015年162 200元）和违约金60万元，并归还超出《合作协议》约定范围占用的机关办公楼后面的房屋和院坝。

二、撰写心得

　　（一）再审判决叙述事实客观全面、层次清楚、语言精练、用语规范、表述准确

　　该案历经一审、二审、申请再审、指令再审、抗诉再审等民事诉讼程序

---

[*]（2020）云民再38号。

的全过程，但是前三次作出实体处理判决归纳的案件事实细节不够全面、准确，"地基"不牢，导致人民检察院提出了认定事实和适用法律的诸多错误。文书起草过程中考虑到前面几次判决叙述事实的问题，直接用"本院再审查明"归纳全案的事实，针对当事人有争议的"合同约定范围"进行重点全面阐述，针对当事人无异议的部分进行归纳概括。

（二）说理充分

争议焦点层层剥茧式分析，说理透彻，逻辑严谨，充分回应双方当事人及抗诉机关提出的意见，具有很强的说服力。判决作出后，双方均服判息诉，实现了法律效果与社会效果的有机统一。

（三）具有指导意义

裁判要旨体现了法院客观中立的立场，对合同解除相关法律及司法解释规定之间立法目的、宗旨内涵的系统把握。纠正了双方已经协商同意解除合同时，人民法院未确认合同解除时间点，又判决解除合同的错误做法。纠正了理解合同解除的原因不全面，当合同陷入"僵局"时，就认定违约的错误做法，忽视了合同履行中抗辩权的行使。纠正了一审认定出租方违约，第一次再审又认定承租方违约的"一边倒"错误做法，把不可归责于双方当事人合同解除的原因和过错违约导致的合同解除情形区分开来，裁判说理对于今后同类案件的处理具有一定指导意义。

（洪一军，云南省高级人民法院法官）

三、专家评析

因情势变更导致合同"僵局"，如何正确理解双方合同的意思表示是否变更？如何公平认定双方当事人在合同解除中的民事责任并判定合同解除后的法律后果？该案历经一审、二审、申请再审、指令再审、抗诉再审等民事诉讼程序的全过程、全环节，就是因为法官在分析判断合同"僵局"的原因、合同解除的责任时认识不同、尺度把握不同。

目前最终的再审判决，结构完整、语言简明、条理清晰、说理翔实，尤其是正确运用公平公正、诚实信用等社会主义核心价值观释法说理，实质化解了长达十年的合同履行不能纠纷，充分发挥了司法裁判在社会治理中的功能作用。一是运用文义解释和合同目的解释的方法，详细阐明合同内容变更的法定条件，纠正适用默示方式推定合同内容变更的随意性，规范合同法对合同变更条件的法律适用。二是正确评价当事人的行为。当市场因政策环境变化而导致合同履行不能时，应当将合同"僵局"的根本原因归纳为"不可归责于双方当事人的事由"，而不能简单亮出"违约"的大棒导致双方当事人难以认同法院裁判。三是正确发挥维护社会公平正义最后一道防线的作用，逐一对抗诉机关提出的抗诉理由进行回应，认真讲明抗诉理由成立或者不成立的具体理由，积极回应人民群众对公正司法的新要求和新期待，实现司法裁判的规则引领作用和价值导向作用。

（点评人：袁学红，云南省高级人民法院党组成员、执行局局长、审判委员会委员、一级高级法官）

（2020）云民再 38 号裁判文书原文

21. 西藏某公司与郭某某房屋租赁合同纠纷案*

【关键词】

房屋租赁合同　面积　撤销权　合同解除　合同解除的法律后果

【裁判要旨】

出租人未向承租人提供符合合同约定面积的房屋虽构成违约，但该行为并不当然属于以欺诈手段实施的可撤销的民事法律行为。对是否构成欺诈的事实认定，需依据《最高人民法院关于适用〈中华人民共和国民事诉讼法〉的解释》第109条关于"能够排除合理怀疑"的较高证明标准，并结合案件具体情况综合判断。

一、简要案情

2017年3月2日，西藏某公司（合同甲方）与郭某某（合同乙方）签订了一份《商品房租赁合同》，约定甲方将双方确认建筑面积为3000平方米的经营场所租赁给乙方作为经营宾馆使用；乙方承租期限为9年，租金单价每月每平方米45元，每月租金为135 000元整。年租金共计人民币1 620 000元；乙方应于正式入场经营之日起，支付甲方物业服务费，标准为2元/平方米，合计6000元/月等内容。2019年4月，西藏某公司以郭某某多次拖欠租金、物业服务费、水电费，经催要拒不支付为由提起诉讼，诉请解除《商品房租赁合同》，由郭某某返还该房屋，并承担相应责任。郭某某提出反诉称，《商品房租赁合同》约定的租赁物的建筑面积为3000平方米，但房屋实际面积仅有2563.53平方米，而房租单价为每月每平方米45元，故西藏某公司在房屋租赁合同面积上存在严重欺诈，且该合同显失公平，导致郭某某遭受严重损失，遂反诉请求撤销《商品房租赁合同》，并由西藏某公司承担相应责任。

本案再审阶段争议的焦点为：（1）关于案涉房屋租赁合同是否应予撤销的问题；（2）关于案涉租赁合同是否应予解除，如案涉合同应予解除则合同

---

* （2021）藏民再9号。

解除的事由及解除合同的法律后果。法院认为：（1）关于案涉房屋租赁合同是否应予撤销的问题。案涉房屋租赁合同约定的二、三层面积为3000平方米，而实际面积仅为2563.53平方米，故西藏某公司作为出租人未向承租人郭某某提供符合约定面积的房屋构成违约。然而，该公司的上述违约行为是否符合《民法总则》第180条①规定的情形，仍是本案核心争议问题。根据《最高人民法院关于适用〈中华人民共和国民事诉讼法〉的解释》第109条之规定，对于认定欺诈的证明标准为高于一般民事案件"待证事实存在具有高度可能性证明标准"的特别证明标准。本案中，虽然约定的面积与房屋实际面积不一致，但现有证据无法证明西藏某公司存在欺诈的故意这一待证事实存在的可能性能够排除合理怀疑。二审判决认定西藏某公司存在欺诈的证据并未达到排除合理怀疑的证明标准，本案现有证据亦无法证明案涉房屋约定面积与实际面积不符足以影响合同目的实现，故二审判决撤销案涉合同系事实认定错误。（2）关于案涉租赁合同是否应予解除，合同解除事由以及责任承担的问题。根据再审查明的事实，二审判决作出后，郭某某将案涉房屋返还给西藏某公司，该公司也已将案涉房屋另行出租，故案涉合同事实上已无继续履行之可能。本案中，虽然案涉房屋面积与约定不符不构成案涉合同可撤销的法定条件，但根据《合同法》第216条②之规定，西藏某公司作为出租人未向承租人郭某某提供符合约定面积的房屋，且不足面积达到436.47平方米，而案涉合同有关租金及物业服务费的计付标准又是以租赁面积乘以单价构成，故本案中西藏某公司违约在先的情形客观存在。郭某某亦在本案中主张西藏某公司未按合同约定面积交付租赁物的行为同时满足合同撤销条件和解除条件。西藏某公司未按合同约定交付租赁物违约在先，且该公司在郭某某针对案涉房屋面积提出异议并通过拒付租金方式予以抗辩后，不但未积极采取协商等方式寻求实现和解，反之该公司主动提起本案诉讼并主张解除案涉合同。因此，西藏某公司的上述行为符合《合同法》第94条第2项③"在履行期限届满之前，当事人一方明确表示或者以自己的行为表明不履行主要债务"之规定，郭某某在本案中提出的西藏某公司未按合同约定面积交付租赁物构成合同解除事由的主张成立。关于合同解除的法律后果及责任承担。本案二审判决有关郭某某在2019年1月至5月欠付西藏某公司的租

---

① 现为《民法典》第180条。
② 现为《民法典》第708条。
③ 现为《民法典》第563条第1款第2项。

金为 623 802.98 元，以及郭某某在 2018 年 12 月至 2019 年 5 月欠付西藏某公司物业服务费 30 762.36 元的认定，并无不当。原判有关西藏某公司应按涉案房屋二、三层的实际面积向郭某某退还多收取的租金 346 680.575 元以及多收取的物业服务费 16 585.9 元的认定，并无不当。针对郭某某请求返还保证金及转让费的诉请，因西藏某公司违约导致案涉合同解除，故该公司收取的 300 000 元保证金应当予以退还。案涉合同中并无转让费的约定，郭某某亦无证据证明双方当事人就案涉合同转让费形成了合意，西藏某公司对于该笔 180 000 元为转让费亦不予认可，因此二审判决认定余款 180 000 元为转让费，欠缺证据证明。鉴于西藏某公司不能就其收取该笔 180 000 元的原因作出合理解释，故该款应当用于抵扣郭某某欠付西藏某公司的租金。自郭某某在 2019 年 1 月至 5 月欠付西藏某公司的租金 623 802.98 元中扣除上述 180 000 元，郭某某欠付租金的数额为 443 802.98 元。《最高人民法院关于审理城镇房屋租赁合同纠纷案件具体应用法律若干问题的解释》第 11 条第 1 项规定，①"承租人经出租人同意装饰装修，合同解除时，双方对已形成附合的装饰装修物的处理没有约定的，人民法院按照下列情形分别处理：（一）因出租人违约导致合同解除，承租人请求出租人赔偿剩余租赁期内装饰装修残值损失的，应予支持……"郭某某有权主张西藏某公司向其赔偿剩余租赁期内的装饰装修残值损失。结合郭某某于 2020 年 12 月 26 日向西藏某公司返还案涉房屋的事实，以及装修价值、使用期限，案涉房屋的装修残值应确定为 2 737 398.64 元。鉴于西藏某公司违约行为导致合同解除是造成案涉装修残值损失的主要原因，而郭某某在合同订立及履行过程中未尽到合理注意义务对于造成案涉装修残值损失亦存在一定过错，酌情认定郭某某应对案涉房屋装修残值损失自行承担 20% 的责任，故西藏某公司应当向郭某某赔偿装修残值损失为 2 189 918.91 元。法院遂撤销一审、二审判决，并依法作出改判。

二、撰写心得

本案双方当事人对立情绪尖锐，具有较大的涉诉信访隐患。为确保再审判决能够实质上化解纠纷，实现定分止争，主审人在撰写裁判文书时，围绕双方的诉讼主张，立足在案证据，充分进行释法说理。针对西藏某公司交付的租赁物面积不符合合同约定，是否构成欺诈，以及案涉《商品房租赁合同》是否

---

① 该解释于 2020 年 12 月 29 日修正，修正后为第 9 条第 1 项。

应予撤销的问题。主审人从撤销事由的证明责任、证明标准、撤销权行使期限等方面进行了深入透彻的分析论证，并重点围绕以下两个方面进行了释法说理。

一方面，根据案涉合同的约定及当事人的陈述，郭某某在签订案涉合同前曾察看案涉租赁房屋，合同签订后，西藏某公司亦向郭某某提供了案涉房屋的图纸，且该公司在合同签订及履行过程中并没有阻止郭某某对案涉房屋面积进行实测，同时案涉合同约定面积与实际面积相差达到436.47平方米，不足面积占合同总面积达14.5%，故西藏某公司欠缺进行欺诈的条件，其主观上存在欺诈故意这一待证事实并不能够排除合理怀疑。

另一方面，本案现有证据并不能证明郭某某在2018年底前已知悉案涉房屋实际面积与合同约定面积不符的事实，但郭某某在未经实际测量的情况下，即在案涉合同上确认租赁面积为3000平方米，且其在对案涉房屋进行装修设计、消防设计以及装修施工后仍对案涉房屋实际面积缺乏了解，说明郭某某在案涉合同的订立及履行过程中并未尽到正常合理的注意义务，其自身亦存在过错。退一步讲，即便西藏某公司针对案涉房屋面积存在欺诈，但案涉合同要符合可撤销的条件，仍应满足该欺诈行为导致郭某某违背真实的意思表示而签订案涉合同。结合本案，虽然案涉合同约定的租金及物业服务费的计付依据均为房屋面积，但根据郭某某在合同订立及履行过程中并未对房屋面积这一合同要素引起足够重视可以看出，仅因案涉房屋实际面积与约定面积不符并不足以导致合同目的不能实现。对此，郭某某自认其在2018年12月知悉案涉房屋实际面积与约定不符，但其直至西藏某公司以欠付租金等费用为由将其诉至一审法院后方才提起撤销权主张的事实亦可予以佐证。

基于以上分析认定，再审判决驳回了郭某某有关撤销案涉合同的诉请。同时，由于本案再审期间，郭某某已返还案涉房屋，西藏某公司也已将该房屋另行出租，案涉合同已无继续履行的可能，依法应当解除该合同。再审判决基于合同履约情况，结合违约行为、合同解除原因，以及双方各自的行为与损失之间的因果关系，结合双方当事人的过错程度，对合同解除后双方的权利义务依法作出了认定。由于本案再审判决书实现了充分缜密的释法说理，再审判决作出后，双方当事人均未就本案再审判决进行任何信访，一起具有重大信访隐患的案件得以化解。

（丹增罗布，西藏自治区高级人民法院法官）

三、专家评析

本案中既包含有出租人起诉承租人支付拖欠租金并诉请解除合同的本诉，

又包含了承租人以出租人交付的租赁房屋面积不足为由请求撤销案涉合同并赔偿损失的反诉。本案再审判决作出前，双方当事人情绪尖锐对立，也均就本案向各有关部门多次进行了信访。为确保本案审判质效，西藏自治区高级人民法院组成了院史上第一个民事案件五人合议庭，且合议庭成员均由院庭长担任。本案承办人在再审判决的撰写过程中，坚持立足在卷证据，针对出租人未向承租人提供符合合同约定面积的房屋虽构成违约，但该违约行为是否符合可撤销合同的法定情形这一本案核心争议，从撤销事由的证明责任、证明标准及撤销权行使期限等方面进行了深入透彻的分析论证，特别是依据《最高人民法院关于适用〈中华人民共和国民事诉讼法〉的解释》有关欺诈事实的认定需要达到排除合理怀疑的特殊证明标准的认证规则，对于本案二审撤销案涉合同的判决依法作出了改判。鉴于本案二审后，案涉合同已无继续履行的可能，依法应当解除该合同，再审判决基于合同履约情况及违约行为，就合同解除原因，以及合同解除后双方的权利义务依法作出了认定。针对其中争议较大的装修残值损失的责任认定，再审判决依据司法解释的规定，结合本案实际根据双方各自对于造成装修残值损失的过错大小作出了认定。现阶段西藏旅游、酒店、餐饮等行业得到快速发展，随之而来的商业用房租赁合同纠纷案件呈明显上升趋势。相关案件中承租人往往以出租物存在面积、质量等瑕疵主张撤销合同，而在实际案件中承租人欠缺充足证据的相关诉请一旦得到判决支持，将使双方当事人的利益严重失衡，并对租赁市场秩序及交易安全造成不利影响，故本案再审判决对于本辖区内此类纠纷案件的审理具有一定的参考意义。由于再审判决充分的释法析理，足以令当事人信服，该判决作出后一度矛盾尖锐且屡屡信访的双方当事人均就本案息诉罢访，实质性解决纠纷，实现了定分止争。同时，本案再审判决书语法准确，对证据分析认证意见充分有力，裁判逻辑清晰，说理性强，是一篇优秀的裁判文书。略显遗憾的是该判决书未对当事人诉辩意见进行归纳精练，造成该部分内容较为冗长。

（点评人：琼巴，西藏自治区高级人民法院二级高级法官）

（2021）藏民再 9 号裁判文书原文

第六节 建设工程合同

22. 广东腾越建筑工程有限公司湖北分公司与徐某某、王某某建设工程施工合同纠纷案[*]

【关键词】

建设工程施工合同　内部转包　对账单　工程造价　司法鉴定意见

【裁判要旨】

在建设工程内部转包关系中，基于双方当事人合作项目多、合作周期长、资金往来频繁等多重因素，在建设项目对账单上的签字原则上应视为对相关资金事实的确认，如没有相反证据，则应据此确定当事人之间的债权债务关系。对司法鉴定意见人民法院应当实质审查，如有证据证明工程造价司法鉴定意见不能客观反映争议建设工程的真实造价，按照证据优势原则，人民法院不应采信该司法鉴定意见。

一、简要案情

2011年8月25日，广东腾越建筑工程有限公司湖北分公司（以下简称广东腾越湖北分公司）与案外人武汉生态城碧桂园投资有限公司签订《碧桂园建设工程施工合同》，约定广东腾越湖北分公司承建武汉生态城碧桂园一期桃花源二区的土建、室内精装修（或精简装修）工程、室内安装工程、室外工程等，合同价款62 930 558.46元。2011年9月26日，广东腾越湖北分公司与广东腾越建筑工程有限公司武汉生态城一期桃花源一项目部（实际负责人徐某某）签订《碧桂园工程项目承包协议》，广东腾越湖北分公司将武汉生态城碧桂园一期桃花源二区工程项目中的75栋别墅及1栋配电房工程采取内部项目承包责任制发包给徐某某施工。根据上述约定，徐某某组织对案涉工程进行了施工。双方在工程竣工后的结算中发生纠纷，广东腾越湖北分公司以

---

[*] （2020）鄂0111民初2924号。

向徐某某超额支付案涉工程款为由提起诉讼，要求徐某某返还超额支付的工程款21 918 245.28元及其利息，并要求徐某某的前妻王某某共同承担返还义务。徐某某以广东腾越湖北分公司未足额支付案涉工程款为由提起反诉，要求广东腾越湖北分公司支付欠付的工程款9 954 297.97元以及利息。

在原一审审理过程中，因双方当事人对工程价款的结算存在分歧，广东腾越湖北分公司申请对武汉生态城碧桂园一期桃花源二区工程中标注栋号的工程（共计76栋）的工程造价进行鉴定。2018年10月26日，湖北边际咨询有限责任公司出具《武汉生态城碧桂园一期桃花源二区工程造价司法鉴定报告书》（湖北边际造字〔2018〕1083号），鉴定意见为根据2018年5月4日洪山区人民法院司法鉴定委托书确定鉴定内容，鉴定造价为56 051 105.87元。其中，涉及门窗工程部分的工程造价为3 945 068.79元。另查明，徐某某称竣工验收时间为2014年11月，广东腾越湖北分公司对此表示无异议。2016年7月，就案涉工程广东腾越湖北分公司与碧桂园投资公司进行结算，双方共同在《建设工程结算审核定案表》上盖章，该结算审核定案表显示，案涉工程的审核工程造价为67 744 227.47元。

案件当事人在案件事实方面的主要争议点为：第一，关于案涉工程款实际已付的具体金额问题；第二，关于案涉工程广东腾越湖北分公司对徐某某的应扣未扣款项的具体项目及金额问题。在法律适用方面，当事人的主要争议焦点为：第一，关于案涉法律关系如何认定的问题；第二，关于案涉工程总价款如何认定的问题；第三，关于案涉工程对徐某某应承担扣款的具体金额如何认定的问题；第四，关于超额支付给徐某某款项的退还义务主体如何认定的问题。

二、撰写心得

有学者指出"裁判文书是司法理性的终极表征"，作为司法过程的最终产品，裁判文书承载着司法公正与司法公信，传递着司法力度与司法温度。如何写裁判文书，如何写好裁判文书，如何写出优秀的裁判文书，是法官需要终身学习研究的课题。优秀的裁判文书，要具备公正性、示范性、典型性、规范性、逻辑性等基本特征，这就要求法官不仅要认真对待裁判文书写作本身，还要注重案件的特征，更要注重办案全流程的严谨规范。正因如此，打造优秀裁判文书具有一定挑战性和艰巨性，尤其是对青年法官，办案经验相对欠缺，在克服困难、战胜挑战、超越自我的过程中，更需久久为功，方能善作善成。2020年，笔者承办本起建设工程施工合同纠纷案件，该案系发回重审案件，标的额大，案情复杂，通过半年努力圆满审结该起案件。结合该案的办理经历，笔者认为，作为一名青年法官，必须持之以恒涵养"五气"，才能慎始敬终、行稳致远。

（一）涵养勇于担当的豪气

对于青年法官而言，担当精神是干事创业最重要的品格，也是抓住机遇、把握机会的重要能力。2020年8月，笔者所在法院一名法官退出员额法官序列，需要有人接收该名法官未审结案件，因笔者在审判管理办公室工作，日常办案任务相对较轻，便成为该任务的首选对象。因为需要接手的案件也就50余件，所以在听到这个任务时也没有太多考虑。但到移交案件的当天，去清点卷宗时发现本起建设工程施工合同纠纷案件的卷宗就有30余本，摞起来有半米高。那个时候，心里确实有些忐忑和迟疑。毕竟，此时笔者成为一名法官不到一年，虽然在法院工作已经七八个年头，但除刚参加工作时在人民法庭有两年多办案经历外，其他时候一直在办公室、审管办等综合部门，主要从事综合文稿写作工作，办案经验相对有限。当时的分管院领导说"你先办，如果有困难，我来当审判长"。这句话给了笔者信心和勇气，笔者也就大胆地接手了该起发回重审案件。俗话说，挑战与机遇并存。如果在面对大案、要案、难案时，你选择退缩，也就失去了出彩的机会。现在看来，正是有承办这个疑难复杂案件的经历，才让自己有机会去认真钻研审判业务，有机会去挑战撰写高难度的裁判文书，也才能有机会以该案裁判文书参评第五届全国法院"百篇优秀裁判文书"并获奖。

（二）涵养力争一流的志气

"有志者事竟成。"作为新时代的青年一代，我们必须要有崇高的理想和追求，否则时光匆匆、韶华易逝，我们就可能辜负美好的青春年华。而作为青年法官，我们就是要力争办出一流的案件、写出一流的裁判文书。该案涉及70余栋别墅的工程造价，为全面审查工程造价司法鉴定意见，合议庭两次前往项目现场进行勘查，逐一核对争议点，并先后五次前往相关部门查阅案涉工程建造资料，最终未采信评估鉴定机构对案涉工程造价的鉴定意见，这为正确裁判案件奠定了最坚实的基础。在本案的审理过程中，笔者之所以对鉴定意见持审慎态度，并多次前往项目现场和相关部门查阅建造资料，这是出于对当事人的承诺，更是出于一名法官必须坚守的职业信念。"取法乎上，得法乎中；取法乎中，得法乎下。"作为新时代的青年法官，我们要有敢为人先、勇创一流的志气,仰望星空又脚踏实地,坚持用一流的工作标准争创一流的工作业绩。

（三）涵养一往无前的锐气

"世上无难事,只要肯登攀。"作为一名法官,每天都需要面对大量的矛盾纠纷,需要去调和被破坏的社会关系,工作中的困难和挑战不言而喻。在困难挑战面前,我们只有逢山开路、遇水架桥,保持一往无前的劲头,努力争当起而行之的"奋斗者"、攻坚克难的"先行者"、先行示范的"领跑者",才能开创一片属于自己的天空。在办理该起案件的过程中,首次面对高达半米的卷宗材料,首次面对未曾办理过的建设工程施工合同纠纷案件类型,首次办理发回重审案件,首次办理有反诉的大标的额案件。当时心理压力非常大,但作为法官,这一关必须要过,并且只能靠自己过,只有把这一关过了,未来才可能一马平川。凭着这股冲一冲的劲头,笔者利用周末时间,心无旁骛地将30余本案件卷宗逐一进行了查阅,归纳总结了当事人之间的分歧点,在此基础上制作了详细的庭审提纲,明确了需要重点调查的20余项争议事实。其后,利用半天时间对案件进行了开庭审理。开完庭后,因当事人之间分歧较大,不具备调解基础,笔者便着手判决书的起草工作。由于是中途接手案件,面对案件庞杂的事实和法律适用疑难问题,案件审限剩余时间本来就不多,心理的压力便与日俱增。可能是与写综合文字材料的经历有关,无数次工作经历告诉笔者,无论多复杂多难的材料,只要去写,就一定可以写出来。正是有这份信念,笔者就从最简单的当事人诉辩意见写起,再到审理查明,最后到本院认为部分,整整用了一周的时间,终于完成了该案三万余字的判决书初稿。这次经历再次让笔者坚信:"路虽远,行者将至;事虽难,做则必成。"

（四）涵养敢于亮剑的硬气

一份合格的裁判文书,最重要的前提是事实认定清楚、法律适用正确。一份优秀的裁判文书,还需要附加一个条件,即裁判文书对案件疑难问题作出了具有示范性的正确裁判,确立了可参照性的裁判规则。而要做到这些,对裁判者本身提出了较高要求,其必须来回于事实与法律、法理与情理之间,进而得出依法且最合理的裁判结论。在该起案件办理过程中,主要面临以下几个法律适用难题:第一,本案原一审过程中对案涉工程造价作了鉴定,但鉴定意见中的工程造价不仅远低于实际施工人主张的金额,甚至低于转包人最初主张的金额。此种情形下,应如何认定工程造价。第二,实际施工人与转包人之间存在多个合作项目，合作周期长，资金往来频繁。此种情形下，双方当事人在建设项目对账单上的签字效力应如何认定。以上两个核心问题，对案件处理具有决定性影响，不同的认定意见对裁判结果的金额影响将高达千万元。为此，笔者与当事人进行充分沟通，积极做好当事人的释明工作，根据当事人申请及时调取证据和现场勘查。在此基础上，对在案证据采信进行了全面论述，依法未采信鉴定意见，并对当事人签字的对账单予以采信，这为本案的正确裁判提供了重要支撑。针对上述两个疑难问题，笔者曾向多位资深法官和法学专家请教，得益于他们的指导，才有了大胆裁判的自信。这也启示笔者，法官必须不断提高自身的法学理论素养和审判专业技能，唯有此，在面对日益增多的新型疑难复杂案件时，我们才敢果断抉择。

（五）涵养精益求精的底气

"工欲善其事，必先利其器。"作为一名法官，如何才能把案件办好，如何才能多出精品案件，笔者认为精益求精的工匠精神必不可少。笔者在2017年曾写过一篇论文，题目是《怎样才是好法官：法官评价标准的反思与重构》，笔者认为好法官需要信念过硬、政治过硬、责任过硬、能力过硬、作风过硬，而要达到过硬的标准，概括起来就是在做人做事方面都要具备"精益求精、追求卓越"的态度。就撰写裁判文书而言，精益求精的工匠精神体现在以下方面：对裁判文书整体结构、行文逻辑的反复推敲，使之能够全面呈现案件事实、当事人诉辩意见、证据采信、裁判说理等核心内容；在裁判文书中对相关疑难复杂问题充分释法明理、明确裁判标准，使之能够充分发挥定分止争、分清是非的制度功能；就裁判文书的字词标点等细节问题要认真斟酌，使之能够充分展现新时代人民法官的专业精神和人民法院的良好司法形象。而要做到精益求精，最重要的方式就是勤学善思。为写好裁判文书，需要熟练掌握《人民法院民事裁判文书制作规范》《最高人民法院关于加强和规范裁判文书释法说理的指导意见》等技术性规定，同时更要熟练掌握法律解释、法律论证的基础理论和实践方法，坚持以法为据、以理服人、以情感人，既义正词严讲清法理，又循循善诱讲明事理，还感同身受讲透情理，努力传递司法温度、彰显人间大爱、维护社会正义。

（冉超，湖北省武汉市洪山区人民法院法官）

三、专家评析

该案是建筑行业内典型的因转包而引发的纠纷。该案属于发回重审的案件，案件事实复杂、当事人争议大、案件标的额高（近3000万元），同时还涉及反诉，案件处理难度较大。本案裁判文书格式规范，事实表述清楚，裁判说理充分，语言流畅精练，判决宣判后经上诉，二审法院予以维持。该裁判文书具有以下四个方面的特征。

（一）裁判文书写作方式新颖

该案裁判文书写作的难点主要集中在如何写清楚案件的基本事实。因原被告举证的证据非常多，案件卷宗多达20余本，且当事人对对方证据多予以否认。为解决这一难题，该判决书在审理查明中归纳了当事人之间的事实争议焦点，在此基础上结合对当事人相关证据的认证分析，进而确定法院认定的案件事实。该种方式，避免了对当事人证据进行全面罗列，强化了证据认证和事实查明之间的逻辑关联，能够直接回应当事人对案件基本事实的分歧。

（二）恰当运用了证据优势原则

本案审理的难点之处在于在原一审程序中就案涉工程造价进行了鉴定，但该鉴定意见的金额低于原告（反诉被告）起诉时主张的金额，更低于被告（反诉原告）主张的金额。在重审程序中，承办人结合双方当事人的诉讼主张，以及调查取证的材料，对案涉工程造价没有采纳原一审中委托鉴定机构作出的鉴定意见，而是基于证据优势原则，最终以原告（反诉被告）与其建设方结算协议中的工程造价作为认定本案的工程总造价。这是合理界定当事人之间的权利义务最为基础、最为重要的案件事实，对实现本案的实质正义具有重大意义。

（三）合理确立了内部转包关系中的工程款结算的裁判规则

原、被告双方属于典型的内部转包关系，合作项目多、合作时间周期长、资金往来频繁，在对账单上签字原则上应视为对相关资金事项的确认，如没有相反证据，应作为确定当事人之间债权债务关系重要的依据。另外，在涉及内部转包关系中，转包人因第三方诉讼而对外负担的转包工程款之外的其他款项（如诉讼费、违约金等）不应当然认定属于内部承包人应负担的款项，应结合相关事实，充分运用利益衡量的基本原则，合理确定相关款项的分担规则。

（四）准确运用了法律解释规则

该案还涉及夫妻共同债务的认定，结合两被告在婚姻存续期间与案涉工程款收取的实际情况，依法认定两被告的行为属于共同生产经营的行为，尽管诉讼时已经离婚，但仍应对案涉债务承担共同退款责任。

（点评人：张红，武汉大学法学院教授、博士生导师）

（2020）鄂 0111 民初 2924 号裁判文书原文

23. 重庆正川永成医药材料有限公司与重庆瀛方电力工程有限公司建设工程施工合同纠纷案[*]

【关键词】

民事　故意违约　损失范围　再审利益

【裁判要旨】

审理合同纠纷过程中，既要发挥违约金制度的补偿性功能，又要体现违约金制度的适度惩罚性功能特别是惩罚故意违约行为的功能，以综合权衡双方利益，使具体案件得到公平合理的解决。

对于一审胜诉或部分胜诉的当事人未提起上诉，二审维持原判且该当事人在二审中明确表示一审正确应予维持的，应当认定该当事人对相关请求缺乏再审利益。

一、简要案情

2015年7月16日，原英石公司（后更名为重庆瀛方电力工程有限公司）向重庆正川永成医药材料有限公司（以下简称正川公司）支付保证金150万元。次日双方签订《正川永成35KV专变电站施工合同》约定：工程价款为1500万元；有效工期为125日；乙方完工每延迟一天支付给甲方延迟费1万元，延迟5天以上，每天支付延迟费2万元，若延迟10天以上，甲方有权解除合同，乙方除了承担延迟费外，甲方有权不予退还乙方所交的履约保证金；本合同严格按照约定的设施、设备、元器件及材料购置要求执行，若有更改一经发现，按更改设施、设备及元器件价值总额的10倍向甲方进行赔偿。2015年8月21日，正川公司发函称，原英石公司所提供材料的品牌未按照公司技术协议中要求品牌进行选型。同年9月2日，该公司再次发函称，工期节点时间均已大大超过。双方确认，案涉工程的电力施工设计图是以正川公司的名义委托第三方设计的，设计费由正川公司支付。土建工程系正川公司

---

[*]（2019）渝民再353号。

交由第三方施工的。评估公司根据一审法院委托出具重金瀚评鉴字〔2017〕字第0089号资产评估报告。

重庆市高级人民法院作出（2019）渝民再353号民事判决：撤销原判决，改判为支持正川公司提出的违约金300万元的请求；驳回正川公司提出的履约保证金150万元的请求。再审阶段双方当事人的争议焦点有三个，评议如下：

1. 重庆瀛方电力工程有限公司（以下简称瀛方公司）基于擅自更换设施、设备和元器件的违约行为应向正川公司支付损失赔偿金的金额为300万元。根据《合同法》第107条规定："当事人一方不履行合同义务或者履行合同义务不符合约定的，应当承担继续履行、采取补救措施或者赔偿损失等违约责任。"① 第114条第1款、第2款规定："当事人可以约定一方违约时应当根据违约情况向对方支付一定数额的违约金，也可以约定因违约产生的损失赔偿额的计算方法。约定的违约金低于造成的损失的，当事人可以请求人民法院或者仲裁机构予以增加；约定的违约金过分高于造成的损失的，当事人可以请求人民法院或者仲裁机构予以适当减少。"② 《最高人民法院关于适用〈中华人民共和国合同法〉若干问题的解释（二）》第29条规定："当事人主张约定的违约金过高请求予以适当减少的，人民法院应当以实际损失为基础，兼顾合同的履行情况、当事人的过错程度以及预期利益等综合因素，根据公平原则和诚信原则予以衡量，并作出裁决。"③ 这些规定意在授权人民法院根据案件的具体情形综合权衡双方利益，使具体案件得到公平解决，既发挥违约金制度的补偿性功能，又体现违约金制度的适度惩罚性功能特别是惩罚故意违约行为的功能，还要防止非违约方利用违约金制度以不正当方式牟取暴利的现象发生。就本案而言，首先，瀛方公司属于故意违约。双方当事人在案涉合同第9条中约定的10倍赔偿金兼具补偿性和惩罚性两种性质，与违约金的特点和种类相符，应认定为违约金性质。瀛方公司作为专门从事承装、承修、承试电力设施的商事主体，应当知道双方约定该条款的目的。然

---

① 现为《民法典》第577条。
② 现为《民法典》第585条。
③ 该司法解释已失效。本条相关内容规定于《最高人民法院关于适用〈中华人民共和国民法典〉合同编通则若干问题的解释》第65条第1款，该款规定："当事人主张约定的违约金过分高于违约造成的损失，请求予以适当减少的，人民法院应当以民法典第五百八十四条规定的损失为基础，兼顾合同主体、交易类型、合同的履行情况、当事人的过错程度、履约背景等因素，遵循公平原则和诚信原则进行衡量，并作出裁判。"

而，瀛方公司在合同的履行过程中，置案涉合同中严厉的惩罚性赔偿条款以及约定该条款的目的于不顾，擅自更换了真空断路器，更换了电流电压互感器的品牌，更换了零序互感器的品牌，尤其是将与稳定电压具有直接关联性的电缆品牌和型号也进行了更换，将约定线径 240 的电缆更换为 185 的电缆，且经正川公司书面提出异议后拒不纠正，实属故意违约。其次，现有证据能够证明正川公司提出的损失赔偿金 300 万元并未过分高于因瀛方公司的违约行为而遭受的损失。该损失包括实际损失和可得利益损失。所谓实际损失是指因违约而导致的现实利益的减少。所谓可得利益损失是指非违约方在履行合同后本可以获得的，但因违约而无法获得的利益，是未来的、期待的利益损失，如生产经营利润损失。就本案而言，被瀛方公司更换的设施、设备、元器件、电缆的市场价值为 3 779 989.60 元。结合正川公司在原审诉讼中举示的工业品买卖合同和损失计算表等证据，且考虑本应返工的人工成本、时间成本等损失情况，足以证明。再次，根据前述分析，非违约方正川公司对其损失已经提供了相应证据。违约方瀛方公司对其主张的 300 万元违约金过分高于因其违约行为给正川公司造成的损失并未举证证明。最后，瀛方公司所称其应以更换方式承担违约责任的抗辩理由不能成立，因为双方对违约责任的承担方式有明确的约定。

2. 关于延期完工违约金的金额问题。瀛方公司未在合同约定的期限内完成设备安装，延期完工 49 日，该行为属于违约行为。根据前述法律和司法解释的规定，瀛方公司应当承担违约责任。

3. 关于履约保证金 150 万元的问题。两审终审制是我国民事诉讼基本制度。当事人首先应选择民事诉讼审级设计内的常规救济程序，通过民事诉讼一审、二审寻求权利救济。再审程序是针对生效判决可能出现的重要错误而赋予当事人的特别救济程序，如在穷尽了常规救济途径后，当事人仍认为生效判决有错误时，可申请再审，通过再审程序寻求权利救济。就本案而言，对一审履约保证金之判项，正川公司并未提起上诉，且在二审审理中称一审判决正确。因此可以认定正川公司对该判项不具有再审利益。

二、撰写心得

为实现司法正义，争取胜败皆服，我们去粗取精别真伪，不遗余力就法理。将别出真伪的过程和结果规范表达在裁判文书中，将辨法析理的过程和结果准确书写在裁判文书中，这就是裁判文书的撰写。显然，撰写裁判文书绝不是一件简单的文字编排工作，而是将法官对证据真伪的判断、对法律事实的确信以及围绕争点的辨法析理等过程外化于裁判文书中的一个较为艰辛的活动。在笔者看来，写好裁判文书，应当做好以下五个方面的工作。

（一）高质量的庭审是写好裁判文书的基础

此处的高质量庭审主要包括：审理重点具体而明确，归纳焦点准确而全面，焦点之间层次清晰；庭审中的举证、质证和认证规范有序，即使烦琐亦不混乱；法庭辩论活动重点突出、发言充分。要达到这个标准，我们需做好庭前准备包括认真阅卷、开好庭前会议等。高质量的庭审会让我们对案情了然于胸，能让我们下笔之前胸有成竹。

（二）认真听取不同意见是写好裁判文书的前提

主审法官应当具有集思广益的智慧、兼听则明的胸怀。如此，才能真正发挥好合议庭、法官会议的作用。特别是疑难案件，主审法官更要认真听取其他法官的意见及理由，特别是反对意见及理由。唯有此，撰写裁判文书才有活水，才有源头。换言之，主审法官千万不可自以为是、一意孤行、闭目塞听。否则，害人害己害文书。需要特别说明的是，在裁判文书中对败诉方意见及理由的回应也是这里的"听取不同意见"的组成部分。在回应败诉方意见及理由的过程中，往往有这样的体会，能不能充分而且规范回应败诉方的意见及理由，是检验裁判思路公正与否的标准，充分而且规范回应败诉方的意见及理由的过程，也是让裁判文书更具有针对性和说服力的过程。本裁判文书就充分而且规范地回应了败诉方的意见及理由。

（三）注重逻辑推理是写好裁判文书的关键

裁判文书的撰写过程是案件审理过程和判决过程的组成部分，也是对既定裁判方案的反思过程。在撰写裁判文书的过程中，我们要进一步梳理和归纳证据情况，包括举证、质证和认证意见，进一步锁定基本事实，进一步系统解读请求权规范，进一步深度思考事实争议和法律争议。在此基础上进行"涵摄"，在法律与事实之间往来穿梭、纠结、阵痛，进而谨慎下笔。"法律的生命不在于逻辑，而在于经验。"这个说法虽然强调经验的重要性，但也未否认逻辑之于裁判的重要性。司法经验告诉我们，逻辑之于裁判文书的撰写，相当于血脉之于人的健康。逻辑不顺，相当于血脉堵塞。例如，本判决书中对瀛方公司提出的"其应以更换方式承担违约责任的抗辩理由"的回应一段，就运用了严格的逻辑推理。具体为瀛方公司所称其应以更换方式承担违约责任的抗辩理由不能成立。因为根据《合同法》第111条规定："质量不符合约定的,应当按照当事人的约定承担违约责任。对违约责任没有约定或者约定不明确,依照本法第六十一条的规定仍不能确定的,受损害方根据标的性质以及损失的大小,可以合理选择要求对方承担修理、更换、重作、退货、减少价款或者报酬等违约责任。"结合本案,双方对违约责任有明确的约定,非违约方正川公司有权要求违约方瀛方公司按照约定承担违约责任。再如,本判决书对于再审利益问题的论述:两审终审制是我国民事诉讼基本制度,当事人如果认为一审判决有错误,应提起上诉,通过二审程序行使诉讼权利。换言之,当事人首先应选择民事诉讼审级设计内的常规救济程序,通过民事诉讼一审、二审寻求权利救济。而再审程序是针对生效判决可能出现的重要错误而赋予当事人的特别救济程序,如在穷尽了常规救济途径后,当事人仍认为生效判决有错误时,可申请再审,通过再审程序寻求权利救济。因此,对于一审胜诉或部分胜诉的当事人未提起上诉,二审判决维持原判且该当事人在二审中明确表示一审判决正确应予维持的,应当认为该当事人缺乏再审利益,对其再审请求不应支持。否则,将放纵或鼓励不守诚信的当事人滥用再审程序,将特殊程序异化为普通程序。这不仅是对诉讼权利的滥用,而且是对司法资源的浪费,有违两审终审制的基本原则。结合本案,对一审履约保证金之判项,正川公司并未向二审法院提起上诉,且在二审审理中称一审判决正确。因此,可以认定正川公司对该判项不具有再审利益,其提出的该项再审请求,依法不应支持。

(四)情理分析对于写好裁判文书,与逻辑推理同等重要

"动之以情,晓之以理。"这是老祖宗传授的化解矛盾的基本方法。事实上,一些案件是很难运用法律逻辑去解决的,往往需要运用情理分析的方法。本判决书认定瀛方公司"故意违约"一段就运用了情理分析的方法:"瀛方公司作为专门从事承装、承修、承试电力设施的商事主体,应当知道双方约定该条款的目的。然而,瀛方公司在合同的履行过程中,置案涉合同中严厉的惩罚性赔偿条款以及约定该条款的目的于不顾,擅自更换了真空断路器,更换了电流电压互感器的品牌,更换了零序互感器的品牌,尤其是将与稳定电压具有直接关联性的电缆品牌和型号也进行了更换,将约定线径240的电缆更换为185的电缆,且经正川公司书面提出异议后拒不纠正,实属故意违约。"

(五)反复推敲是写好裁判文书的必要环节

"鸟宿池边树,僧敲月下门。"古人写诗讲究推敲。写诗多属于自娱自乐的活动,仅关诗人的情绪表达。撰写裁判文书则不然,事关司法正义及生杀予夺,更应讲究推敲。可以这样说,推敲才能精准用词,推敲才能繁简适当。在裁判文书撰写过程中,例如焦点归纳一节,尤应反复推敲。焦点不准则方向错误,方向错误不可能写出好的裁判文书。焦点不全,则可能漏审漏判,会出错案。

总之,裁判文书的撰写活动,绝不是单纯的文字游戏,而是审判活动的延续,是一段更加严肃的审判过程。法官不可不慎,不可不专,不可不精。

(张超,重庆市高级人民法院法官)

三、专家评析

"一滴水可以折射太阳的光辉,一份判决书能够反映司法文明的发展水平。"该判决书主旨鲜明、措辞精准、行文简洁流畅、层次清晰、说理透彻。该判决对违约金制度的准确适用问题作了较有价值的探索,还对与程序正义密切相关的再审利益的认定标准问题进行了深度论证,值得借鉴。

(一)违约金制度的功能

通说认为兼具补偿性和惩罚性,以补偿性为主以惩罚性为辅。如何把握补偿性与惩罚性的关系,如何把握惩罚的适度性?该判决提出:"这些规定意在授权人民法院根据案件的具体情形综合权衡双方利益,使具体案件得到公平解决,既发挥违约金制度的补偿性功能,又体现违约金制度的适度惩罚性功能特别是惩罚故意违约行为的功能,还要防止非违约方利用违约金制度以不正当方式牟取暴利的现象发生。"

(二)违约金过高的处理

当事人主张约定的违约金过高请求予以适当减少的,人民法院应当以实际损失为基础,兼顾合同的履行情况、当事人的过错程度以及预期利益等综合因素,根据公平原则和诚信原则予以衡量,并作出裁决。在考量非违约方请求的违约金是否过分高于因违约造成的损失时,应当以预期利益即可得利益损失为参考因素之一,因此该判决对非违约方的可得利益损失情况进行了详细论证。该判决提出:"所谓可得利益损失是指非违约方在履行合同后本可以获得的,但因违约而无法获得的利益,是未来的、期待的利益损失,例如生产经营利润损失。本案而言,一方面,从双方当事人签订的《重庆正川永成耐水1级药用包装材料生产基地35KV变配电系统技术协议》的名称以及正川公司举示的照片、视频材料等证据材料可见,正川公司陈述'其生产过程是吹瓶（藿香正气液包装瓶），需要稳定的电压，瀛方公司擅自更换真空断路器、电流电压互感器的品牌，且将电缆的品牌换了，型号也换了，由线径240更换成线径185，将线径换小导致电压不稳定，生产时产生火花，导致其不能生产药瓶，只能生产啤酒瓶，损失巨大'的事实具有高度可能性，本院予以认定。"

（三）诚信原则不但是市场交易的基本要求，而且是民事诉讼活动的基本要求

当事人在没有首先选择民事诉讼一审、二审寻求权利救济的情况下，径直选择再审程序，属于滥用诉讼权利。该行为实质是将特殊程序异化为普通程序，属于违反程序正义的表现。为遏制这种行为，该判决提出："两审终审制是我国民事诉讼基本制度，当事人如果认为一审判决有错误，应提起上诉，通过二审程序行使诉讼权利……对于一审胜诉或部分胜诉的当事人未提起上诉，二审判决维持原判且该当事人在二审中明确表示一审判决正确应予维持的，应当认为该当事人缺乏再审利益，对其再审请求不应支持。"

（点评人：肖洵，重庆市高级人民法院审判委员会委员、审判监督庭庭长）

（2019）渝民再353号裁判文书原文

24. 南宁大自然花园置业有限公司与广西建筑工程有限责任公司等建设施工合同纠纷案[*]

【关键词】

发包人　实际施工人　欠付工程款　责任范围

【裁判要旨】

建设工程施工合同纠纷的实际施工人突破合同相对性向发包人主张工程款的，应严格按照最高人民法院关于审理建设工程施工合同纠纷案件司法解释相关规定审查，发包人仅在欠付工程款范围内对实际施工人承担责任。如当事人对发包人付款事实存在争议，但发包人提供了向承包人支付工程款的证据，应组织发包人、承包人、实际施工人对账，对支付的款项是否属于案涉工程款进行甄别，或者委托审计认定发包人已付工程款金额，从而准确界定发包人应向实际施工人承担责任的范围。

一、简要案情

2005年7月、2006年10月南宁大自然花园置业有限公司（以下简称大自然公司）与广西建筑工程有限责任公司（以下简称广西建筑公司）签订两份《建设工程施工合同》，将大自然花园F3-F12（共十栋）住宅楼发包给广西建筑公司，实际由广西建筑公司的六分公司承包。广西建筑公司六分公司将其中的F3、F6、F7、F9、F12五栋楼交由廖某某实际施工。大自然公司与广西建筑公司先后以《大自然F3、F6、F7、F9、F12住宅楼工程结算审定单》《建筑工程结算书》对廖某某实际施工的五栋楼进行结算，结算总造价为32 119 093.29元。大自然公司于2014年9月17日出具《证明》载明，廖某某实际施工的五栋楼，该公司共支付给廖某某施工队工程款22 075 850元。同日，大自然公司与廖某某共同在《南宁大自然花园F组团F3、F6、F7、F9、F12栋工程款拨付明细表》（以下简称《付款明细表》）列明大自然公

---

[*] （2020）桂民再60号。

司拨付给廖某某 22 075 850 元的款项明细。除廖某某认可收到一笔 50 万元现金外，大自然公司未直接向廖某某支付款项，与上述《证明》《付款明细表》所载的情况严重不符。2014 年，南宁市解决建设领域拖欠工程款问题协调领导小组办公室组织就廖某某实际施工的五栋楼工程欠款事宜召开协调会，大自然公司、广西建筑公司、廖某某均参加该次会议。该办公室作出的《关于大自然花园项目工程款纠纷协调会会议纪要》（以下简称《会议纪要》）载明，经广西建筑公司与廖某某队组双方确认，F3、F6、F7、F9、F12 栋住宅楼的工程结算价为 32 119 093.29 元，现已支付给廖某某工程款 22 025 850 元，尚有 10 093 243.29 元未付。廖某某依据上述《证明》《付款明细表》《会议纪要》提起本案诉讼，请求大自然公司、广西建筑公司、桂盛公司、广西建筑六分公司连带向其支付工程款 10 043 243.29 元，并赔偿利息损失。大自然公司则抗辩已经与承包人广西建筑公司结清十栋楼全部工程款，原审中提供了其支付该十栋楼工程款的相应拨款明细表、进账单、收款收据、转账付款通知单。一审、二审对大自然公司提交的付款证据均不予审查。一审法院采信廖某某提交的上述《证明》《付款明细表》《会议纪要》，判令广西建筑公司、广西建筑六分公司共同向廖某某支付尚欠工程款 10 043 243.29 元及逾期支付工程款利息，大自然公司在欠付上述款项范围内承担连带清偿责任；二审法院维持一审判决。

大自然公司以二审判决生效后其委托广西合生会计师事务所有限公司作出《关于南宁大自然花园置业有限公司支付给广西建筑工程有限责任公司南宁市第六分公司款项情况的审计报告》（以下简称《审计报告》）及与该报告审定的一百多笔款项相对应的付款单据作为主要证据申请再审，拟证明大自然公司向广西建筑公司和广西建筑六分公司支付案涉《建设工程施工合同》项下十栋楼工程款 68 184 721.17 元，不仅已经付清工程款，而且还超额支付。再审中，其他各方当事人均对部分款项提出异议。广西建筑公司主张大自然公司共应支付案涉工程款 6982.48 万元，已经支付了包括本案和案外工程款 6418.95 万元，但未能举证其施工案外工程的施工资料。广西建筑公司制作了四份明细，即《涉及非本案款项支付证据清单》《案涉款项未明确用途证据清单》《支付现金不明确证据清单》《支付到其他单位款项证据清单》，对其中 52 笔款项提出异议。经征得各方当事人同意，法院组织各方以广西建筑公司制作的四份明细表为基础，对有争议的 52 笔款项进行逐笔核对，逐一分析说理，最终认定 12 笔款共计 308.846 万元并非支付案涉工程款，大自然公司已经支付案涉工程款 65 096 261.17 元（68 184 721.17 元-3 088 460 元）。根据大自然公司与广西建筑公司结算，案涉两份《建设工程施工合同》项下 F3-F12 十栋楼工程款合计 67 545 593.29 元（廖某某实际施工的五栋楼工程款 32 119 093.29 元+其余五栋楼工程款 35 426 500 元），则大自然公司尚欠 F3-F12 十栋楼工程款 24 493 32.12 元（67 545 593.29 元-65 096 261.17 元）。

二、撰写心得

裁判文书是人民法院诉讼活动的最终载体，是明确当事人权利义务的重要凭据，裁判文书制作水平是法官司法能力的重要组成部分。如何提高释法说理水平和裁判文书质量，让裁判文书最大程度起到定分止争的作用，让胜诉方赢得清清楚楚，败诉方输得明明白白，对法官而言无疑是所承办的每个案件的必答题。

全面查清事实、准确归纳争议焦点对于制作高质量的裁判文书至关重要。本案中，大自然公司与广西建筑公司签订的案涉《建设工程施工合同》共涉及 F3-F12 十栋楼，廖某某仅实际施工 F3、F6、F7、F9、F12 五栋楼，经大自然公司与广西建筑公司结算，案涉两份《建设工程施工合同》项下 F3-F12 十栋楼工程款合计 67 545 593.29 元，其中廖某某实际施工的五栋楼工程款为 32 119 093.29 元。大自然公司抗辩称已经与广西建筑公司结清十栋楼全部工程款，为证明该主张，原审中大自然公司提供了其支付该十栋楼工程款的相应拨款明细表、进账单、收款收据、转账付款通知单等证据。而大自然公司支付给广西建筑六分公司的部分款项并未区分系支付廖某某施工的五栋楼还是其他五栋楼，故应将大自然公司支付案涉《建设工程施工合同》项下十栋楼工程款的情况进行整体考量，大自然公司尚欠案涉《建设工程施工合同》项下十栋楼工程款的情况是各方最大的争议所在，也是准确界定发包人大自然公司应向实际施工人廖某某承担责任范围的关键。一审、二审对当事人的该争议避而不谈，未查明大自然公司是否欠付工程款，即判令其向廖某某承担全部付款责任，基本事实不清，说理简单。而大自然公司单方委托审计形成的《审计报告》其他当事人不予认可，不能直接采信，故再审判决着重围绕广西建筑公司制作的四份明细列示的各方有异议的《审计报告》中的 52 笔款项，紧紧结合民事诉讼证据规则逐笔甄别，分析评判各笔款项认定为支付案涉工程或者并非支付案涉工程款项的理据，对当事人的争议予以全面有力的回应。在没有相反证据的情况下，廖某某提交的《证明》《付款明细表》可作为认定大自然公司欠付工程款的证据（《会议纪要》的内容仅涉及广西建筑公司和廖某某，与大自然公司无关）。但大自然公司提交的大量付款证据显然系《证明》《付款明细表》的相反证据，一审、二审法院应审查《证明》《付款明细表》项下的款项支付情况以及上述相反证据，一审、二审法院对大自然公司支付案涉《建设工程施工合同》项下十栋楼工程款的情况均不作调查，径行采信《证明》《付款明细表》《会议纪要》，以大自然公司与广西建筑公司结算确认的廖某某实际施工的五栋楼工程款，减去《证明》《付款明细表》载明的大自然公司支付该部分工程款的金额，认定尚欠廖某某工程款 10 043 243.29 元，难以让人信服。再审判决下大力气查清了基本事实，纠正了原审认定事实的瑕疵，为正确适用发包人仅在欠付工程款范围内对实际施工人承担责任的法律规定和实体处理打下坚实基础。

提高释法说理水平和裁判文书质量任重道远，制作阐明事理、释明法理、讲明情理、讲究文理的裁判文书是笔者今后不懈努力的方向。

（程丽文，广西壮族自治区高级人民法院法官）

三、专家评析

本判决书既全面展示各方当事人的诉辩意见，又进行适度提炼归纳，体现了对当事人意见的充分尊重；对几方当事人对于原审认定事实提出的异议逐一进行分析回应，对当事人再审提供的证据和其他各方的质证意见娴熟地结合民事诉讼证据规则进行深入分析，采信和不采信相关证据的理由论述清楚，客观呈现了举证、质证、认证全过程；结合事实和证据查明大量原审遗漏的基本事实，尤其是紧扣争议焦点，根据再审组织各方当事人对账的情况，将当事人有争议的 52 笔款分为四类，以四个表格直观列明，既便于精准认定发包人已支付工程款金额，也为判决说理奠定坚实基础；判决理由部分紧紧围绕争议焦点论证，有的放矢地针对四个表格列示的 52 笔款逐一分析，与再审查明的事实前后呼应，且论述各笔款项认定为支付案涉工程或者并非支付案涉工程款项的理由条理清晰、深入透彻，让当事人赢得堂堂正正，输得明明白白。综上，该判决书符合再审判决书的写作要求，查明事实清楚，争议焦点归纳精准，制作规范、结构完整、详略得当、说理缜密、逻辑严谨、层次分明、行文流畅、论证有力，以判决书这一静态的载体，全面呈现了诉讼的动态过程，诉辩双方的争议焦点和在事实、证据方面存在的分歧和对抗一目了然，充分展示了裁判结果的正确性、合理性、合法性，体现了承办法官较高的专业素养，彰显了审判监督程序依法纠错、精准监督的司法理念。

（点评人：梁炳扬，广西壮族自治区高级人民法院审判委员会专职委员，广西壮族自治区审判业务专家）

（2020）桂民再 60 号裁判文书原文

25. 唐某1与图木舒克市润景房地产开发有限公司、鄂州市第二建筑工程公司建设工程施工合同纠纷案[*]

【关键词】

发包人　承包人　事实工程施工合同关系　工程款承担

【裁判要旨】

发包人以承包人名义将工程分包给实际施工人施工，并直接向实际施工人支付了部分工程款，形成事实上的工程施工合同关系。承包人与实际施工人之间无工程分包的意思表示，也未参与工程的施工与管理，欠付实际施工人的工程款应由与其建立工程分包关系的发包人承担，而不应由承包人承担。

一、简要案情

本案系一起建设工程施工合同纠纷案件。图木舒克市润景房地产开发有限公司（以下简称润景公司）是案涉某住宅小区二期工程的发包人，经招投标，鄂州市第二建筑工程公司（以下简称鄂州二建）于2013年11月19日中标，但其未实际参与工程的施工和管理。同年，润景公司将某住宅小区二期的一至四标段分包给包括唐某1在内的四个实际施工人，唐某1直接与润景公司法定代表人唐某2协商确定了建设工程分包范围和施工单价。施工期间，因设计变更导致建设工程的工程量发生变化，建设单位和监理单位的代表以及唐某1在13份《工程签证》上签名确认。工程施工完毕后，唐某1于2015年12月12日以鄂州二建的名义向润景公司提交《工程竣工验收报告》，润景公司一直未组织验收。2016年8月25日，唐某1向润景公司提交竣工结算文件，润景公司未予答复。经确认，唐某1施工的某住宅小区二期二标段20—24号楼以及小区大门已交付使用，润景公司已向唐某1直接支付工程款及代付材料款、劳务费等合计18 263 064元，其余工程款未支付。唐某1一审起

---

[*] （2020）兵民终80号。

诉要求鄂州二建向其支付工程款及资金占用利息,并由润景公司对上述债务承担连带责任。

诉讼中,唐某1申请对13份《工程签证》涉及的增减工程量和小区大门的工程造价进行鉴定。鉴定机构分别按唐某1和润景公司主张的楼梯和台阶大理石主材价格,出具《司法鉴定报告书》和补充鉴定意见。2018年10月15日,唐某1申请对其施工的20—24号楼的建筑面积、结构进行实测鉴定,测绘机构于同年10月25日出具的五份《测绘报告书》载明了案涉工程20—24号楼的结构及建筑面积。

二审法院认为,本案双方争议焦点涉及唐某1的身份、工程价款及欠付唐某1工程款数额、鄂州二建是否应承担责任等问题。

1. 关于唐某1的身份问题。从唐某1提交的合同、结算单、材料款项的票据等从事建设工程施工的相关证据,以及案涉工程材料的支付方式等方面,能够证实唐某1在案涉工程施工过程中实施了组织人员施工、购买材料、支付工人工资等行为的事实,故唐某1系案涉工程实际施工人。

2. 关于案涉工程价款、润景公司欠付唐某1工程款的数额以及资金占用利息的问题。经查,案涉工程价款由两部分组成,一部分是唐某1实际施工的案涉工程二标段20—24号楼的工程价款,另一部分是20—24号楼新增工程量和小区大门的工程造价。二审法院根据测绘公司出具的《测绘报告书》,结合案涉工程不同楼层、不同结构、不同单价的实际情况,对一审法院认定的21号楼、22号楼的工程价款予以纠正,最终确认20—24号楼的工程价款合计为23 240 276.25元。对于20—24号楼新增工程量计价和小区大门的工程造价,二审法院根据鉴定公司出具的《司法鉴定报告书》及补充鉴定意见,认定润景公司应支付唐某1该部分工程款2 614 932.31元。综上,润景公司应支付唐某1的工程款为25 855 208.56元,因润景公司已付工程款18 263 064元,故二审认定尚欠唐某1工程款为7 592 144.56元,并确认了欠付工程款利息的计算方式。

3. 关于鄂州二建是否应承担责任的问题。本案中,润景公司以鄂州二建的名义将案涉工程直接分包给各标段施工,并实际进行组织施工和管理。鄂州二建仅提供了施工资质,未与发包人润景公司订立书面施工合同,润景公司亦未实际向鄂州二建支付案涉工程款,双方不存在实质性的法律关系。唐某1作为案涉工程的实际施工人与发包人润景公司在进行施工的过程中形成了事实上的施工合同法律关系,且从工程款实际履行的情况来看,鄂州二建并未承担实际给付的义务。故唐某1主张鄂州二建承担支付欠付工程款及利息的给付责任缺乏事实依据。

此外,二审法院对于唐某1主张润景公司承担诉讼保全等相关费用的请求,酌情认定润景公司赔偿唐某1合理部分的损失,并依法认定润景公司关于工程款中应扣减唐某1应缴纳各项税费的主张,不能成立。二审法院判决润景公司支付唐某1工程款7 592 144.56元,并支付唐某1自2016年8月25日起至工程款付清之日止的资金占用利息,驳回唐某1要求鄂州二建支付工程款的诉讼请求。

二、撰写心得

裁判文书作为司法文书体系的核心组成部分,是人民法院就案件的实体问题和程序问题制作的具有法律效力的诉讼文书,其在执行法律、阐释法律、化解矛盾和纷争方面,成为展示法治理念和法律文化的窗口。一篇好的裁判文书,必须做到事实表述精练、准确,层次清楚,观点明晰,逻辑严密,适用法律正确,论理充分。关于撰写文书,笔者的体会有以下四个方面。

(一)做好阅卷和庭审工作

一份好的裁判文书是从庭审前的准备工作开始的,审理好案件的前提是要查清案件的基本事实,而从庭前准备工作开始梳理证据和事实、固定好没有争议的内容,可以让法庭审理的方向更加明确,审理重点更加突出,从而使庭审活动更加注重事实调查的全面性和准确性。如果在法庭审理时未能对案件的一些基本事实作必要的调查,会影响案件事实的认定以及作为判决依据的适用法律规范的阐释,从而严重影响裁判文书的质量。依据案件证据证明的事实进行分析和论证,将裁判建立在事实的基础上,裁判文书才能有理有据。因此,做好庭前的阅卷和庭审工作是写好裁判文书的基础。本案中,唐某1施工的20—24号楼的工程价款系依据测绘公司出具的《测绘报告书》进行认定,承办人在阅卷及审理中发现案涉工程存在不同楼层、不同结构的情况,在唐某1对测绘面积的单价认定以及21号楼、22号楼的框架、砖混结构的面积计算方式提出异议的情况下,二审法院根据测绘机构对案涉工程测绘图纸的分析,结合案涉工程的21号楼、22号楼不同楼层、不同结构、不同单价的实际情况计算工程价款,并根据查明的事实依法予以改判,最终对争议事实作出准确的认定。

(二）准确把握当事人之间的法律关系

厘清法律关系的性质以及相互关系是准确选择适用法律的前提。本案的当事人是发包人润景公司、承包人鄂州二建以及实际施工人唐某1，但与一般建设工程施工合同纠纷案件不同的是，本案的发包人润景公司以承包人鄂州二建的名义将工程分包给实际施工人唐某1施工，并直接向唐某1支付部分工程款，在整个建设工程施工合同关系中，鄂州二建未参与工程的施工与管理，其与唐某1之间无工程分包的意思表示，系润景公司与唐某1之间形成事实上的工程施工合同关系，厘清上述法律关系后，就可以得出唐某1主张的欠付工程款应由与其建立工程分包关系的润景公司承担的法律结果。

(三）要用当事人看得懂的语言阐述法律

一份优秀的裁判文书除了作出裁判，还要让当事人明白裁判的理由，需要用浅显平实的语言向法律外行人讲明其中的法理、事理和情理。民事判决书不是写得长就有水平，而是简单道理简单论述，复杂问题仍能用当事人听得懂的简单的法律、道理论述，这才是好判决，也是我们在今后工作中努力的方向。

(四）说理在注重逻辑性的同时可以适当融入情理

民事判决的受众是当事人、与案件审理结果有利害关系的人以及社会公众，但首先面对的是法官自己。从案件庭审到判决，其实是法官与当事人之间进行的一场交流，庭审是当事人在表达，判决则是法官作出的回应。交流中最重要的品质是诚恳，是让对方能感受到是被认真对待的，在针对当事人的每一诉求作出有针对性的回应，并阐述逻辑推理过程以及判决依据的同时，学会以不同当事人视角、立场、态度对判决的内容加以审视，注重人情、伦理的叙述和法官对案件的道德评价，在判决书中适当地融入法官的"情理"，在更多时候比法律更容易令人折服。

（黄婷婷，新疆维吾尔自治区高级人民法院生产建设兵团分院法官）

三、专家评析

本案是一起建设工程施工合同纠纷案件，双方当事人均不服一审判决，提出上诉。二审不拘泥于一审查明的事实，而是从案涉分包工程合同关系的建立、组织施工、工程款支付关系等客观事实出发，准确确定案涉合同当事人是唐某1和润景公司，工程款支付责任的承担者是润景公司。同时针对21号楼、22号楼与其他楼层存在结构、面积不同的实际情况，依据测绘公司出具的《测绘报告书》《司法鉴定报告书》对施工面积、工程价款进行重新认定，重点围绕唐某1的身份、案涉工程价款数额、鄂州二建是否应承担责任等争议焦点问题，从事实和法律两方面展开充分的逻辑分析论证，裁判文书整体构架完整、逻辑严密、格式规范、用语准确。事实部分文字表述精练、准确，层次清楚。案件类型具有一定代表性。案件的实体处理公正，论理充分，充分保障了当事人合法权益。文书送达之后，没有出现不良社会反响，也没有出现当事人上访、信访等不良反响，实现了法律效果和社会效果的统一。

（点评人：徐鸿莉，新疆维吾尔自治区高级人民法院生产建设兵团分院民二庭庭长、审判委员会委员、三级高级法官）

（2020）兵民终80号裁判文书原文

第七节 保管合同

26. 华泰财产保险有限公司北京分公司与广西防城港中外运东湾仓储物流有限公司港口货物保管合同纠纷案[*]

【关键词】

大宗散货　港口交付　保管人　协助义务

【裁判要旨】

大宗散货仓储协议对保管人的责任期间未明确约定时，保管人的责任期间可从保管人对大宗散货进行事实管理、大宗散货处于其控制范围内时开始起算。大宗散货的入库交接由卸船、倒运、归堆、苫盖等多环节构成，此动态过程需存货人和保管人为对方提供便利，共同协作；当货损发生于交接期间，保管人未完全尽到保管义务，应承担主要责任，而存货人未协助提供便利，客观增加仓储人保管货物难度，应承担次要责任。

一、简要案情

华泰财产保险有限公司北京分公司（以下简称华泰保险公司）诉请：判令广西防城港中外运东湾仓储物流有限公司（以下简称东湾公司）向其支付赔款 5 102 817.71 元及相应利息。东湾公司辩称：（1）华泰保险公司未提供证据证明涉案货物受损，雨淋货物的品质并未降低。（2）涉案货物遭受雨淋时仍处于货主掌管期间，仓储责任尚未开始。（3）东湾公司对涉案货物遭受雨淋没有过错，本次事故属于不可抗力。（4）华泰保险公司诉请损失项目与金额缺乏事实和法律依据。

法院经审理查明：2019 年 1 月 29 日，中农控股公司、湘英公司、东湾公司签订《钾肥监管协议》，约定：东湾公司为中农控股公司和湘英公司提供仓储保管、货物监管等服务。东湾公司对存放在库场的货物负有保管义务，不

[*]（2022）津民终 327 号。

可抗力因素除外,如由于保管不善造成货物污损、灭失,由东湾公司按照同期市场价格赔偿给中农控股公司。

2019年5月30日,中农集团公司作为买方与境外卖方签订氯化钾购买协议。6月19日,涉案货物装载于"MAPLE OPAL"轮从俄罗斯圣彼得堡起运,提单显示货物品名为白色标准氯化钾、毛重为54 100公吨。其中,24 100公吨货物运至防城港卸货。6月21日,华泰保险公司签署保单,中农集团公司为被保险人,承保一切险,保险责任期间为在国外港口装上海轮开始直至卸货港卸毕后60日中止。

2019年8月3日,"MAPLE OPAL"轮抵达防城港锚地。8月13日22时10分开始卸船,8月14日货物通过汽车陆续运往东湾公司东湾仓D3场,至8月16日13时共进场9632.02吨。8月16日12时天气突然晴转阴,约13时突发降雨并多次雷电,降雨时仍有卡车在运输途中或准备卸货。涉案货物系露天堆垛存放,因未能及时苫盖,遭受雨淋。9月7日,中国检验认证集团广西有限公司接受中农集团公司委托,对受损货物进行了残损鉴定,出具了《残损鉴定报告》。《残损鉴定报告》载明"经实验室分析,检验认证公司认为相对于正常货物,水湿货物的氧化钾含量比正常略低0.08%,水湿货物的水分比正常货物偏高1.63%""货物实体有效成分—氧化钾含量降低,货物价格直接跟其实体有效成分—氧化钾为正相关的关系,氧化钾含量高,价格高,氧化钾含量低,价格低。该批水湿货物遭受了至少但不限于以下的损失:1. 雨水溶解和冲走货物带来的重量损失,可参考入库和后续出库的重量作比对。2. 货物实体有效成分—氧化钾含量降低的损失,损失率为:$[(62.57-62.49)/62.57]×100\%=0.13\%$。3. 水分升高对品质稳定、储存、运输带来的间接不利影响和损失"。该船货物实际入库总量为24 188.94吨,其中受到雨淋的货物为9632.02吨。

中农集团公司与中农控股公司为关联公司。涉案"MAPLE OPAL"轮承运的货物,系由中农控股公司委托中农集团公司代为采购,货物的仓储、保险、处置均由中农控股公司实际负责。华泰保险公司于9月27日、12月16日分两笔,共计向中农控股公司支付保险赔款5 102 817.71元。中农集团公司于12月9日向华泰保险公司出具赔款收据及权益转让书。

法院另查明,松峰公司与东湾公司在2019年8月18日签订了《仓储合作合同》,合同约定东湾公司为松峰公司提供露天堆场用以仓储从"MAPLE OPAL"轮卸下的白色氯化钾。松峰公司负责入库前的场地验收、卸船、转运、出入库装卸作业、归堆及清理货物工作。

一审法院认为,本案为港口货物保管合同纠纷。华泰保险公司作为保险人,在向中农控股公司支付保险赔款后,取得向造成损害的第三人追偿的权利,即有权向东湾公司请求赔偿。中农控股公司、湘英公司、东湾公司签订的《钾肥监管协议》合法有效,是确定合同当事方权利义务的主要依据。协议没有对东湾公司责任期间的开始作出明确规定,故应当按照条款中使用的词句、合同目的、交易习惯进行认定。中农控股公司及其代理人作为存货人,负责用汽车运至东湾公司的露天库场,并负责卸车和归堆事项。保管人对货物承担保管责任的期间,一般应从货物放置于堆场开始。但是本案事故发生在交接期间,东湾公司不应承担全部的货损赔偿责任,中农控股公司及其代理人对货物损失亦存在过错。综合全案情况,由东湾公司承担货物损失的70%,由华泰保险公司承担货物损失的30%。天津海事法院判决:东湾公司于一审判决生效之日起十日内赔偿华泰保险公司 3 264 841.7 元,并给付上述款项的利息;驳回华泰保险公司的其他诉讼请求。

一审判决后,华泰保险公司、东湾公司不服,向天津市高级人民法院提起上诉。二审法院针对本案争议焦点分析:(1)涉案保险事故是否发生在东湾公司的责任期间。涉案 9632.02 吨货物已然存放到东湾公司露天堆场,处于其控制范围内,根据《钾肥监管协议》第 2 条第 3 项的约定,东湾公司对存放在库场的货物负有保管义务,因此,涉案保险事故发生时东湾公司的责任期间已经开始。(2)涉案货损责任如何承担。涉案保险事故发生时,东湾公司明显应对不足,致使涉案货物长时间遭受雨淋造成货损,东湾公司应就其保管不善承担责任。考虑到涉案保险事故发生时正处于涉案货物的交接期间,对于大宗散货氯化钾的入库交接由卸船、倒运、归堆、苫盖等多环节构成,这一动态过程需存货人和保管人为对方提供便利,共同协作方能完成。在雷电大风天气发生时,存货人仍安排车辆进入堆场卸货,未及时归整货堆,客观上增加了保管人苫盖货物的难度,存货人对保险事故的发生亦存在过错。综合全案情况,一审法院酌定由东湾公司承担货物损失的70%,由华泰保险公司承担货物损失的30%,并无不妥。二审法院据此判决:驳回上诉,维持原判。

二、撰写心得

散装货物是指运抵国内港口的数量较大且整船整舱的无包装的固、液体货物，如粮食、化肥、原油、矿砂等。案涉《钾肥监管协议》为仓储合同，仓储合同本质上是一种特殊类型的保管合同，特殊之处在于保管人须为拥有仓储设备并具有从事仓储业务资格的专业性、营利性的民事主体。通常而言，合同当事人应在所签订的仓储合同中明确约定仓储保管人的责任期间，但仓储责任期间并非仓储合同的必要条款，仓储合同并非因缺失责任期间的约定而无效。仓储责任的结束时间在当事人没有约定时可依据《合同法》（本案事实发生于《民法典》施行前）第62条①、第391条②规定确定，保管人可随时要求提取仓储物，但应当给予必要的准备时间。但仓储责任期间的起始点并无法律的专门规定。

本案自上诉至高院以来，因事涉大宗散货氯化钾风险转移时间节点及货损责任认定，承办人对本案高度重视，经阅卷研判，拟定了周密的庭审计划，庭后又广泛搜集资料，经评议后，认真制作裁判文书，详细阐明了争议问题，最终较好地完成了审判任务。

本案中，中农控股公司、湘英公司、东湾公司签订的《钾肥监管协议》合法有效，是确定合同当事方权利义务的主要依据。协议约定，湘英公司是中农控股公司货物在防城港的代理方；东湾公司为中农控股公司2019年外贸进口散装钾肥提供仓储保管、货物监管等服务；东湾公司对存放在库场的货物负有保管义务，不可抗力因素除外，如由于保管不善造成货物污损、灭失，按照同期市场价格赔偿。协议没有对东湾公司责任期间的开始作出明确规定，交易主体亦未通过补充协议或以实际行动表明变更合同有关内容，因此，应结合标的物属性、合同条款中使用的词句、合同目的、交易习惯等综合认定仓储责任期间的起始点。

案涉标的物为大宗散货氯化钾，氯化钾属于《物权法》中的动产，依据《物权法》第23条③规定，动产物权的设立和转让，自交付时发生效力。但因散装货物的数量庞大、不宜整体运输、作业方式粗暴等特点，其交付具有特殊性，须经过装货、运输、卸货等多重环节。因此，如何判断大宗散货的交付时点存在争议。以交货时间作为风险转移的依据，其理论基础为所有权转移和交付相独立，交付时点的判断不仅在确定物权归属中具有举足轻重的决定性作用，也具有判定是否属于民事主体责任期间的关键节点的独立法律意

---

① 现为《民法典》第511条。
② 现为《民法典》第914条。
③ 现为《民法典》第224条。

义，对于识别风险承担主体及保险权益上的利益主体具有不可替代的价值。

案涉为现实交付，关于现实交付为法律行为还是事实行为，涉及交付主体是否须具有行为能力、是否以意思表示为要素、可否由代理人为之等具体问题。相关学理主要以"直接管领力"或"直接占有"的移转或取得定义现实交付。交付要求受让人必须获得相应的占有地位，即占有物真实的、持续的事实管领力。原因在于管领物的一方处于保护标的物免于受损的最有利地位，更有能力采取必要的保护措施，避免风险的发生。同时，要求实际控制货物的一方承担风险，有利于货物的保管也体现了公平原则。据此，交付移转风险的理由在于，交付导致占有移转，而占有人更便于管领标的物。

保管人对货物承担保管责任的期间，一般应从货物放置于堆场开始。涉案货物遭受雨淋时正处于上述交接期间，虽然东湾公司主张此时仍属于中农控股公司卸车、归堆及整理货物期间，东湾公司的仓储保管责任尚未开始，但案涉9632.02吨货物已然存放到东湾公司露天堆场，处于其控制范围内，案涉9632.02吨氯化钾的现实交付已经完成，东湾公司取得对9632.02吨氯化钾的占有，中农控股公司丧失占有。因此，涉案保险事故发生时东湾公司的责任期间已经开始。

合同风险负担实质是合同当事人间的损失分配。仓储合同生效后，保管人有积极协助的义务，应在前期为提供日后的仓储服务作必要准备，包括仓储所必需的设备、人员和场地等。在交付仓储物时，保管人需要协助存货人做好交接工作，对该义务的违反同样构成违约。接受仓储物入库时，保管人需要进行验收。妥善谨慎保管义务是仓储保管人的核心义务。

本案事故发生在交接期间，东湾公司不应承担全部的货损赔偿责任。在仓储合同法律关系项下，保管人的违约责任适用过错责任原则，而本案中农控股公司及其代理人对货物损失亦存在过错。货物陆续运抵货场并卸货后，用机械车辆进行归堆，再予以苫盖，交接时间需要持续数天。货物的卸船、倒运、归堆、苫盖，是一个动态的过程，需要存货人和保管人共同协作完成。卸船、倒运、归堆，由存货人负责；苫盖、保管由保管人负责。由于近万吨散货归堆高达数米，在归堆完成前，保管人只能临时苫盖，不能完全履行保管责任。从东湾公司出具的白钾淋雨情况说明记载内容中，可以看到事故当时卸货、仓储作业处于非常困难的状态。

货物进场过程中突发雷电大风天气，双方均未有充分预料和准备，有部分运输车辆仍然在途，有部分进场货物没有苫盖，以致发生涉案货损事故。

涉案《钾肥监管协议》第2条第1项表明东湾公司对当地的自然气候条件已有充分了解，同时其作为拥有专业仓储设备并专门从事仓储保管业务的主体，应当在雨季提前做好应对恶劣天气的应急预案及相应准备工作，但涉案保险事故发生时，东湾公司明显应对不足，没有完全尽到保管责任，没有完成苫盖工作，致使涉案货物长时间遭受雨淋造成货损，保管人东湾公司应承担主要责任。

同时，考虑到涉案保险事故发生时正处于涉案货物的交接期间，对于大宗散货氯化钾的入库交接由卸船、倒运、归堆、苫盖等多环节构成，这一动态过程需存货人和保管人为对方提供便利，共同协作方能完成。降雨之时存货人仍不断安排车辆进入堆场卸货，尚未及时归整货堆，给苫盖篷布工作造成很大困难，在强雨强风伴随强雷电的情况下，客观上增加了苫盖货物的难度，亦存在过错，应承担次要责任。综合全案情况，一审法院酌定由东湾公司承担货物损失的70%，由华泰保险公司承担货物损失的30%，并无不妥。

（唐娜，天津市高级人民法院法官）

三、专家评析

随着经济全球化对商品交易方式的深刻影响，现代物流业正在世界范围内全面兴起，仓储业务作为社会化大生产中不可或缺的组成部分，对加速国际国内物资流通、减少仓储保管货物损耗、增强国际贸易经济效益至关重要。本案为港口货物保管合同纠纷，其特殊之处在于标的物为运输途中的大宗散货氯化钾，其交付即入库交接过程由卸船、倒运、归堆、苫盖等多环节构成，核心问题是港口货物保管人是否应对因雷暴天气造成的钾肥损失承担责任，案件涉及大宗散货氯化钾的仓储责任期间起始点认定、交付标准及货损责任分配等问题。在类案审判实践中，对如何认定大宗散货保管责任期间起始点、发生于交接期间的货损责任承担主体均存在争议。

本案裁判文书聚焦案件争议核心问题，准确归纳案件争议焦点：（1）涉案保险事故是否发生在东湾公司的责任期间；（2）涉案货物是否发生货损及损失数额；（3）涉案货损责任如何承担。文书结合当事人诉辩主张，围绕上述争议焦点逐一进行分析，全文结构合理、语言准确流畅，说理透彻、论证有力，对上诉人的上诉理由明确予以回应，释法说理精准到位，展现了较高的文书制作水准。

同时，该案判决结果对同类案件的审判具有一定的参考价值，突出体现在两个方面：一是判决结果清晰界定了大宗货物交付过程中保管人的保管责任期间起始点的确定，即在双方当事人未就责任期间的起始点作出明确约定过的情况下，应从保管人对大宗散货取得真实的事实管领，大宗散货处于其控制范围内时开始起算责任期间；二是裁判文书明确提出了货损责任比例的划分标准，即当大宗散货的入库交接由卸船、倒运、归堆、苫盖等多环节构成时，此动态过程需存货人和保管人为对方提供便利，共同协作，对于在此期间的货损应按双方过错比例承担相应责任。上述裁判规则的确立，对于促进港口货物流转、合理分配港口资源、维持对货物的事实支配秩序、维护社会公共利益意义深远。

（点评人：原晓爽，最高人民法院知识产权法庭第三合议庭审判长，第二届全国审判业务专家）

（2022）津民终 327 号裁判文书原文

第八节 服务合同

27. 王某1与厦门安宝医院有限公司医疗服务合同纠纷案[*]

【关键词】

冷冻胚胎　体外受精—胚胎移植（IVF-ET）　丧偶单身妇女　试管婴儿　人工辅助生殖技术

【裁判要旨】

夫妻双方因不孕问题在医疗机构接受体外受精—胚胎移植的人工辅助生殖技术所形成的医疗服务合同，应参照法律关于委托合同的规定，在丈夫一方因故死亡后，医疗服务合同并不当然终止。丧偶妇女不能等同于一般意义上的"单身妇女"，在不违背丈夫生前明确可推知有继续实施胚胎移植手术的意愿且不违反计划生育政策的前提下，除有确切证据表明胚胎移植将对后代产生严重不利影响，丧偶妇女依照合同约定要求医院继续实施胚胎移植手术应当予以支持。

一、简要案情

王某2系家中独子。王某1与王某2于2015年登记结婚，婚后未生育子女，也未收养子女。二人因不孕症于2018年9月初开始在安宝医院就诊，要求行体外受精—胚胎移植（IVF-ET）手术。

2018年11月26日，王某夫妇签署一份《自愿接受试管婴儿疗程知情同意书》，载明："我们夫妇妻子王某1丈夫王某2，因无法顺利受孕，经慎重考虑自愿接受常规体外受精—胚胎移植术，授权厦门安宝医院行使我们夫妇试管婴儿的诊治。""医院已明确告知以下事项……1. 基本过程：与自然妊娠完全不同，IVF-ET需进行各项辅助检查排除禁忌症—药物注射超排卵—多次B

---

[*]（2020）闽0203民初12598号。

超及内分泌监测—取卵术—精液的采集与处理—体外受精—胚胎培养—胚胎移植—药物黄体期支持—术后监测及妊娠的确立,适时验血和B超监测胚胎生长及发育……"该知情同意书第21条"我们夫妇的权利"载明,王某夫妇"有知情同意权和最终的治疗决定权""对自己的配子和胚胎有自由选择处理方式的权利,但不得买卖……"第22条载明:"……一个体外受精—胚胎移植周期治疗所需要的大致费用,约4~6万元,且不论治疗成功与否所需费用相同……"第23条"医院的权利、责任和义务"载明:"根据医师法,医院有要求病人及家属配合的权利、有一定程度的治疗决定权、有一定条件下病人的行为控制权、有否定病人当期治疗的权利、有收费的权利。"

2019年1月,安宝医院对王某1进行第一次取卵,但未获可用胚胎。

2019年7月30日,王某夫妇签署第二份《自愿接受试管婴儿疗程知情同意书》,与前述内容一致。同日,王某夫妇还签署《自愿接受卵胞浆内单精子显微注射-胚胎移植术(ICSI-ET)知情同意书》,表示自愿在安宝医院接受该移植术。

2019年8月13日,安宝医院对王某1进行第二次取卵,后冷冻卵裂胚2枚(3级)、囊胚2枚(4CC)。

2019年9月28日,王某夫妇签署《自愿接受多胚胎移植知情同意书》,要求进行双胚胎移植,同日,二人签署《符合计划生育政策承诺书》《夫妻身份证合法承诺书》《自愿接受胚胎/囊胚解冻移植知情同意书》,该同意书载明"若未妊娠,将冷冻胚胎解冻复苏后移植,其余冻存胚胎继续冷冻保存,直至无剩余胚胎"等内容。

2019年10月4日,王某2、王某1签署《冷冻胚胎解冻复苏—移植情况知情同意书》,安宝医院当日对前述2枚卵裂胚进行第一次解冻移植。移植一段时间后,胚胎停育流产。

2020年4月16日,王某1至安宝医院进行卵泡监测,并拟于2020年5月行解冻周期移植囊胚。

2020年5月6日,王某2因工意外身故。

王某2去世后,王某1要求安宝医院继续履行医疗服务合同,实施胚胎移植手术。2020年7月11日,安宝医院医学伦理委员会作出《厦门安宝医院医学伦理审查意见》,载明"本院伦理会讨论结果:依据176号文件法规规定,本院不给予移植",同时伦理委员会主任审批意见为"本院依从法院判决执行"。经查,2003年10月1日开始执行的《卫生部关于修订人类辅助生殖技术与人类精子库相关技术规范、基本标准和伦理原则的通知》（卫科教发〔2003〕176号）（以下简称176号文）附件1《人类辅助生殖技术规范》"实施技术人员的行为准则"部分第13项规定：禁止给不符合国家人口和计划生育法规和条例规定的夫妇和单身妇女实施人类辅助生殖技术。176号文附件3《人类辅助生殖技术和人类精子库伦理原则》规定有"知情同意的原则"（人类辅助生殖技术必须在夫妇双方自愿同意并签署书面知情同意书后方可实施）、"保护后代的原则"（如果有证据表明实施人类辅助生殖技术将会对后代产生严重的生理、心理和社会损害，医务人员有义务停止该技术的实施）、"社会公益原则"（医务人员必须严格贯彻国家人口和计划生育法律法规，不得对不符合国家人口和计划生育法规和条例规定的夫妇和单身妇女实施人类辅助生殖技术）。

因安宝医院拒绝为王某1实施冷冻胚胎移植，王某1诉至厦门市思明区人民法院，请求安宝医院继续履行医疗服务合同，为王某1完成胚胎移植手术。审理中，王某1在接受法庭询问之时再次明确其系自愿实施胚胎移植手术，愿意生育和抚养与王某2通过人工辅助生殖技术可能生育的子女。王某2的父亲、母亲，王某1的父亲、母亲均表态支持王某1在安宝医院继续实施胚胎移植手术，愿意同王某1一起照顾和养育经胚胎移植生育的子女。

厦门市思明区人民法院于2020年9月1日作出（2020）闽0203民初12598号判决：安宝医院应于本判决生效之日起继续履行与王某1之间的医疗服务合同，为王某1实施胚胎移植手术。宣判后，双方均未上诉，该判决已发生法律效力。

二、撰写心得

本案系厦门市首例涉及冷冻胚胎移植案例，属于新类型的案例，案件除直接涉及医学伦理、医疗行政监管与妇女生育权利之间的冲突外，还涉及死者人格利益、后代子女权益、社会公共利益等多重利益衡量，对于如何写好这样一篇判决文书，笔者主要从以下三个方向进行努力。

（一）运用常识、常情、常理，确保裁判结果合乎法理、事理、情理

裁判文书是对当事人纠纷进行裁量、判断的法律文书，其终极目的是定分止争、解决纠纷。为此，裁判方向基调是首先需要确定的内容。裁判文书的核心内容是围绕着当事人诉讼请求展开事实分析、法律论证最后得出裁判结论，其中最主要运用的是演绎推理进行的司法三段论分析。在裁判文书成文前，经过前期的分析研判，对于本案裁判结果应有清晰明确的裁判方向，

亦即支持或不支持原告的诉讼请求应当明确，做到结论先行。合乎法理、事理、情理的裁判结果，是一篇优秀的裁判文书能否经受住当事人、社会公众评价的前提条件。

在本案的研判过程中，笔者仔细关注了案件事实的各个细节，就病历及当事人陈述中涉及的人工辅助生殖技术中的诸如卵裂胚、囊胚、IVF-FET 等医学专业术语查阅了医学书籍，详细询问了代理被告医院出庭的医务人员对于人工辅助生殖技术的流程、技术，做到对案件事实的准确把握。对于自 2014 年终审的无锡冷冻胚胎返还案以来诸多涉及冷冻胚胎归属、冷冻胚胎移植争议的司法案例和法学论文进行了大量检索和阅读。经查阅司法案例发现，目前司法裁判对于同类案件支持原告的比例大大高于驳回的比例，体现了主流的裁判方向。为慎重起见，将该案提交法庭专业法官会议讨论，绝大多数法官认为基于本案案件基本事实，应当支持原告的诉讼请求。在本案处理中，还征求了学界专家就有关医疗伦理等涉及法律专业问题的意见。最终，本案生效裁判支持了原告的诉讼请求，该结论实际上是对前期研判、论证过程的一个总结。本案判决作出后，被中央电视台《今日说法》栏目于 2021 年 1 月以"两枚胚胎"为题报道，社会反响良好，同时还被评为 2020 年度福建省法院十大精品案例。

（二）准确区分各类主体"同意"的意涵及其层次，兼顾各方利益和关切

本案原告作为丧偶妇女要求医院进行胚胎移植，直接的障碍在于其配偶在胚胎移植手术前死亡，无法签署知情同意书，此为医院所谓为丧偶妇女实施冷冻胚胎违反的"知情同意原则"；原告丧偶，依照医疗行政管理规定，属于禁止实施冷冻胚胎移植手术的"单身妇女"，违反"社会公益原则"；对丧偶妇女实施冷冻胚胎移植，使刚出生的后代即为单亲子女，对后代成长不利，违反"保护后代原则"。分析上述三个反对理由，笔者认为，无论是丧偶方无法提供配偶签字、丧偶妇女身份由已婚妇女变更为单身妇女、胚胎移植后生育的子女缺少父亲，实际上针对的都是冷冻胚胎基因提供者一方的原告配偶主体消灭引发的"同意"问题。

在审理及判决中，本案努力做到尽量完整真实地获取当事人及利益相关人员的意思表示，将此类案件"知情同意"贯彻得精细彻底，努力符合当事人真实意思表示。

1. 原告配偶生前的同意。配偶一方死亡后，冷冻胚胎移植合同是否终止，此为合同是否应当继续履行的前提和基础，同时也是被告医院所称的违反卫生部 176 号文件"知情同意"原则的法律障碍之一。为此裁判文书着重笔墨

对该问题进行重点分析。关于案涉医疗服务合同的性质，笔者经检索发现，我国台湾地区学者黄丁全在其所著《医疗法律与生命伦理》一书中认为，医疗服务合同具有显著的人身属性，其性质属于委托合同，此观点具有启发性。《合同法》第411条①关于委托合同终止的法律规定，即"委托人或者受托人死亡、丧失民事行为能力或者破产的，委托合同终止，但当事人另有约定或者根据委托事务的性质不宜终止的除外"，在本案中适用具有相当的妥帖性。判决采纳了案涉医疗服务合同属于委托合同的观点，认为原告配偶死亡并不意味委托合同即行终止，仍应考虑死者生前的意思表示。逝者已矣，其意思表示在无书面意思表示情形下，只能通过生前行为以及所遗留的书面材料进行推定。在意思表示的分析认定上，受合同法上"整体性同意"概念的启发，本案判决将原告配偶生前所签署的一系列同意文件，尤其是其中具有完整表达原告及其配偶愿意实施全流程冷冻胚胎手术意思表示的《自愿接受试管婴儿疗程知情同意书》作为其整体性同意的意思表示，而将胚胎移植作为其中整体性同意的一个环节。再结合原告夫妇第一次胚胎移植之时作出的若未妊娠同意继续进行胚胎移植的意思表示，以及原告在其配偶死亡前一个月仍在积极地实施冷冻胚胎移植术前准备工作，认定原告配偶具有继续实施冷冻胚胎的个别性同意。通过整体性同意和个别性同意的分析，使整个同意的论证更具完整性和系统性。

在冷冻胚胎争议纠纷中，一种较为常见的判决观点认为，冷冻胚胎的储存、移植性质上属于物的保管、使用合同，而胚胎作为具有伦理性质的特殊物，原告有权随时取回或者处置，故医院有义务为原告实施冷冻胚胎移植手术。但笔者认为冷冻胚胎移植涉及医院的合同权利义务，同时医疗活动受到国家监管，保管合同的观点不能令人满意地解决本案的争议。故本案将冷冻胚胎移植置于整个医疗活动中进行观察，使前述将医疗服务合同作为委托合同对待而非物的保管合同的观点更能前后呼应，具有内在的逻辑自洽性。

2. 原告本人的同意。在丧偶妇女要求冷冻胚胎移植的纠纷中，受传统伦理道德束缚及外来因素影响，丧偶妇女本人是否真心实意地为去世的配偶实施冷冻胚胎移植往往容易被忽略。为此，本案审理中，通知了原告本人亲自到庭参加诉讼，在判决前反复确认其真实意思表示，设定至少距离原告配偶死亡已达三个月的最低限度，给予原告一定的冷静期，能对自己及今后养育

---

① 现为《民法典》第934条。

子女有清晰的认定，这不仅是对原告本人负责，也是对将来出生的子女负责。

3. 利益关联方的同意。利益关联方主要指原告的父母及原告配偶的父母。确定原告父母及原告配偶父母是否同意冷冻胚胎移植，一是有利于确定原告本人同意实施冷冻胚胎移植的真意；二是对于将来继承问题及早征求其意见，以便其能对将来生育的孙（外孙）子女是否继承其遗产作出安排；三是确定原告生育子女是否得到了两方父母的支持，作为子女保护的酌情考量因素。本案在审理中贯彻了保护利益关联方的思维，征求了原告及其配偶双方父母是否同意的意见。

利益关联方还包括未出生子女的利益，保护后代成长原则是冷冻胚胎移植领域的一项重要原则。未出生子女是否有"同意"权，更多的是哲学上的探讨，本案判决不作探讨，在法律领域则只能是一种拟制的"同意"：人的出生是无法自行选择，也无法事先同意的，但从"儿童利益最大化"角度出发，从国家、社会第三方视角分析评价生育子女对儿童是否有利，作中立的第三方评价未出生子女是否同意的问题。

4. 卫生行政部门的同意。从被告医院的答辩意见看，医院事实上也对原告要求进行冷冻胚胎移植的主张表示了同情和理解，但担心突破医疗行政管理规范，存在监管风险。对此，判决文书中审慎分析评判医疗行政监管规定与公民私权保护的边界问题，充分尊重和考虑卫生行政部门所制定文件的背景和规范目的，避免轻易否定行政部门对医疗机构的管理规定，防止片面割裂医疗行政管理规定和国家立法之间的联系。在国家立法层面对丧偶妇女实施冷冻胚胎尚未作出明确规定的情况下，判决对于被告医院所述及的医疗行政管理规定和原告作为公民主张的生育权之间的冲突，从法律层级的比较、医疗管理规范的立法目的、传统生育伦理道德以及对医疗行政管理秩序的影响等诸方面进行分析论证，将本案的判决限于个案的裁判。这符合法院主要任务在于适用法律解决纠纷的司法机关的职责定位，对于法律制度的完善则应交由司法实践的发展和国家立法层面的进一步完善进行解决。

（三）注重裁判文书诉求、事实、说理、裁判四个方面的前后呼应，增强裁判文书的逻辑性和系统性

司法裁判的技术本质是"目光在事实与规范之间往返流转"。基于司法三段论的分析论证逻辑，事实与规范之间应紧密结合，服务于原告诉求和最终裁判结论。

本案属于典型的单一诉求案件，原告仅有一项要求医院继续履行合同，为其实施冷冻胚胎移植手术的诉求。为此，在经过找法，即确定案涉合同的性质、适用法律之后，说理即应围绕继续合同是否因原告配偶死亡而终止以及实施冷冻胚胎是否存在不能履行的事实障碍、法律障碍展开，而说理应有事实前提，事实前提的最大争议点是原告配偶生前是否同意在其死亡后继续实施冷冻胚胎移植手术。为此裁判文书在事实部分对于涉及同意的各项事实进行详细罗列，并在说理部分对事实展开分析认定。说理部分依照合同性质（认定属于委托合同）、合同效力（是否终止）、合同履行（是否存在障碍）三个部分进行递进分析，对于被告所提的继续实施冷冻胚胎违反卫生管理规定三原则融入前述分析过程进行论述。其中知情同意原则在合同效力部分论述，而社会公益原则和保护后代原则，则将其归类于是否违反法律禁止性规定和是否违反公序良俗原则，在履行的法律障碍部分进行分析。最后，在裁判结论部分呼应了原告的诉求。

（刘建发，福建省厦门市思明区人民法院法官）

三、专家评析

本案系厦门法院受理的首例冷冻胚胎移植纠纷，受到广泛关注。法院在审理本案过程中，综合考察了各方实际情况，支持了患者的诉求，保障了当事人的生育权。通过对医疗服务合同的性质、部分当事人死亡后医疗服务合同的效力、卫生行政法规与当事人意思自治空间、公序良俗等法律问题的精细分析，强调了生育权的人文关怀，丰富了生育权保障的内涵。此外，裁判文书还从中华优秀传统文化出发，生动阐释了法律适用中的道德要求，充分贯彻了《民法典》承载的社会主义核心价值观。判决坚持尊重生命、敬畏生命的原则，用司法智慧为社会发展遇到的新问题划定边界，用法治的力量引导人民向上向善，为人民群众追求美好生活提供了有力保障，对于类案的处理有重要的参考价值。

（点评人：刘文戈，厦门大学副研究员，福建省医事法学研究会理事）

（2020）闽 0203 民初 12598 号裁判文书原文

28. 中国江苏国际经济技术合作集团有限公司与安徽明博律师事务所、安徽中杭股份有限公司、南京商杰物资贸易有限公司、安徽金都融资担保有限公司法律服务合同纠纷案*

【关键词】

民事　法律服务合同纠纷　买卖合同　民间借贷　委托　货物所有权风险

【裁判要旨】

对融资性买卖中通谋虚伪行为的认定，需综合合同实质内容、有无真实的货物流转及是否存在封闭式循环交易等因素判断，并依据隐藏行为判定真实法律关系及效力。如名为买卖合同实为民间借贷，当事人对货物流转及货物所有权转移的约定只是为了维系买卖合同外观而设定的虚假表象，货物及货物所有权并不必然发生实际流转。

受托人怠于履行受托义务导致委托人利益受损，应根据受托人的过错程度与损失之间的因果关系等因素确定相应责任。

一、简要案情

安徽明博律师事务所（以下简称明博所）一审诉请判令：（1）安徽中杭股份有限公司（以下简称中杭公司）支付其律师费 18 931 004 元；（2）南京商杰物资贸易有限公司（以下简称商杰公司）、安徽金都融资担保有限公司（以下简称金都公司）对上述律师费承担连带清偿责任；（3）中国江苏国际经济技术合作集团有限公司（以下简称中江公司）在应退还的货款 18 822 854.40 元范围内对上述律师费承担共同还款责任。

再审法院经审理查明：2012 年，商杰公司（甲方）与中江公司（乙方）签订两份《代理采购合同》：甲方委托乙方采购角钢共 6000 吨，由乙方代理

---

* （2019）皖民再 111 号。

甲方并以乙方名义与供应商签订《工矿产品采购合同》；甲方确认供货商为中杭公司；1至3个月内打款提货，代理费逐月递增为提货金额的0.6%、0.9%、1.1%。同日，中江公司与中杭公司签订两份共6000吨角钢《工矿产品采购合同》。中江公司（乙方）与南京坤阳仓储有限公司（以下简称坤阳公司）（甲方）签订2份《物资储存协议书》，约定甲方为乙方提供6000余吨角钢的进货、保管（验收）和发货运输等储运服务，甲方凭乙方的书面"放货通知单"办理货权转移手续。后中江公司支付中杭公司2550万元。商杰公司将从中杭公司所进角钢的重量，在进入坤阳公司的单证上虚增了1600余吨。商杰公司向中江公司支付定金及货款的2586万元均源自中杭公司。2012年5月22日、7月26日，中江公司出具2份委托放货通知单。2011年7月11日，商杰公司与坤阳公司签订《物资储存协议书》，约定坤阳公司为商杰公司型材提供储运服务。2012年5月21日，南京伟亚钢材有限公司（以下简称伟亚公司）将案涉钢材出质给银行。坤阳公司系伟亚公司、许某某（实际经营人）及其妻共同投资设立。

2012年8月27日，商杰公司（委托人）与中江公司（受托人）签订《委托协议》，约定受委托人已将货权转移给委托人；受托人采协商、发送律师函、民事诉讼、举报刑事犯罪等方式协助委托人主张权利；货权转移手续已经办理，代理采购合同已全部履行，如受托人向坤阳公司主张权利后，委托人仍存在损失，委托人不得以任何理由向受托人主张权利。2012年8月28日，另案法院查封了伟亚公司出质的钢材。中江公司向公安局报案。2016年5月6日，商杰公司（甲方）、明博所（乙方）、中杭公司（丙方）、金都公司（丁方）签订《债权转让协议》约定：甲方将《代理采购合同》项下对中江公司的所有合同权利转让给乙方，丁方为《代理采购合同》项下中江公司全部义务履行向乙方提供连带责任保证担保。当日，商杰公司向中江公司发送债权转让通知书。

一审判决：一、中国江苏国际经济技术合作集团有限公司于判决生效后十日内给付安徽明博律师事务所18 822 854.40元；二、驳回安徽明博律师事务所其他诉讼请求。中江公司提起上诉，二审判决驳回上诉，维持原判。后中江公司申请再审，安徽省高级人民法院裁定提审，再审判决归纳本案的争议焦点为：（1）中江公司与商杰公司之间法律关系的性质；（2）中江公司应否退还货款18 822 854.4元。

再审认为，第一，从合同约定内容、合同履行情况、当事人之间关系、资金流向、交易模式、商杰公司陈述分析，中江公司、中杭公司与商杰公司的真实意图并非买卖，并不属于垫付资金型的融资贸易，而系通过委托采购钢材的方式实现融资借款，当事人之间法律关系的性质应为企业间借贷且系有效。

第二，关于本案货权是否转移至商杰公司，如未转移，风险由谁承担。多份证据内容冲突，分别显示可能存在或不存在真实的货物及货权流转，再审依据优势证据规则判断案件事实：案涉钢材一直储存于坤阳公司仓库，并由商杰公司控制，当事人之间系以走款、走单、不走货的形式进行交易，所谓货物及货权转移的约定只是为了维系买卖合同外观而设定的虚假表象，货物及货权一直在商杰公司手中，亦不受到质押的影响。故商杰公司无权基于《代理采购合同》要求中江公司退还货款。

关于中江公司未适当履行《委托协议》的法律后果。中江公司未适当履行约定义务，尤其是未提起民事诉讼。但商杰公司无法取得案涉钢材，系由坤阳公司实际经营人将该笔货物作为伟亚公司财产出质所致，并非中江公司不当履行《委托协议》导致，且商杰公司仍可自行向坤阳公司主张，该货款损失与中江公司不当履行《委托协议》不具有因果关系。

安徽省高级人民法院再审判决：一、撤销安徽省马鞍山市中级人民法院（2017）皖05民终1287号民事判决和安徽省马鞍山市花山区人民法院（2016）皖0503民初5023号民事判决。二、安徽中杭股份有限公司于本判决生效之日起十日内，向安徽明博律师事务所支付18 931 004元。南京商杰物资贸易有限公司、安徽金都融资担保有限公司对上述款项承担连带清偿责任。三、驳回安徽明博律师事务所的其他诉讼请求。

二、撰写心得

"法律的生命不在于逻辑，而在于经验"，这一论断昭示了司法经验之于法官判断的重大意义。法官在处理每一起案件时，都应做到知从所来，思将所往，方明所去。

（一）依据自身司法经验提出疑问

本案首先是以当事人再审申请的形式出现，该案法律关系复杂，涉及买卖合同、债权转让、最高额连带责任保证担保、仓储合同、委托合同、所有权转移等。而出于种种因素的考虑，当事人无论在提出再审申请，还是最初沟通时，均采用了托盘贸易和融资性贸易的称谓，一度甚至提出了让与担保的说法，使本案的性质变得更加扑朔迷离。之前笔者并没有接触过托盘贸易或企业间融资性贸易类型的案件，对融资性贸易的审判规则也不甚了解。但是，多年累积的审判经验让笔者对本案的多处事实产生了疑问：本案存在一系列的委托合同和买卖合同，当事人双方的真实目的和真实意思到底是什么，本案所谓的融资性贸易与民间借贷有何不同，为什么要委托购买，买卖的款项为何要约定支付利息，为何要指定卖家，为什么风险几乎全由合同一方承担，对方为何接受如此"不公平"的约定。

（二）借鉴他人司法经验拓宽视角

从本质上说，司法裁判不过是客观见于主观的一种社会历史认知活动。梁慧星在谈到裁判方法时说，法官裁判任何一个具体案件，首先是查明事实，解决事实问题，其次才是适用法律，解决法律问题。[①] 司法实践中，当事人总是提交或认定对自己有利的证据，隐匿或否认对自己不利的证据，并试图重构一个于己有利而于他人不利的案件事实。也就是说，即使证据是真实的，也不一定能够揭示案件的真相。

为探究案件的解决思路，方法只有两个：一是从当事人的各种证据中寻找线索，梳理案件事实，复原案件真相；二是收集裁判文书和文献资料，了解吸收现有的裁判规则和法理基础，借鉴他人的司法经验，选择最为契合的法律适用。

通过收集整理归纳最高人民法院和东北、西北、西南、华南、长三角法院的多份判决书和论文后，笔者对融资性买卖的背景、基本模式和主要特征有了清晰的认识，也掌握了司法实务中对此类合同性质和效力认定的演变脉络。

融资性买卖基本模式是，由拥有资金优势或贷款渠道的企业作为托盘方，分别与买卖双方签订采购合同、销售合同，从需要融资借款的钢贸企业处购买钢材并支付货款，但货物一般仍存放在第三方仓库内并不交付转移，一段时间后（通常是三个月），钢贸企业自己或通过其关联公司、合作企业加付一定的佣金或者息费再从托盘公司处另行买回钢材，托盘公司实质上充当了钢贸企业的"影子银行"。融资性买卖的基本类型大致可分为两种：资金空转型和代垫资金型。[②]

[①] 参见梁慧星：《裁判的方法》，法律出版社2005年版，第9页。
[②] 王富博：《企业间融资性买卖的认定与责任裁量》，载《人民司法·应用》2015年第13期。

由于真实交易目的隐蔽、外在交易形式与内在意思不一致，加之交易环节众多，审判实务中难以认定此类纠纷的性质，在法律效力及责任裁量上各异。司法实务中，对融资性贸易合同的性质和效力认定有三个阶段的演变。第一阶段：严格地实质审查合同性质属买卖合同还是企业间借款合同，一旦认定为借款合同，则按名为买卖实为借贷处理，通常认为企业间违反国家规定办理借贷或者变相借贷，依据《合同法》第52条以合法形式掩盖非法目的为由，认定借款合同无效。第二阶段：基于对当事人意思的尊重，严格限制认定合同无效。将融资性贸易合同认定为买卖合同的标准放宽；即使被认定企业间借款合同的，也不必然无效，而是有条件地承认有效。第三阶段：不轻易否定当事人的真实意思。对于融资性贸易特别是托盘贸易的合同性质以认定为买卖合同有效为常态，即使融资性贸易被认定为企业间借贷的，一般也认定借贷合同有效。①

（三）提炼总结司法经验加以完善

本案法律关系复杂，证据多如乱麻，本着"不畏浮云遮望眼"的想法，笔者耐心细致地审查各项证据。由于各方当事人对本案法律关系的性质存在巨大分歧，而这又是认定法律责任的关键和基础，因此笔者在厘清事实的基础上，加强说理部分，着重分析请求权的性质，对比了民间借贷与买卖合同的差异，并采用大量的篇幅进行逻辑分析。

本案中因货物在仓储期间被案外人私自出质，故货权是否转移及风险由谁承担至关重要，而这些必然受本案基础法律关系的影响，故需考量当事人的真实意思以判定真实法律关系是买卖还是借贷。笔者认为，可借由以下几方面因素判断：（1）合同实质内容；（2）有无真实的货物流转；（3）是否封闭式循环交易。经审查发现：

1. 合同实质内容与买卖合同不符。《代理采购合同》第3条约定代理费的计算方法与用资时间长短挂钩，中江公司的收益与其垫资时间成正比，按固定的月利率计算，这与买卖合同的计价方式不同，而是借款合同的结算方式；此外合同多处约定显示所有垫资风险基本均由商杰公司承担，包括非因中江公司原因致使中江公司违约，商杰公司亦不得拒绝付款，且需赔偿中江公司损失。可见，中江公司为中杭公司与商杰公司之间的钢材交易仅承担垫资的义务，到期收回垫付资金及利润的权利，虽然其与商杰公司、中杭公司

---

① 杨艳：《托盘贸易之法律问题解析》，载《法制与社会》2018年第16期。

分别签订有《代理采购合同》和《工矿产品采购合同》，但不承担两份合同中买方和卖方的权利义务。钢材被质押后，中江公司与商杰公司签订《委托协议》约定货权转移手续已经办理，商杰公司不得向中江公司主张任何权利，实质上延续并重申了《代理采购合同》中风险均由商杰公司承担的约定。

2. 没有真实的货物流转。(1)商杰公司与坤阳公司也签订有《物资储存协议书》，并曾实际转款。(2)坤阳公司实际控制人许某某称：商杰公司法定代表人朱某某称其受中杭公司安排成立商杰公司，负责销售钢材，并为中杭公司融资贷款；后朱某某代表中杭公司进货4000吨钢材，经协商由坤阳公司虚构成6000吨，并以该钢材向中江公司融资；坤阳公司按照朱某某要求开具物资入库验收单给中江公司；中杭公司的货运单据是朱某某根据坤阳公司许某某提供的收货明细填写，虚高成6000吨。(3)商杰公司认可通过与坤阳公司的关系将钢材由4000吨虚构成6000吨。(4)《代理采购合同》中约定"以乙方名义进行运输和仓储"，这意味着可能并非由中江公司实际实施运输和仓储。笔者认为，上述证据结合商杰公司陈述本案是为商杰公司和中杭公司融资，明博所陈述有货系为规避国资委规定，中江公司在验货中未发现货物严重短缺、对进货数量并不关心，对三方间的融资关系知晓且默认，商杰公司与中杭公司有密切关联，商杰公司与中江公司签订《委托协议》认可货权已转移至商杰公司等情形，可以认定该批货物一直存放在坤阳公司仓库，未曾流转，并由商杰公司控制，本案系虚假走货，中江公司关于本案系走单、走票、不走货的资金空转型融资、钢材一直由商杰公司控制的主张，具有高度盖然性。

3. 本案系封闭式循环交易。通过对比三家公司案涉货款及定金支付的转账记录，无论金额还是时间均高度吻合，可以认定，商杰公司向中江公司支付钢材定金及货款的4笔资金全部来源于中杭公司，案涉资金在三家公司间封闭式循环流动。三方之间通过循环采购的方式完成名义上钢材采购，实际上是钢贸融资，从借到还的一系列资金走向。在其他多起案件中，商杰公司与中杭公司之间的钢材流向与本案恰好相反。

本案法律关系应定性为买卖还是借贷，笔者并没有盲从司法实践的最新观点，而是进行了深入的思考。首先，案涉大额融资发生在2012年，之所以采用买卖方式，应系为规避当时金融法律法规及政策对于企业间借贷牟利的禁止性规定，这在部分当事人陈述中亦可体现。前述关于各环节的风险均由商杰公司承担的约定貌似显失公平，商杰公司之所以接受并作出承诺，其根源在于双方对融资借款的实质均心知肚明，亦系中江公司为维护自己作为出借人利益的手段。当事人的真实意图是通过委托采购钢材的方式实现融资借款而并非买卖或代理，走货只是为了规避法律或政策，故法律关系性质应为企业间借贷，且未违反法律法规的强制性规定，当属有效。其次，考察司法实践中界定为买卖合同的案例，笔者认为，其原因：一是尊重当事人的表象意思，二是出于为避免出现企业间借贷因违反禁止性规定而无效的考量，尽可能维护交易稳定与安全，故认定为买卖合同可能更符合鼓励交易、实现实体公正的法律精神。但本案买卖合同只是为掩盖借贷行为的伪装手段，且认定为企业间借贷也并无违反禁止性规定而无效的障碍，故应尊重当事人真实意思认定隐藏行为实为借贷。

本案法律关系明确后，法律责任也就一目了然。本案名为买卖合同实为借贷，当事人对货物及货物所有权转移的约定只是为了维系买卖合同外观而设定的虚假表象，货物及货物所有权并不必然发生实际流转。故而货物在仓储期间被案外人私自出质的风险应由商杰公司承担。最后再分析认定受托人怠于履行受托义务的法律责任，也自然是水到渠成。

本案的认识过程无疑是艰辛的，笔者收集学习的各类资料可装订成一本书，再审申请审查报告起草了5万余字，合议庭合议了整整一天，方决定提起再审，进入审理阶段后，合议庭反复研究讨论，方得以抽丝剥茧，去伪存真。本案的审理过程充满着压力，本案系笔者所在法院近三年来依当事人申请提起再审改判标的额最大的案件，无论是分管领导还是合议庭都始终秉持着慎重、严谨和公正的理念。同时，本案的结果也是令人欣慰的，再审判决书注重辨法析理、定分止争，尽管作了颠覆性改判，但接受不利后果的被申请人明博所仍明确表示"判决书仔细看了几遍，文书质量非常高，心服口服"，本案取得了三个效果的有机统一，也取得了"辨法析理，胜败皆服"的实质性进步。

（贾庆霞，安徽省高级人民法院法官）

三、专家评析

"裁判文书是法官最好的名片。"裁判文书质量高低，不仅关乎法官荣誉，更关乎裁判公信、司法权威、社会公平和正义。本篇裁判文书展现出诸多优秀裁判文书的品质，被最高人民法院评为第四届全国法院"百篇优秀裁判文书"。

裁判文书应实现正义，作为连接法官认定事实与适用法律的桥梁，裁判文书还应让人们看到正义是如何实现的。本篇裁判文书聚焦融资性贸易合同性质和效力认定、通谋虚伪行为的认定和处理、融资性贸易中通谋虚伪行为的法律适用分析、受托人怠于履行受托义务的法律责任分析等，对合同实质内容与买卖合同不符，没有真实的货物流转、封闭式循环交易的较为常见的商事案件进行了精心研判，可谓事理明晰、法理透彻、文理信达。

本案事实复杂、证据较多，但裁判文书并未对证据进行简单罗列或逐一机械分析，而是围绕争议焦点，用精练的语言对证据进行了分类归纳式的总结，条理清晰、内容紧凑。这也使说理更具针对性，理由更翔实，逻辑更缜密。

优秀的裁判文书，必然实现政治效果、法律效果和社会效果的统一。本案系名为买卖合同实为民间借贷法律关系的案件。背景虽是因原材料价格出现大幅波动而产生的钢贸危机，但在社会经济生活中，企业为解决融资问题，"影子银行"为挣脱利率保护上限的约束，往往通过买卖、联营、存单、票据、委托理财、工程垫款、典当交易等形式开展实质上的借贷业务，故同类案件大量存在，正确处理意义重大。本案虽具有风险高、数额大、真实交易目的隐蔽强等特征，政策性强，处理难度大，但审判结果令人信服，既解决了专业法律问题，确立了可资参考的裁判规则，也服务了法治化营商环境。

司法的生命在于经验，每一篇优秀的裁判文书背后，无不凝聚着司法经验的累积和升华。本篇裁判文书可为他山之石，是法官深厚的司法功底的展示。

根据本案裁判文书撰写的案例分析也同样出彩，获得了2021年度全国法院系统优秀案例分析一等奖，刊载在一等奖专辑的第一篇。

（点评人：张红生，安徽省高级人民法院立案二庭庭长，安徽省审判业务专家）

（2019）皖民再 111 号裁判文书原文

29. 吴某与北京爱奇艺科技有限公司网络服务合同纠纷案*

【关键词】

格式条款　单方变更　合同解释

【裁判要旨】

网络服务平台基于用户需求、技术发展、商业运营等因素，适时调整服务内容、更新服务模式，具有行业必要性和现实合理性，故其以格式条款的方式约定单方变更条款并非当然无效。但是单方变更权的行使应当受到公平原则的制约，不能损害用户合法权益。网络服务平台单方变更合同条款，不当克减了用户的主要权利，使用户体验远远低于预期，实质性损害了用户合法权益，用户主张不发生变更合同的效力，人民法院应予支持。

在于己不利、被动适用的合同条款中，合同相对方"真实意思表示"的"同意"，必须是积极的、明确的、可以被共同认知的具体行为或者具体表达。所谓用户"使用视为同意"，因缺乏实质公正，不能视为双方协商一致的变更。

一、简要案情

吴某在2019年6月19日购买爱奇艺黄金VIP会员服务，在使用黄金VIP会员观看爱奇艺自制热播剧《庆余年》时，发现剧前仍然需要观看"会员专属广告"，须点击"跳过"方可继续观影，并非北京爱奇艺科技有限公司（以下简称爱奇艺公司）所承诺的"免广告、自动跳过片头广告"的会员特权；同时，爱奇艺公司在VIP会员享有的"热剧抢先看"权利的基础上，以单集支付3元的方式，为愿意缴费的VIP会员，提供了在VIP会员原有观影权之上，得以提前观看该影视剧剧集的机会。此外，吴某发现，"VIP会员协

---

* （2020）京0491民初3106号。

议"内容已经被爱奇艺公司单方面更改,在 2019 年 12 月 8 日的 VIP 会员协议中增加"付费超前点播"条款,条款写明"如协议发生变更,但您不同意变更的内容的,您有权选择停止使用 VIP 会员服务。如您在变更后的协议生效后仍继续使用 VIP 会员服务的,则视为您已经同意变更的全部内容",会员协议同时约定"服务费用在您支付完成后,不可转让,且不予退还(如因 VIP 服务存在重大瑕疵导致您完全无法使用等除外)"。

吴某认为,"付费超前点播"服务模式违约,变相侵害其"热剧抢先看"黄金 VIP 会员权益。"VIP 会员协议"存在多处违反《合同法》的格式条款,应属无效。故诉至法院,请求确认更新于 2019 年 12 月 18 日的"VIP 会员协议"中"付费超前点播"等条款或无效或未发生效力。请求判令爱奇艺平台自动跳过包括前贴片广告在内的所有广告内容,并取消超前点播功能,向吴某提前供应包括《庆余年》在内的所有卫视热播电视剧、爱奇艺自制剧,判令爱奇艺公司赔偿吴某公证费损失等。

本案的争议焦点为:(1)"涉案 VIP 会员协议"相关格式条款的效力;(2)爱奇艺公司单方变更合同提供"付费超前点播"服务是否构成对其约定义务的违反。

二、撰写心得

以人为本,是司法的价值所在。

2020 年 6 月 2 日下午,经过三个小时的庭审,在进行了三次庭前会议的基础上,原告吴某与被告爱奇艺公司网络服务合同纠纷案件,法槌落下,案件宣判。

在宣判后十分钟左右,案件相关内容就冲上热搜第一,已达到 5.5 亿次的话题量,最高人民法院公众号超过 10 万+的阅读量,中央电视台直播庭审现场,在互联网上观看的人数超过 2100 万人次。毋庸置疑,这是北京互联网法院审理的又一起高关注度的案件。

互联网技术的大发展,打破了地域界线,不断满足人们的差异化需求,不断解构出新的行为方式、社会形态和产业模式,从而进一步影响人们的生产生活,深刻改变我们所处的世界。在相互影响、互为作用的过程中,用户至上成为价值导向,从某种程度上说,互联网产业正是遵循了这一导向,才赢得了蓬勃发展。

以人为本,不断让人民群众有幸福感、满足感和安全感,符合互联网行业特点，也是司法的价值所在。在整个案件的审理过程中，我们紧紧把握对人的尊重这个核心思想，并以此作为基准，沉入互联网行业场景，从商业模式、平台服务、公众需求、未来发展等多个维度，进行了全面多角度的考量。

具体到本案中，我们遇到了格式条款、单方变更、合同的解释等一系列法律问题，而上述法律问题，又必须沉入场景，放到"一对众"的服务平台模式中，进行多维度衡量。也就是说，互联网审判，是建立在互联网思维之上的法律判断。

遵循这样的裁判方法，我们立足于需求导向，从有益于和不利于两个角度，进行了事实和法律判断。比如，对于超前点播模式，从可能有利于不同用户需求的角度考虑，保持了谦抑司法的态度，给产业发展留空间。同时，如果仔细阅读判决，会看到对损害用户利益的一系列否定性评价，比如：否定了格式条款的不当适用，对"卫视热播剧""优质自制剧"的理解，对"六千多字加下划线、三千多字不加下划线"提示方式的否定，在服务过程中对技术选择性适用的否定等。当然，案件中还涉及合同可否单方变更、"超前点播"模式是否违反合同约定等大家关注的法律问题。

遵循这样的裁判方法，我们认为，作为满足社会公众多元观影需求的网络服务平台，根据用户需求、技术发展、商业运营等因素，适时调整服务内容、更新服务模式，有行业必要性和现实合理性。所以，在这个案件中，我们认可了爱奇艺公司有以格式条款的方式约定单方变更条款的权利，但是又强调单方变更协议条款的适用，必须受到合同法公平原则的制约，以不损害用户利益为前提。

以裁判树规则。案件的裁判对于如何妥当以"公平原则"规范格式条款的运用具有标杆意义，对于网络服务平台经营者制定和提供格式条款起到了规范指引作用，确立了合同保留变更权的行使不得违反公平原则的裁判规则，具有很高的学术价值。对同类案件的审理具有规则引领和价值导向功能，具有很强的示范意义。以规则促治理。北京互联网法院借助本案，对涉众服务合同纠纷的妥善化解路径进行了有益尝试，通过向行政主管部门发送司法建议的方式，推动了相关部门对"付费超前点播"模式的整顿，促使相关平台加强自律。以治理助发展。本案之所以备受关注，原因在于：一方面，公众在案件审理的过程中通过法院的庭审直播和判决书的公布，"围观了"特定用户维护自己看似"细微"权益的历程，不仅是看了"热闹"，也收获了"启蒙"，认识到用户的合法权益无论多小都将受到法律的关注和保护；另一方面，网络服务平台的经营者也应当通过本案的审理意识到，在探索新型商业模式的进程中必须遵循公平原则、尊重用户感受、遵守法律规定。本案通过对网络服务平台格式条款有效性的审查，起到了对服务平台行业进行规制的示范效应，对于保障互联网平台行业的健康发展也发挥了无可替代的作用。

本案平衡了互联网产业发展与用户权益保护的关系，弘扬了公正诚信的社会主义核心价值观，为数字经济高质量发展提供了高水平司法保障，被最高人民法院评为2020年全国十大商事案件，写入十三届全国人民代表大会第四次会议上最高人民法院所作的工作报告中。

我们希望服务平台能够借鉴这个案例，从满足用户需求和提升用户体验的角度，妥当制定和正确适用格式条款。因为只有遵循这个价值导向，服务平台才能健康和长远地发展。我们特别反对反向适用本案中确立的规则，希望这项权利给用户带来福利的提升，而不是成为网络平台规避法律、损害用户权益的借口。

习近平总书记指出，"不断增强人民群众的获得感、幸福感、安全感"①，"以良法善治保障新业态新模式健康发展"②，"引导全体人民做社会主义法治的忠实崇尚者、自觉遵守者、坚定捍卫者，使尊法、信法、守法、用法、护法成为全体人民的共同追求"③。我们希望通过判决，树立规则，促进发展，满足需求。我们希望社会能够尊重裁判树立的规则，人人遵法，人人守法，用共同的自觉，将法律精神浸润至互联网发展的全过程、各方面，推动网络空间治理法治化，让我们能够生活在清朗有序的网络环境中。

宣判当晚，合议庭法官在工作群里说：参加"超前点播"案的整个审理，深刻体会到，只有站在行业的角度才能去规范行业，只有站在规则的高度才能制定出规则，只有站在治理的维度才能推动网络空间治理的法治化。

对此，我们深以为然。

（张雯，北京互联网法院法官）

---

① 习近平：《顺应时代潮流实现共同发展》，载《人民日报》2018年7月26日，第2版。
② 《习近平在中央全面依法治国工作会议上强调 坚定不移走中国特色社会主义法治道路 为全面建设社会主义现代化国家提供有力法治保障》，载《人民日报》2020年11月18日，第1版。
③ 《高举中国特色社会主义伟大旗帜 为全面建设社会主义现代化国家而团结奋斗——在中国共产党第二十次全国代表大会上的报告（2022年10月16日）》，载《人民日报》2022年10月26日，第1版。

三、专家评析

本案涉及网络服务平台经营者创新商业模式的合规性问题。案件的裁判对于如何妥当以"公平原则"规范格式条款的运用具有标杆意义，对于网络服务平台经营者制定和提供格式条款起到了规范指引作用，有力维护了网络用户的合法权益。

在本案审理过程中，法院巧妙运用合同法的既有规则来应对和解决互联网时代商业模式创新引发的新争议。实践中，网络服务平台经营者往往利用格式条款提供方的优势地位，在用户"点击即同意"的格式合同中为自己设置可以单方变更合同的权利。就此类条款的效力，有观点认为，应当认定无效，原因在于不能赋予网络服务平台经营者单方变更合同的权利，这会危及不特定用户的合法权益，损害社会公共利益；另有观点认为，不能一概而论，应当根据网络服务平台经营者单方变更后的条款内容，进行具体判断。相较而论，后一种观点更为稳妥恰当。在本案审理的过程中，法院立足协调兼顾互联网产业的未来发展与用户权益的妥当保护，在尊重网络服务平台经营者创新商业模式的基础上，一方面认可本案被告通过格式条款为自己设置单方变更权条款的效力；另一方面又强调单方变更权的行使必须受到公平原则的制约，必须建立在不损害用户合法权益的基础上。如果单方变更权行使后形成的合同条款，不当地克减了用户的主要权利，就应当认定此类合同条款损害社会公共利益，属于无效。

本案之所以备受关注，原因在于：一方面，公众在案件审理的过程中通过法院的庭审直播和判决书的公布，"围观了"特定用户维护自己看似"细微"权益的历程，不仅是看了"热闹"，也收获了"启蒙"，认识到用户的合法权益无论多小都将受到法律的关注和保护；另一方面，网络服务平台的经营者也应当通过本案的审理意识到在探索新型商业模式的进程中必须遵循公平原则、尊重用户感受、遵守法律规定。本案通过对网络服务平台格式条款有效性的审查，起到了对服务平台行业进行规制的示范效应，对于保障互联网平台行业的健康发展也发挥了无可替代的作用。

特别值得一提的是，北京互联网法院借助本案，对涉众服务合同纠纷的妥善化解路径进行了有益尝试。基于网络服务平台"一对众"的特有产业模式，一审判决生效后，北京互联网法院及时向北京市市场监督管理局发送了司法建议。北京市市场监督管理局以行政监管方式督促被告对其他存在类似情况的用户进行补偿,有效化解纠纷,避免了大量产生同类诉讼,借助"府院联动"的方式,本案判决的示范效应也会得到进一步扩大。这一做法,值得推广。

(点评人:王轶,中国人民大学教授)

(2020)京0491民初3106号裁判文书原文

第九节 其他合同

30. 力诺集团股份有限公司与山东派思新能源发展有限公司合同纠纷案*

【关键词】

约定解除　绿色原则

【裁判要旨】

双方当事人签订合同约定，一方逾期付款超过 5 个月，另一方即有权解除合同。虽然一方拖欠款项超过 5 个月，但涉案设备投资额巨大，设计运行周期为 20 年，且设备均已安装到位，仅差最后的整体验收及并网发电，使用方表示可以继续使用设备且提供方亦表示设备可以运行的情况下，解除双方之间合同既与双方当时签订合同所追求的效果和目的相悖，亦有违《民法典》"绿色原则"倡导的节约资源、避免资源浪费原则，对资源造成极大的不合理浪费。人民法院结合合同履行情况、合同目的能否实现以及资源的有效利用等情形综合考量，对守约方的合同解除权应予以限制。

一、简要案情

原告山东派思新能源发展有限公司（以下简称派思公司）以力诺集团股份有限公司（以下简称力诺公司）为被告向人民法院提起诉讼，请求：(1) 解除《力诺集团股份有限公司天然气分布式能源站供能服务合同》（以下简称《服务合同》）；(2) 力诺公司支付派思公司截至合同解除之日全部投资费用净值 79 119 830.97 元；(3) 力诺公司支付派思公司自 2019 年 5 月 15 日至 2020 年 3 月 27 日拖欠的供能款及最低负荷补偿款共计 17 189 920.65 元、违约金 2 443 890.55 元及后续违约金。

法院经审理查明，力诺公司与派思公司签订《服务合同》，约定由派思公

---

*（2021）鲁民终 340 号。

司投资建设能源站，为力诺公司提供供能服务，能源站包括燃气发电机组、余热锅炉、燃气蒸汽锅炉及相关配套设施设备等的供能设施。后双方履行合同过程中因验收及使用发生争议。对于未能并网发电的责任，力诺公司主张涉案设备运行成本过高，派思公司不愿启动设备，且派思公司不到场，力诺公司无法通知施工单位及人员到场办理并网事宜。派思公司主张系因力诺公司用电负荷过低，从而不愿继续履行合同办理并网，且办理并网时力诺公司不到场。经现场勘验，涉案设备目前处于闲置关闭状态，双方均认可涉案设备未经过最终的验收，必须经过试运行才能整体验收。派思公司表示，设备启动需要输入密码，密码由派思公司掌握，设备本身运行没有问题，并网发电需要双方都到场，验收后就可以运行。力诺公司表示，派思公司如能将设备开起来，力诺公司可以继续使用该设备。力诺公司现用电系从国家电网购买，经到历城供电公司核查，力诺公司及其关联公司山东力诺太阳能电力股份有限公司2018年的用电量分别为8 058 437KWh、18 996 000KWh，2019年用电量分别为18 138 308KWh、16 296 840KWh，2020年用电量分别为25 075 425KWh、5 104 200KWh，上述两公司均位于力诺科技园南区。

本案争议焦点为涉案《服务合同》应否予以解除，涉案能源站未能最终并网发电的原因及责任如何划分。

山东省济南市中级人民法院于2020年11月4日作出（2020）鲁01民初1091号民事判决：一、本案所涉的《服务合同》于2020年4月20日解除；二、力诺公司于判决生效之日起十日内支付派思公司投资本金5912万元及投资财务成本7 094 400元；三、力诺公司于判决生效之日起十日内支付派思公司供能款、最低负荷补偿款5 735 155.22元及违约金；四、力诺公司履行判决第二项确定的判决义务后，本案所涉的能源站属于力诺公司所有；五、驳回派思公司其他诉讼请求。

宣判后，力诺公司、派思公司均提出上诉。山东省高级人民法院二审认为，虽然《服务合同》约定了力诺公司逾期交纳供能费用超过5个月派思公司即有权解除合同，但涉案《服务合同》应否予以解除，还应当结合本案合同履行情况、合同目的能否实现以及资源的有效利用等情形予以综合考量。根据《服务合同》约定，力诺公司、派思公司共同负责完成能源站的报批、整体验收等工作，均有义务召集供电公司要求的各方到场以完成最终的并网发电，而对于是否积极履行了召集义务，两公司均未提交证据证明。考虑到相关设备厂家均系派思公司具体联系，故未能召集各方到场进行并网发电的责任主要在派思公司一方。在涉案设备均已安装到位,仅差最后的整体验收及并网发电,力诺公司表示可以继续使用设备且派思公司亦表示在设备可以运行的情况下,解除双方之间的《服务合同》既与双方当时签订合同所追求的效果和目的相悖,亦有违《民法典》"绿色原则"倡导的节约资源、避免资源浪费原则,导致的结果是涉案设备甚至都未正式启用运行,就因纠纷而闲置弃用,无疑会造成资源的巨大浪费。

2021年4月22日,山东省高级人民法院作出(2021)鲁民终340号民事判决:一、维持山东省济南市中级人民法院(2020)鲁01民初1091号民事判决第三项;二、撤销山东省济南市中级人民法院(2020)鲁01民初1091号民事判决第一、四、五项;三、变更山东省济南市中级人民法院(2020)鲁01民初1091号民事判决第二项为"力诺公司于判决生效之日起十日内支付派思公司投资财务成本7 094 400元";四、驳回派思的其他诉讼请求。

二、撰写心得

本案例的新颖性和争议焦点在于:对于当事人基于合同约定所获得的合同解除权,其行使是否受到"绿色原则"的限制,在适用时又该如何根据合同的履行情况、违约程度以及对合同目的的影响来平衡该原则与私人自治之间的矛盾。

(一)"绿色原则"的性质

关于"绿色原则"的性质有不同的观点:(1)宣示性原则:"绿色原则"仅具有道德意义上的价值,是一种绿色环保理念的宣示。(2)隶属性原则:绿色原则隶属于公序良俗原则,作为公序良俗的一种类型。绿色原则的内涵完全可以融入公序良俗原则之中,即公共秩序与善良风俗的内涵应该包括节约资源,爱护环境等绿色内容。(3)独立性原则:绿色原则是独立的民法基本原则,但属于限制性基本原则。绿色原则的规定,同诚信原则、公序良俗原则一样,从不同角度对民事主体提出了不同的限制性要求。第一种观点认为原则一般不发生裁判效力,仅对民事主体的行为起到鼓励、导向作用;而后两种观点相比第一种观点具有的共性即为,都承认绿色原则是一种限制性基本原则,因此可以在司法裁判中作为直接的法律依据发生裁判效力。但是在适用的主动性上则明显具有程度上的区别,笔者认为独立性原则才是"绿色原则"的准确定性,否则不会在《民法典》总则编以单独的法律条文予以呈现,并在分编中也多有体现。之所以要讨论其性质,是为正本清源,进一步肯定"绿色原则"在司法实践中适用的合理性和必要性,明确法官在分析具体问题时必不可少的价值判断依据。

(二)"绿色原则"中"资源"的内涵

"绿色原则"的完整表述为"民事主体从事民事活动,应当有利于节约资源、保护生态环境"。其中的"资源"应作何种解释,目前法律并无明文规定。一种观点认为,"绿色原则"中的"资源"应作狭义理解,其内涵是建立在保护生态环境的基础上的,仅包括能源、森林等自然资源;另一种观点认为,"资源"应作广义理解,其不仅包括自然资源,还包括工业设施、人力资源、司法资源等经济性、社会性的资源。笔者认为,应当采取后一种观点,原因有二,一是前一种观点会使"绿色原则"的内涵大大限缩,在司法实践中往往只能起到价值宣示的作用,属于片面理解"节约资源"的内涵,实为对"绿色原则"实质内涵的误解;二是通过《民法典》的体系解释来理解"绿色原则"中"资源的内涵",亦取后一种观点为宜,《民法典》第558条规定:"债权债务终止后,当事人应当遵循诚信等原则,根据交易习惯履行通知、协助、保密、旧物回收等义务。"其中"旧物回收"的表述为新增,被普遍视为"绿色原则"在《民法典》分编中的具体体现。若是采取前一种观点的理解,认为"资源"仅限于自然资源,那么旧物回收的资源节约效用就无法和"绿色原则"有精确的价值对应关系,形成价值层面上的断层。采取后一种观点,涉案的2台燃气发电机组、2台余热蒸汽锅炉、2台燃气蒸汽锅炉等配套设施建设,属于人工设施,自然属于"资源"之列。

(三)本案裁判文书的撰写思路

本案的二审判决综合考虑了合同履行情况、合同目的和资源节约来评价合同是否应当依照当事人约定解除。涉案设备投资额巨大,且设计运行周期为20年,并且已经安装完成、验收合格,而且双方在此之前一直持合作的态度,若是双方继续履行合同,设备的启用成本非常低,能够为双方带来应有的期待性利益。但如果解除合同极有可能会使涉案设备闲置,造成极大的资源浪费,这显然超出了合理的限度,应当予以限制。

具体而言,派思公司为国有控股企业,力诺公司为民营企业,双方合作的模式是派思公司负责购买、安装并运行、维护设备,力诺公司解决供能需求并按照用能数量及合同约定支付供能款项,也即双方实际系一种购买供能服务关系而非设备买卖关系。派思公司为能源站及配套设施建设,投入了大量资金,该套设备位于力诺公司园区内,占用力诺公司土地,设备目前已经安装完毕,也经过了相应的阶段验收,只差最后进行正式的并网发电和最终的整体验收。本案中,力诺公司的主要违约行为是拖欠供能款,本案亦是派思公司以力诺公司不按约支付供能款为由提起诉讼，请求解除《服务合同》。但从双方合同履行情况来看，该违约行为并不足以导致双方合同目的不能实现。如按一审判决内容，合同解除，设备归力诺公司所有，则力诺公司需要自行运行、维护涉案设备，这还是需要建立在涉案设备整体验收合格且能够正常运行使用的前提下，而力诺公司作为民营企业，燃气发电供能并非其经营领域，亦缺少该领域的专业人才，判决由其承接涉案设备并自行运营，无疑会大大增加该公司的人力、物力、财务负担，如最终设备弃用，则会造成更大的经济损失。涉案设备设计的首期供能服务期限为二十年，可见涉案设备具备长期运行的条件，因此，尽管双方因合同履行发生纠纷，但在涉案设备均已安装到位，力诺公司表示可以继续使用设备且派思公司亦表示设备可以运行的情况下，解除双方之间的《服务合同》既与双方当时签订合同所追求的效果和目的相悖，亦有违《民法典》"绿色原则"倡导的节约资源、避免资源浪费原则，导致的结果是涉案设备甚至都未正式启用运行，就因纠纷而闲置弃用，无疑会造成资源的巨大浪费，使力诺公司背负巨大的经济负担，亦与当前国家服务保障民营经济发展的方针政策背道而驰。本案的裁判结果，旨在督促两公司严格守信积极履约，使涉案设备能够发挥其应有之效能，既能降低成本解决力诺公司的供能需求，又能为派思公司带来预定的经济收入，在防止国有资产闲置浪费的同时，也为民营企业的健康发展解除了后顾之忧。

（张亮，山东省高级人民法院法官）

三、专家评析

2017年颁布的《民法总则》第9条规定："民事主体从事民事活动，应当有利于节约资源、保护生态环境。"被称为"绿色原则"。2021年颁布的《民法典》总则编中完全吸纳和承继了该条的内容，确立了"绿色原则"在民法典时代重要民法原则之一的地位。传统民法的平等、自愿、诚信等原则，体现的是个人本位，突出私益性；而"绿色原则"是从社会本位出发，兼顾的是公私利益，这是民法典"绿色原则"不同于其他民事原则的显著特点。"绿色原则"写入民法典，开创了世界民事立法之先河，为世界生态文明建设提供了中国方案，具有鲜明的中国特色、实践特色、时代特色。"绿色原则"统领民法典各绿色条款，以合同、物权、侵权规则的重构为重点，形成"绿色原则+绿色规则"的完整规范体系。绿色合同规则明确了合同履行的环境资源保护义务，对合同意思自治进行必要的绿色限制；绿色物权制度由单纯考量自然资源的经济价值转向经济价值、生态价值保护并重；绿色侵权责任确立了惩罚性赔偿制度以及私益诉讼与公益诉讼并行的双重保护机制。

民法典"绿色原则"主要体现在合同编、物权编、侵权责任编等具体规则之中，在司法实践中已经得到广泛的适用，主要表现在三类案件中：合同纠纷中合同的效力认定、物权纠纷中的绿色保护以及侵权纠纷中责任的承担等。目前存在各地适用事由不同、标准不一的问题。比如合同纠纷，如何既尊重契约自由，又要对意思自治进行必要的绿色限制，这考验法官价值判断和法律适用能力。司法实践中，要根据案件的基本事实，综合考虑环境保护、资源节约利用等因素，在充分说理的前提下，积极适用"绿色原则"，使其发挥应有之效。也即"绿色原则"的法律适用是否得当，关键在于司法适用时其裁判说理是否全面、论证是否有力、价值取向是否符合"绿色原则"的实质内涵。

本案的新颖性和争议焦点在于对于当事人基于合同约定所获得的合同解除权，其行使是否受到"绿色原则"的限制，在适用时又该如何平衡该原则与私人自治之间的矛盾。对此，二审法官一方面，通过现场勘验，实地了解涉案设备现状，并邀请各方当事人到场就设备争议问题当面沟通对质，最终双方均认可设备本身运行没有问题，验收后就可以运行并网发电，力诺公司亦表示可以继续使用该设备。另一方面，针对派思公司关于力诺公司因用电负荷过低从而不愿继续履行合同办理并网的主张，二审法官又到历城供电公司调取力诺公司用电数据，从而证实力诺公司的年用电量足以支撑双方约定的最低用电负荷。上述关键事实固定后，二审法官紧紧围绕"绿色原则"的实质内涵，综合考虑本案合同履行情况、合同目的和资源节约的必要性及可行性等因素，进行了层次分明、论据充分、价值导向明确的说理论证。最终的裁判结果既让双方当事人心悦诚服继续合作，又避免了资源的巨大浪费，实现了法律效果与社会效果的有机统一，是司法实践中准确适用"绿色原则"作出裁判的典型案例。

（点评人：崔勇，山东省高级人民法院审判委员会委员、环境资源审判庭庭长，二级高级法官）

（2021）鲁民终340号裁判文书原文

31. 青海新高度房地产投资有限公司与青海省创业发展孵化器有限公司合同纠纷案*

【关键词】

合作开发房地产合同　合同解除　违约

【裁判要旨】

合同双方在未通过主管部门审批容积率的情况下即签订联建协议，造成项目容积率不明而无法履行联合建设合同，双方均有一定责任。之后双方在履行过程中亦各有问题，最终通过实际行动一致解除了联建协议。对于合同解除双方均有责任，且在解除合同时并未提出违约的问题，互不承担违约责任。

一、简要案情

本案是一起因合作开发房地产无法继续履行引起的合同纠纷。案件审理期间发回重审一次，本案关键在于案由的确定及哪一方违约导致合同目的不能实现。原一审两次审理均确定青海省创业发展孵化器有限公司（以下简称创业发展公司）违约，并先后判决承担 500 万和 1000 万元违约金。在司法实务中，判断某一违约行为是否属于合同目的不能实现，尚需根据违约的具体形态，通过案件客观因素和规范标准进行斟酌判断。二审中，以案件实际发生时间为脉络，从履约过程角度分析，认定双方在未通过主管部门审批容积率的情况下即签订联建协议，从而对于未约定容积率双方均有一定的责任，之后在履行过程中双方亦各有问题，最终双方解除了联建协议，且并未提出违约的问题。后创业发展公司又向青海新高度房地产投资有限公司（以下简称新高度公司）发起继续协商委托代建等合作事项的新要约，最终判决双方应互不承担违约责任，二审以法析理，取得了良好的社会效果。

---

* （2021）青民终 12 号。

二、撰写心得

本案系经过一审、二审发回重审，再次经过一审、二审审理的案件，且一审被告提出反诉，一审判决后，双方当事人均不服一审判决，提起上诉。本案案情比较繁杂，双方当事人争议的问题较多，提交的证据也多。为准确查明案件事实，准确适用法律进行分析认定，承办法官在反复阅卷及庭审基础上，按照双方当事人提交的证据，依据案件事实及证据制作表格，以清晰明了的表格图解形式，充分反映案件的基本事实及双方争议焦点。制作该表，一方面有助于承办法官在撰写审理报告中作为重要的参考依据；另一方面也为合议庭合议案件时，提供参考。实践中，案件最终形成的判决，一般源于承办法官的审理报告，但裁判文书最终的完成定稿，不仅基于承办法官的审理报告，更多基于合议庭法官在合议中提出的修改意见和建议。因此，笔者认为，一份优秀的裁判文书，不仅代表承办法官个人的成果，更是体现合议庭集体智慧的象征，该荣誉属于合议庭。

一份优秀的裁判文书背后承载的是承办法官及合议庭办理案件中体现案件的公正性及法官们的工作艰辛付出。本案中，为准确分析双方当事人的争议焦点，承办法官以表格、图标形式，为合议庭精准分析认定法律关系及案件事实，提供了参考。同时，合议庭每一位法官也对承办法官的审理报告的说理、逻辑思维，通过讨论提出了较好的合理建议，促进承办法官在最终形成的文书中得以修改和完善。同时，一份优秀的裁判文书，不在于判决书写得长，也不在于案件类型比较典型，而是文书条理清楚、分析到位、认定有法律依据、合同依据、事实依据，缺一不可，且对双方当事人的诉求及对方的抗辩意见，均要做到回复，即认定，让当事人拿到裁判文书，不只是看到裁判的结果，更重要的是从裁判文书的说理，懂得裁判结果的来源依据。此外，一份优秀裁判文书的形成，除了上述之外，文书的外观形式，段落层次都应该清晰明了。

（余慧玲，青海省高级人民法院法官）

三、专家评析

（一）案件争议焦点归纳准确、针对性强

本案案情较为复杂，且当事人争议的问题较多，但判决书完整归纳案件当事人争议的三个方面焦点，从而将案件的审理重点准确地定位在对这三个

焦点问题的解决和认定上。对每个争议的焦点问题，判决书在客观体现双方当事人观点的基础上，有针对性地进行详细而充分的说理和论述。

（二）文书说理论证充分、逻辑严谨

合同的全部意义和终极目的在于履行，然而在合同成立生效后，由于当事人主客观因素得不到履行的状况时有发生。本案就是一起因合作开发房地产无法继续履行，引起的合同纠纷。案件审理期间发回重审一次，审理的关键在于准确确定案由和认定哪一方违约导致合同目的不能实现。本判决充分考量双方当事人均系在未通过主管部门审批容积率的情况下即签订联建协议这一事实，明确造成项目容积率不明而无法履行联合建设合同是本案关键因素，准确认定双方一致解除联建协议，对于合同解除双方均有责任，且在解除合同时当事人并未提出违约的问题，故作出双方应互不承担违约责任的结论，论述以事实为根据，准确认定违约责任大小，逻辑清晰，观点明确，判决有理有据，纠正了一审不当判决。

（三）文书格式规范、内容紧凑

该篇民事裁判文书严格依照判决书规范格式制作，要素齐全，文字表述繁简得当，重点突出、主次分明。二审对上诉人提交的新证据进行了举证、质证、认证，对证据的证明方向结合争议焦点，进行综合分析认定。对双方当事人的诉求及抗辩意见充分回应。对案件的关键争议事实则以另查明部分详尽地予以叙述，使判决内容层次分明。

总之，该篇裁判文书要素齐全，结构完整，条理清晰，繁简得当，逻辑严谨，论理充分，事实认定清楚，适用法律正确，是一篇高质量的裁判文书。

（点评人：朱明忠，青海省高级人民法院审判管理和信息技术处处长、三级高级法官）

（2021）青民终 12 号裁判文书原文

第五章 无因管理

32. 科左中旗某养殖有限公司与刘某1、刘某2、吴某某无因管理纠纷案*

【关键词】

无因管理　善意救助　责任承担

【裁判要旨】

三当事人在雨天发现受伤马匹趴在水泥路旁，因马匹无法站立，采用铲车搬运方式将马匹移动至一当事人家墙外背风背雨处，由该当事人照看喂食。结合雨夜、低温、马匹受伤等客观情况，三人的管理行为符合常识、常理、常情，符合一般人处理自身事务的注意义务，应认定三人的救助行为具有适当性，该移动和照看马匹的行为有利于马匹主人利益，具备有益性。无因管理行为符合社会公德和善良风俗，法律应保护无因管理人不被随意要求承担责任，避免动辄得咎。

一、简要案情

2020年9月9日晚，宝龙山镇宝日罕嘎查村民包某某在村东发现案涉马匹趴在水泥路旁的泥水中无法站立，眼部、腿部有明显血迹。其将案涉马匹的照片发至本村微信群中，后又通过韩某某将视频转给本村养马村民刘某1。部分村民到场后，发现不是自家马匹纷纷离去。刘某1与刘某2、吴某某将案涉马匹用铲车挪到吴某某院墙东侧胡同里照看喂食。因当时下大雨，科左中旗某养殖有限公司法定代表人祁某某找到该马匹后，未采取救治措施，其在2020年9月10日向科左中旗公安局刑警大队报案。经科左中旗公安机关刑侦大队侦查后，作不予立案处理。三日后马匹死亡。案涉马匹为纯血马，鉴定

---

* （2021）内05民终2900号。

机构评估价格为 500 000 元。科左中旗某养殖有限公司要求对马匹进行搬运的刘某 1、刘某 2、吴某某赔偿马匹损失 500 000 元。内蒙古自治区科尔沁左翼中旗人民法院审理后认为，刘某 1、刘某 2、吴某某救助措施不当，用铲车铲活的马很容易造成伤害，也并未对案涉马匹采取其他救助措施，只是将马挪至吴某某院墙外的胡同里，三人在实施无因管理行为时未尽到管理人应尽的注意义务存在过错，应承担 20% 的民事赔偿责任。科左中旗某养殖有限公司法定代表人在找到马匹后亦未采取任何救助措施，且案涉马匹在刘某 1 三人管理时就已经受伤，其应对案涉马匹的死亡损失承担主要责任。判决：刘某 1 与刘某 2、吴某某于判决生效后赔偿科左中旗某养殖有限公司 10 万元（50 万元×20%）。

宣判后，刘某 1 与刘某 2、吴某某提出上诉。内蒙古自治区通辽市中级人民法院审理后认为，刘某 1、刘某 2、吴某某因担心受伤马匹雨夜冻死，用铲车将马匹移动至吴某某家东墙的背风背雨处，由吴某某照看喂食。三人的初衷即为善意救助，且因当时下着大雨，马匹无法站立，靠人工很难把马抬起，故采取铲车搬运方式。三人的管理行为符合常识、常理、常情，符合一般人处理自身事务的注意义务，应认定三人的救助行为具有适当性。结合雨夜、低温、马匹受伤等客观情况，能够认定该移动和照看马匹的行为是有利于马匹主人利益的。另外，在吴某某等人搬运马匹后不久，祁某某即已找到马匹，但未采取任何措施，放任马匹受伤状态直至死亡。综合以上事实，在科左中旗某养殖有限公司未提交充分证据证明案涉马匹死亡原因的情况下，无法认定吴某某等人的救助行为与马匹死亡之间存在法律上的因果关系。判决：一、撤销内蒙古自治区科尔沁左翼中旗人民法院（2021）内 0521 民初 6215 号民事判决；二、驳回科左中旗某养殖有限公司的诉讼请求。

二、撰写心得

本案系涉及无因管理和善良风俗的典型案件。无因管理制度的创设内含道德、经济、法律等多层面的价值考量，是道德入法的典型体现。《民法典》也对见义勇为、救死扶伤等行为在立法上给予充分肯定。因此，在司法实践中，在符合法律规则和规定的前提下，对于符合善良风俗的无因管理行为引起的法律后果应当审慎判断，通过结合社会主义核心价值观，寻求最大限度符合社会公平正义、符合社会公众对司法合理期待的判决。本案承办人在裁判文书的写作上，使用最平实的语言对法律关系进行解析，通俗易懂、直截了当，让说理和裁判结果一目了然。具体到本案细节，从当事人的行为性质、行为特点以及因果关系几个方面进行综合评价和考量。最后，将社会主义核心价值观的指引融入个案裁判，对裁判说理进行整体升华，将法律评价和道德评价有机结合，向社会公众传递正确的价值观。

（一）行为的定性

行为的定性是本案的关键问题。承办人在法律文书的撰写时从法理和法律规定角度去认定行为性质。关于当事人实施的行为是否属于无因管理行为，要考虑以下三个要件：（1）管理他人事务；（2）为避免他人利益受损失；（3）没有法定的或者约定的义务。本案中，吴某某等三人在雨天发现他人马匹受伤无法站立，在无法找到马匹主人且其他人全部径行离去的情况下，用铲车将马匹移动到背风背雨之处，并对马匹进行照看和喂食。三人无法定或约定义务，为了防止马匹冻死出于善意帮助马匹主人，所以三人救助马匹的行为构成无因管理。

（二）结合具体案情，考量吴某某等三人是否尽到了救助义务，是否应当承担侵权责任

这一部分属于本案裁判文书的重点，在言语的表述上，必须做到严谨充实，既要有理论支撑，也要有事实论证。在这一部分写作中，因法律法规对于无因管理的规定较少，承办人更多从法理和社会惯例出发，层层递进地分析案情，作出评价。无因管理人的救助行为应当有其应有的内涵和边界，在保护被管理人权益的同时，又要避免对无因管理人课以过重的保障义务。实践中，管理人尽到处理自己事务的同一注意义务即可。本案中，案涉马匹在寒冷雨夜受伤，伤情较重无法站立，三人基于紧迫的形势，在自身力所能及的范围内给予救助，符合常识、常理、常情，符合一般人处理自身事务的注意义务，应认定为合理的救助行为。因此，在查明案件事实的基础上，认定三人的救助行为在合理限度内尽到了善良管理人的注意义务，马匹的死亡与三人的行为之间不具有法律上的因果关系，进而认定三人不承担马匹死亡的法律责任。

（三）对于社会影响重大的案件，在裁判文书撰写前，法官应当积极能动履职，深入调查，还原案件的真实面貌

考虑到本案在当地群众中意见较大，影响广泛，在案件办理过程中，承办人在充分阅卷的基础上，通过走访公安机关，深入实地沟通、了解等方式，主动探寻案情。承办法官与案件发生时的在场人员进行沟通，了解案情，查

阅当地村民在案发时拍摄的马匹状态视频，以及案件发生时当地村民在微信群中对于吴某某等三人行为录制的视频和评价，更加全面地了解案情，增加内心确认，对裁判文书中事实认定部分起到了积极作用。

（四）在裁判文书的撰写中，应当寻求最大限度符合公平正义、法律目的和社会需求的判决结果

在案件办理过程中，一位证人陈述："我当时虽然在现场，但是我并没有像他们一样去救这匹马，我看到他们帮助别人还得赔10万元，更觉得自己当时没加入他们是对的，以后我也不会多管闲事！"这句话深深触动了承办法官的内心。无因管理行为符合社会公德和善良风俗，只有法律保护善意救助人不被随意地要求承担责任，才能形成相互帮助的良好社会风尚。

在案件办理过程中，承办人也更加深刻地认识到，规则推理只是解决纠纷矛盾的基础，裁判文书还应从价值引导的角度去阐释法律的精神与意义。本案涉及善良风俗，在裁判文书的撰写中，应当寻求最大限度符合公平正义、法律目的和社会需求的判决结果。在认定法律上的因果关系时，应尽可能寻找权利受损者合法权益和善意帮助人救助行为的平衡点，避免因价值取向的偏颇导致案件裁判的不妥当，从而影响公众正确的道德与价值取向。在裁判文书的最后，承办人进行情理法的论述总结，将社会主义核心价值观充分融入说理论证，使司法裁判更大程度符合普通群众的善恶观念，向公众传递一种正能量。

（白丽，内蒙古自治区通辽市中级人民法院法官）

三、专家评析

一份令人信服的裁判文书，离不开法官对案件细节的精雕细琢，对庭审活动的精益求精，以及对法律法规的精准把握。本篇裁判文书准确概括审查查明的事实，清晰展现案件全貌，论理层层递进，层次清晰，释法透彻，用语简洁精练，并在判决中引入社会主义核心价值观，是一篇优秀的裁判文书。

（一）精准概括事实

通过文书内容可以看出，一审法院在查明案件事实时，遗漏了一些关键事实，如马匹被发现时的状态、养殖有限公司发现马匹后的具体行为，这些事实与本案结果具有重大关联，二审的裁判文书在查明事实的基础上，用简洁凝练的语言概括了关键事实。

（二）论理层层递进

本案裁判文书的撰写中，精准直击双方的争议焦点。特别是在无因管理行为的责任承担这一主要争议焦点上，进行递进式论述。从救助行为的适当性、救助结果的有益性、救助行为与马匹死亡之间的因果关系三个方面进行分析说理，阐述透彻，逻辑关系准确，具有较强的说理性。同时，语言平实，对于当事人来说也具有可接受性。

（三）深刻体现社会主义核心价值观

本篇裁判文书在通篇的写作中，以"看得见"的方式展现和谐、友善的社会主义核心价值观，在法律框架内运用社会主义核心价值观进行释法明理，能够促进社会公众形成正确的道德观与价值观，发挥裁判文书的引导作用。

（点评人：李锐，内蒙古自治区通辽市中级人民法院审判管理办公室主任）

（2021）内 05 民终 2900 号裁判文书原文

第六章 劳动争议

33. 张某某与中卫市某某快运有限公司劳动争议纠纷案[*]

【关键词】

事实劳动关系 外卖配送 从属性 稳定性

【裁判要旨】

在外卖配送行业，双方当事人之间是否构成事实劳动关系，应当依据《劳动和社会保障部关于确立劳动关系有关事项的通知》第1条的规定，结合配送员在从事工作中与网络平台或者外包公司之间是否具有从属性和网络平台或者外包公司提供的工作是否具有稳定性两个方面，综合考虑予以认定。

一、简要案情

2021年2月1日，某某快运公司（协议甲方）与张某某（协议乙方）签订《合作协议》，约定：合作为美团外卖平台提供配送服务；甲方负责配送团队的日常组织、管理、质量监控，乙方负责订单配送；配送费标准参照《配送费结算标准》。结算方式为甲方每月20日前统一为乙方结算上月配送费；此协议自甲、乙双方签字后生效，合作有效期至2022年1月12日；工作时间不固定，乙方在接到电脑派送指令后，启动车辆向业务地点进发时，进入工作状态，将货物送达客户后，本次合作履行终止；鉴于美团外卖这一新生事物的特殊性，乙方在非执行配送任务期间，不受本合同约束，发生的损害后果或致第三人损害，由乙方自行负担法律后果，但甲方有协助处理的义务；乙方可以选择甲方提供的现有电瓶车，并每月承担300元或者450元租赁费用，费用由甲方自配送费中扣除；乙方需要保证每月除2天公休（周六、周

---

[*]（2021）宁05民终1403号。

日、节假日不得排休，如强休则双倍计时）外的其他时间全部在岗；签订本协议 15 日内，如乙方单方面终止本协议，乙方须自行承担服装清洗费 50 元，工资减半发放等。同日，张某某办理了从业人员预防性健康体检合格证。同日，张某某交纳领取工装、头盔、餐箱的押金及租车押金共计 1300 元。2021 年 2 月 3 日，张某某驾驶二轮电动车在中卫市沙坡头区香山街北侧某宾馆向东 100 米路段处，与同向前方朱某驾驶二轮电动车左转弯时发生碰撞，造成张某某受伤，车辆不同程度受损的道路交通事故。2021 年 4 月 21 日，张某某向中卫市劳动人事争议仲裁委员会申请仲裁，该仲裁委作出卫劳人仲裁字（2021）264 号仲裁裁决书，裁决：张某某与某某快运公司在 2021 年 2 月 1 日至 13 日存在事实劳动关系。某某快运公司对该裁决不服，遂提起诉讼。

某某快运公司向一审法院起诉，认为外卖骑手是互联网平台经济运营模式下产生的新型就业形态，劳动关系具有新颖性、灵活性、复杂性等特点，运营模式对劳动关系的认定具有重要影响。本案系非传统型劳动用工关系，而是通过互联网平台终端的新型用工模式。原、被告于 2021 年 2 月 1 日签订了《合作协议》，就协议中的内容来看，原、被告之间系劳务关系，而不是劳动关系。被告通过美团 App 向订餐者配送订单，按照原告的要求完成订单配送，原告向被告结算劳务服务费用，双方为雇佣关系，不属于劳动关系。另外，被告获得劳动报酬的多少取决于消费者通过美团软件平台下单后，被告通过"抢单"获得订单，最后的劳动报酬在一定程度上取决于其是否"勤勉"，并不需要原告向其下达任务或派单，反映出双方之间不存在劳动法上的管理与被管理的关系，即使存在一定程度的监管，也是基于行业规范管理的需要。故原告主张其与被告之间存在劳动关系不符合《劳动和社会保障部关于确立劳动关系有关事项的通知》规定的认定劳动关系参照的标准。中卫市劳动人事争议仲裁委员会没有严格审查原、被告之间的合作模式，而简单地认定原被告之间于 2021 年 2 月 1 日至 13 日存在劳动关系，违背了《劳动和社会保障部关于确立劳动关系有关事项的通知》规定的认定劳动关系参照的标准。本案的主要争议焦点为某某快运公司是否具有用工主体资格及张某某与某某快运公司之间是否存在劳动关系。

二、撰写心得

随着现代科学技术的发展和信息逐步数字化，美团等互联网平台运作模式日趋完善，外卖配送已经成为新兴行业被消费者接受，社会公众对外卖配送员这一群体已经形成了固定的职业认知。未来，外卖配送行业将更加多元化，外卖领域还将扩大，外卖网络平台为社会提供大量的工作岗位，与传统劳动关系相比，工作方式更加灵活、更加自由，给予劳动者更多的选择。外卖配送员以互联网平台的名义进行配送工作，外卖配送工作已经不能视为临时性、随意性、自愿性的跑腿业务，而是一种稳定的职业。但是，外卖配送工作者这种新就业形态在维护自身合法权益时，往往因为劳动关系认定方面存在较多问题，配送员与平台之间是否存在劳动关系在审判实践中颇受争议。劳动关系的核心特征为"劳动管理"，即劳动者与用人单位之间具有人格从属性、经济从属性、组织从属性。外卖配送员与网络平台或者外包公司之间的劳动关系特征与传统的劳动关系特征有所不同。在劳动关系认定方面，应从有利于保护劳动者合法权益的角度出发，根据劳动者是否受用人单位的管理、指挥或者监督，劳动者提供的劳务是否为用人单位的业务组成部分，以及从劳动者的工作内容、方式、时间、地点以及劳动报酬等方面综合考虑。

本案中，双方签订的《合作协议》约定了工作时间、工资结算方式、休息时间、工作内容；要求配送员按照某某快运公司规定的班次和标准，高质量开展配送工作，完成配送任务，维护美团以及某某快运公司的形象等；如配送员单方终止协议应提前一个月递交申请等。从双方陈述可得知，某某快运公司通过系统为张某某派送订单，并对送餐时间、送餐流程等进行约束和管理，劳动报酬每天保底25单，超出部分按单提成结算，并根据市场情况适当调整配送费用。因此，双方签订的《合作协议》内容包含了劳动合同的基本要素，但双方当事人对此争议很大。对双方是否存在劳动关系，应当根据《劳动和社会保障部关于确立劳动关系有关事项的通知》第1条规定，结合合同实质内容，以及配送员具体工作的客观实际，从以下四个方面考虑分析认定。

（一）双方是否符合法律、法规规定的主体资格，张某某从事的工作是否系某某快运公司的业务范围

营业执照反映某某快运公司系依法成立的具有独立法人资格的合法用工主体，其营业执照中的业务范围包括外卖配送服务，张某某为某某快运公司从事的外卖配送服务属于其业务范围。张某某系具有完全民事权利能力和行为能力的自然人，具有劳动权利能力和劳动行为能力，有权自由提供劳动力，能够独立完成工作，具有劳动资格。

（二）张某某受某某快运公司的组织、管理和约束

《合作协议》中约定某某快运公司对团队进行组织管理、质量监控，骑手应当遵守美团外卖和某某快运公司要求的骑手操作规范，约定了骑手工作"十不准"等工作要求。在具体工作中，张某某每天上午到某某快运公司打卡、集合，参加早会，某某快运公司为张某某配置了具有相应标志的头盔、工装、专用送餐箱，并要求张某某租用了专用电动车，张某某按照某某快运公司的派单进行配送工作，足以说明张某某必须遵守某某快运公司的规章制度，并受该快运公司的组织、管理和制度约束。

（三）在人格上、组织上，张某某是否对某某快运公司具有从属性和稳定性

某某快运公司系当地配送工作的组织方，根据协议内容其负责团队的日常组织和管理、质量监督。由某某快运公司通过平台系统向张某某派送订单，并对配送时间、配送流程等进行管理和约束，要求外卖员对外形象均穿着统一的服饰等。某某快运公司对张某某的干预程度和控制程度较高，张某某自主决定的程度比较低，在人格上对某某快运公司具有从属性。张某某提供的是除休息时间之外的全职工作，工作时间、工作内容相对固定，工作任务虽然是按订单进行分配，但其在连续的日期内，不中断地以互联网平台的名义持续进行配送工作，配送时间也不由张某某自行决定，某某快运公司对张某某的配送具有组织性，配送工作已经不能视为张某某的临时性、随意性、自愿性的跑腿业务，对于张某某来说已经是一种稳定的职业。张某某在配送中受某某快运公司的组织、监督和管理，遵守相应的规章制度，双方达到了相对稳定的用工和职业的合理预期。因此，双方具有比较稳定的劳动关系，张某某在人格上、组织上从属于某某快运公司。

（四）张某某提供的是有报酬的服务

张某某在规定时间提供全职服务，某某快运公司对张某某的外卖配送服务支付一定报酬，并对于超出规定时间的配送费按照《配送费结算标准》中对应的金额结算，某某快运公司还有权根据市场需要对配送费进行适当调整等。张某某通过某某快运公司获得的报酬是其重要的经济收入来源。足以说明张某某提供的是用人单位安排的有报酬的劳动，其在经济方面依赖于某某快运公司发放工资。

通过上述几方面的分析认定，张某某与某某快运公司之间的关系，符合《劳动和社会保障部关于确立劳动关系有关事项的通知》第1条规定的劳动关系，依法应当确认双方存在劳动关系。

劳动争议案件的举证责任虽然在用人单位，但外卖配送员也应承担一定的举证责任。外卖配送员是与虚拟网络平台联系招聘事宜，大部分外卖配送人员往往文化水平不高，科技应用能力较低，加之由于工作性质和所处的环境决定了他们掌握或者取得相关证据材料的能力较弱，渠道较少，导致其在案件中比较被动，往往由于证据不足，使赢官司打成输官司，不利于保护其合法权益。因此，对于外卖配送员与虚拟网络平台的劳动关系的认定，不能一概而论，应当结合双方之间的合同内容、工作的客观实际，客观作出认定，以规范网络平台与劳动者的行为与认识。

（蒋玉春，宁夏回族自治区中卫市中级人民法院法官）

三、专家评析

本案系在外卖配送新兴行业发生的一起劳动争议案件，该案判决书具有新颖性、典型性。该判决案件事实清楚、说理透彻、逻辑严谨、写作规范，既有文书制作的借鉴价值，也有鲜明的价值导向，实属判决书中的精品佳作。

（一）该判决书具有参考价值

近年来，外卖配送员成为一种社会新兴职业，但外卖配送员与本地的代理商之间是否构成劳动关系，各地人民法院判决认定不一。本案针对某某快运公司提出的张某某与某某快运公司属于合作共赢关系的意见，主办法官从人格上、组织上、经济上三个方面论证张某某与某某快运公司的关系，层层递进、抽丝剥茧，最终得出张某某在人格上、组织上、经济上均从属于某某快运公司的结论，而非合作共赢关系。该判决为今后审理外卖配送新兴行业发生的劳动争议案件提供了参考。

（二）该判决书形式规范严谨

该判决与以往判决书的格式有所不同，并未采用传统的"一问一答"的裁判说理模式，而是高度概括双方当事人争议焦点，并围绕争议焦点分层级进行说理。该判决书说理部分虽然篇幅不长，但层次清晰、说理到位、用语规范，读完判决后的感受是：该判决做到了法理、情理、事理的结合，具有示范引领的裁判效果，较好地体现了法官的文字表达能力和水平。该判决的裁判理念、文书格式、结构安排兼具独特的形式"美"和实质"美"，为法官制作裁判文书拓宽了思路、提供了借鉴。

（三）该判决书价值导向鲜明

本案中，某某快运公司始终认为公司与张某某系合作关系，主办法官依据《劳动和社会保障部关于确立劳动关系有关事项的通知》规定，在查明案件事实的基础上，从外卖配送员与本地代理商之间在人格上、组织上、经济上具有从属性，以及本地代理商为外卖配送员提供的工作具有稳定性两个层面，论证了外卖配送员与本地代理商之间存在事实劳动关系，有力地保护了外卖配送员作为劳动者的合法权益，充分发挥了司法裁判的规则引领和价值导向作用，对进一步规范外卖配送行业和预防化解劳动争议具有非常重要的作用。

（点评人：朱宏，宁夏回族自治区高级人民法院审判管理办公室主任、二级高级法官）

（2021）宁05民终1403号裁判文书原文

第七章　侵权责任

第一节　网络侵权责任

34. 上海美诩实业有限公司、浙江淘宝网络有限公司与苏州美伊娜多化妆品有限公司网络侵权责任纠纷案*

【关键词】

网络侵权责任　通知与反通知　初步证据审核标准

【裁判要旨】

《民法典》第 1195 条、第 1196 条所确立的电子商务平台经营者"应当转送侵权通知或不侵权声明"并非严格责任，应适用过错归责原则认定其是否构成侵权。电子商务平台经营者在审核侵权通知或不侵权声明是否有效时，宜采低于民事诉讼证明标准的"一般可能性"标准且应秉持中立原则，如对权利人的侵权通知或被投诉人的不侵权声明适用不同的审核标准，应认定为对依法维护权利设置了不合理的条件或障碍，其行为存在违法性，主观上存在过错。

一、简要案情

2019 年 4 月 30 日，苏州美伊娜多化妆品有限公司（以下简称美伊娜多公司）作为权利人向浙江淘宝网络有限公司（以下简称淘宝公司）投诉，认为上海美诩实业有限公司（以下简称美诩公司）在淘宝网络平台上销售的美伊娜多品牌化妆品是假货并提供检测报告（一审期间被查明有瑕疵）。淘宝公司通知美诩公司限期申诉。美诩公司申诉并提供了网店购销合同书（不完整）、发货单、抬头系唐某某的发票，同时备注唐某某与被投诉店铺间的关系等材

---

* （2020）沪 01 民终 4923 号。

料。淘宝公司经审查后，要求美询公司补充提供完整发票。美询公司后续未再提供材料或进行说明。淘宝公司依据平台自治规则认为美询公司的申诉不成立，对美询公司店铺进行处罚。经查，淘宝公司系基于平台自治规则审核投申诉材料、未向美伊娜多公司转送相关申诉材料。美询公司遂起诉，请求判令：（1）美伊娜多公司消除影响，撤销美伊娜多公司的投诉；（2）淘宝公司撤销处罚，并恢复商品销售链接；（3）美伊娜多公司赔偿美询公司经济损失120万元；（4）淘宝公司对诉请3承担连带责任。诉讼中，美询公司明确消除影响为：（1）要求美伊娜多公司在省级报刊以上登报撤销其于2019年3月15日、4月30日在淘宝网对美询公司的投诉，并送达给淘宝公司；（2）要求淘宝公司在省级报刊以上登报撤销2019年3月26日和5月9日对美询公司的处罚，并恢复美询公司的商品销售链接；（3）要求淘宝公司撤销对美询公司扣除保证金2500元的处罚。

原告美询公司诉称，美询公司不存在售假行为，美伊娜多公司系恶意投诉。淘宝公司在对美伊娜多公司的恶意投诉未尽任何证据审查，亦未对美询公司申诉材料进行审查的情况下，直接实施扣分和删除产品链接等处罚，严重损害了美询公司的合法权益。

被告美伊娜多公司辩称，美询公司的售假行为已被生产厂家检测报告证实，故不存在恶意投诉；处罚系电商平台依据自治规则判定，美伊娜多公司不是侵权行为实施人；美询公司所称的经济损失没有依据。请求法院驳回原告的诉讼请求。

被告淘宝公司辩称，美询公司投诉的申诉材料经审核不合理，故电商平台将相关商品进行删除等处罚措施是合理的；即便电商平台处罚错误，侵权结果也不应由平台承担。请求法院驳回原告的诉讼请求。

本案的争议焦点在于：（1）美询公司是否为本案的适格当事人。（2）美伊娜多公司是否为恶意投诉。（3）淘宝公司采取的措施是否不当。（4）淘宝公司是否应承担侵权责任。（5）本案侵权责任如何承担。上海市金山区人民法院审理后于2020年3月27日作出（2019）沪0116民初9730号民事判决：一、美伊娜多公司应于判决生效之日起十日内赔偿美询公司损失30 000元；二、淘宝公司应于判决生效之日起十日内赔偿美询公司损失20 000元；三、美伊娜多公司应于判决生效之日起十日内向淘宝公司撤回2019年3月15日以及4月30日对美询公司的投诉；四、淘宝公司应于判决生效之日起十日内恢复美询公司的网店积分及保证金；五、驳回美询公司的其余诉讼请求。

一审宣判后，原告美询公司、被告淘宝公司提出上诉。上海市第一中级人民法院于 2021 年 1 月 19 日作出（2020）沪 01 民终 4923 号民事判决：一、维持上海市金山区人民法院（2019）沪 0116 民初 9730 号民事判决第三、五项；二、撤销上海市金山区人民法院（2019）沪 0116 民初 9730 号民事判决第一、二、四项；三、被上诉人美伊娜多公司应于本判决生效之日起十日内赔偿上诉人美询公司损失人民币 100 000 元；四、上诉人淘宝公司应于本判决生效之日起十日内赔偿上诉人美询公司损失人民币 60 000 元；五、上诉人淘宝公司应于本判决生效之日起十日内恢复上诉人美询公司的网店积分 24 分和保证金人民币 2500 元。

二、撰写心得

本判决系全国首例案件，涉及《民法典》第 1195 条、第 1196 条在电子商务平台经营者未履行"反通知"程序侵权责任纠纷案中的理解与适用。淘宝公司因"未实施反通知程序继而未及时终止必要措施"行为侵权责任的审查要点是本案的争议焦点。《民法典》对于"电子商务平台经营者未实施不侵权声明的转通知程序、继而未终止必要措施"行为的性质及相应的法律责任均未作出规定。法律未作特别规定的，则应按照侵权构成的一般规定进行判断，即审核是否存在违法行为、损害事实、因果关系和主观过错。

（一）违法行为的判断

电子商务平台经营者转送不侵权声明及终止措施以收到有效的不侵权声明为前提，而有效的不侵权声明包括不存在侵权行为的初步证据及网络用户的真实身份信息。淘宝公司的违法性在于其对初步证据的审核及后续处置有违法律规定。

《民法典》《电子商务法》均未对初步证据的具体证明标准予以明确规定。因此，电子商务平台经营者在初步证据审查中有一定的自主空间。平台的初步证据审查无论解读为是权利、义务，还是一项程序性设置，均应有一定判断标准。鉴于电子商务争议多为民事纠纷，立法也鼓励通过电子商务争议处置机制诉前解决纠纷，故有关初步证据的证明标准具有参照民事诉讼证据标准的可能性与必要性。然而该机制毕竟不是诉讼程序，故不能直接套用在民事诉讼中普遍适用的高度盖然性的证明标准。笔者认为，电子商务争议中有关不侵权声明初步证据的证明标准应低于高度盖然性标准，宜采"一般可能性"标准。主要考量因素有以下几种：

其一，对不侵权声明的审查是终止必要措施与否的前置程序，故电子商务平台经营者同样应基于审慎合理的原则对不侵权声明所附证据进行审查。其二，立法采用"初步证据"的表述，证明标准应与"初步"相对不应过高。其三，从通知与反通知的制度设计来看，对初步证据进行审查是启动转送的前置程序，而非对侵权与否的实体裁断，故其证明标准应低于民事诉讼证明标准。综上所述，"一般可能性"标准是现阶段较适合电子商务平台经营者判断初步证据的证明标准。具体而言，一是对初步证据进行形式要件审查，二是基于一般判断能力进行实质性审查，排除明显不能证明行为合法性的证据，可令一般理性人相信存在不侵权的可能性。

本案中，不侵权声明包含的证据首先不能是明显不能证明行为合法性的证据，如与投诉产品无关的购销合同、发票等。其次这些证据可令一般理性人相信存在不侵权的可能性，即内心对是否侵权存疑。美询公司提供了网店购销合同书、发货单、抬头系唐某的发票，同时备注唐某与被投诉店铺间的关系。美询公司提供的发票抬头虽为唐某，但其已对唐某的身份进行说明，即系公司股东。相关证据之间具有关联性，依据"一般可能性"证明标准，已可证明其售卖的商品具有合法来源的可能性，勿论淘宝公司在二审期间亦自述美询公司提供的证据的确使其对侵权与否存疑。因此，在美询公司提供初步证据后，其不侵权声明应为有效，但淘宝公司基于平台自治规则认定无效，继而未告知美伊娜多公司应向有关部门投诉或向法院起诉，且未依法及时终止已采取的必要措施，其行为不符合法律规定，存在违法性。

（二）主观过错的判断

无论是《电子商务法》第43条还是《民法典》第1196条，规定反通知程序的目的是通过程序设置甄别出可能的错误通知并及时予以终止，以平等保护权利人和被投诉人的利益。因此，若电子商务平台经营者依法履行转送、告知、终止措施，自能避免错误投诉的发生，其无须承担责任。若电商平台未履行反通知程序，易导致错误的投诉无法得到及时终止，进而对被投诉人造成损害。《电子商务法》第43条、《民法典》第1196条明确电商平台"应当"转送不侵权声明二字，该"应当"二字不应理解为一种真正的、可以被独立诉请要求履行的、独立的义务，而只是一种提示性的、注意性的规定。因此，电子商务平台经营者对其未能及时终止错误投诉的行为承担责任需满足其主观具有过错这一要件。

从功能上看，侵权通知与相应的反通知，其实是给电子商务平台经营者作出判断的一些初步材料和依据。电子商务平台经营者基于这些材料，来决定对网络用户是否采取必要措施或是否终止。电子商务平台经营者在审查相关侵权通知或不侵权声明及所附初步证据时应秉持中立等程序正义原则。如有违中立原则，对两者采用不同审查标准的，可认为对权利人或被投诉人依法维权设置了不合理的条件或障碍，此即为主观过错。

淘宝公司在处理投申诉时有违程序正义，具体表现为：一是作为纠纷调处者，基于一般注意义务，当双方就侵权与否均能提供证据时，淘宝公司理应促使美伊娜多公司再行核实投诉是否准确，从而避免本案投诉材料的瑕疵一直未予发现，但淘宝公司并未向美伊娜多公司核实过申诉材料的真实性，其以不作为的方式继续维持处罚措施，具有过错。二是美询公司提供具有关联性的证据材料后，淘宝公司因适用高度盖然性的证据审查标准对此未予采信，而其在对美伊娜多公司侵权通知所附证据的审查中，并无对投诉商品与检测报告应有关联性的基本要求。两相比较，淘宝公司对不侵权声明的证据审查标准显高于侵权通知证据。法律并未因权利人与被投诉人的角色不同而对"初步证据"作出区别规定，淘宝公司对权利人与被投诉人采用标准不一的证据证明标准层次，有违公平，实际对美询公司依法维护权利设置了不合理的条件，存在过错。

淘宝公司对美询公司采取的必要措施因淘宝公司未实施反通知程序导致未能及时终止，势必对美询公司造成一定的财产损失，损害后果及因果关系明确。据此，二审法院认定淘宝公司与美伊娜多公司均构成侵权，酌定损失20万元，并按照三方的过错程度改判美伊娜多公司、淘宝公司、美询公司分别承担50%、30%、20%的责任比例。

在本案判决之后，已有超大型电商平台对相关业务流程进行了改善，对权利人与网络用户的保护、电子商务平台经营者及网络交易的监管和风险防范，营造良好营商环境均具有较大的示范作用。

（吴慧琼，上海市第一中级人民法院法官）

三、专家评析

本判决所涉电子商务平台经营者未实施"反通知"程序侵权责任纠纷案系全国首例案件，进一步细化了《民法典》第1195条、第1196条的理解与适用。电子商务平台经营者如未依法转送不侵权声明，以致侵害被投诉人权益的，应适用过错归责原则认定其侵权责任。同时，法条所涉初步证据的审核标准宜采"一般可能性"标准，经营者在适用时应秉持中立原则，如对权利人或被投诉人适用不同证明标准的，应视为对当事人依法维权设置了不合理的条件或障碍，构成主观过错。这类案件在全国法院并无先例可循，通过本案在司法实践中确立了相关的诉讼规则，解决了相关法律争议，并为以后审理此类案件积累了经验。

（点评人：曹克睿，上海市第一中级人民法院商事审判庭庭长）

（2020）沪01民终4923号裁判文书原文

第二节　机动车交通事故责任

35. 文某某与余某某、成都哈拜网络科技有限公司等机动车交通事故责任纠纷案*

【关键词】

顺风车　居间人　经营者　商业险

【裁判要旨】

顺风车网络平台具有复合法律地位，作为居间人，其负有向车主和乘客报告订立合同的机会，以及如实披露和报告的义务。作为电子商务平台经营者，其负有审核和检查、对司机驾驶加以监管、备案和保存相关数据信息、建立投诉机制、建立救助机制和应急预案等义务。

商业险不同于交强险，不具有强制性，其赔付内容、赔付标准等一般由投保人与保险公司自行商定，是否购买商业险由车主自行决定，相应的免赔、免责事由亦均在保险合同和保险条款中有所约定。顺风车注册车辆发生交通事故是否最终构成商业险的免赔，属于保险合同的争议范畴，相应风险应由车主自身承担。

一、简要案情

余某某将其小型客车在哈啰顺风车平台注册了顺风车业务，同时该车挂靠在行时通租赁公司名下。2019 年 10 月 7 日 1 时 24 分，文某某通过哈啰顺风车平台预约搭乘了余某某驾驶的顺风车，因余某某驾驶车辆遇险操作不当，该车与李某驾驶的小型客车相撞，造成两车受损、人员受伤的交通事故。交警部门作出的道路交通事故认定书认定余某某负此次事故全部责任，文某某不承担责任。事故发生后文某某住院治疗 24 天，出院诊断为右锁骨骨折、多发肋骨骨折、肺部感染。经鉴定，文某某因交通事故致胸部等处受伤，构成

---

* （2020）湘 01 民终 12683 号。

九级伤残。余某某驾驶车辆系其实际购买，2016年4月20日余某某与行时通租赁公司签订《合作协议》，余某某将该车辆挂靠在行时通租赁公司名下，该车辆现仍然登记在行时通租赁公司名下，行时通租赁公司作为投保人和被保险人为该车辆向人寿财险芙蓉支公司投保了交强险及商业险（其中机动车车上人员责任保险金额乘客2万元每人，乘客人数4人），并投保了不计免赔，投保的车辆使用性质为非营业企业，保险期间为2019年4月21日至2020年4月20日。本次事故中李某驾驶的车辆的交强险保险公司在交强险无责赔偿限额范围内已经赔偿了文某某的损失12 000元。人寿财险芙蓉支公司提交的《机动车综合商业保险条款》第25条第3项载明，"下列原因导致的人身伤亡、财产损失和费用，保险人不负责赔偿：（三）被保险机动车被转让、改装、加装或改变使用性质等，被保险人、受让人未及时通知保险人，且因转让、改装、加装或改变使用性质等导致被保险机动车危险程度显著增加"。《顺风车信息平台用户协议》第1.5条载明："顺风车平台提供的并不是出租、用车、驾驶或运输服务，我们提供的仅是平台注册用户之间的信息交互及匹配服务。如果用户的合乘需求信息被其他用户接受并确认，顺风车平台即在双方之间生成顺风车订单。"第3.3条载明："有关车主车辆的维修费、事故责任和其他费用（如违章罚款等费用）均由车主自行承担。"第3.9条载明："车主在合乘过程中应尽合理努力和注意保证乘客在合乘过程中的安全，并安全将乘客按照双方一致同意的路线送达目的地，如果由于车主原因造成行驶过程中的安全事故，车主应当承担相应的赔偿责任。"第3.13条载明："车主应自行为其车辆购买相应保险、进行年审等事项，如因车主自身原因（包括但不限于甲方驾驶技术、车辆等原因）给乘客造成损失的，由车主负责赔偿。"因文某某的各项损失未能赔偿到位，其向长沙市天心区人民法院提起诉讼，请求判令余某某、行时通租赁公司、哈拜网络公司赔偿各项损失364 425.5元，并判令人寿财险芙蓉支公司在车上人员责任险（乘客）限额范围内就文某某的各项损失承担赔偿责任。2020年9月3日，长沙市天心区人民法院作出（2020）湘0103民初3025号民事判决，判决余某某赔偿文某某损失306 427.05元，并判决行时通租赁公司、哈拜网络公司对余某某应付款项向文某某承担连带赔偿责任。哈拜网络公司不服一审判决，提起上诉。

争议焦点：本案二审的争议焦点为哈拜网络公司是否存在过错。二审法院从顺风车的性质、顺风车网络平台的法律地位、顺风车网络平台的义务范畴、商业险拒赔风险的负担等四个方面就本案争议焦点展开分析论证。

二、撰写心得

2015年起，笔者对民事裁判文书的写作进行了一些思考和尝试，得益于诸多领导、同事的鼓励和指点，笔者的尝试产生了一定的正面效应。于是，便萌生了将自己有关民事裁判文书写作的思考和尝试，总结并分享出来的想法。不仅自己可以从中扬长避短，也希望能将自己的经验和教训分享给更多的法官助理或初任法官，为他们撰写民事裁判文书提供一些有益借鉴。下面，笔者结合自身的审判工作经历，就民事裁判文书的写作，分享三点体会。

（一）为什么要重视裁判文书的写作

1. 裁判文书具有解决争议的功能。民商事裁判文书是人民法院在民商事诉讼活动中，为解决当事人之间权利义务争议，就案件的实体问题和程序问题依法制作的具有法律效力的文书，其作用不容小觑。实务中，有观点认为，判决书只要结果正确，说理简单甚至粗糙些也没什么。也有观点认为，判决书宜粗不宜细，言多必失，说多了容易被当事人抓住把柄。但是，试想如果当事人拿到一份不明所以、模棱两可，或者不写所以、寥寥数语的判决书，胜诉的那一方或许可以享受结果的愉悦而忽视内容，但败诉的一方一定会难以接受这种不明不白、只有结果的论断。

2. 裁判文书具备示范、指引作用。"一个鲜活的案例胜过一沓文件！"一方面，裁判文书是宣传社会主义法治理念、教育公民自觉遵守法律的生动教材，可以彰显司法权威。另一方面，一篇裁判文书就是一个行为准则，一个好的判决，一定程度上可以避免类似纠纷甚至诉讼的发生。在某些细分领域，法律对于什么可以做、什么不能做，可能没有具体的表述或者表述不清，也可能有了具体表述但普通老百姓不理解或者看不懂。此时，就需要法院的判决通过生动、鲜活的案例来解释或者诠释既有的规则，从而告诉老百姓哪些可以做，哪些不能做。这些都足以说明裁判文书的示范、指引作用。

3. 裁判文书具有减少信访投诉的效果。在裁判文书中进行充分的辨法析理，一定程度上借助通俗的语言把道理说清、讲透，让败诉方败得明明白白、胜诉方胜得理直气壮，可以大量减少信访投诉。相反，如果裁判文书中语焉不详、遮遮掩掩，败诉的当事人输得不明不白、糊里糊涂，就有可能衍生出信访投诉。近些年有关法院的舆情事件，有一部分的确与判决书本身的说理不充分、不合理有关。

4. 裁判文书可以反映法官的裁判能力。虽然说法官对裁判文书不享有著作权,但是我们经常听到一句话"裁判文书是法官最好的名片",一定程度上,裁判文书的写作水平,也是衡量审判人员业务水平高低的重要尺度,论证说理更是彰显法官理论功底以及创造性的艺术空间。优秀裁判文书,更像是一件承办人先行创作,凝结了合议庭集体智慧的精美职务作品。

(二)现实中裁判文书写作存在的普遍性问题

1. 格式要素方面存在的问题。

(1)对于当事人的表达不加整理。裁判文书的文字应简洁、规范,尽量避免过多的口头语。对于当事人过于情绪化的表达或者不恰当的修辞方式,均应进行合理的整改,需要避免过于口语。但实务中可以发现,有些文书对于当事人的起诉状、答辩状的内容不加精简、总结,而是照搬复制,导致文书内容冗长,表达随意。

(2)标点符号的乱用混用也是裁判文书常见的一类问题。

2. 证据认证方面存在的问题。

(1)对证据只机械罗列,缺少分析论证。实践中,有些文书对于证据和质证意见只是简单的罗列,而一旦涉及法官分析、判断的认证部分则过于简单,甚至不加分析。

(2)按照最新的文书格式,证据数量较多的,不用逐项罗列,包括当事人双方的举证、质证意见,可以列明证据名称,加以认证即可。如此可以在一定程度上避免裁判文书的冗长。

3. 事实认定方面存在的问题。

(1)内容上陷入极简主义或者极繁主义。极简主义奉行内容简单,但往往忽略关键事实,导致本院认为缺少应有的事实支撑。而极繁主义容易陷入事实主义,凡是当事人提交的证据所载明和反映的事实,一概作为事实进行认定,导致事实查明部分拖沓冗长,最终变成流水账。极简主义或者极繁主义的文书都容易让人看不懂,前者是找不到事实依据所在,看不到事实的全貌;后者是抓不住重点,需要阅读者自发对事实进行梳理、筛选,读起来费劲。

(2)对证据规则缺乏有效应用。在事实争议较大,双方证据的证明力不能直接得出结论,需要按证据规则分配举证责任时,如果不对当事人的举证责任加以分析与确定,那么对事实的认定就会引发争议。实务中发现,有的判决对证据规则缺乏有效应用,对于事实的认定往往处于模糊和摇摆状态,容易陷入相信原告还是相信被告的纠结状态,演变成对当事人"品格认证"

的两难境地。

4. 论证说理方面存在的问题。

（1）总结争议焦点过于原则。如果将争议焦点总结为原告的诉讼请求能否成立，这种总结显然过于宽泛，无法真实反映诉辩的真实交锋，达不到汇聚焦点的作用。例如，一起民间借贷纠纷，原告请求支付借款本金和利息，被告答辩意见是认可本金但不认可利息计算方式，此时如果将争议焦点总结为原告的诉求能否成立，显然是为了总结而总结，流于形式。如果总结成利息的计算标准问题，显然可以反映双方真实的分歧点，便于针对性说理。

（2）对当事人诉求回应概括，缺少针对性。对于当事人有明确诉求，即使不合理，或者观点与法院认定相左的事实，简单地以"没有理据，不予支持"或者"不能成立"回应，可能会造成当事人对裁判结论的不满。甚至有些案件，对当事人诉求通以"无证据支持"为由驳回，也会让提交了一大堆证据的当事人心存质疑。如果支持与驳回的理由空洞或者没有针对性，显然不可能做到以理服人。

（3）对法律条文的援引简单，缺少解释与说明。援引并适用某一法条，应对条文本身与案件的可适用性进行解释与说明。现实中，有的文书对法条的引用过于简单，让人无法断定法条与案件之间存在必然联系，缺少必要的过渡，解释，引入不够。

（4）对内心确信的论述浅薄，缺少逻辑的推理过程。现实中，部分法官往往不能够将其内心确信的过程表述出来，或者害怕自己的阐述不能达到足以让人信服的程度，从而不公开得出这一结论所考量的种种因素，如印象、认知、感觉，使得裁判结果过于简单，不能有效消除疑点。

（三）怎样做好优秀裁判文书的写作

1. 重视庭审功能，开庭不能走过场。

（1）庭前一定要阅卷。庭前阅卷，可以全盘掌握案情，让法官在正式开庭的时候做到胸有成竹、游刃有余。如果法官庭前没有认真阅卷，开庭时很可能是一头雾水，无法有的放矢，有时甚至还会给当事人留下不负责任的印象，随后草拟文书时如果又发现事实需要进一步查清，又要重新组织开庭或者谈话，徒增当事人诉累，司法效率和司法权威会大大受挫。

（2）庭审要实质性发问。庭审不能流于形式，民事诉讼具有一定职权主义色彩，并不是完全的当事人主义，精准发问是基于庭前充分的阅卷，针对争议的问题，要进行实质性的调查。

2. 善用类案检索,站在巨人肩膀上思考。四个检索路径,由近及远。

(1) 对自己之前处理过的类似案件进行检索。建议以月份为单位对案件进行整理归类,将案由、要点等标注出来,方便检索、使用。

(2) 检索本庭以及本院类似案件的审理情况和处理结果。一方面,学习、借鉴,站在巨人的肩膀上进行裁判。另一方面,避免类案不同判,以及裁判观点理论上的矛盾冲突。

(3) 检索上级法院、全国其他法院类似案件的判决。要抓两个重点,一个是重点检索最高人民法院指导性案例、公报案例,找到相同点和不同点;二是重点检索中级人民法院以上层级法院的生效裁判。

(4) 通过知网等数据平台进行检索。重点检索相应专业领域内知名学者的理论文章,以及《人民司法》等期刊的实务文章或案例分析。

前面讲的检索方法,为的是应对重大、疑难案件,法学作为社会学科,法官草拟文书也不是闭门造车,专家学者以及实务大咖的已有观点完全可以作为参考,引用、充实到判决的说理、论证中去,从而做好裁判文书写作的升华工作。

3. 证据认证和事实认定方面。

(1) 在保持中立的状态下,对证据展开简要的分析论证。法官如果没有私心,保持一颗公心,基于自身的知识背景和社会的普遍认知,就证据展开分析认证,就不会出大问题。但是,要注意度的把握,过于简单不行,显得敷衍了事;太过具体烦琐带入情绪也不可取,容易引发遐想。

(2) 事实认定上建议繁简得当,快慢分道。避免陷入极简主义或者极繁主义,可根据案由,适当总结要件事实。

4. 围绕争议焦点进行说理,既解决争议问题又减轻法官负担。

(1) 恰当总结争议焦点。争议焦点分为事实争点、法律争点、程序争点。根据构成要件恰当地总结和修正争议焦点,从而有目的性、有针对性地论证说理,对于争议焦点之外的争议不必花费过多笔墨,通俗地讲,就是"集中优势兵力,解决主要矛盾"。

(2) 分门别类,精准回应。对于属于事实问题的,注重结合证据的采信,运用内心确信对证据进行分析,善用证据规则,分配举证责任。对法律适用问题,注重结合法律规定来辨析,关键是吃透法律以及司法解释的精神。直截了当的方法是引用、借鉴最高人民法院或者上级人民法院的观点,立足长远的话,就是修炼法学解释方法的内功。

此外，审理二审案件，要注意与一审争议焦点相区别。对于一审已经解决的、当事人未上诉或未反驳的，二审无须再作为焦点问题。对于一审已经详尽、充分论证的，建议可视情况直接予以维持，避免重复论证。

5. 文书要交叉核对，避免"以瑕掩瑜"功亏一篑。要养成仔细校对文书的好习惯，要从头到尾，从结构要素是否齐全到逻辑是否清晰，从有无错别字到标点是否规范，都要一一校对，避免犯低级错误。由于草拟文书的人往往会陷入习惯性思考，不容易发现瑕疵、错误，建议法官、助理、书记员三人交叉校对。近几年民事诉讼法及其司法解释都进行了修正，在校对时，要注意所援引的法条及其序号，避免错误。

总而言之，民事裁判文书的打造和精进不是一朝一夕的事情，需要花时间、花精力静下心来慢慢培养。

（赵康宁，湖南省长沙市中级人民法院法官）

三、专家评析

近年来，随着网约车行业的发展，"顺风车"受到越来越多人的青睐，其倡导的顺道搭乘行为是对绿色、低碳、共享经济的有益探索与实践。但这一新兴事物在发展中也面临着安全、信任等方面的问题，需要进行规范。因此，《国务院办公厅关于深化改革推进出租汽车行业健康发展的指导意见》明确指出："私人小客车合乘，也称为拼车、顺风车，是由合乘服务提供者事先发布出行信息，出行线路相同的人选择乘坐合乘服务提供者的小客车、分摊部分出行成本或免费互助的共享出行方式。私人小客车合乘有利于缓解交通拥堵和减少空气污染，城市人民政府应鼓励并规范其发展，制定相应规定，明确合乘服务提供者、合乘者及合乘信息服务平台等三方的权利和义务。"

本案的典型之处在于以下三个方面。

（一）厘清了顺风车与搭便车的概念区别

"顺风车"并不完全等同于人们生活语言中的搭便车，"顺风车"的规范表述应为"私人小客车合乘"，是特指通过网络平台形成合乘合意的情形，其是车主在本就计划的出行线路上顺带他人，属于分摊出行成本的共享出行方式。其本质上是一种有偿行为，要与传统意义上的纯公益行为区别开来。

（二）界定了顺风车网络平台的法律地位和义务范畴

根据法律规定和合同约定，顺风车网络平台具有复合性法律地位，既是居间人，又是电子商务平台经营者。作为居间人，其负有向注册用户即车主和乘客报告订立合同的机会,以及如实披露和报告的义务。作为电子商务平台经营者,一定程度上需要履行组织者与管理者的义务和责任,负有审核和检查、对司机驾驶加以监管、备案和保存相关数据信息、建立投诉机制、建立救助机制和应急预案等义务。

(三) 确定了顺风车发生交通事故商业险拒赔风险的负担主体

商业险不同于交强险,商业险的赔付内容、赔付标准等一般由投保人与保险公司自行商定,相较于交强险,商业险不具有强制性,是否购买商业险由车主自行决定,相应的免赔、免责事由亦均在保险合同和保险条款中有所约定。由于顺风车业务带有一定的营运性,商业保险合同中往往会将改变车辆用途作为免赔事由。发生交通事故后,保险公司往往亦会以改变车辆用途、增加事故风险为由而拒赔。这属于保险合同相应风险,应由车主自身承担。对于顺风车网络平台而言,顺风车注册车辆是否在进行拼乘以及拼乘的时间、规律,均具有不固定性和不稳定性,无法由顺风车网络平台决定,其对交通事故的发生并无过错,在平台已经尽到居间人的义务以及电子商务平台经营者的安全保障义务的情况下,不应由顺风车网络平台对交通事故承担连带赔偿责任。

该案的意义在于,对顺风车引发的新问题进行了准确界定,不仅保障了顺风车车主和乘车人员的合法权益,也促进了顺风车行业在依法依规的道路上健康发展,激发了互联网企业的创新活力。

(点评人:覃开艳,湖南省高级人民法院民事审判第一庭副庭长)

(2020)湘 01 民终 12683 号裁判文书原文

36. 李某某等与北京神州汽车租赁有限公司等机动车交通事故责任纠纷案*

【关键词】

民事　机动车交通事故责任　互联网租赁汽车

【裁判要旨】

通过互联网平台租赁汽车，在行驶过程中发生交通事故造成损害，由机动车使用人承担赔偿责任，互联网租车平台对车辆管理及使用人选任等有过错的，承担相应的责任。

一、简要案情

李某某等向一审法院提出诉讼请求：（1）判令安某、北京神州汽车租赁有限公司合肥分公司（以下简称神州租车合肥分公司）、北京神州汽车租赁有限公司（以下简称神州租车公司）赔偿死亡赔偿金、医疗费、丧葬费、交通费等各项损失合计人民币 1 105 537.22 元；（2）中国人民财产保险股份有限公司昆明市分公司（以下简称人保昆明分公司）在保险范围内承担赔偿责任；（3）被告承担本案的诉讼费用。事实和理由：2020 年 3 月 18 日 6 时 4 分许，安某驾驶神州租车合肥分公司名下的车牌号为皖 AE×××1 小型普通客车沿苏州市吴中区金枫南路由北向南行驶，当行驶至金枫南路金长路路口时，车辆在路口信号灯红灯时通过路口，将骑行电动车的严某某撞倒。严某某经医院抢救无效当日死亡。经交警部门认定，安某负事故的全部责任，严某某不负事故责任。安某驾驶的皖 AE×××1 小型普通客车在人保昆明分公司处投保交强险与商业险。李某某等系严某某的第一顺位法定继承人。安某辩称：对事故经过以及责任认定没有异议。其驾驶的车辆在人保昆明分公司处投保了交强险及商业三者险，人保昆明分公司应在保险范围内先行赔付。其于 2020 年 1 月 6 日取得驾驶证，事发时尚处于实习期，神州租车公司出租车辆给其时，

---

* （2020）苏 05 民终 8381 号。

未尽到合理审查义务，存在过错，应当承担相应法律责任。神州租车合肥分公司、神州租车公司辩称：（1）对事故经过以及责任认定没有异议。安某驾驶的事故车辆在人保昆明分公司处投保了交强险及商业三者险，应先由人保昆明分公司在保险范围内承担责任后，再由安某作为直接侵权人承担赔偿责任。（2）案涉车辆系神州租车公司对外出租车辆，安某是车辆承租人，事故发生时，车辆实际使用、控制人均为安某。神州租车公司将车辆出租给安某时审查了安某的身份证、驾驶证等，安某符合承租条件，已尽到了审查义务。事发时系安某控制使用车辆，安某负事故全部责任，其对事故发生没有过错，不应承担赔偿责任。

一审法院经审理查明：2020年3月18日，安某驾驶机动车与严某某发生交通事故，导致严某某死亡。安某承担本次事故的全部责任，严某某无责。涉案安某驾驶的机动车登记在神州租车合肥分公司名下，由安某于2020年3月16日通过神州租车公司的租车App租赁取得，取车城市为上海市。神州租车公司确认其系涉案车辆出租方。安某的驾驶证于2020年1月6日取得，实习期至2021年1月5日。神州租车合同中未对车辆投保情况进行提示说明，也未提示安某不能单独驾驶该车辆上高速行驶等。涉案机动车投保了交强险和5万元商业三者险。安某在公安机关的讯问笔录中陈述，其3月16日租赁涉案机动车后开回老家河南，又从老家拼车群里联系了三个人，约定将三人分别送至吴中、太仓和上海，并分担路费。从老家到苏州，一路上都是其驾驶车辆，行程大约1000公里，开了10多个小时。3月18日早上，其到吴中区金枫南路送完一个乘客后往北开调头，再向南行驶，准备上高架，行驶到路口时，因迷糊、犯困没有注意到信号灯就撞倒了严某某。一审法院认为，神州租车公司作为车辆出租方，其租车合同中并未提示说明涉案车辆商业三者险投保金额仅为50 000元，使安某对承租车辆的投保状况陷入未知状态，在使用车辆时对自身风险承担处于不尽知状态。该行为违反诚信和公平原则，且不利于行业规范健康发展。事发时安某的驾驶证仍在实习期内，根据《机动车驾驶证申领和使用规定》第75条规定，驾驶人在实习期内驾驶机动车上高速公路行驶，应当由持相应或者更高准驾车型驾驶证三年以上的驾驶人陪同。神州租车公司未尽到安全提示义务，故酌定其对李某某等超过交强险限额损失承担30%的赔偿责任，其余损失由安某承担。

一审法院判决后，神州租车公司不服提起上诉。

二审法院补充查明：租车合同约定，承租人可享受神州租车网站公示的保险保障。根据神州租车 App 和官网公示，用户在承租期间发生事故的，可享受 20 万元的第三者责任险保障。涉案机动车实际投保商业三者险额度为 5 万元。另查明，神州租车公司对于车辆安装有 GPS 定位装置，可以实时获知车辆的行驶轨迹。二审法院认为，首先，神州租车公司未按约足额购买保险，应先在未足额购买的 15 万元范围内承担本应由保险公司承担的赔偿责任。其次，神州租车公司明知安某尚在实习期，亦能实时掌握车辆行驶轨迹，应当预见安某违规上高速驾驶的风险，却既未予以必要的安全提示，亦未采取适当措施纠正安某的违规驾驶行为。神州租车公司对事故发生存在一定过错，应对超出保险限额及前述 15 万元以外的损失承担 20% 的赔偿责任。

二、撰写心得

本案二审受理后，承办人和法官助理经初步查阅卷宗、整理案情，认为本案涉及"共享汽车"运行过程中的侵权问题，属于新业态所引发的新问题，且案涉事故导致受害人死亡，对各方当事人的利益影响巨大，案件审理结果不仅关乎个案当事人的利益衡平与保护，同时将对今后审理类案产生一定影响，故决定对本案重点审理和培育。

"共享汽车"是传统汽车租赁行业吸收移动互联网等信息技术诞生出的一种新的交易模式，其本质上仍属于汽车租赁。在侵权责任领域，因租赁关系导致机动车所有人、管理人与使用人分离，并在这期间发生交通事故，进而引发责任主体确定的问题。对此，《侵权责任法》第 49 条作出了规定，后为《民法典》第 1209 条所吸收，即"因租赁、借用等情形机动车所有人、管理人与使用人不是同一人时，发生交通事故造成损害，属于该机动车一方责任的，由机动车使用人承担赔偿责任；机动车所有人、管理人对损害的发生有过错的，承担相应的赔偿责任"。因此，揭开新业态这层外衣，本案与一般的汽车租赁过程中发生事故造成损害的案件在审理思路上并无差别，这是本案"同"的一面。而从另一方面来看，"共享汽车"行业依托新技术，实现汽车租赁全流程线上进行，极大地提升了交易的便捷性，增强了企业扩大生产经营的能力，租车企业对于用户的身份、驾驶资格的审查完全依靠租车平台系统的内置程序，在此模式下，一旦平台系统存在审查、安全提示等方面的漏洞，则极易导致普遍的安全风险和隐患。故本案在审理过程中，必须结合"共享汽车"行业运营模式的特点以及企业的风险防范能力，严格审查企业是否尽到注意义务。

我们认为，一审法院在查明车辆使用人安某在驾驶证处于实习期内，单独上高速公路长时间、长距离驾驶，与事故发生存在因果关系的事实的基础上，认定租车平台存在过错并承担超出保险限额的损失30%的赔偿责任，基本思路是正确的；不足之处是对租车合同有关车辆保险的约定未予彻底查清，从而影响最终的判决结果，并且一审判决对租车平台公司的过错分析说理不够清晰透彻，不利于促使当事人服判息诉。针对上述不足，承办人和法官助理商定了本案调查和思考的重点：一是检索相关法律法规、国家标准、行业标准，是否对"共享汽车"租车平台有安全保障义务、注意义务及安全技术标准等的规定；二是进一步查明租车合同约定，特别是有关出租车辆保险的约定；三是查明租车平台在车辆租赁过程中，是否以及如何对驾驶人的身份、资格进行审核，是否对车辆行驶进行监控，以及是否对驾驶人进行必要的安全提示。围绕上述重点，承办人和法官助理通过法律检索、组织庭审调查、走访行政管理部门以及亲身操作神州租车App的方式开展调查。

经过调查，我们并未检索到有关"共享汽车"租车平台的安全保障义务、安全技术标准等的法律法规、国家标准、行业标准，行政部门也只是将"共享汽车"作为一般的汽车租赁业进行管理。但也发现两项重要的事实：一是租车平台公司在App和官方网站上承诺为出租车辆投保20万元额度的商业三者险，但涉案车辆商业三者险的实际投保额度仅为5万元。二是租车平台公司在出租车辆上安装有卫星定位装置，经法院询问，平台公司向法院提供了本案肇事者安某租赁车辆期间的卫星定位轨迹，该证据证明平台公司具有实时知悉出租车辆行驶状况的能力。由此，首先，二审判决围绕租车平台未按照合同约定购买车辆责任保险进行分析，认为平台的违约行为导致受害人和车辆使用人的利益受损，同时考虑车辆使用人的履行能力，决定将该问题在本案中一并处理，认定租车平台先在其未依约足额投保的15万元内承担赔偿责任。其次，围绕租车平台是否存在过错进行详细分析说理，指出平台在审查车辆使用人驾驶资格方面存在的疏漏，以及在车辆运行中明知风险发生而未进行必要安全提示或者采取其他恰当措施的过错，对于交通事故发生产生影响，故酌情认定平台承担超出保险限额及前述15万元以外的损失20%的赔偿责任。

本案二审判决结果与一审判决结果的区别仅是租车平台公司承担的赔偿金额多了2万余元，而各方当事人均服判息诉，究其原因主要有两点：一是二审法院在审理过程中围绕争议焦点开展了认真、细致的调查，使当事人感受到法院为查明事实所付出的努力；二是在撰写判决书的过程中加强分析和说理，全面展示法官认定事实、适用法律的推理过程，使当事人清楚明白其主张被支持或未被支持的原因，也就更加容易信服最终的判决结果。除上述两点以外，一份具有公信力的判决，其裁判理念必须符合社会主义核心价值观以及人民群众对公平与正义的普遍认知。本案审理的基本理念，一是要有利于保障受害人方的合法权益；二是要有利于引导新兴行业的健康有序发展。据此，本案判决在严格遵循侵权责任相关法律的基础上，对涉案租车平台经营过程中的不诚信行为以及管理方面的疏失给予了明确的、负面的评价，并合理酌定租车平台的按份责任，从而引导涉案平台公司以及其他"共享汽车"的经营企业恪守诚信，规范经营管理，填补系统漏洞，以尽可能地降低租车活动中的风险，实现企业发展的同时，为人民群众提供高效便捷的出行方式。

（潘亮，江苏省苏州市中级人民法院法官）

三、专家评析

共享汽车租赁是近几年来出现的新生事物，它在方便消费者的同时，也带来了一些新的问题：出现问题后责任如何"共享"？共享汽车公司平台什么情况下应担责？平台在投保时的车辆属性为非运营，而将车辆用于租赁服务，保险公司是否可以拒赔？这些新的问题目前法律还没有完全涵盖。如何审理此类案件，考验着法官的智慧和担当。本案的最终裁判，令人信服地厘清了各方的过错责任。

本案与其他涉共享汽车道路交通肇事有所不同的是：一是实际使用人即承租人持实习驾照但在高速公路上长时间行驶；二是出租方共享汽车租赁平台实际投保的数额较明示的数额明显减少。

一审中，虽然对这两个问题有所涉及，但因没有提供充分的证据来说明而显得略有瑕疵。

本案裁判的亮点之一是确认出租方未采取任何措施阻止承租人持实习驾照违规上高速公路长时间、长距离行驶，应该承担承租方责任的20%。这在同类案件的裁判中比较少见。这一裁判思路，体现的是对相对专业的共享汽车租赁平台方提出更高的标准，目的是督促共享汽车公司承担更多的义务，尽可能减少此类情况的发生。事实上，二审中增加的书证证明，共享汽车公司有能力做到这一点。本案事故的发生虽然不是在高速公路上，但与上高速公路有因果关系。

本案裁判的亮点之二是没有以实际投保的数额 5 万元来赔偿，而是以其在平台上明示的投保数额 20 万元来计算。这一判决一方面，公平合理地分配了车辆使用人和租赁平台的责任，保护了受害者的权益；另一方面，也有利于促使共享汽车租赁平台在以后的经营活动中更加诚实守信。

需要指出的是，二审在作出这两个关键裁判时，增加了书面取证的内容，以使该裁判的最终结果更有说服力。

一个好的裁判，不仅要聚焦重点，说理清楚；更重要的是通过裁判，平衡好各方权利义务，引导诚实守信的社会氛围。本裁判文书说理清楚，分析精当，最终的判决也完全符合社会主义核心价值观，对于类案的处理具有一定指导意义。

（点评人：吴锦铭，江苏法治报副总编、主任记者）

(2020) 苏 05 民终 8381 号裁判文书原文

第三节 医疗损害责任

37. 窦某某与西宁市湟中区第二人民医院、青海省妇女儿童医院医疗损害责任纠纷案*

【关键词】

诉讼时效　鉴定意见书　被告资格

【裁判要旨】

医疗损害责任纠纷中，医疗机构仅在有过错的情形下，才承担相应的赔偿责任。鉴定机构作出的两份鉴定意见认为医院医疗过错明确，该鉴定意见为有效证据，应当按鉴定意见认定的过错比例承担民事赔偿责任。

一、简要案情

2011年11月15日，原告窦某某在被告西宁市湟中区第二人民医院（以下简称湟中第二医院）剖宫产出生，该院未向原告注射维生素K1。2011年12月22日，原告因"皮肤巩膜黄染34天、呛奶、吐奶、拒乳1天"到被告青海省妇女儿童医院（以下简称青海儿童医院）治疗，其间，原告于13点10分被诊断为颅内出血，13点30分该医院向原告注射了微量丹参液。原告住院7小时出院，被诊断为：（1）晚发型维生素K1依赖因子缺乏症-颅内出血；（2）脓毒症；（3）肺炎-呼吸性衰竭（中枢性）。花费医疗费1691.9元。2012年5月8日至6月25日，原告因"反复抽搐5天"在被告青海儿童医院住院治疗48天，花费住院费34 852.73元，其中自负费用4615.87元，剩余部分由"新农合"医疗报销。2013年2月6日至27日原告再次在该医院住院治疗21天，花费医疗费3189.90元，其中自负费用537.95元，其余部分报销。2013年10月16日至11月11日，原告因"运动发育落后1年余"又在被告青海儿童医院住院治疗26天，出院诊断："1.精神发育迟滞；2.继发性

---

*（2020）青0122民初4538号。

癫痫；3. 先天性心脏病：卵圆孔未闭；4. 急性上呼吸道感染。"其间，支付医疗费 10 125.85 元，其中自负费用 1678.48 元，其余部分报销。上述原告在被告青海儿童医院住院治疗共计 96 天，支付门诊、住院治疗等医疗费用 53 833.25 元。2014 年 4 月 8 日至 9 月 12 日，原告在西宁市儿童福利院接受该院特殊教育及言语训练，服务期间家长全程陪同。2014 年 10 月 23 日，原告被首都医科大学附属北京儿童医院诊断为：（1）颅内出血后遗症；（2）症状性癫痫。诊疗计划包括：加强康复训练。2017 年至 2018 年原告在西宁市星光特殊儿童服务中心进行康复训练，二年共支付学费 40 000 元。2018 年 11 月 5 日，原告母亲与广西一同病症病友母亲聊天时得知原告病症可能是未注射维生素 K1 所致。因此，2018 年 12 月 20 日，原告母亲在原湟中县卫生计生局协调下，对原告在被告湟中第二医院的病历资料进行了封存和复印，并经咨询医学专家，知道原告所患晚发型维生素 K1 依赖因子缺乏症系被告湟中第二医院在原告出生时未按医疗常规注射维生素 K1，存在医疗过错所致。此后，原告母亲向被告湟中第二医院提出赔偿请求，该院认为应由鉴定机构对其医疗行为是否存在过错进行鉴定后，方能决定是否赔偿。因此经准备病历资料，双方于 2019 年 10 月 15 日共同签署医疗损害鉴定委托书，委托桂林正诚司法鉴定中心进行医疗损害鉴定。该鉴定机构接受委托后，于 2020 年 8 月 20 日对委托事项作出鉴定意见：（1）本例湟中县第二人民医院在窦某某出生后，在防治患儿病理性黄疸及预防患儿维生素 K1 缺乏上存在过错。（2）患儿窦某某的损害后果为病理性黄疸及晚发型维生素 K1 依赖因子缺乏症所致颅内出血及癫痫、生长发育迟滞等脑损害表现。（3）湟中县第二人民医院存在的过错与窦某某出现的病理性黄疸、晚发型维生素 K1 依赖因子缺乏症以及并发症存在因果关系，起主要作用，建议医方过错的参与度为 75%。为此，原告于同年 9 月 10 日向法院提起诉讼。

2020 年 9 月 19 日，经原告申请，青海省西宁市中级人民法院司法技术室委托青海昆仑司法鉴定中心对原告伤残等级、护理期、营养期、护理依赖程度及后续治疗费进行司法鉴定。同年 12 月 10 日，该鉴定机构作出鉴定意见：（1）被鉴定人窦某某系病理性黄疸及晚发型维生素 K1 依赖因子缺乏症致颅内出血，目前遗留有颅内软化灶成形、生长发育迟滞、继发性癫痫。其继发性癫痫，构成四级伤残。（2）被鉴定人窦某某无明确后续治疗费，建议以实际发生费用为准。（3）被鉴定人窦某某因损伤所致的护理费、营养费为 24 个月。（4）被鉴定人窦某某系病理性黄疸及晚发型维生素 K1 依赖因子缺乏症致颅内出血，目前遗留有颅内软化灶成形、生长发育迟滞，属部分护理依赖程度。上述两次鉴定原告分别支付鉴定费 8760 元和 4440 元，合计 13 200 元。原告为鉴定复印病历资料等支出复印费 1370 元。

2021 年 1 月 29 日，被告湟中第二医院申请追加青海儿童医院为本案被告并要求承担责任。法院依法追加青海儿童医院作为本案被告参加诉讼。

2021 年 2 月 24 日，被告湟中第二医院为明确本医院及追加的青海儿童医院的医疗行为是否存在过错、医疗行为与损害结果之间是否存在因果关系、原因力大小（过错参与度）及窦某某伤残等级、护理期、营养期、护理依赖程度，申请重新鉴定，后因鉴定机构均不予受理，申请人同意按退案处理。

2021 年 12 月 18 日，法院作出了（2020）青 0122 民初 4538 号案件民事判决书，支持了原告的诉讼请求，被告西宁市湟中区第二人民医院一次性支付原告各项赔偿费用合计 848 467 元，被告青海省妇女儿童医院不承担赔偿责任。

二、撰写心得

2020 年笔者承办的原告窦某某诉被告西宁市湟中区第二人民医院、青海省妇女儿童医院医疗损害责任纠纷一案，判决后，原告母子向多巴人民法庭赠送了锦旗，80 余万元赔偿费用被告履行完毕，案结事了，取得了良好的社会效果和法律效果，笔者撰写的（2020）青 0122 民初 4538 号案件民事判决书也获评第五届全国法院百篇优秀裁判文书，荣获最高人民法院颁发的荣誉证书。下面笔者对撰写判决书的经验和技巧谈一下自己的心得。

（一）充分认识民事裁判文书的撰写意义

民事裁判文书是记载法院审理过程和裁判结果的法律文书，是人民法院行使审判职能的最终表现，关系到当事人的权利义务以及最终能否解决纠纷并引导社会公众在日常生活中约束和规范个体行为，进而促进社会和谐。

民事裁判文书是法律适用的环节，是法官价值取向、法律素养、文字功底的集中反映，是衡量法官素质高低的一个重要标志，更是法治面貌的一张名片。因此，写好裁判文书具有十分重要的意义，需要我们认真对待。

（二）文书写作过程中应注意的具体问题

本案为医疗损害责任纠纷案件，医疗损害责任，是指医疗机构及其从业人员在医疗活动中，未尽相关法律、法规、规章和诊疗技术规范所规定的注意义务，在医疗过程中发生过错，并因这种过错导致患者人身损害所形成的民事法律责任。医疗损害责任纠纷案件在人民法院审理的民事纠纷中占比较低,但该类型案件具有专业性强、审理难度大、审理周期长、易引发社会舆论等特点。鉴于此,撰写民事判决书,在审判思路要清晰的同时,要着重注意以下问题。

1. 说理性方面。判决书公布说理对于败诉者的意义远远大于对于胜诉者的意义。胜诉者往往坚信自己的立场正确无疑,而败诉方往往会急于知道他们为什么会输、输在什么地方。所以,对于败诉一方而言,司法公正的意义要通过司法程序的正当性和败诉方清楚了解败诉原因得以实现。当然,这并不等于败诉方一定会愿意接受自己败诉的事实,尤其是当败诉方出具的证据不被法官采纳时,法官应当通过判决书的表述,给出败诉理由。因此,充分、透彻的说理有利于增强说服力,有利于定分止争、息诉罢访,有利于体现司法的公正性和保障当事人的合法权益。以本篇医疗损害责任纠纷判决书为例,案件的几大争议焦点在于:(1)原告起诉是否已超过法定诉讼时效期间的问题。(2)桂林正诚司法鉴定中心和青海昆仑司法鉴定中心作出的鉴定意见书程序是否合法,有无合法依据,被告湟中第二医院申请重新鉴定后,能否作为有效证据采信和认定案件事实的依据。(3)原告诉求是否支持,赔偿费用如何确定。针对上述争议焦点,依据当事人陈述和经审查确认的证据,判决书进行了充分的说理,最终依照《民法典》《最高人民法院关于审理医疗损害责任纠纷案件适用法律若干问题的解释》《最高人民法院关于审理人身损害赔偿案件适用法律若干问题的解释》《最高人民法院关于确定民事侵权精神损害赔偿责任若干问题的解释》《最高人民法院关于适用〈中华人民共和国民事诉讼法〉的解释》等法律和司法解释的明确规定,最大限度地判决支持了原告的正当诉求,依法保护了未成年人的健康权益。

2. 逻辑性方面。

(1)固定诉辩主张。案件的审理是围绕当事人的诉辩主张而展开的,因此当事人诉辩主张的确定对于法律适用而言意义重大。在裁判文书的文字中要进行全面准确的表述,同时要进行概括。

(2)对证据的审查判断。主要是对当事人有争议的证据进行分析和认证。对单一证据而言,首先是要判断是否符合证据的"三性",从而决定是否具有证据能力。在确定了证据的证据能力之后,决定证据是否具有证明力,是否可以采信。本案的待证事实为医方的诊疗行为是否存在过错,该过错与原告人身损害之间是否存在因果关系及过错参与度。该待证事实经桂林正诚司法鉴定中心作出的鉴定意见书证明,损害事实清楚,被告湟中第二医院医疗过错明显。经审查，鉴定意见作为专业意见，鉴定程序合法，评价客观、公正、全面，建议医方过错的责任比例合理，具有事实和合法依据，故被作为认定案件事实的主要依据采信。

（3）事实清楚。首先，要区分证据所反映出的生活事实和法律事实。裁判文书中所要记载的只是法律事实，即法律上发生效果的事实。其次，要剔除与案件无关的事实。只有与案件有关的在法律规范适用上有意义的事实才是裁判文书中所要认定的事实。再次，对事实的陈述既需要配合法律用语，又不能背离客观实际。最后，对事实的陈述应当以证明主张为基础。证据所能证明的事实都是裁判文书需要认定的事实，对证据的采信实际上是对当事人证明主张的采信，而当事人的证明主张通常涵盖的事实要小于证据所能反映出的事实。因此，对事实进行陈述时，只需对证明主张进行整合即可。

3. 规范性方面。规范裁判文书，能够反映司法审判的权威性。最高人民法院出台的《人民法院民事裁判文书制作规范》和《民事诉讼文书样式》，对各级人民法院制作民事裁判文书提出了统一要求。《人民法院民事裁判文书制作规范》和《民事诉讼文书样式》对举证、质证、事实认定、裁判理由以及相关格式均作了统一规定。按照要求和规定制作的裁判文书结构完整，表述流畅，清楚明了，能起到较好的引领作用。

总之，撰写一篇优秀的裁判文书，需要我们长期学习积累、认真对待，以事实为依据、以法律为准绳，让当事人从每个具体的案件中感受到司法的公平与正义，同时促进裁判文书制作质量进一步提升。

（祁贵兴，青海省湟中县人民法院法官）

三、专家评析

（一）该文书制作规范，完全符合最高人民法院对一审民事判决书的格式要求

法院名称、文书名称、案件编号使用准确规范，无瑕疵和遗漏，诉讼主体和代理人的表述全面准确，案由确定准确，依法适用普通程序公开开庭审理，以及各方当事人和诉讼代理人参加诉讼情况交代清楚。对原告提出的诉讼请求和被告的辩称概括具体，简洁明了，对事实和理由归纳全面，表述清楚。

（二）该文书在审查判断证据方面做到了客观、公正、合法

本案是一起时间跨度较大、相对复杂的医疗损害责任纠纷。双方当事人

提交了病历、各种医疗票据、鉴定意见书、证明和聊天记录等多种证据，文书制作者需要进行认真梳理和是否符合证据三性原则的判断。文书中首先对当事人无异议的证据结合庭审质证予以确认。对当事人有异议的证据，逐个进行了分析认定，分析认定过程符合证据的客观性、关联性和合法性，分析有理有据逻辑严密。对证据证明力的判断准确，有较强的说服力。证据与案件事实联系紧密，证明方向明确，为作出判决奠定了基础。

（三）认定案件事实客观、全面、准确无误，文字精练，将复杂的案情用较短篇幅全面概括，有较强的文字表达能力和概括能力

案件争议焦点归纳准确到位，体现了法官对案件的全面吃透和把握。处理案件思路清晰，法律关系表述清楚。在裁判文书说理部分，紧扣当事人的诉讼主张和辩解理由展开，如在本案的核心问题即被告湟中第二医院在原告出生后，在防治原告病理性黄疸及预防患儿维生素 K1 缺乏上存在过错，且过错行为和损害结果之间是否存在因果关系上进行了分析和说理。为了解决专业技术问题，以双方协商共同委托的桂林正诚司法鉴定中心作出的鉴定意见书等作为支撑。针对被告方提出的原告起诉已过诉讼时效期间的问题，裁判文书中认真梳理了原告于 2011 年 11 月 15 日在被告湟中第二医院出生至 2020 年 9 月 10 日原告起诉时诉讼时效中止的各种情形，明确了权利人知道或者应当知道权利受到损害的法律要求，得出原告起诉并未超过法定一年诉讼时效期间的结论，论证过程环环相扣，既尊重客观实际，也符合法律规定，同时，考虑了情理，体现了对受害一方和弱势群体的司法保护理念。对各种赔偿费用的确定问题，逐条逐项进行了认真核算，既按有关规定和标准执行，又考虑到符合实际的合理费用支出，特别是被告湟中第二医院提出的"原告发生的医疗费用中，已通过新农合医保报销部分计入赔偿数额，不符合法律规定"的问题，在过去类似案件处理过程中有过争议，对此，该裁判文书说理部分认为"新农合医保"属于政策性保险，原告获得的医保报销是其履行保险费缴纳义务后享有的权利，属于投保收益，与原、被告之间的医疗损害法律不同。法律并不禁止被侵权人向社会保险部门报销部分医疗费后再向侵权人行使医疗费的赔偿请求权。而且报销医疗费的行为并未加重侵权人的责任。这样的论证逻辑和结果能够让人接受，有较强的说服力。此外，该文书裁判结果正确，判项明确具体，无遗漏也不存在歧义，援引法律条文正确。

总之，这是一份解决医疗损害赔偿的民事一审判决书，文书结构完整、繁简得当、层次分明、文字精练、表述准确、行文流畅、通俗易懂，全面反

映了案件基本事实，并突出了争议焦点，不仅展现了文书制作者的办案能力和法律素养，也体现了文字表达能力和水平，是一篇优秀的裁判文书。

（点评人：王海明，青海省高级人民法院审判委员会委员、二级高级法官）

（2020）青 0122 民初 4538 号裁判文书原文

38. 时某与某医院医疗损害责任纠纷案*

【关键词】

侵权责任　医疗损害责任纠纷　司法鉴定意见　瑕疵司法鉴定意见　相当因果关系　改判

【裁判要旨】

医疗损害责任纠纷案件中，对于瑕疵司法鉴定意见，可以对其合理部分予以采信，对不合理部分不予采信，力求避免因鉴定意见的瑕疵而全部予以否定，进而导致二审因需要进行重新鉴定而撤销原判、发回重审。

一、简要案情

时某之母关某于2018年5月至9月多次在某医院进行治疗，诊断为脊髓型颈椎病。后关某至其他医院就诊，于2019年3月18日被诊断为运动神经元病、肌萎缩侧索硬化（渐冻症）。2020年8月1日，关某因病情进行性加重死亡。一审诉讼中，法院委托司法鉴定机构就"某医院对关某的诊疗行为有无过错，该过错与关某的死亡损害后果之间是否存在因果关系及原因力大小"进行司法鉴定。司法鉴定机构出具鉴定意见书，认为渐冻症目前无法治愈，患者确诊后的生存期一般为3年至5年，鉴定意见为关某的死亡符合肌萎缩侧索硬化疾病（渐冻症）的发展转归，与某医院过错行为无因果关系；但某医院鉴别诊断不充分的过错影响患者的早期诊断和治疗，不利于患者生存期的延长，故建议医疗过错在导致患者损害后果（生存期）中原因力大小为次要（责任范围为20%~40%）。一审法院按照鉴定意见认定的原因力大小，确定某医院按照25%的比例向时某赔偿医疗费、丧葬费、死亡赔偿金等损失。某医院不服一审判决，提起上诉。

二审法院认为，本案的争议焦点为某医院的过错诊疗行为与患者关某的死亡是否具有因果关系及其因果关系程度。

---

* （2021）京03民终16350号。

本案中的鉴定意见一方面认为某医院的医疗过错与患者的死亡无关；另一方面又认为该医疗过错对患者的生存期有不利影响。而生存期的终点即为患者的死亡，故无法将患者死亡这一损害后果与生存期缩短截然割裂进行评判，本案鉴定意见存在瑕疵。因此，二审法院对于鉴定意见不予完全采信；应结合本案具体情况判断某医院的过错诊疗行为与患者死亡之间的因果关系。

本案中，患者所患渐冻症是以运动神经元退变为特征的疾病，其病理机制错综复杂，患者常因呼吸衰竭于3年至5年后死亡。根据目前的医疗水平及临床经验，渐冻症系无法治愈之疾病，但患者若能得到及时诊断，仍有通过适当治疗手段延长生存期的可能性。某医院对患者所患疾病存在鉴别诊断不充分的过错，其过错诊疗行为降低了患者及时接受治疗以延长生存期的概率，而增加了患者因延误诊断治疗缩短生存期的可能性，且事实上造成患者于确诊2年后即死亡，其生存期相比于一般的渐冻症患者确实较短（一般生存期为3年至5年）。因此，可以认定某医院的过错诊疗行为是患者早于一般渐冻症患者死亡这一损害后果发生的适当条件，二者之间具有相当因果关系。而本案的鉴定意见所评价的是某医院的过错诊疗行为与患者死亡这一损害后果之间是否具有事实层面的因果关系，即某医院的过错诊疗行为客观上是否直接、必然地导致了患者的死亡；鉴定意见虽认为某医院的过错医疗行为与患者的死亡不具有直接的、必然的因果关系，但不能因为死亡系患者罹患渐冻症后确定发生的结果即完全排除某医院的过错诊疗行为与患者提前死亡之间的相当因果关系。一审法院将鉴定意见所评价的"生存期缩短"直接等同于死亡的后果，机械地按照鉴定意见认定的原因力大小确定医院的责任比例，对时某关于死亡赔偿金及丧葬费的赔偿请求予以支持，缺乏事实依据。

二审法院在鉴定意见存在瑕疵的情况下，未完全采信鉴定意见，而是根据相当因果关系理论，判断生存期缩短实际上也指向死亡的后果，并综合考虑渐冻症的病理、患者相较于一般渐冻症患者减少的生命年限、鉴定机构对某医院诊疗行为的鉴定分析等因素确定因果关系的合理比例。具体而言，相较于一般渐冻症患者存活的较长期限5年，关某于确诊渐冻症后2年去世，二者的生存期相差3年；相较于一般渐冻症患者存活的较短期限3年，二者的生存期相差1年；法律规定的死亡赔偿金的计算年限最长为20年，关某较5年生存期而言少存活的3年与死亡赔偿金最长计算年限20年之间的比例为15%，较3年生存期而言少存活的1年与20年的比例为5%；参考鉴定意见认为某医院的医疗过错导致患者损害后果（影响生存期限）的原因力大小为次要,次要责任比例的上限为40%,按照40%的原因力大小在前述15%比例的基础上计算某医院的责任比例为6%,在前述5%比例的基础上计算的责任比例为2%。因此,二审法院在2%~6%的区间内,酌定某医院对患者死亡这一损害后果承担5%的赔偿责任,对一审判决予以改判。

二、撰写心得

裁判文书是人民法院依法独立行使审判权的文字载体,一篇优秀的裁判文书应当通过释法说理阐明裁判结论的形成过程和正当性理由,提高裁判结果的说服力,实现法律效果和社会效果的有机统一。在撰写裁判文书的过程中,应当做到以下六点。

(一)裁判文书应把握模式化和个性化的平衡

为体现法律的权威性、严肃性和司法活动的规范性、普适性,裁判文书在制作形式上具有统一的格式和写作用语规范。对于具体的案件类型,在审判实践中也形成了一定的说理论证模式。如医疗损害责任纠纷案件的判决书,通常的说理模式即为"列明法律规定—引述本案司法鉴定意见—认定医疗过错、因果关系成立并确定责任比例—核算各项赔偿费用—作出判决"。但裁判文书同时也是展现法官个性化的载体,这不仅指法官个人语言风格的个性化,更重要的是具体案情的个性化。即根据案情进行具体分析并作出符合个案实际情况的裁决。申言之,裁判文书的个性化部分才是司法能动性的集中体现。因此,一篇优秀的裁判文书绝不是模式化地陈述大前提、小前提即得出结论,而是把握形式上的模式化要求和实质上说理论证的个性化,通过有针对性的说理论证呈现司法裁判的公正性、说服力与公信力。

(二)裁判文书应体现批判性的思维过程

裁判文书的写作应当是一个体现批判性思维的过程,法官需要运用批判性思维对争议事实及法律适用进行分析,从而阐明法院判决的依据及理由。首先,在证据审查部分,尤其是对于争议证据的识别、评价和推论,需要体现批判性思维。本案的关键证据是司法鉴定机构出具的司法鉴定意见书,二审法官结合具体案情,运用批判性思维对司法鉴定意见进行了充分审查,对鉴定意见的瑕疵部分不予采信,没有完全将因果关系的评定让渡于司法鉴定机构。其次,在法律适用部分,对法律规定的解释也涉及识别、评价和推论的批判性思维过程,应当结合法律规定背后的法理进行解释,从而得出案件事实是否满足法定构成要件的结论。

(三) 裁判文书要体现审判观点和审判思路

裁判文书是人民法院司法审判工作的最终产品，也是法官办案思路的最终体现。裁判文书写作的过程是法官证成个案判决的过程，需要法官根据案件的具体情况将法律条文应用于案件中，并按照一定逻辑推理出最终裁判结果。形成明确的观点是进行有效说理、作出正确裁判的前提，且决定了说理的方向和布局。因此，裁判文书的写作首先应当明确审判观点和审判思路，搭建起说理的逻辑架构。具体到本案中，二审法院经过审理发现本案司法鉴定意见关于因果关系的认定存在瑕疵，可不予采信。在此情况下，二审既可以选择发回重审，要求一审法院启动重新鉴定以明确医疗过错行为与损害后果之间的因果关系；也可以选择厘清司法鉴定意见与具体案情的关系，对司法鉴定意见的合理部分予以采信，对司法鉴定意见的不合理部分通过说理论证予以纠正，对一审判决结果进行改判。最终，二审法官选择了改判的审理思路，并根据这一审理思路搭建其说理论证的逻辑框架，在充分阐释改判的原因及依据后，得出改判结果。

(四) 裁判文书释法说理要透彻、精准

司法裁判应当以事实为依据、以法律为准绳，法律准绳与事实依据之间的衔接需要通过释法说理完成。裁判文书的说理部分不能仅仅是对裁判结论形成过程的公式化阐述，而应当做到阐明事理和释明法理并重，通过逻辑推理阐述认定事实和适用法律之间的思维过程。一篇优秀的裁判文书既要对案件事实予以充分认定，又要对适用法律规范的依据进行充分阐释，同时还要注重法理的贯通运用。本案裁判文书在对司法鉴定意见和具体案情进行透彻分析的基础上，运用侵权责任法上的相当因果关系理论进行司法演绎推理，认为患者生存期的缩短与最终的死亡不能割裂进行评判，本案的过错医疗行为与患者的损害后果之间已经满足相当因果关系的条件，故成立侵权责任法上的因果关系，通过透彻的说理对争议事实作出准确的法律评价。

(五) 裁判文书要体现社会主义核心价值观

社会主义核心价值观不仅对司法裁判具有价值引领作用，也是检验司法裁判结果正确与否的价值标准。一篇优秀的裁判文书，其本身即是"公正"与"法治"精神最具代表性的载体之一，其裁判结果必然符合社会主义核心价值观的导向，且应当善于运用社会主义核心价值观融入裁判文书的释法说理。本案裁判结果充分考虑了患者的客观病情，在认定医疗机构存在过错的同时，未对医疗机构苛以过重责任，既保障了患者家属依法求偿的权利，也

合理认定了医疗机构的责任比例,彰显了公平正义的司法理念,符合社会主义核心价值观的本质要求。

(六)裁判文书应体现终审法院的司法担当

中级人民法院在作出二审裁判时,应当立足于二审有效终审、精准定分止争的审级职能,这也对案件二审裁判文书的撰写提出了更高要求。经审理发现一审裁判确实存在认定事实不清、适用法律不当等问题的,二审法院不应轻易发回重审,而应当尽量通过改判予以纠正或通过调解化解纠纷,从而真正发挥二审终审的作用,做到案结事了。尤其是医疗损害责任纠纷案件,若重新启动司法鉴定,将进一步延长审理周期、增加当事人的诉讼成本、延迟患方获得赔偿的时间。因此,本案裁判文书通过二审改判的方式实现精准定分止争,既纠正了一审判决的逻辑错误,又减轻了当事人的诉累,切实发挥了终审法院的司法担当。

(陈晓东,北京市第三中级人民法院法官)

三、专家评析

本篇判决书系一起医疗损害责任纠纷案件的二审民事判决书,文书逻辑架构清晰,事实认定清楚,在释法说理方面做到了法律规定与法理的融合统一,回应了医患双方对公平正义的期待,彰显了司法裁判在解决医疗纠纷上的基础功能和重要使命。

(一)逻辑架构清晰,审判思路鲜明

本篇判决书说理部分准确归纳了案件的争议焦点,并围绕争议焦点展开了由表及里、逐层推进的论述。首先,结合在案证据及审理查明的事实,运用相当因果关系理论对某医院的过错诊疗行为与患者的死亡后果是否具有因果关系进行论证;其次,在证成因果关系的基础上,进一步结合具体案情分析原因力大小并认定赔偿责任比例;最后,采用正面论证与反面论证相结合的方式,提出因果关系不成立的反面假设,并分析这一假设条件下一审判决存在的逻辑矛盾,进一步补强了二审法院认定因果关系成立的合法性及合理性,增加二审改判思路的周密性与严谨性。

(二)对鉴定意见审查充分,认定事实清楚

医疗损害责任纠纷案件中,医疗行为涉及专业性较强的技术问题,法院通常根据司法鉴定机构出具的司法鉴定意见书对医疗机构的诊疗行为作出评价,从而认定医疗机构是否应当承担侵权赔偿责任。审判实践中,不少判决书照搬鉴定意见书的内容作为事实认定的结论，而缺少对司法鉴定意见的审查与分析，导致"以鉴代审"的情况。本篇判决书并未机械地套用司法鉴定意见，而是按照法定程序对鉴定意见进行全面、客观审核，同时从节约当事人讼累，实现法律效果与社会效果相统一的角度出发，对鉴定意见的合理部分予以采信，对关键事实作出了正确认定。

（三）释法说理翔实充分，事实依据与法律依据并重

侵权责任尤其是医疗侵权责任的构成要件中，因果关系的判断是最为复杂的问题之一。本案患者罹患的是无法治愈的渐冻症，某医院的误诊行为在一定程度上减少了患者的生存年限。鉴于此，本篇判决书在说理过程中结合患者病情的特殊性，运用相当因果关系理论对法律规定的"因果关系"进行解释，剖析医疗过错行为与损害后果之间足以构成侵权责任法意义上的因果关系所应满足的条件。在本案司法鉴定意见对于因果关系的评价存在瑕疵的情况下，综合考虑渐冻症的病理、患者相较于一般渐冻症患者减少的生命年限等因素，对因果关系及其原因力大小作出了重新认定，充分阐释了判决结果背后的法律依据和事实依据，做到了法律规定与法学理论的紧密融合。

（点评人：程啸，清华大学法学院副院长、教授、博士生导师）

（2021）京 03 民终 16350 号裁判文书原文

第八章　公益诉讼

39. 江苏省宿迁市人民检察院与章某消费民事公益诉讼案*

【关键词】

未成年人　文身　公共利益

【裁判要旨】

经营者向不特定未成年人提供文身消费服务，对未成年人身体健康、社会交往、就学就业产生不利影响，侵害《未成年人保护法》规定的未成年人的"生存权、发展权、受保护权、参与权等权利"。未成年人是国家和社会持续发展的后备力量，基于最有利于未成年人的原则和法律对于未成年人的特殊、优先保护，应认定经营者向不特定未成年人提供文身服务系损害社会公共利益的行为，经营者应承担停止侵害、赔礼道歉等民事责任。

一、简要案情

公益诉讼起诉人江苏省宿迁市人民检察院诉称：在办理相关未成年人犯罪案件中发现，被告章某存在为不特定未成年人文身的行为。章某在经营文身馆期间，明知服务对象为未成年人，先后为40余名不特定未成年人文身。章某的行为侵害了不特定多数未成年人的身体权、健康权，对未成年人的身心健康造成侵害，损害社会公共利益。请求人民法院判令：（1）被告章某不得向未成年人提供文身服务；（2）被告章某在国家级媒体公开对为未成年人文身的行为及造成的影响向社会公众赔礼道歉。

被告章某辩称，法律并未禁止为未成年人文身，文身行为本身并不存在

---

* （2021）苏13民初303号。

对错，错误在于人们对文身的认知。接受文身服务的未成年人中，部分已经参加工作，可以视为完全民事行为能力人，部分年龄在十六七岁，对于文身行为可以作出独立判断，具有明确认知。章某在主观上不存在过错，文身行为亦未违反法律规定，故文身行为不属于侵权行为。即使认定文身行为构成侵权，该行为也并未损害社会公共利益，该行为已经停止，故章某不应当承担停止侵害、向社会公众赔礼道歉的民事责任。

法院经审理查明：章某自2017年6月1日开始从事文身经营，未办理营业执照，未取得卫生许可证、健康证，文身服务的消费者中包括未成年人。章某累计提供文身服务的消费者总数几百人，其中未成年人所占比例约为70%。接受文身的未成年消费者中存在帮派成员。2018年至2019年，曾有未成年人家长因反对章某为其子女文身而发生纠纷，公安机关介入处理。此后，章某仍然向已存在文身的未成年人提供文身服务。章某确认为本案所涉40余名未成年人提供文身服务，文身图案包括"一生苏北"、"一生戮战"、二郎神、关羽、般若、唐狮、画臂、满背等，并为7名未成年人清除文身，分别收取数十元至数百元不等的费用。涉案文身未成年人陈述，章某在提供文身服务时不核实年龄及身份，部分未成年人及其法定代理人陈述，因文身导致就学、就业受阻。

另查明，经沭阳县人民检察院委托检测，章某文身时使用的颜料每1kg中含有11mg游离甲醛，超出每1kg中5mg的报告检出限。

从临床医学角度而言，文身是一种有创行为，颜料进入人体后着色，不能完全清除。激光清除是当前常用方法，清除过程存在明显痛感，累计需要清除4至5次，每次间隔3个月，总体清除周期在1年以上。清除文身的费用根据医院等级高低收费标准不同。专业调查研究表明，未成年人文身后，易遭受社会排斥，被动形成自我认同，给未成年人造成心理创伤。文身行为会在未成年人群体中产生模仿效应，容易互相效仿。

宿迁市人民检察院认为，章某的行为侵害不特定未成年人的合法权益，损害社会公共利益，遂提起本案公益诉讼。

本案争议焦点：章某向不特定未成年人提供文身服务的行为是否损害社会公共利益，是否应当承担停止侵害、向社会公众赔礼道歉的民事责任。

江苏省宿迁市中级人民法院认为，未成年人消费者接受文身服务，双方之间形成消费法律关系，但未成年人作为特殊群体，受《消费者权益保护法》与《未成年人保护法》的双重保护。文身行为具有不可逆的特征，文身的未成年人易遭受社会公众负面评价,并在入学、参军、就业等过程中受阻,影响其成长和发展,侵害了《未成年人保护法》规定的未成年人的"生存权、发展权、受保护权、参与权等权利",违反《未成年人保护法》最有利于未成年人的原则和对未成年人予以特殊、优先保护的规定。

未成年人的健康成长与发展直接影响国家发展与社会进步的后备力量是否充分,决定社会发展的可持续性。未成年人的发展与民族和国家命运紧密关联,未成年人的未来决定国家和民族的未来,未成年人的健康成长是至关重要的国家利益和社会公共利益。未成年人保护存在显著的国家化、社会化、公法化趋势,未成年人利益呈现由私益向公益、未成年人保护职责呈现由监护人个人职责向国家公共职责的转变。当权利侵害行为涉及不特定未成年人的利益时,就不再单纯属于个人利益范畴,而具备公共利益属性。文身损害身体健康,妨碍就学、就业,文身图案、符号、文字传递着封建迷信、江湖义气、帮派文化等有害思想,损害未成年人的成长与发展。向未成年人实施文身行为,既侵害了个体未成年人消费者权益,也损害社会公共利益。

为维护社会公共利益而提起民事公益诉讼案件,首要目的是责令经营者停止实施侵害消费领域公共利益和公共秩序的行为,防止损害行为的持续与反复,使损害结果和范围不再继续扩大。章某以不特定消费者为服务对象,行为中损害社会公共利益的因素持续存在,应当予以制止。章某的行为损害了未成年人健康成长这一社会公众共同享有的重要公共利益,给社会公众造成精神伤害,应当承担停止侵害、向社会公众赔礼道歉的责任。

综上,宿迁市中级人民法院于2021年6月1日作出(2021)苏13民初303号民事判决:一、章某立即停止向未成年人提供文身服务的行为。二、章某于本判决生效之日起十日内在国家级公开媒体向社会公众书面赔礼道歉(道歉内容须经本院审核);如章某未在上述期限内履行义务,本院将在相关媒体刊登判决书主要内容,所需费用由章某负担。

二、撰写心得

裁判文书是审判活动的最终产品,裁判文书的内容不仅需要全面反映事实的认证依据,更应全面阐述裁判结果形成的法律依据、法理内涵和推理过程。裁判文书的写作过程就是法官证成个案判决的过程,案件的事实要素与法律规则在裁判文书中充分结合,形成系统完整的论述,表现法官对案件的思考,法院对当事人行为的态度。裁判文书的撰写过程是说服当事人并向社会公开宣传法治思维的复杂活动。本案系全国首例未成年人文身公益诉讼案件，裁判文书的撰写缺乏可予参照的先例，裁判说理及其中蕴含的裁判规则具有较强的首创性，因此文书撰写难度较高，裁判文书公开后的社会影响力较大。为做好裁判文书的撰写工作，本案的裁判文书的撰写过程，做到了三个方面的坚持。

（一）坚持受众思维

随着司法公开的不断深化，裁判文书已不仅仅是当事人权利义务关系的宣告书，更是社会规则的引导者，因此裁判文书的撰写应当全面考虑其受众，社会影响力重大的案件，尤其如此。本案系特定领域的公益诉讼首案，案件庭审过程就吸引了十余家全国性媒体公开报道，案件传播范围之广、裁判结果对社会影响之深，决定了本案裁判文书的受众绝不仅仅是当事人自身。该案的裁判必将成为法学专家、法律职业者乃至普通民众讨论和评判的对象，受众之广泛、法律素养层次分布的不均衡，都要求本案裁判文书在撰写时应当充分予以考虑和兼顾。

本案裁判文书的撰写坚持从受众出发，一方面完整还原案件事实，另一方面实现了裁判说理深刻与通俗的相结合。尽管本案案件事实较为清楚，双方当事人对证据争议不大，但为完整呈现案件事实，让裁判文书的读者全面理解裁判背景，本案判决对证据内容进行了较为详细的罗列，目的就是让裁判文书的读者能够沉浸式体验案件事实，对案件形成客观的内心评判。裁判文书的写作重点在于裁判说理，在裁判说理过程中同样融入了受众意识。因此本案裁判说理不仅仅简单罗列法律条文，更重要的是对法律条文背后的法理进行深刻解读，但避免了冰冷、生硬和过于专业的法理表达，以深入浅出的方式予以呈现，同时融入社会情理、大众认知，有效提升了裁判文书的可接受度，使读者在"知其然"的情况下更"知其所以然"，增强裁判文书的说服力和感染力。

（二）坚持素材集成

如前所述，本案作为所涉领域的首例案件，关于未成年人文身行为的定性、未成年人公共利益的认定均无可参考的先例，故裁判文书的撰写需要法官充分发掘与案件有关的素材，方能做到心中有数。本案的核心行为系未成年人文身行为，如何准确评价该行为，需要法官全面了解和掌握文身行为本身的特点、社会评价、后果表现以及未成年人保护的社会背景。从文化传播的角度，文身同时也是一种游离于社会主流文化之外的亚文化现象，社会群体如何评价该现象,也需要法官了解其形成的历史背景,在当今社会中其文化传播领域的评价等。庭审过程中,虽然公益诉讼起诉人申请专家辅助人出庭发表了部分意见,但该意见的权威性和说服力仍需要法官审查核实和评价认定。因此,本案文书撰写过程中,承办法官认真查阅了相关医学期刊、心理学期刊、未成年人成长教育方面的社会学期刊,深入了解了文身行为的对身体的改变机理,可能导致的各种后果,文身清除的方法、效果等专业事项以及文身在未成年人社会化过程中的不利影响等,进行了全方位、全要素的广泛调查研究。

同样,未成年人的司法保护还应当结合立法背景,司法虽然重视未成年人保护,但《未成年人保护法》本身属于社会法范畴,司法适用的频率不高,本案正发生于《未成年人保护法》的修改之际,撰写裁判文书时,法官还全面深入了解了《未成年人保护法》的立法、修订历程,以及每次修订的理念更新和未成年人保护社会实践的最新发展。全面、广泛收集与案件有关的各项素材、案例,有效扩充法官知识面,深刻了解该特定领域的关联知识,提升法官的知识储备,对案件作出了准确的评价与定性,裁判说理方能有据可循,才能有内容、有深度、有说服力。

(三) 坚持重点突出

裁判说理应当具有针对性。说理是裁判文书撰写最关键的内容,是裁判文书的基石。裁判说理分为事理、法理、学理、情理和文理,其中的法理就是法律条文、司法解释、司法政策等规范性文件。裁判作出的过程,就是解释法律的过程。本案因缺乏直接可适用的成文法规范,裁判结果的规范性依据不强,需要运用司法智慧,通过对现有可参照适用的法律规定进行整体解释、目的解释等方法进行解读。本案法理论证有两个重点和难点,分别是为未成年人文身行为定性和未成年人利益的公共利益属性。因此,法理论证是本案裁判文书写作的重中之重,直接决定了裁判结果的可接受性,抓住这两个重点和难点,裁判文书的说理将事半功倍。关于行为的性质,因本案法律关系具有多重性,故在说理的方法上选择了全面分析、层层论证的方式,对案件所涉法律关系进行了多重剖析,从纷繁复杂的间接性法律规定中以"合并同类项"的方法抽离出"向未成年人提供文身服务损害未成年人的成长、发展利益"的结论。关于未成年人利益的公共利益属性,从《未成年人保护法》的立法宗旨出发,将未成年人保护与社会发展可持续性、未成年人保护的国家化趋势等社会学范畴概念相结合,详细论证了未成年人利益与国家、社会发展进步的关系，突出其公共利益属性，清晰描摹出了未成年人利益的公益性特征。重点部分的说理实现，为案件裁判说理的针对性和完整性打下了坚实的基础。

（金飚，江苏省宿迁市中级人民法院法官）

三、专家评析

本案系适用新修订的《未成年人保护法》审结的涉未成年人权益保护民事公益诉讼案件，是未成年人保护民事公益诉讼的一次有益尝试，具有多重开创和示范意义，展现了人民法院工作的新作为、新担当。

在事实查明层面，法官精准归纳争议焦点，平等保障当事人的攻击防御方法手段，并通过援引专家辅助人的意见进行说理，提升了裁判的说服力与公信力。

在法律适用层面，在现有法律规范对未成年人文身合法性尚不明确的情况下，法官突破成文法的局限性，正确解释和适用新《未成年人保护法》的价值取向与规范目的，将较为抽象的最有利于未成年人的保护原则具体化，认定被告为不特定未成年人提供文身服务的行为不利于未成年人身心健康发展，侵犯了不特定未成年人利益，属于损害社会公共利益的行为，并由此支持了公益诉讼起诉人的请求，为未成年人公益诉讼案件的审理积累了宝贵的经验。

在社会效果层面，该案判决贯彻了2020年修订的《未成年人保护法》进一步强化未成年人利益保护最大化原则的理念，有助于推动全社会形成任何单位和个人不得为未成年人文身的共识。该案裁判结果树立了正面的司法导向，对同类型案件的裁判具有规则引领和价值导向功能，起到了很好的示范作用。

（点评人：肖建国，中国人民大学法学院教授）

（2021）苏13民初303号裁判文书原文

40. 乐融致新公司与江苏省消费者权益保护委员会消费民事公益诉讼案[*]

【关键词】

智能电视开机广告　明确提示　一键关闭　公共利益

【裁判要旨】

智能电视开启时开机广告自动播放，如果智能电视生产者同时也是开机广告的经营者，其有义务明确提示消费者产品含有开机广告内容，并告知能否一键关闭。智能电视生产者对其生产销售的智能电视未提供即时一键关闭功能，消费者权益保护组织为维护众多不特定消费者的合法权益，提起民事公益诉讼要求智能电视生产者提供开机广告一键关闭功能的，人民法院应予支持。

一、简要案情

乐融致新公司是"乐视TV"等品牌智能电视的经营者。2019年3月16日，江苏省消费者权益保护委员会（以下简称江苏省消保委）接到南京市一名消费者的投诉，反映乐融致新公司销售的智能电视存在开机广告且不能关闭。江苏省消保委收到消费者投诉后，受理投诉并进行调查。调查中，江苏省消保委发现乐融致新公司销售的智能电视开机时会自动播放15秒左右的开机广告，未在销售时以显著的方式向消费者提示或告知存在开机广告，相关广告也不能关闭。针对消费者的投诉，江苏省消保委进行了问卷调查。消费者纷纷留言表示不能接受智能电视开机广告，智能电视开机广告侵害了消费者的权益。

根据调查结果，江苏省消保委集中约谈了包括乐融致新公司在内的多家智能电视经营者，并向乐融致新公司发送了整改通知。2019年9月4日，江苏省消保委向包括乐融致新公司在内的智能电视经营者发送了《智能电视开

[*] （2021）苏民终21号。

机广告侵犯消费者权益问题的约谈函》。2019年10月10日，江苏省消保委集中约谈了包括乐融致新公司在内的七家市场占有率较高的品牌智能电视经营者，告知其智能电视开机广告侵害了消费者的知情权、选择权和公平交易权。同日，江苏省消保委向乐融致新公司发送了《企业告知书》，要求乐融致新公司在销售智能电视时向消费者告知其产品存在开机广告，并且为消费者提供一键关闭开机广告功能，履行保护消费者知情权、选择权、公平交易权、健全投诉处理机制等法律义务。

经过集中约谈，创维、长虹、海尔、小米、夏普、海信等智能电视生产厂商先后向江苏省消保委发送整改情况回复函，江苏省消保委认为上述厂商已经通过技术手段解决了一键关闭开机广告的问题。乐融致新公司虽作出承诺，但整改措施仅包括提供设置开机照片和视频功能，开机广告"一键关闭"窗口在广告结束前五秒才出现。江苏省消保委认为乐融致新公司的整改力度和效果不符合法律规定，提起公益诉讼，要求：（1）乐融致新公司在销售带有开机广告功能的智能电视时以显著的方式提示或告知消费者其产品存在开机广告；（2）乐融致新公司为其销售的带有开机广告功能的智能电视提供一键关闭开机广告的功能。

一审法院认为，乐融致新公司在产品销售页面、产品说明书、乐视商城网站的购买协议均有相应告知，且在外包装上就开机广告进行了提示，增大了提示字体。乐融致新公司在销售智能电视时对其存在开机广告事项基本履行了向消费者的告知义务。但消费者开机后会自动播放15秒左右的开机广告，且该广告直到播放最后5秒时才弹出一键关闭窗口，消费者才能选择关闭开机广告，降低了消费者观看电视的体验，侵害了众多不特定消费者的合法权益。判决乐融致新公司于本判决生效之日起为其销售的带有开机广告的智能电视机在开机广告播放的同时提供一键关闭功能。

一审宣判后，乐融致新公司不服一审判决，向江苏省高级人民法院提起上诉。

经梳理，本案二审的争议焦点为：（1）乐融致新公司销售的智能电视在播放开机广告时为消费者提供的可供选择的服务是否限制了消费者的选择权；（2）乐融致新公司提供的一键关闭的功能是否符合《广告法》等法律规定。

二审法院认为，乐融致新公司既是智能电视的生产者也是开机广告的经营者，本案涉及的选择权包括消费者选择购买智能电视的权利和选择接收开机广告的权利。

关于乐融致新公司是否侵害消费者购买电视机的选择权问题。乐融致新公司整改后，在产品销售页面、产品说明书、乐视商城网站的购买协议和产品外包装上就开机广告进行了提示，增大了提示字体。从提示的内容来看，乐融致新公司已经表明开机时会出现开机广告，部分机型包装上还载明了可以通过设置照片、视频等方式替代开机广告。在一般情况下，尚不至于使消费者产生误解，从而可以保障消费者购买电视机的选择权。但是乐融致新公司在相关提示中关于消费者是否可一键关闭开机广告的表述还不够清晰，仍有继续改进的空间。综合考虑本案情况，只能认定乐融致新公司在销售智能电视时对其存在开机广告事项基本履行了向消费者的告知义务。

关于乐融致新公司是否侵害消费者观看开机广告的选择权问题。《广告法》第44条第2款规定："利用互联网发布、发送广告，不得影响用户正常使用网络。在互联网页面以弹出等形式发布的广告，应当显著标明关闭标志，确保一键关闭。"可见，法律并不禁止广告经营者通过互联网等方式向消费者推送广告或者其他商业信息，但应当保证消费者的拒绝权（选择权）。上述规定已经充分考虑了互联网的特点，平衡了广告经营者的商业利益、信息流通利益和消费者权益。通过显著方式设置一键关闭窗口是经营者应承担的无条件的法定义务。该法定义务应当是即时和彻底的，关闭窗口只有与互联网广告同时出现且能够彻底关闭广告才能充分保护消费者的选择权，才能实现法律规定的"确保一键关闭""不影响用户正常使用网络"的规范目的。乐融致新公司提供的设置开机图片、视频的功能不能取代"一键关闭"功能。相关行业组织制定的行业标准也不得低于法定标准。乐融致新公司生产销售的"乐视TV"等品牌智能电视设置的"一键关闭"窗口弹出时间明显延后于开机广告，该行为违反法律规定，侵害了消费者的选择权。判决驳回上诉，维持原判。

二、撰写心得

本案是全国第一起因智能电视开机广告提起的消费民事公益诉讼案件，涉及智能电视、网络终端设备等新业态广告发布新问题，具有很高的社会关注度和影响力，裁判结果不仅直接涉及众多不特定消费者权益，也会间接影响数十家智能电视生产企业的利益，还可能对于未来智能电视行业的发展产生影响。因此在本案审理中，我们不仅高度重视案涉法律问题的研究，更高度关注社会各方关切，力求在消费者权益保护与经营者的经营行为规范之间寻求平衡。同时，在案件审理、开庭及文书制作中，严格依据公益诉讼相关法律的程序要求规范操作，并将对各方当事人的诉求、社会各界的关注、庭审中当事人对行业发展的担忧等因素的回应充分体现在裁判文书的说理中，希冀裁判文书能够起到解决纷争、规范行业、引领社会的法治宣传效果。

本案的争议焦点：一是智能电视消费者对购买、使用智能电视的自主选择权范围；二是乐融致新公司提供的一键关闭功能是否符合《广告法》等法律规定。

关于争议焦点一，我们认为，智能电视消费不同于常规的消费纠纷，乐融致新公司不仅是智能电视的生产者，也是发布智能电视开机广告的广告经营者，因此本案中的消费者选择权可分为两个层面进行分析：第一，消费者在购买时，乐融致新公司对所销售的智能电视有开机广告是否充分提示，是否侵害消费者购买选择权；第二，在智能电视使用中，乐融致新公司的产品给消费者提供了设置开机照片、视频功能和观看开机广告两种选择，是否侵害消费者观看开机广告的选择权。

第一，关于乐融致新公司是否侵害消费者购买智能电视的选择权的问题。在购买商品环节，消费者根据《消费者权益保护法》第9条规定享有自主选择商品的权利，而第8条规定的知情权则是消费者行使选择权的必要基础。因此，为保障消费者购买智能电视的选择权，乐融致新公司在消费者购买智能电视时应当全面告知商品的有关情况，包括智能电视存在开机广告，以此让消费者能够充分了解相关信息，自主选择购买或不购买智能电视。本案中，乐融致新公司经江苏省消保委约谈后进行了整改，其在新上市的产品销售页面、产品说明书、乐视商城网站的购买协议和产品外包装上就开机广告进行了提示，增大了提示字体，表明电视开机时会出现开机广告。不过，乐融致新公司对智能电视开机广告的表述清晰程度尚存瑕疵，其是否尽到充分告知义务仍有进一步探讨的余地，对此，我们认为一审法院认定乐融致新公司向消费者就开机广告的存在"基本"履行了告知义务符合本案事实。

第二，关于乐融致新公司是否侵害消费者观看开机广告的选择权的问题。就该问题，需要从我国《广告法》第44条规定的背景说起。我国2015年修订《广告法》时增加了第44条规定，第一次对利用互联网从事广告活动进行规范。该条第2款规定："利用互联网发布、发送广告，不得影响用户正常使用网络。在互联网页面以弹出等形式发布的广告，应当显著标明关闭标志，确保一键关闭。"当时，随着互联网和电子商务在我国快速发展，互联网广告迅速崛起，成为市场重要的广告形式，弹窗式广告泛滥，严重影响用户正常浏览，引发广泛不满，《广告法》第44条第2款及时针对此类干扰性广告作出法律规范。该规定虽未直接禁止网络广告经营者发布广告，但要求设置一键关闭功能，以保护用户上网体验，尊重用户对广告推送的选择权，尽可能实现广告经营者的商业利益、信息流通利益和网络用户权益的平衡，促进互联网广告行业健康发展。

在本案中，若要适用《广告法》第44条第2款对乐融致新公司的行为进行规制，势必回答：智能电视开机广告是否属于"利用互联网发布、发送广告"的范围？"一键关闭"功能是否适用于智能电视开机广告？第一，智能电视发布的广告是利用互联网连接电视终端，通过网络发布、更新广告，应当认为属于利用互联网发布、发送广告范畴。第二，智能电视开机广告符合"互联网页面以弹出等形式发布的广告"的基本特征。我们认为，一方面，互联网发布广告不只有弹出式广告一种方式，只要是影响互联网用户浏览、观看等体验的方式，均属于"互联网页面以弹出等形式发布的广告"中"等"所涵盖的范围；另一方面，从社会现状来看，弹窗、漂浮等类别的广告不仅出现在网页上，亦会出现在电脑应用软件、手机应用软件等页面，仅将互联网页面理解为网页不利于对目前的广告乱象进行规制。故应当将智能电视开机广告归入"互联网页面以弹出等形式发布的广告"的范畴，该类广告的存在直接影响消费者正常浏览智能电视的相关页面，应当受到《广告法》第44条第2款规定的约束。据此，乐融致新公司需要对其发布的智能电视开机广告承担"显著标明关闭标志，确保一键关闭"的法定义务。

进一步分析，关于如何理解"一键关闭"的问题。法律法规中，涉及一键关闭的《广告法》第44条第2款以及《互联网广告管理暂行办法》第8条并未对一键关闭的内涵作出具体解释。一键关闭在效果上应当具备彻底性，不能在关闭一个互联网弹出式广告的同时连接至另一个广告页面或者其他页面，或者隔一段时间又弹出同样的广告。我们对该问题进行研究后认为，一键关闭的法定义务除具备彻底性之外还应当具有即时性，即关闭窗口能够与互联网广告同时出现且能够彻底关闭广告，才能充分保护消费者观看广告的选择权，实现法律规定的"确保一键关闭""不影响用户正常使用网络"的规范目的。理由在于：首先，如果广告经营者在广告播放的中途而非一开始提供关闭窗口，消费者便无法正常使用智能电视相关功能，消费者对网络的使用难谓正常；其次，在关闭窗口出现前，消费者观看电视的唯一选择就是观看广告，构成看或不看该广告的强迫选择，显然侵害消费者的选择权；最后，如果选择关闭广告不能彻底、完全地停止广告提供，广告在关闭后继续出现，消费者将被迫重复进行关闭操作，这与"一键"即一次性关闭广告的要求存在明显矛盾。本案中，乐融致新公司在关闭开机广告方面提供了两项措施：一是为消费者提供设置开机照片、视频的功能；二是在15秒开机广告剩余5秒时提供关闭窗口。我们认为，第一项措施只是赋予了消费者选择观看开机照片、视频或是开机广告的权利，并未赋予消费者拒绝观看开机广告的权利，不当限缩了消费者选择权的范围；第二项措施未能满足一键关闭即时性的要求，明显降低了消费者观看电视的体验，侵害了消费者的选择权。事实上，小米等品牌智能电视在播放开机广告后1秒内便会出现"按返回键退到桌面"的相关提示，立即操作按返回键即可中止广告播放，表明智能电视生产者在技术上完全可以提供即时性的一键关闭功能。据此，我们认为乐融致新公司设置的一键关闭功能不符合《广告法》第44条第2款的要求，认定乐融致新公司侵害了众多不特定消费者的合法权益。

此外，在裁判说理的最后部分，我们回应了二审庭审中当事人的同业竞争担忧。乐融致新公司代理人在庭审中表示，当前智能电视市场普遍采用设置开机广告获取广告收益，对智能电视销售价格进行弥补，从而降低智能电视销售价格获取电视机市场竞争优势，这是一种新类型的经营模式，如果仅判令乐融致新公司为其智能电视设置一键关闭功能，将会造成己方公司同业竞争力的下降，损害公司的竞争利益。我们认为，市场允许的竞争应当是正当和公平的竞争，任何商业营利模式的创新都不能以违反法律规定、扭曲市场竞争、损害消费者和其他经营者的合法权益为代价，市场普遍存在的违法现象更不能作为豁免特定经营者法律责任的理由。智能电视企业应当在自身硬实力的打磨上多下功夫，专注于产品的功能创新、性能提升、售后服务等，而不是投机取巧，通过违法违规的方式获取利益、提升自身的竞争力。

判后，为了进一步规范市场行为、确立合法合规的行业标准，我们针对当事人提出的中国电子视像行业协会制定的《智能电视开机广告服务规范》并未要求播放开机广告必须设置一键关闭功能的问题，积极发挥司法职能，向国家主管部门、行业协会发送司法建议，希望本案能够引起智能电视行业相关主管部门以及行业协会的关注和重视，对于目前消费市场上智能电视开机广告存在的违法行为进行整治，进一步规范和惩处侵害消费者合法权益和市场公平竞争的违法经营行为，推动尽快制定智能电视开机广告强制标准。

只有消费者、经营者、投资者、监管者等各类市场主体共同努力,才能成功构建健康和谐、充满活力、繁荣稳定的消费市场环境,服务保障消费双循环的国家战略和消费市场持续稳定健康发展。

本案的积极意义在于对智能电视销售和使用中如何保护消费者的选择权作了立体化的认定和阐述,对智能电视开机广告如何适用《广告法》第44条的规定,特别是对"一键关闭"功能的法律认定和适用作了全面的诠释,对丰富此类案件的审判实践和法律适用具有较强的指导意义,对规范智能电视消费市场起到积极的指引作用,实现了法律效果与社会效果的统一。

(俞灌南,江苏省高级人民法院法官)

三、专家评析

本案是全国第一起因智能电视开机广告提起的消费民事公益诉讼案件,涉及智能电视、网络终端设备等新业态广告发布问题,具有很高的社会关注度,裁判结果不仅直接影响众多不特定消费者权益,而且也会间接影响智能电视行业的未来发展。

本案的核心争点是乐融致新公司在智能电视中提供的一键关闭功能是否符合《广告法》第44条第2款"利用互联网发布、发送广告,不得影响用户正常使用网络。在互联网页面以弹出等形式发布的广告,应当显著标明关闭标志,确保一键关闭"的规定,这涉及对该款的文义解释。

法官在判决书中指出,在本案中,智能电视发布的广告是利用互联网连接电视终端,通过网络发布、更新广告,应当认为属于利用互联网发布、发送广告范畴。因此,应当将智能电视开机广告归入"互联网页面以弹出等形式发布的广告"的范畴,该类广告的存在直接影响消费者正常浏览智能电视的相关页面,应当受到《广告法》第44条第2款规定的约束。因此,乐融致新公司需要对其发布的智能电视开机广告承担"显著标明关闭标志,确保一键关闭"的法定义务。

尽管《广告法》第44条第2款并未对"一键关闭"的内涵作出具体解释,但是法官认为,一键关闭的法定义务除具备彻底性之外还应当具有即时性,即关闭窗口能够与互联网广告同时出现且能够彻底关闭广告,才能充分保护消费者观看广告的选择权,实现法律规定的"确保一键关闭""不影响用户正常使用网络"的规范目的。本案中,乐融致新公司生产的智能电视在15秒开机广告剩余5秒时提供关闭窗口。这显然未能满足一键关闭即时性的要求，明显降低了消费者观看电视的体验，侵害了消费者的选择权。事实上，小米等品牌智能电视在播放开机广告后 1 秒内便会出现"按返回键退到桌面"的相关提示，立即操作按返回键即可中止广告播放，表明智能电视生产者在技术上完全可以提供即时性的一键关闭功能。因此，法院认为乐融致新公司设置的一键关闭功能不符合《广告法》第 44 条第 2 款的要求，认定乐融致新公司侵害了众多不特定消费者的合法权益。

  法官通过上述解释非常好地保护了消费者的合法权益，同时也没有对智能电视行业的发展造成妨碍。本案性质上属于侵权之诉，《广告法》第 44 条第 2 款属于不完全的法律规范，该款只是规定了相关主体的行为义务，并没有对违反该行为义务的法律后果进行规定。同时，该款属于违反保护他人的条款，保护的利益属于《民法典》第 1165 条第 1 款规定的"合法利益"，行为人无正当理由违反《广告法》第 44 条第 2 款的规定，主观上存在过错。因此应当根据《民法典》第 179 条的规定承担排除妨碍的民事责任。

（点评人：方新军，苏州大学王健法学院教授、博士生导师）

（2021）苏民终 21 号裁判文书原文

第九章　执行异议之诉

41. 广州圣景房地产开发有限公司与广州农村商业银行股份有限公司会展新城支行等案外人执行异议之诉案[*]

【关键词】

执行异议之诉　商品房买卖预告登记　预查封

【裁判要旨】

人民法院对办理了商品房买卖预告登记的房屋可以进行预查封，预查封所对应的是以该房屋为标的的合同权益；人民法院处置预告登记房屋应符合法律、司法解释的规定，并应优先保障出卖人作为物权人的合法权益；出卖人通过诉讼或仲裁主张继续履行商品房买卖合同后，仍然可以作为物权人主张排除强制执行，不属于请求权竞合或"一事不再理"规制的情形。

一、简要案情

广州农村商业银行股份有限公司会展新城支行（以下简称广州农商行会展支行）诉广州市嘉来艺工艺术品有限公司、李某、翁某某金融借款合同纠纷一案，广州市中级人民法院判决：一、广州市嘉来艺工艺术品有限公司于判决生效之日起十日内向广州农商行会展支行清偿借款本金 15 000 000 元及利息、罚息；二、李某、翁某某对该判决第一项所确定的债务承担连带还款责任。

李某与翁某某是夫妻关系。2013 年 4 月 8 日，广州圣景房地产开发有限公司（以下简称圣景公司）与李某、翁某某签订《预售合同》，约定李某、

---

[*] （2019）粤民再 64 号。

翁某某向圣景公司购买位于广州市天河区的某房屋，总价 5 854 187 元，李某、翁某某已支付定金 30 万元及第一期房款 877 931 元，未支付第二期房款及按揭款。2017 年 2 月 8 日，房管部门出具的房屋信息表记载，涉案房屋开发企业为圣景公司，房屋用途为办公，合同状态为预告，确权状态为已确权，不动产权证号为粤房地权证穗字第××，未抵押，预告登记核准为 2013-5-7，房屋成交价格 5 854 187 元，权属人为李某、翁某某，占有份额为共同共有，产权登记号 13 预登 01××34。因李某、翁某某与圣景公司商品房买卖合同纠纷，广州仲裁委员会作出的（2014）穗仲案字第 4685 号裁决书，裁决：李某、翁某某向圣景公司支付剩余楼款 4 676 256 元、逾期付款违约金及仲裁费。因李某和翁某某未付清房款，圣景公司未向李某和翁某某交付涉案房屋，没有为李某和翁某某办理涉案房屋的房地产权证。

广州农商行会展支行申请执行过程中预查封了李某、翁某某案涉房屋，执行法院公告拍卖案涉房屋。圣景公司以其是案涉房屋唯一合法产权人为由提出异议，请求停止对上述房屋的评估拍卖程序，并解除查封。广州中院裁定驳回圣景公司的异议，圣景公司提起本案执行异议诉讼。

广州中院一审认为，生效仲裁裁决已认定涉案房屋的《预售合同》有效、继续履行，支持圣景公司要求李某、翁某某向其支付所欠房款及逾期付款违约金的请求，圣景公司因该裁决书享有的是对李某、翁某某的债权，而非涉案房屋的物权。故圣景公司关于其是涉案房屋唯一产权人的主张，缺乏依据。涉案房屋预告登记在李某、翁某某名下，一审法院对该房屋予以查封并无不当。一审法院作出拍卖预告登记在李某、翁某某名下涉案房屋的裁定，于法有据。圣景公司要求解除对涉案房屋的查封并停止对该房屋的执行程序的诉讼请求，缺乏依据，不予支持。圣景公司依生效裁决书对李某、翁某某所享有的债权，可在法院处理李某、翁某某的财产后依法申请参与分配，本案对此不予调处。一审法院判决：驳回圣景公司的全部诉讼请求。

圣景公司上诉主张其为涉案房屋的物权人，仲裁裁决继续履行买卖合同，但不能据此得出圣景公司并非涉案房屋物权人的结论；预查封的查封对象是该商品房买卖合同中属于李某、翁某某的权利，而非房产本身，故不得直接执行涉案房产；广州农商行会展支行应申请执行李某、翁某某因支付房价款而形成的对圣景公司的合同债权。请求撤销一审判决，改判不得执行涉案房屋。

二审维持一审判决。

再审认为，本案争议的焦点是，涉案房屋能否作为李某、翁某某的财产予以查封及能否进行处置用以清偿李某、翁某某的债务。(1) 预告登记并不产生物权变动的法律效果。预告登记是在不动产登记簿中公示的、以将来物权变动为内容的预先登记，其效力在于排除、限制登记的不动产权利人行使处分权，保障预告登记权利人将来实现本登记。预告登记所登记的不是不动产物权，而是要求出让人履行商品房买卖合同、将来发生不动产物权变动的请求权，属于合同权益。涉案房屋登记在圣景公司名下，圣景公司依法为涉案房屋的物权人。(2) 对办理了商品房买卖预告登记的房屋可以进行预查封。(3) 人民法院预查封被执行人办理预告登记的房屋，所对应的仍然是查封以该房屋为标的的合同权益。预查封后，被执行人取得预查封房屋的物权，则预查封转为查封，查封的效力及于房屋物权。预查封后，如果被执行人不能取得物权，预告登记不能转为本登记，则查封效力不能及于房屋物权，被执行人因购买该房屋而产生的对开发商的金钱债权，执行法院可另行冻结。(4) 人民法院处置预查封的预告登记房屋应符合法律、司法解释的规定，在保障出让人利益的前提下，可以处置涉案房屋。保障方式可以是申请执行人先行支付出让人剩余购房款，或者出让人同意处置房屋、从拍卖房屋款项中优先支付剩余购房款。(5) 出让人通过诉讼或仲裁主张继续履行商品房买卖合同后，仍然可以作为物权人主张排除强制执行，并不构成请求权竞合或"一事不再理"。本案因李某、翁某某并未取得涉案房屋的产权，本案预查封并未转为正式查封，涉案房屋不能作为李某、翁某某的财产用于清偿李某、翁某某的债务，且房屋产权人圣景公司未同意拍卖房屋、剩余购房款从变价款中优先支付，故执行法院不得在李某、翁某某的金钱债务执行中拍卖涉案房屋。再审改判不得执行拍卖案涉房屋。

二、撰写心得

作为担任法官二十余年的笔者来说，始终秉承裁判文书不仅是释法说理的主阵地，还是传道解惑的工具，更是法官的脸面的理念。首先，面对一个具体的案件，法官在裁判文书中要把道理讲清楚，包括事实和证据认定方面、法律适用方面，甚至法理方面、利益平衡方面、价值判断方面，让诉讼当事人明白胜诉和败诉的原因，努力通过高质量的裁判文书来实现服判息诉。其次，裁判文书是弘扬社会主义核心价值观、向社会输出正能量、引导社会行为的工具，人民群众可以通过裁判文书获知哪些行为是正当可为的，哪些是需要进行风险防范的、哪些是不能做的,从而实现裁判的社会指引功能,引导整个社会向着有利于降低成本、绿色高效、公序良俗的方向发展。最后,法官是不是有水平、有没有能力、素质高不高,裁判文书是最直接的体现,可以有效检验法官的逻辑推理能力、文字表达能力、法律适用能力以及把握证据、洞穿人情世故等多方面的能力,还能看出法官的价值观、担当精神以及工作是否细致、是否认真负责,可以通过裁判文书为法官画像。一个方向正确、辨法析理清晰、表达简洁、没有差错的裁判文书,就是笔者心中的好裁判文书。

作为一名高级人民法院的法官,通过一个高质量的裁判文书来实现一类裁判标准的统一,一直是笔者至高的追求。简单的、有限的法律条文,在复杂的、多变的社会现实面前,显得单薄而呆板。法官的天职是司法,用有限的条文去解释和应对多彩的世界。法院和法官不能因为法律规定缺失、大前提和小前提不能对应而拒绝裁判,法官此时唯一的法宝就是通过解释法律来裁判案件。然而,在运用文义解释、目的解释、整体解释、类推解释等过程中,法官各有自己的理解和自己的方式,对法律的理解和适用可能不一致,从而引发类案不同判、裁判标准不统一,进一步导致人民群众对司法的不信任、不理解,伤害人民群众对公正司法的情感,影响司法权威。个人认为,基层人民法官的职能在于快速实现矛盾化解,中级人民法院法官的职能重在对当事人争议给出一个终局的结果,高级人民法院法官的职能重在发现、归纳审判中存在的问题并给出统一的解决办法,最高人民法院法官的职能则重在推动规则的制定。高级人民法院法官担负着解决一类纠纷、统一一类裁判标准,为下级法院提供办案参考,为最高人民法院提供用以制定规则的鲜活案例的职能,既要保障规则出台前相关问题的正确解决,还要推动规则的制定。随着最高人民法院越来越严格限制高级人民法院出台各种办案指导意见,作为高级人民法院法官,我们最好的办法就是通过一个高质量的裁判文书,为一类问题提供解决办法和论理模板,让下级法院可资借鉴,从而推动本省范围的裁判标准统一,同时提高审判效率,降低发改率,推动司法良性循环,实现全省审判高质量发展。

撰写优秀裁判文书需要法官准确把握裁判文书的要素、写作技巧,养成良好的写作习惯,而通过一个优秀裁判文书来解决一类司法问题,则更需要法官有担当精神、有解决问题的勇气和不怕吃苦的钻研精神。面对一个新问题,是顺着一审、二审的思路简单处理,还是深入研究,知其然更知其所以然，这考验的是一个法官的担当精神，是做法官的态度问题。解决一个法律适用难题，尤其是提出与他人不同的解决办法，需要很大的勇气，因为你的学识未必是最高的，你的结论也未必是最准确的，但你提出的解决办法就必须对此负责。解决一个法律适用难题、统一一类标准，需要做大量的案例分析工作，需要甄别研究相关法律条文，需要对相关条文作出准确的理解和合理的解释，需要全面分析问题，需要考虑人民群众、其他法官的接受度，需要评估政治效果和社会效果，还需要请教学术大咖和经验丰富的其他法官，需要征求相关部门的意见，这些工作需要耗费大量时间、精力，甚至影响个人审判绩效。只有负责任的、有勇气的法官才敢于迎难而上，愿意牺牲自己去做艰苦细致的考究工作，不解决问题决不罢休。笔者曾作为评委多次参加各种裁判文书评比，唯有能解决一类问题的优秀裁判文书才最能打动我；唯有全面、深入、细致分析问题以及创新性解决问题的法官，才最让我动容。也许，这正是对自己的期许。

面对预告登记不动产能否作为预告登记权利人的财产直接进行处置裁判标准不一的问题，笔者从预告登记的本源、权利性质、与物权的关系、预告登记财产预查封的法律后果、主张履行买卖合同与主张排除执行的关系、请求权竞合及一事不再理的法理分析、申请执行人与不动产出卖人权利保护的利益衡量等方面，作了全面深入的分析；查阅了大量著作，比较研究了大量案例，请教了很多执行一线的执行法官和审理执行异议诉讼的法官；就相关问题专门征求本院执行局的意见，组织本庭法官会议讨论，在广泛论证、得出基本结论的基础上，再对问题的各个方面进行梳理，根据逻辑关系确定合理的说理顺序，先分别说理再综合陈述，力争为全省法院提供一个正确的解决办法和可资借鉴的论理模式。

(费汉定，广东省高级人民法院法官)

三、专家评析

优秀裁判文书不仅反映一个法官的学术涵养，更是法官解决问题能力的直观表现。优秀裁判文书的撰写，需要长期的积累和磨炼，需要保持良好的写作习惯，需要有追求完美的责任担当，需要有直面问题的勇气。费汉定法官是我的老同事，曾经多年为全省法官培训讲授裁判文书写作课，对裁判文书长期专注研究，无论自己撰写还是担任审判长批改的裁判文书，都力求法理情理结合、简洁明了、精益求精，他本人撰写的裁判文书多次获得本院和全省法院优秀裁判文书,还两次获得"全国法院百篇优秀裁判文书",不少裁判文书的说理,可以直接作为同类问题处理的模板。

购房人作为被执行人的执行案件中,办理了预告登记的房屋能否作为购房人的财产进行处置并用于清偿债务,实践中做法很不统一,执行异议及执行异议诉讼均有不同司法标准。本案汇集了审判部门和执行部门的共同意见,对相关问题进行了梳理和深入研究,从法理上统一了认识,从法律适用上统一了裁判标准,为同类裁判的论理提供了示范,具有很强的指导性和实践应用价值。本案的处理为全省法院执行异议和执行异议诉讼对同类问题处理确立了新的标准,纠正了以往执行中的不当做法,进一步加强对产权人的权利保护。

本案裁判文书逐一深入论证了相关观点,全面回应了不同意见,法理分析与法律条文有机结合,形成了成熟的裁判标准,论理非常透彻、全面,是民事裁判文书论理的一个典范。文书对裁判要素的掌握、法律语言的运用、逻辑推理的层次、行文详略的安排等处理得当,体现了高超的裁判文书写作驾驭能力和娴熟的技巧。文书格式规范、要素齐备、语言简洁,诉辩意见概括得当、事实查明清楚、焦点归纳准确,逻辑严谨、层次清晰、论证有力,适用法律正确,裁判主文表述规范,是一篇内容和形式优秀的再审裁判文书。

(点评人:丁海湖,广东省高级人民法院破执庭庭长,全国审判业务专家)

(2019)粤民再 64 号裁判文书原文

42. 李某与杨某某、吕某某、范某某、徐某某案外人执行异议之诉案[*]

【关键词】

账户资金特定化　独立于被执行人其他财产　权利优先

【裁判要旨】

在案外人不存在主观故意、未与被执行人恶意串通逃避对债务的清偿的前提下，案涉账户资金已特定化，与被执行人的其他财产相独立，且在案外人能够控制案涉账户、单独划转账户内资金的情况下，应当认定案外人对案涉账户中资金的权利更为优先，享有足以排除强制执行的民事权益。

一、简要案情

杨某某诉范某某、吕某某民间借贷纠纷一案，经沈阳市铁西区人民法院和沈阳市中级人民法院审理，判决：范某某、吕某某偿还杨某某借款本金190万元及利息。在该民间借贷纠纷案件的审理过程中，杨某某申请财产保全，沈阳市铁西区人民法院于2019年3月26日作出民事裁定书，冻结范某某名下的银行存款，并于2019年4月9日冻结了范某某名下的、尾号为7××8的浦发行银行账户中的110万元。

2018年10月23日，李某与范某某、吕某某签订《房屋买卖合同》，约定李某以146万元的价格购买范某某名下的房屋，后李某分多次以银行转账方式交付了全部购房款，并办理入住手续，但未办理房屋更名过户。

2019年3月18日，李某经房产中介的介绍与案外人郭某、马某签订《房屋买卖合同》，以182万元的价格将该房屋卖给郭某、马某。由于该房屋仍登记在范某某名下，故由李某作为范某某的代理人身份与郭某、马某及沈阳房地产交易有限公司签订《沈阳市存量房交易资金监管确认书》，约定：由范某

[*]（2020）辽01民终2690号。

某在浦发银行沈阳分行开设专款账户，作为买卖双方及资金监管公司三方共同确认的资金监管收款账户。后李某、范某某及房产中介人员共同在浦发银行沈阳分行开设了尾号为 7××8 的案涉账户，并设立了手机银行业务，预留的手机号码是房产中介杨某 1 的手机号，网银绑定的也是该手机号。

2019 年 3 月 22 日，由沈阳市房地产交易资金监管账户转入案涉账户 48 万元，当日，房产中介的杨某 1 即通过手机银行转走 5 万元，后因网银每天只能转 5 万元，故在当日，又由房产中介的杨某 2 持范某某的身份证件到银行柜台将账户内剩余的 43 万元全部转至杨某 2 名下。

2019 年 4 月 9 日，郭某获得房屋贷款后，又通过沈阳市房地产交易资金监管账户转入案涉账户 110 万元，当即被沈阳市铁西区人民法院所下达的民事裁定冻结。李某发现后，向该院提出执行异议，被裁定驳回异议请求。

2019 年 8 月 12 日，李某以杨某某为被告，范某某、吕某某为第三人，向沈阳市铁西区人民法院提起案外人执行异议之诉，请求：（1）确认案涉账户内的 110 万元为其售房款；（2）解除对上述款项的冻结措施，并由被告范某某即时向李某返还。

沈阳市铁西区人民法院经审理，作出（2019）辽 0106 民初 12122 号民事判决，判决：一、不得执行被告范某某在上海浦东发展银行尾号为 7××8 的账户中于 2019 年 4 月 9 日转入的 110 万元存款；二、驳回原告李某的其他诉讼请求。

宣判后，杨某某不服，向沈阳市中级人民法院提起上诉。该院经审理，作出（2020）辽 01 民终 2690 号民事判决，判决：驳回上诉，维持原判。

二、撰写心得

本案是案外人执行异议之诉案件，根据《最高人民法院关于适用〈中华人民共和国民事诉讼法〉的解释》第 311 条"案外人或者申请执行人提起执行异议之诉的，案外人应当就其对执行标的享有足以排除强制执行的民事权益承担举证证明责任"①的规定，本案应围绕李某对案涉账户内的 110 万元是否享有足以排除强制执行的民事权益进行审理。

根据货币所有权的"占有即所有"的规则，因案涉银行账户登记在被执行人范某某名下，故应推定该账户内的资金为范某某所有。根据谁主张、谁

---

① 该解释已于 2022 年修正，修正后为第 309 条。

举证的原则，本案应由案外人李某承担证明其对案涉账户内的资金享有所有权的证明责任。一审、二审法院审理中，李某提供了相关证据，尤其是其向范某某转账支付全部购房款的转账记录、李某作为范某某的代理人身份与郭某、马某及沈阳房地产交易有限公司签订的《沈阳市存量房交易资金监管确认书》及通过沈阳市房地产交易资金监管账户转入案涉账户110万元的证据，能够证明案涉账户的资金确实是李某出卖房屋的价款。而且，二审法院审理中，根据李某的申请，向光大银行调取了证据，能够证明在2019年3月22日，房产中介的杨某1用开设的手机银行转至案外人杨某2名下5万元，杨某2持范某某和杨某2的身份证件转至杨某2名下43万元这一关键证据，进而证明李某能控制该账户、单独划转账户内的资金，因此认定李某对该账户的该笔资金，享有足以排除强制执行的民事权益。

二审法官在撰写判决书时，先对双方当事人的上诉理由和答辩意见进行了详略得当的概括和总结，防止二审判决书冗长。之后，对双方当事人提供的证据和申请法院调取的证据进行展示，并列明了当事人质证意见和法院根据证据的三性作出的认证意见，以此体现法院公正司法的过程。在事实认定部分，将二审补充认定的能够证明本判决理由的关键事实——叙明，以使二审判决理由具有坚实的事实基础。在判决理由部分，根据案外人执行异议之诉的审理重点，从多个角度，分多个层次论述李某是否具有足以排除强制执行的民事权益。首先，审查李某是否存在主观故意，与范某某、吕某某恶意串通，规避范某某、吕某某对杨某某的债务的清偿；其次，再对案涉账户是否特定化，是否与范某某的其他财产相独立，李某能否控制该账户等情况进行综合认定和辨析；最后，再对李某、杨某某对案涉账户内的110万元所拥有的权利谁更为优先进行比较之后，最终确定李某对案涉账户内的110万元享有足以排除杨某某申请的强制执行的民事权益。在进行上述充分论证的基础上，得出此案裁判结果。

（宋宁，辽宁省沈阳市中级人民法院法官）

三、专家评析

案外人执行异议之诉涉及的是案外人与申请执行人的权利冲突和对抗，而且所涉及的财产类别繁多、情况复杂多样，双方所拥有的权利谁更应优先保护，一直是人民法院执行程序和审判程序中难以权衡和取舍的问题，也是近年来的热点法律问题。该篇文书紧紧围绕案外人执行异议之诉的审理重点，从多个角度，分多个层次论述案外人李某是否具有足以排除强制执行的民事权益。

从该二审判决书的结构上看，文书格式规范，结构详略得当，客观地反映了案件审理经过，在认定一审查明的事实基础之上，又对二审查明的事实进行了补充认定，展示了人民法院公正司法的审理过程。

从该二审判决书的论理部分看，结合关键证据和认定的事实进行充分论证，层次分明清晰，说理论述充分透彻、证言表述精练准确，体现以事实为根据、以法律为准绳，让当事人胜败皆明。

（点评人：姜凤武，辽宁省高级人民法院副院长，全国审判业务专家）

（2020）辽01民终2690号裁判文书原文

第二编　生态环境资源类

43. 中国生物多样性保护与绿色发展基金会与合浦县白沙镇独山泰盛石场生态环境保护民事公益诉讼案*

【关键词】

生态环境保护　民事公益诉讼　修复责任　损害赔偿责任

【裁判要旨】

生态环境被污染或破坏后，对于社会公共利益而言，恢复生态系统的整体功能应当是位于第一位的，应当建立"修复"优于"赔偿"的理念，只要是生态环境能够修复的，就应当优先适用生态环境修复。损害赔偿责任只有当受损的生态环境无法修复或部分无法修复时才会启动，两种责任的衔接规则应当是以修复责任为原则，损害赔偿责任为补充。

生态环境修复的最理想状态是实现受损生态环境的恢复原状，但生态环境损害一旦发生就具有不可逆性，不良环境影响不仅难以完全消除，而且具体治理也受生态环境修复目标的指定和经济技术条件的限制，因此，生态环境的修复不以恢复原状为衡量，而是通过修复达到原有的生态功能水平。

一、简要案情

2016年11月28日，中央电视台"经济半小时"播出新闻《海岸线挖出的天坑》，曝光了广西壮族自治区合浦县沿海的公馆、闸口、白沙三镇一带海岸因滥采矿石严重破坏生态事件。从卫星图可以清晰地看到，在铁山港上百

---

* （2020）桂民终14号。

平方千米的卫星图上就有上百个采矿坑，每个矿坑占地面积二三十亩，原本平坦的海岸线已面目全非，从媒体曝光的图片和视频中看到，整个合浦县海滩已满目疮痍，大片海水养殖场变成废墟，周边没被挖采的鱼虾塘也因为各种原因导致无法养殖，整个海滩的水产养殖业几乎瘫痪。水产养殖业是当地多个县镇的传统行业，家家户户门前几乎都有池塘，收入基本上全靠养殖，一年有十万元左右的收入，如今这种"靠海吃海"的自然生存之道已被破坏。据当地养殖户反映，自从采矿场开挖以后就再也养不了鱼虾了，当地的池塘绝大部分已荒废多年。合浦县地质属喀斯特地貌，看似平坦的地下遍布着大大小小的溶洞，溶洞之间是互通的，采石场一旦爆破开采形成的冲击波会导致土质变动，池塘底会出现大量大小不一的地坑，一个塘最少也有上百个，坑的深度浅的有十几米，深的达到几十到上百米，这些坑是人为能力无法修补的，池塘因此无法存水成为干塘，而养殖中的鱼和虾则会被这些地坑吸走，随时会出现"一夜空塘"。非法采石现象不但对沿海生态、养殖和环境造成污染和破坏，停工采石场荒废的水塘长年积水也给当地百姓尤其是儿童造成了安全隐患，采挖石头形成了一个个几十米深的大坑，海水流进矿坑形成了巨大水塘，而矿坑周围却没有有效的安全措施。此外，滥采矿石还给海岸边生长的红树林带来了毁灭性打击。红树林是生长在热带、亚热带海岸潮间带，由红树林植物为主体的常绿乔木或灌木组成的湿地木本植物群落，在净化海水、固碳储碳、防风消浪、维护生物多样性等方面发挥着重要作用，有"海岸卫士""海洋绿肺"美誉，也是珍稀濒危水禽重要栖息地，鱼、虾、蟹、贝类生长繁殖场所。广西红树林面积为9412.11公顷，位居全国第二。广西壮族自治区北海市合浦县山口镇分布有全国连片面积最大的天然红海榄林，是我国大陆海岸发育好、连片程度高、结构典型、保存完整的天然红树林分布区，山口红树林国家级自然保护区列入了世界生物圈保护区，是广西在全球自然环境保护与可持续发展领域的"世界名片"。粗暴无序的海岸矿产开发，严重破坏了合浦县沿海一带海岸的生态环境，红树林被毁，海岸线地表满目疮痍，形成巨大"天坑"，空气污染严重，引发民怨，中央环保督察组高度关注。

　　中国生物多样性保护与绿色发展基金会（以下简称绿发会）在收集证据后，就央媒视频中曝光的三个采石场，以原告身份向北海市中级人民法院分别提起生态环境保护民事公益诉讼，本案的泰盛石场是其中之一。绿发会主张泰盛石场开采、加工和运输过程中炮声隆隆、尘土飞扬，造成道路毁损，给周边村民生产、生活及村民养殖业造成了严重影响和损失，泰盛石场违法开采后留下的巨大矿坑，海水倒灌，侵蚀农地、林地，造成生态环境严重破坏。此外，泰盛石场为处理矿渣和扩大矿区面积填埋了约20亩滩涂红树林，该行为已严重破坏了海洋生态环境。泰盛石场在未取得合法手续的情况下违法开工建设和开采矿石并对生态环境造成了严重破坏，依据相关法律规定泰盛石场应对其侵害行为承担相应的法律责任。请求法院判令大海塘石场停止对涉案石场及周边地区生态环境破坏的侵权行为；判令泰盛石场修复涉案石场占地范围及周边地区的生态环境，使其恢复到被开采之前的状态；赔偿石场及周边地区环境受到破坏至生态环境恢复原状期间该区域内生态系统服务功能的损失；对其污染环境、破坏生态、损害社会公共利益的行为在国家级媒体上向公众赔礼道歉；承担原告为本次诉讼支出的差旅费、调查费、案件受理费、律师费等必要费用。

经委托广西红树林研究中心、广西海洋环境与滨海湿地研究中心对本案生态环境的破坏、修复、损失等问题进行评估、鉴定，泰盛石场建设及生产活动对生态环境产生负面影响，对大气环境排放温室气体造成的损害价值为0.69万元；对红树林生态服务功能造成损失价值123.83万元，填埋红树林及非法填海造成的生态环境损失280.8万元，泰盛石场应赔付生态环境损害价值合计405.32万元。泰盛石场生态恢复主要是恢复成为采矿前的虾塘状态（可恢复86%），对简易公路进行生态绿化，对采矿坑进行安全防护等方面，共需要投资218.64万元。

诉辩双方争议焦点为：（1）绿发会是否具备本案的诉讼主体资格；（2）《合浦县白沙镇泰盛石场环境影响评估鉴定报告》能否作为本案的定案依据；（3）泰盛石场应否对石场周围生态环境损害承担侵权责任，应如何承担相应的民事责任。

二、撰写心得

本案环境侵权事实较为复杂，涉及的问题在生态环境保护民事公益诉讼中相当典型，诉辩双方各持己见，针锋相对。争议的核心问题：一是原告主体资格认定；二是鉴定报告的采信；三是环境侵权民事责任的承担。

前两个问题，一审法院调查与鉴定评估工作做得比较细致，打下了良好的基础，所以二审判决在说理论证时比较水到渠成。二审判决写作花费最大心力的部分应该是在第三个问题的阐述上。本案二审判决制作落款时间为

2021年8月2日，此时《民法典》已经施行，根据《最高人民法院关于适用〈中华人民共和国民法典〉时间效力的若干规定》第1条第2款，《民法典》施行前的法律事实引起的民事纠纷案件，适用当时的法律、司法解释的规定。但同时第4条亦规定，"民法典施行前的法律事实引起的民事纠纷案件，当时的法律、司法解释仅有原则性规定而民法典有具体规定的，适用当时的法律、司法解释的规定，但是可以依据民法典具体规定进行裁判说理"。当前，我国环境公益诉讼的专门立法尚未健全，学者们普遍认为《民法典》的第1234条和第1235条确立了生态环境损害责任，解决了生态环境损害赔偿的实体法依据问题，因此主办人在二审判决的写作过程中梳理了关于环境侵权民事责任承担的相关规定（见表1），并对《民法典》中关于对生态环境损害责任的规定反复进行了研读，以确认实体裁判的方向正确。

表1 关于环境侵权民事责任承担的相关规定

法律规范名称	对应条款	承担责任内容
《中华人民共和国侵权责任法》（已废止）	第15条	（1）停止侵害；（2）排除妨害；（3）消除危险；（4）返还财产；（5）恢复原状；（6）赔偿损失；（7）赔礼道歉；（8）消除影响、恢复名誉
《最高人民法院关于审理生态环境损害赔偿案件的若干规定（试行）》	第11条	（1）修复生态环境；（2）赔偿损失；（3）停止侵害；（4）排除妨碍；（5）消除危险；（6）赔礼道歉
《最高人民法院关于审理环境侵权责任纠纷案件适用法律若干问题的解释》（已废止）	第14条	（1）停止侵害；（2）排除妨碍；（3）消除危险；（4）恢复原状；（5）赔礼道歉；（6）赔偿损失
	第15条	承担环境修复责任且确定不履行修复义务时应承担的生态环境修复费用
《最高人民法院关于审理环境民事公益诉讼案件适用法律若干问题的解释》	第20条	修复生态环境、替代性修复、承担生态环境修复费用
	第21条	赔偿生态环境受到损害至恢复原状期间服务功能损失

(续表)

法律规范名称	对应条款	承担责任内容
《中华人民共和国民法典》	第179条	（1）停止侵害；（2）排除妨碍；（3）消除危险；（4）返还财产；（5）恢复原状；（6）修理、重作、更换；（7）继续履行；（8）赔偿损失；（9）支付违约金；（10）消除影响、恢复名誉；（11）赔礼道歉
	第1234条	违反国家规定造成生态环境损害，生态环境能够修复的，国家规定的机关或者法律规定的组织有权请求侵权人在合理期限内承担修复责任。侵权人在期限内未修复的，国家规定的机关或者法律规定的组织可以自行或者委托他人进行修复，所需费用由侵权人负担
	第1235条	违反国家规定造成生态环境损害的，国家规定的机关或者法律规定的组织有权请求侵权人赔偿下列损失和费用： （一）生态环境受到损害至修复完成期间服务功能丧失导致的损失； （二）生态环境功能永久性损害造成的损失； （三）生态环境损害调查、鉴定评估等费用； （四）清除污染、修复生态环境费用； （五）防止损害的发生和扩大所支出的合理费用

我国《民法典》第1234条、第1235条明确了生态环境损害的修复和赔偿规则，为私法路径下的生态环境损害救济模式，提供了坚实的规范基础。第1234条规定的生态环境修复责任是一种行为责任，是对受损的生态环境直接修复，而第1235条规定的生态环境损害赔偿损失责任是一种金钱给付责任。两种责任内涵不同，二者是独立的民事责任，共同构成"绿色诉讼"的请求权基础。生态环境修复责任以重建被损的环境利益为根本目标，体现的是对生态环境最完整、最直接的救济。生态环境修复是一种补救性措施，是赋予污染者的一种行动义务，目的是消除污染，降低环境风险，使受损的生态环境功能恢复到受损前的基线水平。而生态环境赔偿责任则是污染者通过金钱赔偿填补权利人法益蒙受的损失，体现的是补偿功能。《民法典》第1234条、第1235条对生态环境修复责任和赔偿责任作了一前一后的规定，一

方面，明示了生态环境损害责任的方式包含了生态环境修复和生态环境损害赔偿，且两种责任适用的情形不同。另一方面，隐喻了两种责任方式之间的内在关联和适用顺序。生态环境修复责任适用的前提是生态环境能够修复，那么可以理解为，只要是生态环境能够修复的，就应当优先适用生态环境修复。基于以上的认识，主办人相应调整了二审对绿发会所提出的修复与赔偿诉讼请求部分的说理策略，在适用环境侵权行为当时的法律、司法解释的规定的同时，亦充分贯彻执行了现行民法典的理念。

关于泰盛石场的修复责任。根据涉案证据及鉴定报告的意见，泰盛石场的开采行为与本案生态环境被破坏之间存在因果关系，泰盛石场对其破坏的生态环境负有修复的责任。生态环境修复的最理想状态是实现受损生态环境的恢复原状，但生态环境损害一旦发生就具有不可逆性，不良环境影响不仅难以完全消除，而且具体治理也受生态环境修复目标的指定和经济技术条件的限制，因此，修复责任只能是尽可能修复到生态环境原有的状态或者对原有生态系统服务功能和生态价值的重现。广西红树林研究中心、广西海洋环境与滨海湿地研究中心的鉴定评估意见认为本案露天开采的矿坑不可能再恢复到原来的地貌，但作为旅游资源加以开发利用是最好的方式，之前亦有成功先例，不同的修复目标其代价差别很大，在防止生态环境进一步恶化的前提下，应选择最低成本的修复方案。泰盛石场开采前的土地类型为养殖塘，因此尽量恢复到养殖塘状态。二审判决认为，生态环境的修复不以恢复原状为衡量，而是通过修复达到原有的生态功能水平。生态环境的恢复除人工恢复措施外，还需要一段时间的自然恢复。此外，成本效益分析是必须的，恢复工程措施的技术可行性、经济合理性均应加以考虑。一审、二审法院查看过本案现场，认为鉴定人提出的修复方案具有合理性和可行性，对其鉴定意见予以采信。由于环境破坏的不可逆性，绿发会请求泰盛石场恢复原状已不符合现实，而且恢复原状的修复费用经咨询鉴定机构亦高于其他替代修复方式的费用，故根据《最高人民法院关于审理环境民事公益诉讼案件适用法律若干问题的解释》第20条的规定，判决泰盛石场应根据鉴定报告中所述的修复方案对其损害的环境承担修复的义务，并由合浦县自然资源局对其修复行为进行监管，如泰盛石场未能在该院确定的期限内履行修复义务，由该局负责指定具有专业资质的机构代为修复，产生的修复费用由泰盛石场按照鉴定报告中确认的数额（218.64万元）承担。

关于泰盛石场的赔偿责任。根据《最高人民法院关于审理环境民事公益诉讼案件适用法律若干问题的解释》第 21 条的规定，"原告请求被告赔偿生态环境受到损害至恢复原状期间服务功能损失的，人民法院可以依法予以支持"。绿发会提出服务功能期间损失的赔偿请求，有事实和法律依据，应当予以支持。根据鉴定意见的结论，泰盛石场应赔偿的生态系统服务功能的损失为 405.32 万元。为确保泰盛石场赔偿的该项损失费用不挪为他用，用于修复被损害的生态环境，故判决泰盛石场将该款项汇入北海市财政局设立的"生态环境损害赔偿金"基金账户，并由该局负责监管使用，符合《生态环境损害赔偿资金管理办法（试行）》第 15 条的规定，便于统筹用于开展生态环境修复相关工作，确保了赔偿费用后续的使用、管理。

（麦青，广西壮族自治区高级人民法院法官）

三、专家评析

本案是由环保组织绿发会针对泰盛石场造成其所在区域红树林群的生态环境破坏而提起的民事公益诉讼案件。在环境侵权案件中，特定侵害行为的判定、侵害行为与生态环境损害之间因果关系的确立以及具体损失（尤其是生态环境服务功能丧失之损失、生态环境功能永久性损害之损失、清除污染和修复费用等）的评估，往往是诉讼双方的争议焦点和法院的裁判难点。

就环境民事公益诉讼案件的鉴定问题，《最高人民法院关于审理环境民事公益诉讼案件适用法律若干问题的解释》第 14 条第 2 款规定："对于应当由原告承担举证责任且为维护社会公共利益所必要的专门性问题，人民法院可以委托具备资格的鉴定人进行鉴定。"该司法解释第 23 条又规定："生态环境修复费用难以确定或者确定具体数额所需鉴定费用明显过高的，人民法院可以结合污染环境、破坏生态的范围和程度，生态环境的稀缺性，生态环境恢复的难易程度，防治污染设备的运行成本，被告因侵害行为所获得的利益以及过错程度等因素，并可以参考负有环境资源保护监督管理职责的部门的意见、专家意见等，予以合理确定。"换言之，现行法就环境民事公益诉讼案件的鉴定确立了以下做法：（1）原则上由具备资格的鉴定人出具鉴定意见；（2）例外情形下由法院综合考虑各项相关因素并参考环资行政部门的意见和专家意见作综合判定。

通过本案，广西壮族自治区高级人民法院为在"生态环境修复费用难以确定且鉴定费用过高"的例外情形下如何合理判定环境民事公益诉讼案件中的专业性问题提供了范例。当法院受托的鉴定机构收取的鉴定费用过高时，该院考虑到全国纳入统一登记管理范围的环境损害司法鉴定机构数量偏少且分布不均、"现阶段我国法律对环境公益诉讼关于鉴定问题并没有强制性的规定"等情况，经征询双方当事人意见后，法院考察并肯定"广西红树林研究中心、广西海洋环境与滨海湿地研究中心"就本案涉及的生态环境的破坏、修复、损失等问题具备评估的能力及资质，并委托其出具评估意见。而且，法院还进一步结合政府相关部门对泰盛石场的行政处罚证据以及政府部门委托评估鉴定机构作出的对涉案石场及周边区域地质灾害的调查、评估评价报告等证据，判定该采石场的违法开工建设及爆破工作等造成了对石场及周边区域生态环境的损害。

此外，广西壮族自治区高级人民法院在本案中确定"修复生态环境费用"时指出，"生态环境的修复不以恢复原状为衡量，而是通过修复达到原有的生态功能水平"，并提出成本效益分析的必要性，这些做法均值得借鉴和参考。

（点评人：丁春艳，香港城市大学法律学院教授）

（2020）桂民终 14 号裁判文书原文

44. 濮阳市人民政府与聊城德丰化工有限公司环境污染责任纠纷案[*]

【关键词】

生态环境损害赔偿　补贴销售　磋商　补充救济

【裁判要旨】

采取"补贴销售"的方式将列入《危险化学品目录》的副产品交由不具备处置资质的企业或个人，实质上是将副产品废弃，属于变相非法处置危险废物，造成生态环境污染的，应当承担生态环境损害责任。

一、简要案情

聊城德丰化工有限公司（以下简称德丰公司）成立于2010年4月27日，是生产三氯乙酰氯的化工企业，副产酸为盐酸。2017年12月至2018年3月间，吴某某、翟某某（均已判刑）预谋后，租用白某某（已判刑）的搅拌站，由吴某某与徐某1、徐某2（均已判刑）联系，让李某某（已判刑）驾驶豫N××××7危险品罐车，从德丰公司运输废酸液到濮阳县庆祖镇某村白某某搅拌站共27车，每车装载约13吨。徐某1和徐某2每吨给吴某某等人200元、230元或240元不等的费用。吴某某等四人将4车废酸液直接排放到濮阳县回木沟，又将23车废酸液存放到白某某搅拌站内的玻璃钢罐内，白某某将其中6车废酸液与石沫进行搅拌中和后作为修路材料出售，吴某某等四人又将剩余17车废酸液排放到回木沟，致使回木沟及金堤河岳辛庄段严重污染。

濮阳县环境保护局委托濮阳天地人环保科技股份有限公司进行应急处置，应急处置费用1 389 000元。濮阳市人民政府与河南乾坤检测技术有限公司（以下简称乾坤公司）签订《技术咨询合同》，委托乾坤公司对"关于被告人吴某某等四人污染环境一案"涉及的回木沟和金堤河损害进行价值评估，支付评估费80 000元，该公司出具《涉"关于被告人吴某某等四人污染环境一

---

[*]（2020）豫09民初9号。

案"回木沟和金堤河损害价值评估报告》确定回木沟和金堤河环境损害价值量化数额为 4 047 394 元。濮阳市人民政府先后于 2020 年 1 月 8 日、1 月 15 日两次召开会议,与德丰公司就生态环境损害赔偿进行磋商,未达成一致意见。濮阳市人民政府提起诉讼,请求赔偿应急处置费用、环境损害价值和评估费用共计 5 516 394 元。

诉讼过程中,双方争议焦点如下:(1)濮阳市人民政府是否为本案适格的原告;(2)德丰公司是否存在侵害生态环境的行为,是否应承担赔偿责任。

二、撰写心得

第四届全国法院"百篇优秀裁判文书"评选,共有七篇关涉生态环境案件的裁判文书入选,全方位、多角度展示了人民法院充分发挥审判职能作用,为生态文明建设提供强有力的司法保障。生态环境案件的裁判文书撰写,应把握以下三个要点。

(一)守好价值引领之本

生态环境案件裁判文书的撰写,首先要旗帜鲜明讲政治,通篇要以弘扬社会主义核心价值观为轴线,深入贯彻习近平生态文明思想和习近平法治思想,牢固树立"绿水青山就是金山银山"的司法理念,引导人民群众、企业树立正确的环境权益意识和环保参与意识。同时,该类裁判文书的撰写更要落实损害担责原则,用最严密的法治保护生态环境,在裁判文书中综合运用刑事、民事手段,对破坏生态环境的违法犯罪行为"零容忍""严打击",最大程度修复业已破坏的生态环境,破解"企业污染、群众受害、政府买单"难题。文书撰写还要站位高远,要紧紧围绕长江流域生态环境修复、黄河流域生态环境保护和高质量发展等国家战略,充分发挥司法智慧,妥善处理生态环境保护和经济发展的关系,让绿色成为生态环境裁判文书的鲜明底色。

(二)做好释法说理之功

让人民群众理解裁判文书中关于法律事实认定与法律适用之间的逻辑关系,才能让人民群众真正感受到公平正义。新时代生态环境案件裁判文书的撰写,要按照《中共中央关于全面深化改革若干重大问题的决定》和《中共中央关于全面推进依法治国若干重大问题的决定》中对裁判文书释法说理方面改革的新部署,遵循《最高人民法院关于加强和规范裁判文书释法说理的指导意见》,从事理、法理、情理、文理四个维度展开释法说理。事理是裁判文书的基础,裁判依据的生态环境损害事实以及侵权行为和损害后果之间的因果关系，必须客观、准确地阐明，通过对证据客观性、合法性、关联性的认证分析，让人民群众通过阅读裁判文书，确信人民法院认定的法律事实就是客观事实；法理是裁判文书的尺度，法律条文是法律适用"三段论"中的大前提，裁判文书不仅要列明裁判结果依据什么法律，更要阐明适用该法律条文的理由，必须通过说理分析，让人民群众明白案件事实必须适用该法律条文进行裁判；情理是裁判文书的点睛之笔，文书撰写过程中，要将人民群众对优美环境的需求这一环境司法落脚点予以展现，佐证裁判结果的合法性、合理性，让人民群众切实感受到裁判文书为增进生态环境民生福祉所做的努力；文理是裁判文书的框架，裁判文书的逻辑结构要完整、合理、严密，要专注案件争议焦点进行充分论证，做到言之有物、言简意赅、朴实无华、严肃庄重。

（三）走好改革创新之路

生态环境类案件的复合性、专业性特点突出，裁判方式与规则亟待更新，裁判文书的撰写要突破现有樊篱束缚，改革创新工作迫在眉睫。生态环境类案件裁判文书的改革创新要在裁判方式上下真功夫，不断探索内容丰富、可操作性强的修复治理裁判方式，在"补种复绿""增殖放流"等传统修复渠道基础上，推广"治污专利技术公开""环境责任保险折抵"等新型修复治理裁判方式的适用；生态环境类案件裁判文书的改革创新还要在裁判规则上下大力气，在现有裁判规则的基础上，按照中央办公厅、国务院办公厅《生态环境损害赔偿制度改革方案》等改革文件要求，构建专门的证据规则和诉讼程序规则体系，发挥典型案例示范引领作用，力求统一裁判标准，增强裁判文书的科学性和可借鉴性。

（徐哲，河南省濮阳市中级人民法院法官）

三、专家评析

本案是河南省首例由市地级人民政府作为原告提起的生态环境损害赔偿案件，受污染的金堤河更是黄河下游重要的支流，案件法律事实盘根错节、法律关系错综复杂，需要法官对各种法律行为及法律关系的本质和特征准确认知，进而精准判断各种法律行为与损害后果之间的因果关系。本案判决书完整地展示了案件纠纷全貌和事实认定、法律适用的全过程，以严密的逻辑关系确定了案件裁判思路，以透彻的法律论证阐述了案件裁判理由，体现了法官良好的法律素养和司法水平。

(一) 事实表述层次分明

本案事实繁杂，如果不对繁杂的事实加以归纳提炼，容易掩盖当事人的争议焦点，影响裁判思路的确定。本案裁判文书通过对案情演变的认真梳理，按照内容将繁杂的案件事实分为"被告基本情况""生态环境损害赔偿诉讼前置程序""生效刑事裁判文书认定事实""生态环境损害赔偿诉请及依据"四大部分进行客观表述，层次分明、重点突出、繁简得当，为正确适用法律打下坚实基础。

(二) 裁判思路逻辑严密

争议焦点的确定，对裁判思路起到引领作用。本案归纳的三个争议焦点，在逻辑关系上环环相扣，展现出审判人员清晰的裁判思路。首先，解决了本诉必要性及合法性。原告主体是否适格及诉讼前置程序是否合法，直接决定本诉有无必要进行实体审理，进而影响裁判结果。合议庭依据《生态环境损害赔偿制度改革方案》《最高人民法院关于审理生态环境损害赔偿案件的若干规定（试行）》《河南省生态环境损害赔偿磋商办法》，准确厘定了濮阳市人民政府为适格原告，并阐明磋商程序的价值以及人民法院对磋商程序审查范围，认定前置程序合法。其次，为案件审理和裁判把准了方向。案件审理过程中，当事人的诉求往往存在一个逐渐明确和丰富的过程，法官需要通过争议焦点的归纳对当事人的诉讼加以法律规范上的引导，并根据当事人的诉求变化加以修正。本案依据当事人诉请的基础法律关系，将第二个和第三个争议焦点分别归纳为"被告是否存在侵害生态环境的行为，以及是否应当承担赔偿责任""原告诉请的生态环境损害赔偿范围有无事实及法律依据"，逻辑严密，层层推进，不仅有效指引了审理过程，而且为裁判说理奠定了基础和逻辑依据。

(三) 裁判理由论证透彻

本案审理的重点为被告行为是"合法销售副产品"还是"以补贴销售变相非法处置危废物"，需要透过表面现象探求法律行为的本质，要求法官具备较高的事实定性和法律适用能力，裁判理由需要重点在阐明法律关系、区分法律责任方面下功夫。本案围绕相关争议焦点，对"被告销售副产盐酸的客观形式即补贴销售""危废物品正常的无害化处置流程""生态环境损害赔偿案件举证责任规则"等进行有针对性的论证，裁判理由、案情分析紧扣争议焦点，对法律适用论证透彻，对被告以"补贴销售"形式掩盖其"变相处置危废物"进行了全面、到位的剖析，说理充分，有较强的说服力。本案判决后,被最高人民法院评为"2020年度环境资源审判十大典型案例",并被写入最高人民法院2021年工作报告,取得了良好的法律效果和社会效果。

(点评人:胡雁云,副教授,华北水利水电大学环境与资源犯罪研究中心主任)

(2020)豫09民初9号裁判文书原文

45. 上海市奉贤区生态环境局与张某某、童某某、王某某生态环境损害赔偿诉讼案*

【关键词】

数人环境侵权　空白溯及原则　生态修复责任　费用审查

【裁判要旨】

在数人环境公益侵权行为中，如果每一方侵权人的行为都能构成独立的侵权行为，且每一个独立的侵权行为都不足以造成全部损害的，应认定各方构成累积因果关系的竞合侵权行为，在难以区分责任大小的情形下，各方侵权人应当对外平均承担赔偿责任。生态修复刻不容缓而侵权人客观上无法履行修复义务的，国家规定的机关有权委托他人进行修复，并可以根据《民法典》第1234条之规定直接请求侵权人承担生态环境修复等费用。为避免行政机关不当行使权力产生不必要或不合理的费用，司法机关应当对各类费用的合法性、必要性与合理性开展审查。

一、简要案情

2018年4月开始，被告张某某和童某某在未取得电镀行业资质、未进行环评的情况下，合伙在上海市奉贤区奉城镇某村（以下简称案涉场地）部分厂房内从事电镀镀镍业务，案外人宋某某受两人雇用具体操作电镀，电镀产生的含镍废液从6个电镀缸里直接排入电镀厂房内事先挖好的渗坑里。2018年10月开始，被告王某某向张某某承租案涉场地部分厂房，并在厂房内增加了10个电镀缸，亦从事违法电镀作业，电镀产生的含镍废液也直接排入渗坑。2018年12月左右，两家电镀作坊雇人在厂房内挖了一口渗井，作坊产生的含镍废液均通过渗井排放。

2019年4月16日，原告奉贤生态局在执法检查中发现案涉场地有无名电镀作坊涉嫌通过渗井以逃避监管的方式排放废水至外环境。《检测报告》显

---

*（2021）沪03民初31号。

示，采样液体中均检测出重金属镍。4月19日，被告张某某、童某某及案外人宋某某被公安机关抓获归案。被告王某某在逃。

同年4月17日，奉城镇政府委托应急救援单位对镍污染河水、案涉场地电镀废液进行应急处置。5月，奉城镇政府委托上海市环境科学研究院开展案涉场地环境损害鉴定评估工作，《鉴定评估报告》载明"……本次工业废水偷排行为场地环境损害量化总计为484.5万元"。同年11月，奉城镇政府委托建和公司进行项目招标代理。环境保护公司中标后与镇政府签订《修复工程总承包协议书》，实施生态修复。同年12月，镇政府委托建科公司进行环境监理，委托市环科院对上述项目进行修复效果评估。

另查明，2019年12月18日，上海铁路运输法院作出（2019）沪7101刑初541号刑事判决，认定被告张某某、童某某及案外人宋某某犯污染环境罪，分别判处张某某、童某某及案外人宋某某有期徒刑。被告王某某在逃。

经奉贤区人民政府指定，奉贤生态局启动本案的生态环境损害索赔磋商工作。因与被告张某某、童某某磋商无果且被告王某某在逃，奉贤生态局提起本案生态环境损害赔偿诉讼，请求判令三被告连带赔偿镍污染河水应急处置费1 300 000元、案涉场地废弃电镀废水应急处置费700 000元、环境损害鉴定评估费630 000元、招标代理费30 671元、修复工程费3 430 000元、环境监理费163 100元以及修复效果评估费458 800元，合计6 712 571元。

上海市人民检察院第三分院支持起诉。

张某某及童某某辩称：被告王某某单独实施电镀镀镍业务，有10个电镀缸，张某某和童某某合伙从事电镀镀镍，只有6个电镀缸，故应区分三被告的责任大小。奉城镇政府诉请的各项费用金额均过高。

王某某经法院公告传唤，未到庭应诉。

本案的争议焦点在于：（1）涉案生态环境侵权行为系三被告共同实施还是分别实施，责任如何承担？（2）原告所主张的各类费用是否具有事实根据和法律依据？

关于争议焦点一，法院认为，两家电镀作坊开展经营、排放电镀废水行为存在时间先后和行为的独立性，故应认定被告张某某和童某某作为一方、被告王某某作为另一方，分别实施了环境公益侵权行为。两家电镀作坊业务量规模和违法行为实施期限不同，造成的环境损害存在时间上的先后、重叠和总量上的累积，每一家电镀作坊排放含镍废液行为都不足以造成全部损害，符合累积因果关系的竞合侵权行为的特征。在竞合侵权行为中，能够确定责任大小的，侵权方各自承担相应的责任；难以确定责任大小的，平均承担赔偿责任。案涉两家电镀作坊排放含镍废液数量多寡难以判断，责任大小难以区分，应当对外平均承担赔偿责任。被告张某某和童某某合伙经营其中一家电镀作坊，对外承担连带责任，对内约定责任比例划分为51%、49%，于法不悖。

关于争议焦点二，法院认为，三被告排放的含镍废液严重污染河水和土壤，威胁附近村民的生存环境，环境损害治理和修复刻不容缓，且修复难度大，技术和资金要求高。因此，奉城镇政府未请求三被告进行修复，而是直接委托他人进行应急处置，并开展环境损害评估、生态修复等工作，存在客观必要性和合理性。故本案原告可以根据《民法典》第1234条之规定，直接主张三被告赔偿奉城镇政府委托他人修复产生的各类费用。

在费用必要性方面，应急救援单位对镍污染河水、案涉场地电镀废液进行应急处置，由此支出的应急处置费显属合法、必要。对污染物的认定、因果关系、损失评估、修复方案等专门性问题，需要由司法鉴定机构出具专业的鉴定意见，必然会产生鉴定评估费。同时，本案支出的修复工程费、环境监理费、修复后效果评估费等费用均系与生态修复直接或间接关联的必要费用。奉城镇政府委托他人进行公开招标，由此产生的招标代理费亦属于委托他人修复所支出的必要费用。

在合理性方面，环境保护公司对受污染土壤和地下水分别采用异位淋洗和抽提处理方式清除污染物，符合《鉴定评估报告》推荐的修复技术方案，且原告主张的修复工程费、环境监理费、修复效果评估费，合计并未超过《鉴定评估报告》所估算的生态修复费用。案件审理过程中，原告还对各类费用的计算标准提供了所参考或依据的国家部委、上海市财政局、上海市物价局等关于收费项目及收费标准的规范性文件。综合以上考量因素，对本案原告所主张的各类费用的合理性，法院经审查予以认可。

二、撰写心得

生态环境损害赔偿制度是生态文明制度体系的重要组成部分。政府或其职能部门可以作为赔偿权利人，与环境侵权人就赔偿责任开展磋商，磋商未达成一致的，赔偿权利人应当提起生态环境损害赔偿民事诉讼。作为环境公益诉讼的一个特殊种类，生态环境损害赔偿诉讼的有序开展对于推动生态环境及时修复具有非常重要的意义。本案为全国首例适用《民法典》第1234条判决的生态环境损害赔偿公益诉讼，也是2019年《最高人民法院关于审理生态环境损害赔偿案件的若干规定（试行）》颁布以来上海市法院受理的首例生态环境损害赔偿公益诉讼案。

法院受理此案后十分重视。由环境资源审判庭分管院长俞秋玮担任审判长，并由庭长丁晓华担任主审法官，再加一名陪审员组成合议庭。在审理此案过程中，合议庭面临的难点有三方面：一是一名被告在逃，另两名在监狱服刑的被告强烈要求法院分清三名被告的责任，不愿意为在逃的被告履行赔偿义务。二是本案环境侵权行为发生在《民法典》施行之前，当时的最高人民法院司法解释并未规定原告可以直接主张生态环境修复费用，而是要求判决被告履行修复责任，并确定不履行修复义务情形下应承担的费用。但本案中，两名被告在监狱服刑，一名被告在逃，三被告均在客观上无法履行修复义务。三是对于原告主张的各类费用，被告几乎对每一笔的支出都提出了强烈的质疑，认为不必要支出或者金额过高。

为了推动本案的办理实现政治效果、法律效果和社会效果的统一，合议庭召开庭前会议，组织各方当事人证据交换，固定诉辩意见和无争议事实。同时，邀请全市十六区生态环境局及检察公益诉讼部门旁听庭审，在开庭审理中引导各方当事人围绕本案争议焦点充分发表意见，将公开开庭作为一堂法治宣传和教育课。庭审结束后，主审法官与各方当事人积极沟通，了解各方的调解意愿和对本案资金的赔付能力。之后，合议庭对本案的事实认定和法律适用也深入开展研究和评议，对裁判结果取得了一致意见。这些都为本案裁判文书的撰写奠定了良好的基础。

在裁判文书的写作中，首先，合议庭注重事实的认定和归纳。本案中，相关的刑事判决书认定了三被告违法犯罪的事实，但构成民事责任所需要的基本事实与刑事犯罪认定所需要的事实并非完全重叠。因此，本案在刑事判决认定事实的基础上，进一步查清了与民事责任相关的一些事实，为数人环境侵权形态的认定及责任划分提供相关的事实根据。

其次，根据诉辩意见精准归纳争议焦点。被告对违法犯罪的事实并无异议，其迫切希望法院能降低金额，同时对于在逃的被告王某某，被告张某某与童某某均希望能与其区分责任。因此，在裁判文书的写作中，合议庭把本案环境侵权行为的形态与责任认定作为争议焦点一，把对费用的审查和评判作为争议焦点二列出。

最后，对裁判理由开展充分的阐释。对于争议焦点一，法院从电镀缸使用数量、违法电镀作业经营期限、电镀原料、废水成分等角度，提出两家电镀作坊系分别实施独立的环境污染侵权行为，但造成的后果不可分，故确定两家电镀作坊分别承担50%的赔偿责任，被告王某某单独经营其中一家电镀作坊，故单独承担50%的赔偿责任，被告张某某和童某某合伙经营其中一家电镀作坊，故连带承担50%的赔偿责任。对于争议焦点二，本案发生在《民法典》施行之前，理应适用侵权行为发生时的法律法规和司法解释，但在《民法典》施行之前，《最高人民法院关于审理生态环境损害赔偿案件的若干规定（试行）》仅规定法院应当判决被告承担修复责任。本案根据《最高人民法院关于适用〈中华人民共和国民法典〉时间效力的若干规定》第3条规定的空白溯及原则，认定在生态修复刻不容缓而侵权人客观上无法履行修复义务的情形下，国家规定的机关有权先行委托他人进行修复，并可以根据《民法典》第1234条直接主张修复费用，填补了法律适用上的空白。对于费用的审查，为了避免行政机关不当行使权力支出不必要或不合理的费用，对被告造成不公平的负担，法院从合法性、必要性和合理性三个维度开展了裁判说理。在合法性方面，本案裁判文书对原告所主张的应急处置费、鉴定评估费、招标代理费、修复工程费用、环境监理费用、修复效果后评估费等各类费用，均说明了法律依据。在必要性方面，对每一笔费用的支出，法院均从客观必要性方面进行了分析。在合理性方面，法院通过比对《鉴定评估报告》所推荐的修复方案、评估金额与实际采用的修复方式与支出金额，审查各类费用所参照或所依据的国家部委、上海市财政局、上海市物价局等关于收费项目和收费标准的规范性文件，对原告主张的费用的合理性予以认可。被告虽然抗辩费用过高，但没有提供相应的证据，故对被告关于费用过高的抗辩意见法院未予采纳。综上，本案裁判文书通过事实的全面认定、争议焦点的精准归纳、裁判理由的充分阐释，判决结果获得了各方当事人的认可。一审宣判后，各方当事人均未提起上诉。同时，本案所归纳的裁判要旨，对于今后类似案件的审理具有指导与借鉴意义，因此，本案入选2021年度上海高院第四批参考性案例，并入选最高人民法院2023年发布的《人民法院贯彻实施民法典典型案例（第二批）》，就该案撰写的案例分析也在全国法院系统2022年度优秀案例分析评比中获二等奖。

（丁晓华，上海市第三中级人民法院法官）

三、专家评析

生态环境是人类生存和发展的根基，生态文明建设是关系人类永续发展的根本。习近平总书记指出，"中国式现代化必须走人与自然和谐共生的新路"①，"我们要像保护眼睛一样保护生态环境"②。近年来，上海法院立足城乡经济发展特点，优化集中管辖体制，积极助力打好污染防治攻坚战，实行环境资源民事、行政、刑事"三合一"审判，大力提升环境资源审判专业化水平，办理了一批较高质量的环境污染典型案件。本案作为上海首例生态环境损害赔偿诉讼，展示了上海法院以实际行动传播习近平生态文明思想，体现了办理环境污染案件的专业化审判水平，有助于促进全社会共同形成保护蓝天、碧水、净土的良好法治氛围。

生态环境损害赔偿诉讼是不同于环境民事公益诉讼和普通环境侵权责任诉讼的一种新的诉讼类型。政府作为赔偿权利人，可以与环境污染侵权人积极磋商，在磋商不成的情形下提起诉讼，有助于快速修复生态环境。本案中，小企业或个人出于降低成本、获取高额利润的目的，不顾环境保护要求，实施非法行为对环境造成污染，在污染者承担刑事责任的同时，生态环境管理部门积极主张其承担民事赔偿责任，体现了"环境有价、损害担责"的原则，诠释了只有实行最严格的制度、最严密的法治，才能为生态文明建设提供可靠保障。

涉案水污染行为发生在《民法典》实施之前，本案依法认定生态修复刻不容缓而侵权人客观上无法履行修复义务的，行政机关有权委托他人进行修复，并可根据《民法典》第1234条直接主张费用赔偿，既有力推动了生态环境修复，也为《民法典》施行前发生的环境污染纠纷案件准确适用法律提供了参考借鉴，对类似案件具有良好的示范意义。

生态环境损害赔偿诉讼的特点在于"官告民"。行政机关作为特殊的原告，既履行生态环境管理职责，又以赔偿权利人的身份主张侵权人履行赔偿义务和生态修复责任。从实践来看，环境污染的修复，涉及应急处置阶段和修复阶段，专业技术要求高、时间跨度长、费用高。在此类案件中，如何审查原告主张的费用，避免行政机关不当行使权力，是值得思考的问题。本案从合法性、必要性和合理性角度出发，审查了各类费用的法律依据和事实根据，开展了充分的释法说理，判决各侵权人赔偿应急处置费、修复工程费、

---

① 《坚守初心　共促发展　开启亚太合作新篇章——在亚太经合组织工商领导人峰会上的书面演讲》，载《人民日报》2022年11月18日，第2版。
② 《共同构建人与自然生命共同体——在"领导人气候峰会"上的讲话》，载《人民日报》2021年4月23日，第2版。

环境监理费、修复效果评估费等费用,为生态环境得到及时保护和修复提供有力保障。

(点评人:张梓太,复旦大学教授,全国环境资源法学研究会副会长,上海市法学会环境和资源保护法研究会会长)

(2021)沪 03 民初 31 号裁判文书原文

46. 江苏省南京市人民检察院与王某某生态破坏民事公益诉讼案*

【关键词】

非法采矿　生态环境损害　损失整体认定　系统保护修复

【裁判要旨】

人民法院审理环境民事公益诉讼案件,应当坚持山水林田湖草沙一体化保护和系统治理。对非法采矿造成的生态环境损害,不仅要对造成山体(矿产资源)的损失进行认定,还要对开采区域的林草、水土、生物资源及其栖息地等生态环境要素的受损情况进行整体认定。

人民法院审理环境民事公益诉讼案件,应当充分重视提高生态环境修复的针对性、有效性,可以在判决侵权人承担生态环境修复费用时,结合生态环境基础修复及生物多样性修复方案,确定修复费用的具体使用方向。

一、简要案情

2015年至2018年,王某某违反国家管理矿产资源法律规定,在未取得采矿许可证的情况下,使用机械在南京市浦口区永宁镇老山林场原山林二矿老宕口内、北沿山大道建设施工红线外非法开采泥灰岩、泥页岩等合计十余万吨。南京市浦口区人民检察院以王某某等人的行为构成非法采矿罪向南京市玄武区人民法院提起公诉。该案审理期间,王某某已退赔矿石资源款4 455 998.6元。南京市人民检察院认为,王某某非法采矿造成国家矿产资源和生态环境破坏,损害社会公共利益,遂提起本案诉讼,诉请判令王某某承担生态破坏侵权责任,赔偿生态环境损害修复费用1 893 112元(具体包括:(1)生态资源的经济损失中林木的直接经济损失861 750元。(2)生态系统功能受到影响的经济损失:森林涵养水损失440 233元;水土流失损失50 850

---

* (2020) 苏01民初798号。

元；土壤侵蚀损失81 360元；树木放氧量减少损失64 243元；鸟类生态价值损失243 122元；哺乳动物栖息地服务价值损失18 744元。(3)修复期间生物多样性的价值损失132 810元）以及事务性费用400 000元，并提出了相应的修复方案。

本案的争议焦点主要集中于王某某非法采矿造成的生态资源损失如何认定以及如何修复。

法院审理认为，非法采矿对生态资源造成复合性危害，在长江沿岸非法露天采矿，不仅造成国家矿产资源损失，还必然造成开采区域生态环境破坏及生态要素损失。环境和生物之间、生物和生物之间协同共生，相互影响、相互依存，形成动态的平衡。一个生态要素的破坏，必然会对整个生态系统的多个要素造成不利影响。非法采矿将直接导致开采区域的植被和土壤破坏，山体损坏影响林、草蓄积，林、草减少影响水土涵养，上述生态要素的破坏又直接、间接影响鸟类和其他动物的栖息环境，造成生态系统的整体破坏及生物多样性的减少，自然要素生态利益的系统损害必将最终影响人类的生产生活和优美生态环境的实现。被告王某某违反矿产资源法的规定，未取得采矿许可证即实施非法采矿行为，造成生态环境的破坏，主观存在过错，非法采矿行为与生态环境损害之间具有因果关系，应当依照《侵权责任法》第6条之规定，对其行为造成的生态环境损害后果承担赔偿责任。

首先，关于生态环境损害计算问题。

第一，生态资源的经济损失计算合理。非法采矿必将使被开采区域的植被遭到严重破坏，受损山体的修复及自然林地的恢复均需要合理周期，即较长时间才能重新恢复林地的生态服务功能水平，故《评估报告》以具有20年生长年限的林地作为参照计算具有一定合理性，《评估报告》制作人关于林木经济损失计算的解释科学，故应对非法采矿行为造成林木经济损失861 750元依法予以认定。

第二，鸟类生态价值损失计算恰当。森林资源为鸟类提供了栖息地和食物来源，鸟类种群维持着食物链的完整性，保持营养物质循环的顺利进行，栖息地的破坏必然导致林鸟迁徙或者食物链条断裂，一旦食物链的完整性被破坏，必将对整个森林生态系统产生严重的后果。《补充说明》载明，两处非法开采点是林鸟种群的主要栖息地和适宜生存环境，非法采矿行为造成鸟类栖息地被严重破坏，由此必然产生种子传播收益额及改善土壤收益额的损失。鸟类为种子的主要传播者和捕食者，可携带或者吞食植物种子，有利于生态系统次生林的自然演替；同时，次生林和原始森林系统的良性循环，也同样为鸟类的自然栖息地提供了庇护，对植物种子的传播具有积极意义。《补充说明》制作人从生态系统的完整性和种间生态平衡的角度，从非法采矿行为造成平衡性和生物多样性的破坏等方面对鸟类传播种子损失作出了详细解释，解释科学合理，故对非法采矿造成鸟类生态价值损失 243 122 元予以认定。

第三，哺乳动物栖息地服务价值损失客观存在。森林生态系统是陆地生态系统的重要组成部分，同时也是哺乳动物繁衍和生存的主要栖息地之一。哺乳动物不仅对维持生态系统平衡有重要作用，还能够调节植物竞争，维护系统物种多样性以及参与物质和能量循环等，是改变生态系统内部各构件配置的最基本动力。虽然因客观因素无法量化栖息地生态环境损害价值，但非法采矿行为造成山体破坏和植被毁坏，导致哺乳动物过境受到严重影响，哺乳动物栖息地服务价值损失客观存在。结合案涉非法采矿区域位于矿坑宕口及林场路口的实际情况，综合考虑上述区域植被覆盖率以及人类活动影响造成两区域内哺乳动物的种类和数量较少等客观因素，公益诉讼起诉人主张按照其他生态环境损失 1 874 368 元的 1% 计算哺乳动物栖息地服务价值损失 18 744 元具有一定的合理性，应当依法予以支持。

其次，关于生态环境修复问题。恢复性司法理念要求受损的生态环境切实得到有效修复，系统保护需要从各个生态要素全方位、全地域、全过程保护，对破坏生态所造成的损失修复，也要从系统的角度对不同生态要素所遭受的实际影响予以综合考量，注重从源头上系统开展生态环境修复，注重自然要素生态利益的有效发挥，对长江流域生态系统提供切实有效的保护。鉴于非法采矿给生态环境造成了严重的破坏，应当采取消除受损山体存在的地质灾害隐患，以及从尽可能恢复其生态环境功能的角度出发，结合经济、社会、人文等实际发展需要进行总体分析判断。

案涉修复方案涵盖了山体修复、植被复种、绿地平整等生态修复治理的多个方面，充分考虑了所在区域生态环境结构的功能定位，体现了强化山水林田湖草沙等各种生态要素协同治理的理念，已经法庭技术顾问论证，结论科学，方法可行。王某某赔偿的生态环境损失费用中，属于改善受破坏的自然环境状况，恢复和维持生态环境要素正常生态功能发挥范畴的，可用于侵权行为发生地生态修复工程及地质灾害治理工程使用。本案中生物栖息地也是重要的生态保护和修复目标，生物多样性受到影响的损失即鸟类生态价值损失、哺乳动物栖息地服务价值损失、修复期间生物多样性价值恢复费用属于生物多样性恢复考量范畴,可在基础修复工程完成后,用于侵权行为发生地生物多样性的恢复及保护。

综上,法院判决王某某对其非法采矿造成的生态资源损失承担赔偿责任,并在判决主文中写明了生态修复、地质治理等项目和生物多样性保护等费用使用方向。法院判决:一、被告王某某对其非法采矿造成的生态资源损失 1 893 112 元(已缴纳)承担赔偿责任,其中 1 498 436 元用于南京市山林二矿生态修复工程及南京市浦口区永宁街道大桥林场路口地质灾害治理工程,394 676 元用于上述地区生物多样性的恢复及保护。二、被告王某某承担损害评估等事务性费用 400 000 元(已缴纳),该款项于本判决生效后十日内划转至南京市人民检察院。

判决后,南京市人民检察院与王某某均未上诉,判决已发生法律效力。

二、撰写心得

本案文书的撰写过程是案件审判思维过程的集中体现,在文书撰写中充分注重运用系统化思维方式,坚持贯彻"山水林田湖草沙是生命共同体"的整体系统观,把握生态要素作用和相互影响规律,考量人与自然和谐共生的基本要求,全面展现生态破坏导致环境要素系统损失的过程,注重体现区分认定矿产资源损失和生态要素损失,形成系统、整体保护生态要素的裁判规则。总结提炼非法采矿"损失整体性认定"规则,即对非法采矿造成的自然资源经济价值和环境要素生态价值进行综合分析判断,特别注重将生物栖息地明确为重要的生态保护和修复对象,明确在部分环境要素损失无法明确科学认定的情况下,采用酌定的方式予以认定。同时,聚焦被破坏生态环境修复的整体考量,提高修复的针对性、有效性,将"专款专用"的宗旨融入裁判文书说理,在直接判决被告承担生态环境修复费用的同时,首创性地在判决主文中写明生态修复、地质治理等项目和生物多样性保护等修复费用的具体使用方向,全面体现生态环境要素的整体保护和系统修复。本案是"中国庭审公开网第 1000 万场庭审直播"案件,2020 年 12 月 4 日第七个国家宪法日公开审理并当庭宣判,部分江苏省人大代表及专家学者、新闻媒体记者现场旁听庭审,参观最高人民法院的社会人士在北京线上同步观看了庭审直播,中央电视台《新闻联播》等主流媒体集中报道,裁判文书对引导公众树立正确生态文明观,善待生态环境具有引导意义。本案相关审判成果先后入选"最高人民法院第 207 号指导性案例""2020 年度人民法院环境资源十大典型案例""2021年全国环境资源优秀业务成果裁判文书类一等奖""第四届全国法院百篇优秀裁判文书""第四届全国法院百场优秀庭审""全国法院系统2021年度优秀案例分析二等奖""江苏法院涉长江保护十大典型案例""2020年度江苏法院环境资源十大典型案例"。

裁判文书撰写主要体现了以下内容。

（一）充分展示环境资源案件裁判思维理念

我国自古以来就讲求"天人合一"，人与自然和谐共生一直是我们持之以恒的追求。习近平总书记指出，"人与自然是生命共同体，人类必须尊重自然、顺应自然、保护自然"①"促进生态环境持续改善，努力建设人与自然和谐共生的现代化"②。社会主义核心价值观的"文明、和谐"要求，集中总结了我们面对和处理"人与自然"等关系时应当秉承的价值取向，是富有中华文化基因特色的要求，更是传统文化中"和实生物"的继承。习近平生态文明思想和中华优秀传统文化，为我们在撰写生态环境保护案件裁判文书过程中嵌入深入思考人与自然和谐共生、落实生态文明建设具体要求、加强生态系统整体保护和修复、提升生态系统保护质量等方面的内容提供了根本遵循。

构建人与自然和谐共生的美好家园是我们追求的重要目标，在生态环境保护案件办理中，应当用心用情感受自然的启示。本案案发地部分位于南京长江岸边宕口整治范围内，长江流域生态系统要素丰富，是大量鸟类和哺乳动物的栖息地。在长江沿岸非法露天采矿，不仅造成国家矿产资源损失，还破坏原始植被。山的破坏影响林、草，林、草的减少影响到水土涵养，山体、植被的破坏又直接、间接破坏了飞禽走兽的栖息地，进而影响长江流域生物多样性。本案中王某某因非法采矿被依法追究刑事责任，为他的恣意妄为付出了巨大的自由代价。以往的此类公益诉讼案件办理中，往往只关注到被破坏的山体和林木这两个生态环境元素，直接认定该部分损失并判决予以修复，与生态环境整体保护、系统保护的认识存在一定偏差。本案相较于传统案件，我们在文书撰写时充分展现开采行为导致生态环境系统破坏的整体性损失认识，科学认定非法采矿行为造成的生态环境要素复合性损失。特别是我们关注到，身边有许多野生动物由于人类活动的原因，导致栖息地逐渐缩小，这

---

① 习近平：《决胜全面建成小康社会　夺取新时代中国特色社会主义伟大胜利——在中国共产党第十九次全国代表大会上的报告》，载人民网2017年10月27日，http://jhsjk.people.cn/article/29613458。

② 习近平：《努力建设人与自然和谐共生的现代化》，载《求是》2022年第11期。

一现象让我们在案件办理时把目光也聚焦到了生物栖息地保护上。山林里也曾经居住着鸟类和野生动物，山和树林消失了，野生动物的栖息地也一定被破坏了，生态系统功能受到影响的损失也应当由侵权者赔偿，这样才能为系统修复受损生态环境提供充分保障。

（二）注重对破坏行为造成生态环境要素损失部分的着重分析

生态环境保护案件的办理，应当坚持人与自然和谐共生要求，全方位展示对破坏生态环境行为的全面追责和受损生态环境的科学系统修复，充分发挥司法智慧，衡平各价值位阶关系，让展现法律刚性和体现司法温度、反映"人与自然"正向价值成为鲜明底色。非法采矿的危害后果具有多样性、复杂性和严重性，体现在非法采矿破坏矿产资源、污染环境、破坏植被等其他自然要素，继而引发生态失衡甚至滑坡、泥石流等地质灾害，复合危害带来的后果必然是生态环境要素的全方位受损，环境恢复代价大、所需时间长。因此，生态破坏民事公益诉讼文书撰写过程中，有必要融入对破坏行为导致生态环境系统要素损失的分析和判断过程，即通过损失整体性认定规则，对自然资源经济价值和环境要素生态价值各个方面进行全方位、立体式综合分析判断。

我们在裁判文书中写明，非法采矿行为，不仅会造成矿产资源损失，更会对生态系统要素造成破坏。只有对各生态环境要素实现全方位、全地域、全过程的整体性认定和保护，充分考虑不同生态要素所遭受的整体影响和关联程度，才符合生态环境系统保护这一司法裁判价值目标。鉴于本案所涉非法采矿的矿产资源损失已经在刑事案件退赃部分予以涵盖，公益诉讼起诉人诉请的内容仅与生态系统中除矿产资源外的其他要素损失相关，故本案对该部分进行了依法审理。我们归纳提炼"损失整体性认定"规则，结合自然资源经济价值和环境要素生态价值等内容，在裁判文书中进行了展示：（1）充分认定林木资源损失。非法采矿必将使被开采区域的植被遭到严重破坏，受损山体的修复及自然林地的恢复均需要合理周期，即较长时间才能重新恢复林地的生态服务功能水平，最终认定《损害评估报告》以具有20年生长年限的林地作为参照计算。（2）科学认定鸟类生态价值损失。案涉两处非法开采点是林鸟种群的主要栖息地和适宜生存环境，非法采矿行为造成鸟类栖息地被严重破坏，由此必然产生种子传播收益额及改善土壤收益额的损失。鸟类为种子的主要传播者和捕食者，可携带或者吞食植物种子，有利于生态系统次生林的自然演替；同时，次生林和原始森林系统的良性循环，也同样为鸟类的自然栖息地提供了庇护,对植物种子的传播具有积极意义。为维护生态系统的完整性和种间生态平衡,应当对非法采矿造成鸟类生态价值损失予以认定。我们在文书撰写时,综合考量科学分析评估报告、综合专家意见以及日常经验法则等,在分析后作出科学判断,有效杜绝生物栖息地破碎化情形的再次发生。(3)科学酌定客观存在的哺乳动物栖息地服务功能损失。在非法采矿民事公益诉讼案件里,把生物栖息地作为重要的生态保护和修复对象进行系统考虑,是较为前瞻性的一次尝试,案涉哺乳动物栖息地服务价值损失客观存在,但由于目前研究水平能力所限无法准确计算,如何体现对生态环境系统修复和生物栖息地保护,有待科学探索。我们运用系统化思维方式,充分借助专家的力量,对生物栖息地破坏导致的生态系统功能损害进行了分析并采用酌定的方式予以认定,对哺乳动物栖息地适宜性保护起到了重要作用。

(三)注重裁判说理的科学性,充分论证展示科学认定修复费用并写明使用方向

文书说理是案件办理的核心和灵魂,我们结合证据规则,运用逻辑推理、经验法则和适用推定等方法,在裁判文书中展现全面、客观、公正的审查判断思考过程,清晰、准确说明理由。我们严格分析公益诉讼起诉人的诉讼请求以及被告的抗辩意见,运用请求权分析方法,围绕要件构成、赔偿数额计算等,对争议焦点详细展开论述。推动受损生态环境有效恢复是实现人与自然和谐共生的重要举措,也是环境资源审判的重要目的。因此,审理环境民事公益诉讼案件时,应当注重对生态环境系统修复的考量,提高生态环境修复的针对性、有效性。特别是生态环境修复方案应充分考虑生态环境结构功能定位,强化山水林田湖草沙协同治理理念,结合不同生态要素所受实际影响、生态环境基础修复及生物多样性保护的范围等,从恢复生态环境功能的角度综合判断、系统考量。我们在裁判文书的撰写过程中,从消除受损山体存在的地质灾害隐患及恢复其生态环境功能的角度出发,写明了以下方面:(1)充分借助专家力量,科学认定损失构成、评价修复项目。本案与以往办理的案件不同之处在于,以往案件为判决的生态损害赔偿金执行到位后,再制定方案用于直接修复或者替代性修复。本案审理时,由于受损的非法采矿区域已经由政府有关部门纳入生态修复治理范围,故公益诉讼起诉人在提起本案诉讼时,一并提交了政府部门出具的修复方案。我们对修复中应当体现系统性和整体性给予了特别关注,并在裁判文书中全面展示了论证过程。在审核修复方案是否具有科学依据方面,江苏省地质调查研究院及生态环境部南京环境科学研究所专家作为法庭技术顾问为法庭提供非法采矿对生态环境影响以及如何修复等专业知识并答疑。法庭技术顾问对公益诉讼起诉人提出的修复方案严格把关,帮助法庭对修复方案的编制、修复因素的考量、修复费用的评估、费用使用的监管等方面进行全面审查,并对修复方案的合理性、可行性进行科学论证。经论证,专家意见均认为,方案的编制主体均具有资质,方案经济合理、实施效果好,内容符合《江苏省露采矿山环境整治技术要求》的相关规范要求。我们在文书中将这一裁判过程完整记录,综合各方意见对修复方案予以认定,为将修复费用支付用于修复方案并明确使用范畴提供了裁判基础。(2)对修复项目和维护生态环境要素功能发挥、生物多样性保护等方面内容在判决主文中直接予以写明。专家意见认为,修复方案充分考虑了所在区域生态环境结构的功能定位,体现了强化山水林田湖草沙等各种生态要素系统治理、整体修复的理念,符合案涉生态环境系统修复要求。我们认为,本案能够对修复目标作出明确,因此在裁判文书中可以对恢复、维持生态环境要素功能发挥和恢复、保护生物多样性的范畴作出区分,应当通过裁判的方式厘清生态损害赔偿款项的项目及性质,在判决主文中对修复项目和资金使用方向予以明确,通过"专款专用"有效保障生态环境系统修复。我们在文书中写明,赔偿的生态环境损失费用中,林木的直接经济损失、生态系统功能受到影响的损失包括森林涵养水损失、水土流失损失、土壤侵蚀损失、树木放氧量的减少损失属于改善受破坏的自然环境状况,恢复和维持生态环境要素正常生态功能发挥范畴,涉及该部分的赔偿金应当用于侵权行为发生地生态修复工程及地质灾害治理工程使用。生物多样性受到影响的损失即鸟类生态价值损失、哺乳动物栖息地服务价值损失、修复期间生物多样性价值属于生物多样性恢复考量范畴,涉及该部分的赔偿金可在基础修复工程完成后,用于侵权行为发生地生物多样性的恢复及保护。我们直接将资金使用方向写入了判决主文,这种在裁判中区分认定矿产资源损失和生态要素损失的基础上,直接写明修复费用具体使用方向的针对性裁判方法,具有较强的实践性,可为类案裁判提供些许参考。

"万物各得其和以生,各得其养以成。"关心爱护自然,善待生态环境,自觉遵守生态环境保护法律法规,用心呵护好身边的美丽风景和美好家园,是我们的共同心愿。但愿通过我们共同的关注和努力,用法律的力量让人与自然之间少一些被迫无奈的"远足",多一分和平共处的"美好",少一次不期而至的"相遇",多一笔和谐共生的"精彩"。

(刘尚雷,江苏省南京市中级人民法院法官)

三、专家评析

党的二十大报告指出,"中国式现代化是人与自然和谐共生的现代化""尊重自然、顺应自然、保护自然,是全面建设社会主义现代化国家的内在要求""坚持山水林田湖草沙一体化保护和系统治理""提升生态系统多样性、稳定性、持续性"。环境司法是人民法院践行党的二十大精神的生动实践,准确适用生态环境保护法律法规,科学厘清法律责任,使侵权者主动修复受损生态环境,是环境司法价值的重要体现。

裁判文书作为司法裁判的"最终产品",是记录裁判过程、公开裁判理由、向社会展示法院公正司法形象的载体,发挥着彰显司法态度的重要作用。该案系一起因非法采矿引起的生态破坏民事公益诉讼,从判决可以看出,审理案件时,裁判者不局限于一草一木、几个山头,而是着眼于长江大保护,特别是长江沿岸丘陵地带的生态系统整体保护,切实遵循了"绿水青山就是金山银山"的理念,秉持了损害担责原则,充分阐释了如何对破坏生态环境行为全面追责、如何科学修复受损生态环境等内容,引导公众树立生态环境保护意识,体现了较高的政治站位和较为开阔的裁判视野。文书行文规范、表述准确,结构严谨、详略得当,逻辑清晰、论证透彻,体现了裁判者较为深厚的司法理论功底和较高的文书制作能力。

该判决书充分展现了环境资源案件系统治理、一体化保护的裁判理念,从落实人与自然和谐共生的科学自然观出发,清晰、全面、严谨地阐释了生态要素相互作用的科学规律。直观展示非法采矿造成的生态环境破坏情况,客观公正地评价评估报告、修复方案,高度聚焦受损生态环境的损失构成及修复的整体认定问题,在此基础上确立了生态破坏"损失整体性认定"规则。不仅将非法开采的矿石资源计为侵权损失,而且充分论证了将生物栖息地明确为重要的生态保护和修复对象并计算相应损失。

在直接判决侵权人承担生态环境修复费用的同时,该判决首创性地在主文中写明侵权人支付的赔偿费用使用于地质环境整治、生态环境恢复等具体修复项目,既为类案办理确立了指导规则,也让阅读者感受到法院为改善人居环境、增进民生福祉作出的努力。

通过该判决,裁判者很好地向公众科普了生态系统要素、生物多样性、长江大保护等生态环境保护的科学知识、法律知识,并且结合新闻联播等主流媒体集中报道等方式,多措并举加大法治宣传力度,充分体现了"办理一案、教育一片"的能动履职理念,真正实现了政治效果、法律效果、社会效果和生态效果的有机统一。

(点评人:马杰,江苏省高级人民法院审判委员会委员、环境资源审判庭庭长,江苏省审判业务专家)

(2020)苏 01 民初 798 号裁判文书原文

47. 江西省上饶市人民检察院与张某1、张某2、毛某某生态破坏民事公益诉讼案*

【关键词】

民事　生态破坏民事公益诉讼　自然遗迹　风景名胜　生态环境损害赔偿金额

【裁判要旨】

破坏自然遗迹和风景名胜造成生态环境损害，国家规定的机关或者法律规定的组织请求侵权人依法承担修复和赔偿责任的，人民法院应予支持。对于破坏自然遗迹和风景名胜造成的损失，在没有法定鉴定机构鉴定的情况下，人民法院可以参考专家采用条件价值法作出的评估意见，综合考虑评估方法的科学性及评估结果的不确定性，以及自然遗迹的珍稀性、损害的严重性等因素，合理确定生态环境损害赔偿金额。

一、简要案情

2017年4月15日凌晨4时左右，张某1、张某2、毛某某三人携带电钻、岩钉（膨胀螺栓，不锈钢材质）、铁锤、绳索等工具到达巨蟒峰底部。被告张某1首先攀爬，毛某某、张某2在下面拉住绳索保护张某1的安全。在攀爬过程中，张某1在有危险的地方打岩钉，使用电钻在巨蟒峰岩体上钻孔，再用铁锤将岩钉打入孔内，用扳手拧紧，然后在岩钉上布绳索。张某1通过这种方式于早上6时49分左右攀爬至巨蟒峰顶部。毛某某一直跟在张某1后面为张某1拉绳索做保护，并沿着张某1布好的绳索于早上7时左右攀爬到巨蟒峰顶部。在张某1、毛某某攀爬开始时，张某2为张某1拉绳索做保护，之后沿着张某1布好的绳索于早上7时30分左右攀爬至巨蟒峰顶部，在顶部使用无人机进行拍摄。经现场勘查，张某1在巨蟒峰上打入岩钉26个。经专家论证，三被告的行为对巨蟒峰地质遗迹点造成了严重损毁。本案刑事部分已另

---

* （2020）赣民终317号。

案审理。2018年3月28日，受上饶市检察院委托，江西财经大学专家组针对张某1等三人攀爬巨蟒峰时打入的26枚岩钉对巨蟒峰乃至三清山风景名胜区造成的损毁进行价值评估。2018年5月3日，江西财经大学专家组出具了《三清山巨蟒峰受损价值评估报告》（以下简称《评估报告》）。该评估报告载明：专家组依据确定的价值类型，采用国际上通行的条件价值法对上述故意损毁行为及其后果进行价值评估，巨蟒峰价值受损评估结果为，"巨蟒峰案"三名当事人的行为虽未造成巨蟒峰山体坍塌，但对其造成了不可修复的严重损毁，对巨蟒峰作为世界自然遗产的存在造成了极大的负面影响，加速了山体崩塌的可能性。因此，专家组认为：此次"巨蟒峰案的价值损失评估值"不应低于该事件对巨蟒峰非使用价值造成的损失最低阈值，即1190万元。上饶市中级人民法院于2019年12月27日作出（2018）赣11民初303号民事判决：张某1、张某2、毛某某在判决生效后十日内在全国性媒体上刊登公告，向社会公众赔礼道歉，公告内容应由一审法院审定；张某1、张某2、毛某某连带赔偿环境资源损失计人民币6 000 000元，于判决生效后三十日内支付至一审法院指定的账户，用于公共生态环境保护和修复；张某1、张某2、毛某某在判决生效后十日内赔偿公益诉讼起诉人上饶市检察院支出的专家费150 000元。宣判后，张某1、张某2不服一审判决，提起上诉。二审法院围绕检察机关提起的生态破坏民事公益诉讼可否得到支持以及本案上诉人的行为是否构成侵权以及如构成侵权，赔偿数额如何确定的问题展开评述。江西省高级人民法院于2020年5月18日作出（2020）赣民终317号判决，驳回上诉，维持原判。

二、撰写心得

本案是全国首例因自然遗迹被破坏而提起的生态破坏民事公益诉讼案件，在社会具有较大的影响。对于生态破坏的案由，当时公众感觉会比较陌生，同时当事人也会对此有很多疑虑。该案如何判决，社会公众拭目以待。回顾本案判决书的撰写心得，具体有以下三点体会。

（一）学深悟透习近平生态文明思想，以思想为导航

党的十八大以来，习近平总书记深刻把握生态文明建设在中国特色社会主义事业中的重要地位和战略意义，坚持把马克思主义基本原理同中国具体实际相结合、同中华优秀传统文化相结合，大力推进生态文明理论创新、实践创新、制度创新，提出一系列新理念新思想新战略，形成了习近平生态文

明思想。在习近平生态文明思想的指引下,我国的环资审判从无到有,从理论到实践都发生了历史性、转折性、全局性变化。事实充分证明,习近平生态文明思想赋予生态文明建设理论新的时代内涵,开创了生态文明建设新境界,为新时代我国生态文明建设提供了根本遵循和行动指南,具有强大的真理力量和实践伟力。正是在这样的背景之下,三清山巨蟒峰损毁案才可能成为全国首例因自然遗迹被破坏而提起的生态破坏民事公益诉讼案件,也正是在这样的背景之下,人们更加注重生态环境的保护,在绿水青山中共享自然之美、生命之美、生活之美。作者正是以习近平生态文明思想为指引,才有了判决书中"用最严格制度最严密法治保护生态环境"的呼吁,才有了"本院认为生态环境是人类生存和发展的根基,对自然资源的破坏即是对生态环境的破坏……"的评判。通过认真学习习近平生态文明思想,对习近平总书记提出的"绿水青山就是金山银山"①,强调的"良好生态环境是最公平的公共产品,是最普惠的民生福祉"②,要求的"用最严格的制度、最严密的法治保护生态环境"③,提出的"共同构建地球生命共同体,共同建设清洁美丽的世界"④……耳熟能详、内化于心的同时,撰写环资类型的案件判决时才能信手拈来,化作判决书中的金句,习近平生态文明思想指导决定着整份判决书的基调。

(二)融会贯通法律内在精神,以原则为指引

本案作为全国首例损毁自然遗迹提起的环境公益诉讼案件,存在较多法律空白点和难点。例如,判决书就当事人上诉提出的风险非损害,对于存在的风险能否提起公益诉讼的问题,对此并无明确的法律规定。作者把握民事公益诉讼的立法精神,在肯定巨蟒峰的客观价值,"巨蟒峰作为独一无二的自然遗迹,是不可再生的珍稀自然资源型资产"前提下,结合"人们享有的环境权益包含基于环境而产生的可以满足人们更高层次需求的生态环境资源,

---

① 《高举中国特色社会主义伟大旗帜 为全面建设社会主义现代化国家而团结奋斗——在中国共产党第二十次全国代表大会上的报告(2022年10月16日)》,载《人民日报》2022年10月26日,第1版。
② 习近平:《推进生态文明建设需要处理好几个重大关系》,载《求是》2023年第22期。
③ 《习近平在中共中央政治局第四十一次集体学习时强调 推动形成绿色发展方式和生活方式 为人民群众创造良好生产生活环境》,载新华网2017年5月27日,http://m.news.cn/2017-05/27/c_1121050509.htm。
④ 《共同构建地球生命共同体——在〈生物多样性公约〉第十五次缔约方大会领导人峰会上的主旨讲话》,载《人民日报》2021年10月13日,第2版。

而对这些资源的损害,直接损害了人们可以感受到的生态环境的自然性、多样性,甚至产生人们短时间内无法感受到的生态风险",这样对本案的生态风险进行分析,根据专家意见,本案中张某 1 等三人在巨蟒峰石柱体打岩钉行为会诱发和加重物理、化学、生物风化,加快巨蟒峰花岗岩柱体的侵蚀过程,甚至造成崩解。这种风险是一种客观存在,为了避免危险后果的发生,避免人们遭受不可估量的重大损害或重大损失,作者从环境公益诉讼立法中的预防功能原则出发,延伸解释《最高人民法院关于审理环境民事公益诉讼案件适用法律若干问题的解释》第 18 条,认定案涉风险在实质上构成对社会公众利益的损害。总结出本案中,张某 1 等三人采取打岩钉方式攀爬对巨蟒峰的损害,侵害了不特定社会公众的环境权益,而不特定的多数人享有的利益正是社会公共利益的内涵。故本案巨蟒峰的损毁风险是可诉的生态破坏公益诉讼。对该司法解释的延伸理解也正是本案作为指导性案例所打造的裁判规则之一。

而对自然遗迹巨蟒峰损害赔偿如何确定量化的问题,这是目前全世界都难以解决的问题。但法官不得拒绝裁判,没有先例没有规定就依据法律精神和原则。笔者依据《最高人民法院关于审理环境民事公益诉讼案件适用法律若干问题的解释》第 23 条规定的司法解释精神,对于本案中江西财经大学专家组于 2018 年 5 月 3 日作出的《评估报告》进行分析论证。从通常民事诉讼法中对于作为可采信的鉴定报告所要求的主体资格以及程序合法方面进行一一对应分析:本案报告专家组成员具有环境经济、旅游管理、生态学方面的专业知识,采用国际上通行的条件价值法对本案所涉价值进行了评估,专家组成员均出庭对《评估报告》进行了说明并接受了各方当事人的质证,从而证明《评估报告》符合《最高人民法院关于审理环境民事公益诉讼案件适用法律若干问题的解释》第 15 条规定的"专家意见",依法可作为本案认定事实的参考依据。同时对《评估报告》采用的条件价值法进行客观评价,该方法属于环境保护部下发的《环境损害鉴定评估推荐方法(第Ⅱ版)》确定的评估方法之一,虽然存在一定的不确定性,但其科学性在世界范围内得到认可,且目前就本案情形没有更合适的评估方法。故根据以上意见,参考《评估报告》意见"巨蟒峰案的价值损失评估值不应低于该事件对巨蟒峰非使用价值造成的损失最低阈值,即 1190 万元",综合考虑本案的法律、社会、经济因素,具体结合了三被告已被追究刑事责任的情形、本案查明的事实、当事人的过错程度、当事人的履行能力、江西的经济发展水平等,酌定赔偿金额为 600 万元。判决对赔偿数额分析确定的过程，也是对上诉人上诉理由的回应。

（三）深刻把握司法的社会功能，以判决为引导

裁判文书是司法工作的终局体现形式，通过客观实在的司法裁判这种形式形成对核心价值的理念认同，准确阐释认可和批判的内容，规范公民的行为准则，是对社会大众的根本价值指引，这也正是司法的价值引导功能。司法的价值引导功能是司法重要的社会功能。解决纠纷自然是司法的首要功能，然而司法不能仅仅满足于个案纠纷的解决，通过判决对公众进行价值层面的引导，从而解决潜在的纠纷，从源头化解矛盾纠纷才是司法更重要的目标。当正当的价值观念为公众普遍认可并遵守时，许多纠纷便不复存在了。因此，对公众进行价值层面的引导从而促进纠纷的减少，是司法价值引导功能的核心。司法的价值引导功能主要有四个方面：第一，引领惩恶扬善的正义观；第二，树立司法权威性；第三，激励民众的积极行为；第四，引领社会道德。① 司法主动进行价值引导之所以是可行的，是因为公众的价值观念具有可引导性，且法律的抽象性、法律的多元化等因素为司法机关在法律规定的框架之内发挥主观能动性提供了空间。另外，司法的社会效果在一定程度上可以预测，使在必要时修改和完善裁判引导公正的价值理念成为可能。正如本案的判决所言："旨在引导社会公众树立正确的生态文明观，珍惜和善待人类赖以生存和发展的生态环境。"作者正是从司法的价值引导功能出发，说理时有意识地对社会公众进行价值引导，从而增强人们的环境保护意识，为文明旅游画出一道法律的红线，从源头上减少人们对自然资源的破坏性利用行为。事实上，本案的宣判在攀岩界、在社会上均引起极大反响，人们普遍明白的一个道理就是对自然资源不能随心所欲，即使对自然资源的利用也要在合理的范围内，不能采用破坏性方式加以利用。这是笔者借助判决需要表达的意思，也正是本案需要达到的社会效果。

（王慧军，江西省高级人民法院法官）

三、专家评析

三清山巨蟒峰案，作为全国首例因自然遗迹被破坏而提起的生态破坏民事公益诉讼案件，不仅在全国范围内引起了广泛关注，在全世界范围内也引

---

① 参见蒋传光：《司法的价值引领功能》，载《中国司法》2015 年第 8 期。

起了很大的反响,联合国环境规划署将该案列为中国最具影响力的环境资源案件之一,发布在其官方网站,该案的判决生动体现了江西法院深入贯彻习近平法治思想和习近平生态文明思想,用最严格制度最严密法治保护生态环境的司法理念,向世界讲述中国生态文明建设的故事,传播中国法治的声音。具体而言,该判决很好地体现了"三个效果"的统一。

(一)政治效果好

"政治效果"是司法机关作为政治机关的必然要求,是司法活动、人民司法事业在中国特色社会主义法治道路上行稳致远的根本前提。司法机关作为政治机关,始终坚持党对政法工作的绝对领导,司法活动要服务党和国家的工作大局,服务经济社会健康发展。在本案的判决中,以习近平法治思想和习近平生态文明思想为指导,将习近平生态文明思想融入裁判文书说理之中,是法律和政治的有机结合,确保人民司法、司法为民的政治方向,从而保证了司法的基本政治遵循。判决书中引入"用最严格制度最严密法治保护生态环境",使习近平生态文明思想与案情结合紧密,引入贴切自然,既是对当事人及世人的警示,同时将政策融于法律情理之中,也体现了判决与党的政策目标相符的政治效果。

(二)法律效果好

"工欲善其事,必先利其器。"法律是司法裁判的实体依据。"法律效果"在"三个效果"中具有基础性地位,是良法善治的应有之义,事关司法裁判的权威性、稳定性。正确适用法律是法律效果的根本,但在本案中存在法律规则空白之处,在对自然遗迹的损坏量化的问题没有法律的明确规定和先例,也没有机构可以对此进行鉴定的情形下,考验的是法官是否具有深厚的法理功底,是否把握了法律原则和法律精神的实质,是否能够正确进行法律解释。我们欣喜地看到本案判决书的阐述在法律上堪称完美,探索总结的裁判规则,得到最高人民法院的确认,被确认为指导性案例。

(三)社会效果好

"社会效果"实际上是从情、理、法三个维度相结合来考虑的。情和理的部分不仅隐含着价值判断,而且在法律没有明确规定的情况下也隐含着价值的判断和选择。[①]"社会效果侧重于实现法律价值和目的,强调在法律适用中

---

① 参见柴荣、李竹:《传统中国民事诉讼的价值取向与实现路径:"息讼"与"教化"》,载《政法论丛》2018年第2期。

把社会利益、社会价值作为重要因素进行必要的判断和衡量。"① 本案存在多方面和多层次的利益冲突,巨蟒峰作为地球上的自然遗迹资源,既有着当代人的环境权益,也有着后人享有的代际公平;既有着社会公众利益的考量,也有着当事人个人对自然资源的合理利用的利益平衡……本案法官撰写判决时,发挥了良好的价值判断和利益衡量的艺术,对个人的惩戒与对世人的警示相结合,突出本判决对社会公众的价值引导,取得了良好的社会效果。

(点评人:邓辉,江西财经大学校长、教授、博士生导师,十四届全国人大代表)

四、一审裁判文书撰写心得

本案是全国首例由检察机关针对破坏世界自然遗产而提起的环境民事公益诉讼案,社会关注度高,影响较大,如何在准确认定事实、正确适用法律、精准作出裁判的基础上,撰写出一份辨法析理、胜败皆服的判决书是合议庭面临的重大考验。在此背景下,主审人把文书要素齐全、结构严谨规范、说理深入透彻、论证层次分明、语言通俗易懂作为写作的基本要求。力争实现诠释法律原理、展示法院公正形象、开展法治宣传教育的应有功能,以此大力弘扬社会主义核心价值观,践行习近平生态文明思想。

(一)明确一个目的——努力说服受众

面对一个诉讼双方争议极大,社会公众普遍关注的案件,如何让裁判赢得当事人、上级法院、社会公众的广泛认同,唯一的办法就是说服。因此,主审人在制作判决书时,力图通过辨法析理,努力说服受众。既要说服检察机关,又要说服被告;既要说服公众,也要说服同行,最终还要说服自己。要实现上述目的,就要直面诉讼双方各自的主张,不遗漏争议,不回避难点,全面展开分析论证与回应。如针对三被告主张的三清山管理委员会作为上饶市人民政府的派出机构,对三清山风景名胜区行使管理权,享有的利益并非社会公共利益,检察机关对三被告的行为提出的诉讼不符合民事公益诉讼的条件的抗辩,主审人从什么是社会公共利益分析入手,指出人们对洁净的水源、清新的空气、优美的环境、秀丽的风景等环境需求就是社会公共利益的主要组成部分。相关的行政主管部门对自然资源享有的管理权,并不排斥或

---

① 参见邱水平:《论执法实践中坚持法律效果、社会效果与政治效果的统一》,载《法学杂志》2016年第10期。

取代全体社会公众依法对自然遗产、风景名胜区所享有的环境权益,任何对自然遗产、风景名胜区景观的破坏,都是对社会公众环境权益的损害,检察机关就此提起的诉讼当然属于民事公益诉讼范畴。裁判理由由表及里,层层深入,全面回应了三被告的抗辩理由,达到说服当事人的目的,回应了网友的质疑。

(二)把握一个要领——平等展现对话

法院的审判活动是一个集各方当事人利益诉求、观点交锋的场域,而裁判文书则是记载当事人诉求、事实以及法官与当事人对证据采信、事实认定、适用法律的意见以及裁判结果的载体,因而确保各方当事人平等地行使诉讼权利,理性地展开对话和沟通,不但是审判活动追求的价值目标,也是裁判文书制作的内在要求。基于此,主审人对整个文书进行布局谋篇时,时刻注意体现对立的双方当事人以及法院之间的平等对话,既让双方充分提主张、举证据,又让法院充分摆事实、讲道理。如在提炼归纳诉讼双方的诉辩意见时,先是高度概括归纳双方的诉讼事由和抗辩意见,检察机关请求什么,如何主张,法律依据一目了然,三被告如何反驳,怎样抗辩清清楚楚。此后,针对双方的争议焦点,检察机关如何主张,怎样证明,三被告如何抗辩,怎样举证,法院如何采信证据、认定事实、适用法律,娓娓道来。在此基础上,法院逐一针对争议的事实作出分析和认定,对双方诉讼主张进行肯定或批驳,不偏不倚,在各方的对话与沟通当中形成裁判。

(三)打下一个基础——夯实审理程序

裁判文书的制作不是法官冥想的事业,而是要植根于活生生的审判活动当中。一篇叙事清楚、论证有力、重点突出、说理透彻的裁判文书不可能单靠法官在办公室里舞文弄墨即可完成,而是要依靠法官做实审理工作,只有对案情了如指掌,对法律的精神精准把握,才能胸有成竹,下笔有神。俗话说:"工夫在诗外。"本案中,主审人一是做细庭前准备,先后两次召开庭前会议,组织双方进行证据交换,陈述诉辩意见,在此基础上,固定诉讼请求、诉讼证据、争议焦点,为后续的庭审奠定了坚实的基础。二是做实法庭审理。对在庭前双方无争议的事实予以过滤,不再纳入法庭审理范围,而是围绕双方争议的七个争议焦点逐个展开,按照一方主张、法庭举证、对方质证、相互辩论的顺序展开对决,将法庭调查与法庭辩论合二为一,让诉辩双方各抒己见,讲清道理,从而为裁判文书的制作提供源头活水。三是做足评议功课。针对环境损害鉴定的专业性强,相关的鉴定运用的原理、使用的方法晦涩难懂，合议庭难以取舍评判等难题，主审人先后数次赴相关大学、研究机构向专家咨询求教，直到弄懂弄通，既为合议庭评议讨论提供智识支撑，也为文书的说理提供依据。

(四) 抓住一条主线——找准权利规范

不可否认，在现行民事裁判文书样式的指引下，原告的诉讼请求与作为小前提的"事实"，以及作为大前提的"法律"，乃至裁判结果之间存在断裂较为常见。为弥合这种断裂，使整个文书各组成部分浑然一体，主审人始终遵循一种逻辑思维，把民法请求权基础理论和证据理论植入文书的制作始末。由于本案审理之时，我国《民法典》尚未公布实施，《侵权责任法》明确污染环境的侵权损害赔偿责任适用无过错责任归责原则，但对破坏生态归责原则并未作出规定。按照无过错责任归责原则适用必须坚持法律明文规定为前提的基本原则，本案应适用过错责任原则。因此，主审人把《侵权责任法》第6条的规定作为主线，紧紧围绕检察机关的请求权基础规范以及三被告抗辩权基础规范的构成要件，分别展开论证说理，即检察机关主张的损害事实是否发生、三被告的行为是否违法、其主观上是否具有过错、损害金额是否可以认定、三被告主张的案外人共同侵权是否担责等要件事实是否可以认定逐一展开分析论证。从而把当事人的诉辩主张、查明事实、争议焦点、裁判理由与裁判结果串联起来，实现文书各组成部分的无缝对接。

(五) 把握一个关键——准确提炼争点

诉讼当中，当事人争议的问题可能很多，而争议的焦点问题则是双方真正交锋之处，直接关系当事人的胜败，故而也是裁判文书着重着墨之处。如何准确在冲突双方众多的争议当中提炼归纳出争点问题，考验法官的智慧。争点既不能过大，否则是泛泛而谈；也不能过小，否则过于琐碎，抓不住重点。本案主审人从检察机关的请求权基础规范出发，全面分析其构成要件，对照双方各自主张的事实，提炼出数个争点问题，即被告在巨蟒峰岩柱上打入岩钉的行为是否违法，三被告的行为是否已造成巨蟒峰岩柱的损害，三被告是否具有损害环境资源的过错，检察机关主张的赔偿数额是否可以认定。反过来，从三被告主张的另有他人在巨蟒峰岩柱上打岩钉的事实抗辩切入，提炼出案外人与三被告的行为是否足以造成同一损害结果。以上述七个争点问题为主架构，逐一展开分析说理和论证，让诉辩双方在上述七个"主战场"进行交锋和碰撞，使法院在与诉辩双方的对话当中作出判定，从而支撑起整个文书的说理空间。

(六) 冲破一种禁锢——创新说理方式

民事判决书的说理既包括事实认定的说理，也包括适用法律的说理，还包括裁判结果的说理。然而针对事实认定的说理，现行的多数裁判文书并不能做到事实与证据的紧密融合，认定事实看不到证据的分析采信，分析采信证据找不到对应的待证事实，存在"两张皮"现象，原因是法官的思维受到了现行裁判文书样式的禁锢。即当事人的举证意见、质证意见、法院的认证意见与法院审理认定的事实分别集中表述，证据与事实往往是"花开两朵，各表一枝"。本案的主审人大胆冲破这一思维方式的禁锢，紧扣案件争议的焦点问题，围绕各自的诉讼主张，分别列明各自的举证意见、对方质证意见、法院认证意见，在此基础上，对争议的事实作出认定与否的判断，从而将证据与事实高度融合起来，实现证据为事实服务，事实因证据而立，二者骨肉相连，相伴而生，既为受众阅读提供了便利，也实现裁判文书说理脉络清晰。

（撰写人：程斌，江西省上饶市中级人民法院法官）

五、一审裁判文书专家评析

本案为新兴的涉环境类检察公益诉讼案件，为全国首例由检察机关针对破坏世界自然遗产而提起的环境民事公益诉讼案，引发各界热议。面对社会的持续聚焦与案件的繁复事实，合议庭迎难而上、沉着应对，准确认定事实，正确适用法律，形成重点突出、逻辑严密、情理交融的裁判文书，不断丰富完善绿色裁判规则，对同类案件的审理具有较强的参考和借鉴意义。

（一）文书在争议焦点提炼方面，精准全面、层次清晰

在综合全案证据材料以及公益诉讼起诉人、被告意见的基础上，合议庭归纳出七个争议焦点，厘清程序与实体，剖析要件与资格，区分因果与责任，其后以争议焦点为主线，让当事人有充分论辩空间，同时为合议庭说理打下坚实基础。

（二）文书在法律规则释明方面，寓法于理、科学严谨

合议庭灵活运用多种法律解释方法解构法律条文，拆分构成要件，贯通大小前提，做到理例结合、逻辑严谨。值得一提的是，面对现有法律尚无明确规定的事项，如损害自然资源的生态破坏行为适用何种归责原则，合议庭透过案件表象深入原则本质，对比分析过错归责原则与无过错归责原则的诞生背景、创制目的和适用范围，最终确认本案不存在减轻受害人的举证责任，使受害人的权利及时获得救济的特殊情形，因而本案应当适用过错归责原则

对三被告归责。

（三）文书在生态价值捍卫方面，旗帜鲜明、立场坚定

习近平总书记指出，要始终坚持用最严格制度最严密法治保护生态环境。① 合议庭对采用破坏性方式攀爬世界自然遗产的行为人给予法律上的否定评价，用实际行动践行了"绿水青山就是金山银山"的生态文明理念，最大程度保护了涉案自然遗产为人类共有的科研价值、美学价值、观赏价值与游憩价值，对社会公众珍惜资源、爱护环境予以警示，激发全社会共同保护生态环境的内生动力。

整篇文书围绕争议焦点条分缕析、释法明理、重点突出、价值彰显，产生了较好的社会影响，是江西法院大力推进公益诉讼案件审判工作，充分发挥审判职能作用，为推进生态文明建设提供有力司法保障的充分体现。

（点评人：赵晋山，最高人民法院审判管理办公室主任，全国审判业务专家）

（2020）赣民终317号裁判文书原文

---

① 《习近平在全国生态环境保护大会上强调　全面推进美丽中国建设　加快推进人与自然和谐共生的现代化》，载《人民日报》2023年7月19日，第1版。

48. 遵义市人民检察院与肖某1、肖某2生态环境损害责任民事公益诉讼案[*]

【关键词】

环境要素一体保护　公益诉讼类型选择

【裁判要旨】

污染环境、破坏生态等侵权行为往往导致不同类别的环境要素同时遭受损害，故在审理过程中应当全面审查受损环境要素的范围、类型和程度，全面认定侵权主体所应承担的民事责任，保障受损生态环境得到全面保护和修复。

检察机关在法定机关或组织不提起诉讼的情况下，为保护社会公共利益，及时制止破坏生态、污染环境行为，防范次生灾害风险，选择提起环境民事公益诉讼不受行政机关是否先期作出行政处罚、采取行政措施的制约。

一、简要案情

肖某1、肖某2为谋取利益，擅自占用位于某县境内的关龙山天然溶洞、河道及集体土地，违法修建观龙潭山庄。修建过程中破坏了林地乔木、原生植被、土壤；为在溶洞内修建娱乐设施、酒窖等，破坏溶洞内地下河道及石芽、石柱、石钟乳等自然景观，增大消费者与穴居蝙蝠误接触传播病毒的风险；为占有自然资源及附属土地，修建围墙、大门等设施；山庄建成后，因与飞来石很近，对建筑物和消费者人身财产安全造成重大风险；山庄支撑梁对溶洞暗河产生壅水作用，造成行洪不畅，冲毁路政设施，增大洪灾影响程度。当地国土资源局、住建局曾分别下达《停止违法行为通知书》要求肖某1、肖某2停止违法行为，但二人仍继续施工，建成观龙潭山庄并对外营业。营业期间，肖某1、肖某2利用违建设施进行营利活动，并暗排生活污水与垃

---

[*]（2020）黔03民初391号。

圾。经测绘与鉴定评估，违法建筑占地1807.2平方米，占用喀斯特溶洞823.65平方米，对洞内景观造成严重破坏；硬化土地约2703平方米，对区域生态环境造成损害和阶段性污染。二人的行为破坏了生态环境和国家自然资源，影响占地区域行洪安全，损害了国家利益与社会公共利益。遵义市人民检察院经公告后依法向遵义市中级人民法院提起环境民事公益诉讼，请求判令肖某1、肖某2履行生态修复义务，承担生态修复费用1 606 294.59元；赔偿排污致生态环境服务功能损失79 613.8元；承担评估费用128 000元；向社会公开赔礼道歉。

遵义市中级人民法院经审理认为，因污染环境、破坏生态造成损害的，侵权人应当承担侵权责任。肖某2在未经行政机关批准，未取得合法用地、规划、建设、地质灾害评估、防洪评价等审批手续的情况下，擅自占用山林土地、暗河溶洞，违法违规修建案涉观龙潭山庄从事农家乐经营活动，客观造成关龙山岩壁周围土地、林木、溶洞、地下河等生态环境要素遭受严重破坏、阶段性局部污染等损害后果，加剧自然灾害致害程度，存在遭受地质灾害事故的高风险；肖某1与肖某2共同谋划商议开办山庄事宜，与肖某2共同贷款并提供担保，在山庄实际修建过程中利用身份提供帮助和便利，构成共同侵权，依法承担连带责任。上述破坏生态环境和自然资源等行为，严重损害国家利益和社会公共利益，在法定机关或组织不提起诉讼的情况下，遵义市人民检察院以公益诉讼起诉人身份提起本案环境民事检察公益诉讼符合法律规定，且不受行政机关是否先期作出行政处罚、采取行政措施的制约，其诉请肖某1、肖某2承担恢复原状、履行生态环境修复义务、支付生态环境修复费用、赔偿生态环境受损期间服务功能损失、赔礼道歉、承担鉴定费用的诉讼请求全部予以支持。依照《土地管理法》（2019年修正）第37条第2款、第44条第1款、第77条，《森林法》（2019年修正）第37条第1款，《水法》（2016年修正）第37条第2款，《侵权责任法》第8条，《最高人民法院、最高人民检察院关于检察公益诉讼案件适用法律若干问题的解释》（2018年施行）第13条，《最高人民法院关于审理环境民事公益诉讼案件适用法律若干问题的解释》（2015年施行）第18条、第20条、第21条、第22条，《民事诉讼法》第55条、第142条、第152条规定，判决：一、肖某1、肖某2委托具有专业资质的施工企业等第三方机构着手实施观龙潭山庄及附属设备设施拆除和补植复绿等生态修复工程。正式施工前，应当制定施工方案并提交行政主管部门审核同意。施工范围、施工方式、修复内容等应当以贵州省地矿局一〇二地质大队作出的《习水县观龙潭地质环境损害及生态修复评估报告书》制定的修复方案为基本标准，在此基础上可根据实际情况作进一步优化。施工方案应当特别关注在案涉工程所处地质环境条件下安全施工，避免发生地质灾害和安全事故，减小施工对周围环境的影响。逾期未完成对外委托，则肖某1、肖某2应当立即向遵义市环境公益诉讼专项资金账户预付生态环境修复费1 606 294.59元。二、肖某1、肖某2赔偿生态环境受损期间服务功能损失79 613.8元，该款汇入遵义市环境公益诉讼专项资金账户。三、肖某1、肖某2向遵义市环境公益诉讼专项资金账户支付鉴定费128 000元。四、肖某1、肖某2在遵义市市级以上媒体就违法建设观龙潭山庄破坏生态环境和自然资源等情况向社会公开赔礼道歉，内容由遵义市中级人民法院审定。

宣判后，遵义市人民检察院与肖某1、肖某2均未提起上诉，一审判决已生效。

二、撰写心得

裁判文书承载着人民群众对公平正义的期盼。一份形式规范、论证充分、裁判正确的裁判文书，能够让当事人和社会公众切身感受到法律权威、司法公信。结合本案审理，笔者从三方面浅析如何写好裁判文书。

（一）裁判格式要规范

标准文书格式蕴含民事审判的一般原理，蕴藏基本审理方法以及基础写作要求。以普通程序为例，民事裁判文书的基本体例包括标题、正文、落款三部分。其中，正文是核心部分，主要包括首部、事实、理由、裁判依据、裁判主文、尾部。"首部"要求我们查清双方基本信息，判断原被告等诉讼参与人的主体资格，是否存在遗漏当事人等情况；"事实"要求我们坚持"以事实为根据"的审判原则，做到明确当事人的诉讼请求、诉辩意见，全面分析认定证据，查清案件基本事实特别是争议事实等基本要求；"理由"通过阐明事理、释明法理、讲明情理，促使当事人明辨是非曲直，努力实现胜败皆服；"裁判依据"要求"以法律为准绳"，做到精准、全面适用法律，让当事人感受到法律权威，树立红线底线思维和规则意识；"裁判主文"是对案件实体、程序问题作出明确、具体、完整的处理决定，既体现审判结果，更体现司法公正；"尾部"正确划分诉讼费用，全面告知诉讼权利保障等事项。值得一提的是，裁判文书"落款"部分也很重要，体现的是对审判组织合法性的要求。以本案为例，本案系环境民事公益诉讼一审案件，依法应当组成七人合议庭审理本案，那么在撰写裁判文书时应当避免出现其他合议庭组成情形。由此可见，认真按照最高人民法院制定的统一格式撰写民事裁判文书，既是严格公正司法的要求，也是司法活动、司法行为规范化、公开化、专业化的体现。同时，按照标准格式制作裁判文书，既能够检视审判过程是否严谨、全面，也能够保障裁判结果经受住法律和历史检验，切实让当事人和社会公众感受到公平正义。

(二) 裁判论证要充分

论证事项主要包括认定案件事实、归纳争议焦点、正确适用法律，论证过程则可沿以下逻辑路径展开：（1）"固定诉讼请求"；（2）"围绕请求权基础全面审查证据，查清构成要件事实"；（3）"围绕诉辩意见归纳争议焦点，灵活运用三段论展开论理"；（4）"正确、全面适用法律，归纳提炼裁判规则"；（5）"视情况提出法官寄语"。事实上，裁判文书是对审判过程的书面化呈现，相关论证是否深刻全面，往往取决于案件审理质量，二者相辅相成。

1. "固定诉讼请求。"主要目的是通过明确原告追究被告承担的民事责任类型，确定审理范围。本案中，公益诉讼起诉人先期诉请被告支付生态修复费、生态环境期间服务功能损失、鉴定费用、赔礼道歉，对应的民事责任类型即为赔偿损失、赔礼道歉。与民事私益诉讼不同，公益诉讼中，人民法院认为原告提出的诉讼请求不足以保护社会公共利益的，可以向其释明变更或者增加停止侵害、修复生态环境等诉讼请求。合议庭经审查认为，本案作为辖区第一起环境民事公益诉讼案件，社会关注度高、影响力较大，为加强被告责任意识、传导恢复性司法理念，加大受损生态修复力度，有必要同时追究被告的给付义务与行为义务，遂向公益诉讼人释明增加追究生态修复责任的诉讼请求。

2. "围绕请求权基础全面审查证据，查清构成要件事实。"本案本质属于侵权之诉，涉及生态修复责任、赔偿损失责任的诉讼请求，应当根据侵权责任构成要件，通过现场勘查，结合书证、证人证言、鉴定意见等证据，分别查明与认定责任主体、生态破坏行为、产生的不同损害后果、因果关系等相关的基本事实，并在裁判文书中做到详略得当、逐一体现。

3. "围绕诉辩意见归纳争议焦点，灵活运用三段论展开论理。"本案庭审中，被告着重强调其建设行为合法合理，且在行政机关已作出处罚的情况下，公益诉讼起诉人提起本案民事公益诉讼属于一事二罚。为此，围绕争议焦点，裁判文书重点从"建设行为违法性""责任人实施环境侵权行为及造成的损害后果""本案提起民事公益诉讼的正当性"等方面展开论述，做到有理有据、结构分明。

4."正确、全面适用法律，归纳提炼裁判规则。"正确适用法律，既要做到准确适用关乎原告请求权成立与否的法律条文，也要精准识别所应适用的法律版本；全面适用法律，强调在认定民事责任时，适用的法律法规、司法解释不能漏项。以本案为例，责任人的侵权行为分别造成山林土地溶洞资源破坏和水体阶段性污染，在适用法律时应分别援引《土地管理法》《森林法》《水法》《侵权责任法》的相关规定；同时，本案审理时，法律尚未设立生态修复责任，故还需引用司法解释对恢复原状责任作出扩张解释，以解决涉及生态修复诉讼请求的合法性问题。在适用法律过程中，逐步归纳提炼出具有典型性、指导性的裁判规则：环境资源案件应当全面审查受损环境要素的范围、类型和程度，全面认定侵权主体所应承担的民事责任，保障受损生态环境得到全面保护和修复；检察机关选择提起环境民事公益诉讼不受行政机关是否先期作出行政处罚、采取行政措施的制约等。

此外，为增强公益诉讼案件的法治教育、引导、示范效果，结合本案责任人因刑事责任被羁押的现状，裁判文书通过法官寄语，督促行政机关积极履行环境保护职责，在后期强制执行拆除违法建筑过程中取得了良好实效。

(三) 裁判结果要正确

裁判是否公正，关键看结果。这里的结果，既包括查明事实、追寻真实，还包括准确适法、定性、定责。对于公益诉讼的裁判文书而言，在判决主文部分，还应根据生态修复的具体要求，写明责任人履行行为义务的具体范围、操作方法、验收标准等，避免相关表述不清晰、不完整，从而导致强制执行出现障碍。

（李玉振，贵州省遵义市中级人民法院法官）

三、专家评析

本案是贵州省首例涉喀斯特溶洞地质资源保护环境民事公益诉讼案件，荣获最高人民法院2021年度全国环境资源审判优秀业务成果评选活动裁判文书类二等奖，入选第四届全国法院"百篇优秀裁判文书"，获评2021年度全国检察公益诉讼起诉典型案例、2021年度贵州省环境资源审判十大典型案例。贵州属于典型的喀斯特地貌，溶洞、暗河众多。溶洞具有生态、景观、科考、旅游等环境复合价值，但溶洞生态环境脆弱，一旦遭到破坏往往不可逆转，保护好溶洞生态环境资源具有重要意义。本案涉及林地、溶洞、河道、水体等多种环境权益，审理过程中，坚持生态环境全要素一体化保护思维，做到"三个全面"，即全面审查受损生态环境要素类别范围，全面审查诉讼请求是否足以保护公共利益，全面保护受损环境及时修复。本案审理对于加强喀斯特地貌的司法保护，推动全社会树立生态优先、绿色发展的理念具有典型意义。本案判决生效后，由于当事人因暂无财产可供执行未履行义务，人民法院为保护公共利益，主动争取当地党委政府支持，对违法建设的山庄进行了拆除并开展修复工作，体现了人民法院通过环境公益诉讼保护公共利益、实现环境治理的终极目标。

本案裁判文书制作，文字规范、用语凝练，结构完整、条理清晰，逻辑缜密、论证有力。当然，受制于当时司法实践特别是涉及溶洞生态损害司法鉴定的局限，未能在本案引入虚拟成本法或其他计算方法，对由岩溶、暗河、动植物、微生物、气候等环境要素组成的溶洞生态系统的受损生态价值进行评估，导致只能追究责任人的修复责任而欠缺了对生态价值赔偿责任的追究。尽管如此，判决指出，行为人实施破坏生态环境和自然资源严重损害国家利益和社会公共利益的行为，检察机关以公益诉讼起诉人身份提起环境民事公益诉讼符合法律规定，且不受行政机关是否先期作出行政处罚、采取行政措施的制约，凸显国家为更加全面、严格地保护生态环境而特别设立环境民事公益诉讼制度的独特价值。这一观点为后续全省开展环境民事公益诉讼起到参考示范作用。判决同时指出，在"绿水青山就是金山银山"理念已经成为社会共识、绿色发展战略上升为国家政策、绿色原则写入民法典的时代背景下，以牺牲环境资源和可持续发展为代价，追逐短期经济效益的做法已经行不通。该案裁判，生动诠释贵州法院以最严格制度最严密法治保护生态环境，维护国家利益和社会公共利益的坚强决心和坚定意志，发挥了审理一个小案件，引领一片的社会功效。

（点评人：杨方程，贵州省高级人民法院审判委员会委员、民事审判第一庭庭长、二级高级法官，全国审判业务专家）

（2020）黔 03 民初 391 号裁判文书原文

49. 海南省海口市人民检察院与海南中汇疏浚工程有限公司、陈某、海口浏源土石方工程有限公司海洋环境污染责任纠纷民事公益诉讼案*

【关键词】

海洋环境污染　举证责任再分配　事实推定运用　共同侵权行为认定

【裁判要旨】

海洋环境污染案件，具有收集、固定、提取证据难和事实查明难的特点。公益诉讼起诉人提交间接证据初步证明海上倾废的数量，侵权人否认该事实。经法院举证责任再分配，侵权人未能提交相反证据的，以事实推定原则认定侵权事实。

海上倾废侵权行为的组织、策划、实施者，应认定为侵权行为人。对工程土方去向负有管理责任者疏于管理、放任倾废行为发生，甚至配合倾废者完成倾废行为的，也应承担连带责任。

一、简要案情

2018年6月5日，海口浏源土石方工程有限公司（以下简称浏源公司）承揽新世界地产公司位于海口市恒大美丽沙土石方工程施工项目，新世界地产公司与浏源公司签订施工合同，由浏源公司对恒大美丽沙有关项目地块进行土石方开挖及建筑垃圾清运等，约定浏源公司应选择符合政府部门规定的弃置场地处置。其后，浏源公司将其承包的上述工程的土方外运和垃圾处置交由海南中汇疏浚工程有限公司（以下简称中汇公司）完成，约定由中汇公司使用船舶运输土石方到国家规定的抛泥区域，并约定浏源公司委派职员管理现场。

2018年10月23日起，市民多次举报海口恒大美丽沙音乐广场附近海域有船舶从广场往西1—2公里处向海洋倾倒建筑垃圾。2018年11月15日、19

---

* （2019）琼72民初227号。

日、20日和同年12月14日，有关检察机关通过无人机拍摄到运泥船在美丽沙临时码头装运建筑垃圾及在附近海域倾倒。2018年12月14日，执法人员在海上当场截获倾废后的船舶"粤珠海浚2322"。根据无人机所拍视频显示，该船当日12时50分尚在临时码头装载，但13时23分即已倾废完毕并被执法人员抓获。2019年7月30日，公益诉讼起诉人申请海南省公安厅物证鉴定中心对2018年12月14日无人机所拍摄的另一倾废船舶进行清晰化鉴定，公安厅出具鉴定文书认为倾倒建筑垃圾的船舶"应为粤珠海浚2××3"。2019年5月13日，海口市海洋和渔业局对中汇公司和陈某各处以10万元罚款。

2018年7月，中汇公司与陈某伪造退塘还林合同一份。合同主要内容为中汇公司将案涉项目所挖土方运输回填到湛江市坡头区南三镇灯塔沙头村500亩废弃虾塘中。中汇公司并以此向海口市海洋和渔业局申请临时靠泊平台临时海域使用权，获准。但三被告均未办理废弃物海洋倾倒许可证。

浏源公司称其共计开挖土方约30万立方米，自行组织车辆外运至新埠岛等地4090车，回填于美丽沙场内11 286车，交中汇公司处置约1.5万立方米。新世界地产公司共计向浏源公司支付工程款8 925 589.68元。诉讼中，各方当事人均认可浏源公司共计开挖30万土方。刘源公司土方运输车队工作人员表示土方运输车辆满载为15立方米，车辆甚至加高达20厘米。同年3月7日，海口市海洋和渔业监察支队对案涉土方运输的两类十轮卡车分别抽样进行测量，显示车辆满载量为14.9立方米。

中汇公司涉案分包工程的所有主要合同义务的办理，从分包合同的签订、美丽沙临时泊位工程的环境影响评价的对外委托、海域使用权的申办到倾废船舶的联系、调度，均由陈某具体经办。参与案涉建筑垃圾海上运输的船舶共有四艘，其中两艘"粤珠海浚2××2"和"粤珠海浚2××3"系陈某个人所有。截至2018年12月13日，浏源公司共向中汇公司和陈某支付工程款184.6万元。其中，由陈某实际收取169.2万元。

案件审理期间，经从船讯网上检索，从海口恒大美丽沙临时码头坐标点到海口市政府指定的海洋倾倒区，海上直线距离约为4.6海里，即8.5公里；到湛江市沙头村坐标点的海上直线距离约为64.3海里，即118.9公里。2019年12月30日，船讯网上显示"粤珠海浚2××3"当日最大航速约为6节即6海里/小时，普遍航速为4~5节。

倾倒入海的建筑垃圾，经委托生态环境部华南环境科学研究所（以下简称华南所）鉴定，含有镉、汞、镍、铅、砷、铜等有毒有害物质，所需环境修复费用为860.064万元。

案件审理中，公益诉讼起诉人和三被告对以下问题争议较大：（1）案涉建筑垃圾倾倒入海的具体地点和数量；（2）陈某是否系组织实施者之一，应否承担连带赔偿责任；（3）浏源公司是否参与了建筑垃圾倾倒，应否承担连带赔偿责任；（4）倾倒入海的建筑垃圾是否对海洋生态环境造成损害以及损害赔偿数额如何认定。

经审理，海口海事法院认定中汇公司倾倒入海的建筑垃圾达69 630立方米，对海洋生态环境造成的损害达860.064万元，应予赔偿。陈某作为中汇公司的实际控制人，也是本案土石方运输项目的具体经营人，是抛泥船"粤珠海浚2××2"和"粤珠海浚2××3"的所有人和经营人，且陈某个人从中获取了绝大部分的工程款。因此，陈某的行为构成共同侵权，依法应当承担连带赔偿责任。浏源公司在与中汇公司合作完成建筑垃圾的处理过程中，初期监管不力，其后演变为放任，甚至与中汇公司、陈某分工协作、相互配合、共同完成非法倾废。因此，浏源公司也是非法倾废链条上的重要一环，其行为亦构成共同侵权，应当承担连带赔偿责任。综上，判决：一、被告海南中汇疏浚工程有限公司、陈某、海口浏源土石方工程有限公司自本判决生效之日起10日内连带赔偿环境污染损害860.064万元。该款项上交国库用于修复被损害的海洋生态环境。二、被告海南中汇疏浚工程有限公司、陈某、海口浏源土石方工程有限公司自本判决生效之日起10日内在全国发行的媒体上公开赔礼道歉。三、被告海南中汇疏浚工程有限公司、陈某、海口浏源土石方工程有限公司自本判决生效之日起10日内连带向海南省海口市人民检察院支付鉴定费47.5万元，公告费800元。

宣判后，陈某、海口浏源土石方工程有限公司提出上诉。海南省高级人民法院于2020年11月23日作出（2020）琼民终276号民事判决，驳回上诉，维持原判。

二、撰写心得

（一）判决书撰写的总思路

首先，本案公益诉讼起诉人和三被告之间争议的焦点问题较多，尤其集中在中汇公司是否向恒大美丽沙附近海域倾倒建筑垃圾以及所倾倒的建筑垃圾的数量问题、陈某是否实施了建筑垃圾倾倒行为、浏源公司是否参与了案涉建筑垃圾海上倾倒，以及建筑垃圾倾倒入海是否对海洋生态环境造成损害和损害数额的问题上。只有上述事实查清了,法律适用和责任认定才具备扎实的前提基础。为了增强判决的说服力,承办人在撰写判决书的时候,从事实查明环节即围绕上述争点,通过对证据的分析比对和采信与否进行说理论证,以便证据采信过程直观呈现于判决书中,从而增强法院所查明和认定的事实的透明度、说服力。其次,在本院认为部分,结合查明的事实,针对公益诉讼起诉人和三被告之间争议的焦点,围绕法律适用和责任承担进一步说理,如此,使案件审理的全过程和处理思路充分展示于判决书中。最后,通过法官后语,寄语全社会共同爱护海洋环境、守护人类家园,增强判决书的人文温度。

(二) 重点加强判决书的说理论证

1. 运用举证责任再分配,加以事实推定,在符合高度盖然性原则下,查明和认定污染事实。

本案基本侵权事实构成要素中,有关三被告侵权行为的实施有直接证据可以查明,损害赔偿金额亦能通过评估鉴定意见予以确定,唯有海上倾废数量,公益诉讼起诉人未能提供直接证据予以明证。而三被告一致否认公益诉讼起诉人主张的倾废数量,并认为起诉人未完成举证责任,证明主张不成立,应承担举证不能的法律后果。因此,倾废数量是本案审理重点之一。

由于案涉倾废源于工程分包而产生,承包人浏源公司的土方开挖数量各方无争议,且该数量与已经查明的工程结算款相吻合,合议庭对其予以采信,并以此找到倾废数量查明的路径:浏源公司所开挖的土方去向有三处,一是由该公司以卡车自行运送至新埠岛,二是直接回填于工程所在地其他项目用土,剩余部分才涉及本案纠纷争执的倾倒数量。该部分土方由浏源公司用卡车运输、卸载于中汇公司指定船舶,再由中汇公司和陈某处置。各方对土方运往新埠岛计4090车次和回填于本地计11 286车次无异议。卡车装载容量在本案中成为关键证据。证人证言和执法部门对案涉卡车进行容积实测,均显示满载系15立方米。合议庭最终认定案涉车载容积为15立方米,从而计算、推断中汇公司倾倒入海的建筑垃圾达69 630立方米。此数量认定,从浏源公司和中汇公司约定的工程单价,与中汇公司收取的工程结算款金额相吻合的事实,亦能得到印证。而三被告的各种抗辩,均缺乏相应证据证明。

海洋环境污染公益诉讼因其发生于海上,有关侵权证据难以取得、固定和保存又易于灭失,起诉人相较于陆上环境污染纠纷的原告,取证难度陡增。相反,被告客观上无论是证据距离还是举证能力均强于起诉人。《最高人民法院关于审理环境民事公益诉讼案件适用法律若干问题的解释》第13条规定："原告请求被告提供其排放的主要污染物名称、排放方式、排放浓度和总量、超标排放情况……被告应当持有或者有证据证明被告持有而拒不提供，如果原告主张相关事实不利于被告的，人民法院可以推定该主张成立。"此即基于环境公益诉讼原告举证难的特别规定。为查明案件事实，本案审理中，合议庭要求被告补充案涉土方运送去向和数量的相关证据，三被告并未提交。基于此，合议庭采用事实推定原则，运用间接证据认定被告的倾废数量。此也系高度盖然性原则在民事公益诉讼中的运用。该三个原则的运用，不仅符合民事诉讼规则与原理，也解决了公益诉讼起诉人举证难、海洋污染案事实查明难的问题，间接强化对海洋侵权行为的惩处，节省维权和司法成本，达到弘扬环保理念、支持和鼓励公益诉讼的目的。

2. 共同侵权行为的认定。本案各方对陈某和浏源公司是否构成共同侵权，争议和分歧较大。

关于陈某的责任。表面看，实施倾废者系中汇公司，但实际上，陈某除了参与中汇公司案涉分包合同的签订，具体实施伪造退塘还林合同骗取海域使用权证，还是海域使用权的经办人，也是案涉土方运输、倾倒的组织协调者，是倾废工具即抛泥船的经营人和提供者，还从中获取了绝大部分的工程款。显然其与中汇公司是该起侵权事件的始作俑者，从一开始就双双具有共同侵权的故意，二者的行为紧密结合为一个侵权整体，陈某承担侵权责任理所当然。认定陈某承担侵权责任，一是考虑其实施了具体的侵权行为；二是结合其具有因侵权行为而获利的事实。

关于浏源公司的责任。认定浏源公司构成共同侵权，系从以下三个角度：其一，浏源公司系案涉建筑垃圾即土方的直接产生者，负有合法处置土方的法定义务，该义务不因其将工程分包出去而解除。其二，浏源公司事前曾经向业主保证不向海洋倾倒垃圾，说明其对身负的环保义务是明知的，并因此在项目现场设有监管人，但是实际上却尽到监管之实。尤其污染事件发生后，相关主管部门多次上门警示，浏源公司对此不可能不知情，却放任不管，有过错。其三，更重要的事实是，中汇公司和陈某处理的土方不少于69 630立方米。案涉土方由浏源公司派车队运输并卸载到中汇公司指定的船舶上，再由船舶倾倒入海。浏源公司与中汇公司和陈某合作两月余，完成上述土方的处置，需要车船两方高度协调配合，包括时间的高度咬合。船舶运输土方到湛江倾倒还是就近倾倒于附近海域，其用时相距较大。对此，浏源公司应是完全掌控和知情的。因此，合议庭认定即使浏源公司在与中汇公司合作初期系监管不力，但其后明显演变为放任，直至与中汇公司、陈某分工协作、相互配合完成倾废。从而认定浏源公司也是非法倾废链条上的重要一环，其行为构成共同侵权，应当承担连带赔偿责任。

（陈映红，海口海事法院法官）

三、专家评析

该文书整体逻辑清晰，说理清楚，论证有力，表现出了案件承办人和合议庭过硬的司法审判能力。

（一）对于当事人各方诉讼主张或辩解的归纳言简意赅，层次分明

在判决书中，对于各方主张或辩解的归纳能够迅速让人了解到案件的争议焦点，是判决书前部分需要非常重视的内容。本判决书简单明了地归纳了公益诉讼起诉人提出的诉讼请求以及主张的事实和理由，并对各被告的辩解理由进行了总结，对案件事实和双方争议内容的阐述非常全面和简明。

（二）结合证据对于案件各方主要争议事实的分析具有很强的逻辑性和客观性

判决书中对于各方存在争议的"关于中汇公司是否向恒大美丽沙附近海域倾倒建筑垃圾以及所倾倒的建筑垃圾的数量问题""关于陈某是否实施了建筑垃圾倾倒行为的证据与事实"等四个事实问题，通过客观记载举证和质证意见，并在此基础上由法院对证据三性和证明力大小等问题作出评判，说理客观、充分。

（三）判决书对法庭查明案件事实的记载全面、客观

按照事件发生的先后，判决书详细记载了法庭通过审理查明的案件事实。针对起诉人诉讼请求的相关问题，判决书还特别对被告陈某与案件的关联性、三被告均未取得废弃物海洋倾倒许可证等关键性事实进行了查明。为了确认被告违法将建筑垃圾倾倒在恒大美丽沙海域附近，而非被告所言倾倒于海口市政府指定的海洋倾倒区和湛江市沙头村，法院还依职权通过船讯网上检索核实确认，根据船速和距离推断出其结论，充分体现出法院在审理该案中的审慎态度。

（四）详细归纳争议焦点，在结合各方主张和辩解的基础上充分说理，得出令人信服的结论

对于本案存在的如"案涉建筑垃圾倾倒入海的具体地点和数量""陈某是

否系组织实施者之一,应否承担连带赔偿责任"等五个分歧较大的问题,判决书分别进行详细论证,结合各方的主张和辩解,依据有效的法律条文,并联系生活常识、常理综合判断,对各个争议较大的问题进行了充分论证,得出客观、科学的结论。逻辑清晰,论述得当,具有很强的说服力。

  由于海洋环境污染通常具有专业性强、因果关系复杂、结果发生滞后等特点,导致起诉人举证困难。这也表明海洋环境污染责任纠纷与传统的侵权责任纠纷存在明显的区别,在举证方面既需要坚守传统的"谁主张、谁举证"的基本原则,也需要结合适用举证责任倒置原则,在一些问题上推定被告的违法行为。这就要求审判者具有很强的专业素养。本判决书中对于证据证明把控得当,合理适用了"推定",作出的判决公正、客观、合理。

  判决书不足的是,对于极个别问题,比如陈某主张参照《国家发展改革委、财政部关于废弃物海洋倾倒费收费标准以及有关问题的通知》所附《废弃物海洋倾倒费收费标准》来计算损失赔偿数额,为什么不应当支持,是因为法律位阶问题,还是该规定的效力问题,抑或其他原因,如能作出必要的解释会让当事人更加信服。

(点评人:周兆进,海南师范大学法学院副院长、副教授)

(2019)琼 72 民初 227 号裁判文书原文

50. 中华环保联合会与延川县永坪石油货运车队、高某某、白某、中国平安财产保险股份有限公司延安中心支公司环境民事公益诉讼案*

【关键词】

环境民事公益诉讼　应急处置费用　虚拟治理成本法

【裁判要旨】

在社会公益组织提起的环境民事公益诉讼中，对于行政机关支出的环境污染应急处置费用，人民法院应当厘清生态损害赔偿诉讼与民事公益诉讼的关联与区别，在公益诉讼中不应支持社会公益组织对应急处置费用的主张。在评估生态环境损害后果、量化环境损害数额的过程中，应依照相关技术规范选定环境损害鉴定评估方法，其中的虚拟治理成本法应严格遵循位次排序规则及适用情形进行筛选。

一、简要案情

2016年3月22日20时许，高某某驾驶的油罐车在宁强县汉源街道办事处某村侧翻，罐体受损，最终导致约20吨柴油外泄，沿山坡、公路、排水沟流入潜溪河，并影响嘉陵江水质。交管部门到达现场后，在起吊罐车时为防止摩擦着火采用大量消防水冲洗。宁强县公安局交警大队作出的道路交通事故认定书认定高某某驾驶机动车操作不当是造成本次事故的直接原因，应承担本起道路交通事故的全部责任。

事故发生后，四川、陕西两地政府立即开展应急处置，分别在潜溪河下游开挖围堰拦截吸附油污并回收处置含油废水、吸油废弃物。同时设置了数十个水质监测取样点位，对河流水质进行动态监测。事故次日，宁强段监测报告显示水中石油类污染物浓度峰值达到26.13mg/L，超标521.6倍，朝天段监测报告显示水中石油类污染物浓度峰值达到1970mg/L，超标39 399倍。经

---

* （2021）陕民终193号。

过7日的应急处置，两地监测点监测分析结果显示事故下游水流中石油类浓度稳定达标。

宁强县人民政府和广元市朝天区人民政府在应急处置结束后，按照环保部调查组的要求，将应急处置中产生的费用进行汇总分别形成了应急处置阶段费用调查表和环境损害调查表交给环保部调查组。受原告中华环保联合会委托，环保部环境规划院于2017年3月13日出具《鉴定评估意见》载明：本次事件污染控制费用包括污染控制工程费用和行政支出费用，生态环境修复费用包括废物处置费用和污染监测费用，以上两个部分费用合计共为4 554 974.3元。原告支出鉴定评估费10万元。

经一审法院委托，陕西省地质调查实验中心作出《108国道陕西省宁强县段2016年3月22日柴油泄漏事件土壤生态环境损害调查鉴定评估报告》中根据野外调查以及土壤样品采集测试分析结果显示："现状情况下，调查地区土壤石油烃残留含量最高为原始背景值的2.28倍，鉴定区域土壤污染面积约为2600平方米，土壤污染体积1040立方米，鉴定土壤区域范围为108国道宁强县汉源街道办事处何家坟村路段七盘村附近，从柴油泄漏区域至潜溪河及周边的土壤。"该鉴定评估报告认定："调查地区土壤污染现状与3·22柴油泄漏事件存在时间先后顺序、关联具有合理性和一致性，存在因果关系。"西安铁路运输中级法院聘任的首批环境资源审判技术专家出具《108国道陕西省宁强县段"3·22"事故生态修复及生态服务功能损失评估报告》意见为：（1）潜溪河水生态修复。本次事故对潜溪河河道水体生态环境损害费估算基值为97.51万元~106.37万元。（2）土壤生态修复。土壤生态环境损害总损失在31.2万元~217.18万元。（3）河流生态功能服务损失。河流水生态服务功能损失费建议按河流生态修复费用的20%~30%作为赔偿标准。（4）土壤生态功能损失费。土壤植被生态服务功能损失费建议按土壤虚拟修复费用的8%作为赔偿标准。

本案肇事车辆油罐车在交管部门登记的车辆所有人为永坪车队，油罐车系白某出资购买，并挂靠在永坪车队名下从事运输，高某某系白某雇用的司机。

中华环保联合会诉请：（1）判令永坪车队赔偿因消除危险产生的费用4 554 974.3元。（2）判令永坪车队对因本次事故所造成的潜溪河、嘉陵江流域生态环境恢复原状（具体费用以专家意见为准）。（3）判令永坪车队承担本案鉴定评估费10万元，诉讼费43 240元，律师费2万元，交通住宿费34 227元，合计 197 467 元。（4）判令高某某、白某对上述损失承担连带赔偿责任。

汉中市中级人民法院于 2019 年 10 月 30 日作出（2016）陕 07 民初 92 号民事判决：白某在本判决生效后十日内赔偿生态环境损害费用人民币 596 万元用于修复被损害的生态环境。永坪车队、高某某对上述费用承担连带赔偿责任。宣判后，永坪车队以承担连带责任没有依据、河水已经自然恢复不存在修复以及案涉突发环境事件不应适用虚拟治理成本法评估计算生态修复费用和功能损失费用为由，提起上诉。

陕西省高级人民法院于 2021 年 5 月 26 日作出（2021）陕民终 193 号民事判决，二审判决纠正了一审判决错误应用虚拟治理成本法对土壤生态环境损害进行评估的问题，二审判决对土壤修复费用及生态功能损失费用进行了调整，变更一审判决第一项为白某在本判决生效后十日内赔偿生态环境损害费用 545 万元（水生态修复费用及服务功能损失费用 480 万元+土壤生态修复费用及服务功能损失费用 65 万元）；维持一审判决其他判项。

二、撰写心得

本案是因突发环境污染事件造成的跨省污染，事发秦巴山区，关乎秦岭生态环境，是一起跨行政区域的河流、土壤环境污染事件。

本案中，两地政府在应急处置过程中支出费用并非本案原告中华环保联合会支出，原告向环境侵权者主张赔偿政府支出的应急处置费用 4 554 974.3 元，没有法律依据，依法不能得到支持。关于政府在环境事件中支出的应急处置费用，由谁主张、如何主张的问题。自 2015 年至 2018 年，我国逐步建立生态环境损害赔偿制度，相关规定已明确了生态损害赔偿诉讼中赔偿权利人、赔偿义务人及赔偿范围。生态环境损害赔偿诉讼具有公益类性质，但与环境民事公益诉讼在主体、适用范围上有明显差别。不同的主体主张其为消除生态环境损害危险采取合理预防、处置措施而支出的费用及提出的环境损害赔偿请求，要在相应的诉讼类型程序中进行。本案中的两地政府作为执法主体和赔偿权利人就其已支出的应急处置费用，依法可向人民法院提起生态损害赔偿诉讼，故在审理本案时，法院主动向两地政府发送司法建议，告知政府对已发生的应急处置费用可提起生态损害赔偿诉讼，发挥了能动履职作用。通过对本案应急处置费用诉请的审查处理，承办人意识到无论是专门的环保社会组织还是地方行政机关或环保部门对环境资源公益类诉讼相关制度的掌握运用及诉求表达较传统诉讼仍有较大差异，通过本裁判结果的示范，可使提起公益诉讼及生态损害赔偿诉讼的单位、组织提高诉讼能力，更好地运用公益类诉讼制度保护、治理生态环境。

二审审理中，承办人对专业评估报告并没有简单直接采纳，而是对报告作科学专业的审查，审查发现本案评估报告中关于土壤损害评估方法运用错误。生态环境损害评估指鉴定评估机构按照规定的程序和方法，评估污染环境或破坏生态行为所致环境损害的范围和程度，判定因果关系，确定生态环境恢复至基线状态并补偿期间损害的恢复措施，量化环境损害数额的过程。关于生态环境损害评估方法的选择，原环境保护部《环境损害鉴定评估推荐方法（第Ⅱ版）》对方法的选择原则作出规定，即生态环境损害评估有替代等值分析方法、环境价值评估方法两大类，应遵循替代性等值分析方法即环境恢复的方法优先原则，将受损的生态环境恢复到事件发生前的状态（基线），并弥补期间服务功能损失。确立基于恢复方法优先原则可以减少评估的不确定性，体现环境资源本身的价值。若基于恢复的方法不可行，则采用环境经济价值评估法。环境经济价值评估在很大程度上是基于假设来进行的，即个人愿意为获得环境收益而支付一定的费用，或者愿意因受到某些环境损失而接受补偿。因此，个人会对环境资源价值显示出一定的偏好，偏好本身即揭示了环境资源赋予的价值。而虚拟治理成本法就是来自环境经济价值评估法中的揭示偏好法项下的方法之一。本案中，关于土壤的鉴定评估报告是确定土壤生态环境损害的范围和程度，计算生态环境损害实物量，是基于环境恢复成本法进行评估计算，不是虚拟治理成本法。故一审法院对土壤修复费用及生态功能损失费用采用虚拟治理成本法进行计算，不符合行业技术规范要求。

在民事环境公益诉讼中，生态环境修复费用的确定存在鉴定周期长、鉴定费用高、鉴定机构少等因素，但不能以审判工作中的便利需要就优先采用虚拟治理成本法，在环境损害评估方法的选定上应遵循技术规范中的位次排序规则及适用规则进行。对鉴定机构所作出的鉴定报告，应审查其是否具备科学性、合理性，防止轻易采信违背常理、违背专业技术规范的鉴定意见。通过对本案鉴定报告中环境损害评估方法的纠正，承办人意识到审判人员对鉴定报告的通常性信任、认可，源于对鉴定领域知识的缺失匮乏。最高人民法院组织对环资审判人员的培训和交流活动已经呈现专业化、国际化特点，且国际交流中不乏他国环资法官被要求至少掌握一项关于生化、环境、生态等领域的专业知识。国内的环资审判经验交流学习中亦出现具备化工专业知识的审判人员，其介绍总结的审判实务经验对全国起到了引领示范作用。作为专门化的环资审判领域可引入具备相关知识结构的审判人员，仅是法律人外加领域内专家不足以对法律与各专业知识间作逻辑结构的融合，进而影响科学性、专业化法律判断。审判工作协调各领域社会利益，审判人员具备多样化、专门化知识是审判能力和社会治理能力提高的需要，是审判工作顺应社会发展的趋势。

（马萍，陕西省高级人民法院法官）

三、专家评析

本案属环境民事公益诉讼典型类型——突发环境污染事件民事公益诉讼案件。本案环境污染是运输柴油车辆因交通事故造成泄漏致使潜溪河、嘉陵江跨省污染，同时对事故发生地土壤造成污染。本案的污染事件从发生到起诉时，土壤污染现状仍存在，被污染河流的污染物监测数据在应急处置7日后达标。需指出的是，由于生态环境具有自净能力和再生能力，被污染的生态环境在自净、自组织中亦消耗了环境容量，一定程度降低了环境承载能力。环境容量强调的是环境对人类活动影响的容纳能力，是在一定环境目标下允许人类活动带来的破坏力的上限。环境承载能力则强调在可持续发展目标下，区域资源和环境条件对社会经济发展规模的最大支撑能力。如本案的潜溪河、嘉陵江水环境容量就是区域内水体所允许容纳的最大污染负荷量，污染河流消耗环境容量的同时降低了河流必要的、合法许可的污染物排放量，对潜溪河、嘉陵江流域内的人民生产生活和经济发展势必产生影响，故不能免除污染者应承担的环境损害赔偿责任。本案明确了在被污染的生态环境自然恢复情况下，并不当然免除侵权者损害赔偿责任，依据科学方法评估确定生态环境修复费用和生态环境服务功能损失费用。

本案法律关系复杂，系共同环境侵权，涉及肇事车辆负责人、雇佣司机、挂靠车队、保险公司。既有环境侵权法律关系又有交通事故侵权法律关系，还有保险法律关系和雇佣法律关系。本案审判人员厘清各法律关系、合理确定责任承担。另，本案发挥能动履职作用，在审查原告的应急处置费用诉请中，及时向该费用的支出主体发出司法建议，建议两地政府可就该部分损失提起诉讼。

本案判决说理技术含量高。二审判决对评估报告中对土壤损害评估的虚拟治疗成本法的错误应用，予以纠正。二审判决对生态环境损害评估方法及选用规则进行归纳梳理，强调在量化环境损害数额的过程中，应依照相关技术规范选定环境损害鉴定评估方法，其中的虚拟治理成本法应严格遵循位次排序规则及适用情形进行筛选。本案二审判决对土壤污染损害评估中不合理地应用虚拟治理成本法进行了纠正，并结合本案土壤污染现状和数据，选用环境恢复方法对土壤损害作评估以量化损害数额。二审判决对当前环境公益诉讼中为图便利而优先选择虚拟治疗成本法进行损害评估的现象予以纠正，起到了良好示范作用。最终，本案科学公正下判，实现了政治效果、法律效果和社会效果的有机统一。

（点评人：巩富文，陕西省高级人民法院副院长，第十四届全国政协委员）

（2021）陕民终 193 号裁判文书原文

51. 北京市朝阳区自然之友环境研究所与中国水电顾问集团新平开发有限公司等环境污染责任纠纷案*

【关键词】

民事　环境民事公益诉讼　濒危野生动植物　重大风险

【裁判要旨】

《最高人民法院关于审理环境民事公益诉讼案件适用法律若干问题的解释》第1条"具有损害社会公共利益重大风险的污染环境、破坏生态的行为"中的"重大风险"，应当从被保护对象具有独有价值、不可替代性，损害结果的严重性及不可逆性，损害结果发生的可能性等方面进行界定。

在预防性环境民事公益诉讼案件审理过程中，原告提供证据证明水电站的建设必将造成濒危野生动植物及其栖息地、淹没区的生态系统毁灭性、不可逆转性的损害后果，人民法院可以在综合考虑被保护对象的独有价值，损害发生的可能性以及损害后果的不可逆性等方面的基础上，认定为"具有损害社会公共利益重大风险的破坏生态的行为"。

一、简要案情

中国水电顾问集团新平开发有限公司（以下简称新平公司）开发建设云南红河戛洒江一级水电站。案涉水电站淹没区大部分被划入红河（元江）干热河谷及山原水土保持生态保护红线范围，在该区域内，绿孔雀为重点保护物种。2017年7月，生态环境部责令新平公司就该项目建设开展环境影响后评价，后评价工作完成前，不得蓄水发电。之后，新平公司即停止对案涉水电站建设项目的施工。北京市朝阳区自然之友环境研究所（以下简称自然之友）以案涉水电站一旦蓄水将导致绿孔雀栖息地被淹没、绿孔雀存在灭绝可能，并危害生长在该区域陈氏苏铁、破坏当地珍贵干热河谷季雨林生态系统

* （2020）云民终824号。

为由，提起环境民事公益诉讼。请求新平公司与昆明设计院共同消除戛洒江一级水电站建设对绿孔雀、陈氏苏铁等珍稀濒危野生动物以及热带季雨林和热带雨林侵害危险，立即停止该水电站建设，不得截流蓄水，不得对该水电站淹没区内植被进行砍伐等。新平公司、昆明设计院则认为其已被生态环境部责令开展环境影响后评价工作，重大环境风险已得到有效控制。云南省昆明市中级人民法院一审判决新平公司立即停止案涉水电站项目建设，待其按生态环境部要求完成环境影响后评价及备案工作后，再由相关行政主管部门视具体情况依法作出决定。云南省高级人民法院二审驳回上诉，维持原判。

二、撰写心得

本案突破了"有损害才有救济"的传统司法理念，在体现环境资源审判以落实预防为主原则的同时，也体现了司法对生态环境保护的前瞻性。戛洒江一级水电站合法取得国家、省级各项行政审批，在面对已经投入的高昂成本、公共设施建设将带来的社会福利与濒危物种生境的保护价值时，案件审理坚持了《环境保护法》第5条"保护优先，预防为主"的原则，重点考量建设行为对生物多样性、濒危动植物及其整体生境可能造成的风险及损害。在生态环境部仅责成新平公司开展环境影响后评价工作且完成前不得蓄水发电的情形下，根据《侵权责任法》第15条规定的侵权责任承担方式，判令戛洒江一级水电站在现有环境影响评价下停止建设并待后评价完成后由相关行政部门作出决定，以直接、积极的司法救济手段将具有破坏生态环境风险的行为消弭于无形，最大限度避免了地域内生物灭绝、生态多样性遭受破坏的风险向现实损害结果进行转化。该案在世界生物多样性大会（cop15）上评选为生物多样性保护十大案例之首，并进入UNEP第二批案例数据库，入选最高人民法院指导案例及"中国2020年度推动法治进程十大典型案例"。

"生态兴则文明兴，生态衰则文明衰。"破坏生态环境就是破坏生产力，保护生态环境就是保护生产力，改善生态环境就是发展生产力。环境司法审判中始终注重、强调人类活动与生态环境之间命运共同体关系，发展绿色经济绝不以牺牲不可再生生态资源为代价。本案的审理充分贯彻绿色发展理念，坚持"人与自然和谐共生"，审慎把握了经济发展与环境保护之间的辩证关系；在协调平衡生态环境保护长期利益与社会公共利益、经济发展建设既得利益基础上，将生物多样性保护置于优先保护地位，突破传统事后型救济方式，充分发挥环境司法的损害预防功能。既往司法审判中，人民法院更多地侧重于对环境发生损害事实后的重建与修复，而甚少考虑如何对事前的风险进行防控与预判，"绿孔雀"案则首次弥补了司法实践中的这一空白。在法律适用上，本案探索归纳了认定"损害社会公共利益重大风险"的判断标准；在法律效果上，以此为契机尝试进一步推动预防性环境公益诉讼的责任制度构建。在社会效果上，以司法力量控制消除濒危野生动植物灭绝和热带河谷雨林生态功能减损可能存在的重大风险，让司法为生态"疗伤"，坚守"人不负青山，青山定不负人"的信仰，为建设美丽中国提供有力司法服务和保障，努力让良好的生态环境成为经济社会持续健康发展的支撑点。

（苏静巍，云南省高级人民法院法官）

三、专家评析

本案是我国首例珍稀野生动植物保护预防性环境民事公益诉讼案件，作为预防性公益诉讼案件，突破了"有损害才有救济"的传统理念，充分体现了"生态优先"原则，让风险预防原则以裁判方式落地，绿孔雀预防性保护公益诉讼案推动了新时代法治进程，人不负青山，青山定不负人。

（点评人：吕忠梅，第十四届全国人大常委会委员、环境与资源保护委员会副主任委员，中国法学会副会长）

作为全国首例珍稀野生动植物保护的预防性环境民事公益诉讼案件，该案的公开宣判具有极其重要的警示意义和实践价值。

生物多样性是地球生命及人类文明发展的基础，为人类的生存和发展提供了不可或缺的生态支撑和生态服务，尤其是珍稀野生生物多样性资源，对维持稳定的生态系统和人类文明的发展非常重要。本案的宣判为生物多样性和生态系统保护画出了一道法律红线，突破了"有损害才有救济"的传统理念，在事前和事中充分考量生态环境保护的重要性，进一步加强了生态环境保护力度。作为全球十大生物多样性案例之首，本案警示人类活动不得破坏珍稀野生动植物栖息地，强调保护生态系统完整性与稳定性的重要性，不仅是对被告所实施行为的否定评价，同时也体现了严格的保护生态环境的司法理念，明确传达了保护生物多样性和自然生态系统完整性与稳定性的司法价值导向，进而引导社会公众树立正确的生态文明观，体现了每个人在推进生态文明建设进程中应承担的生态环境保护义务，彰显了环境公益诉讼的重大意义，以此警醒人们规范自己的环境行为，切实维护了法律尊严。

（点评人：林灿铃，中国政法大学教授）

（2020）云民终 824 号裁判文书原文

第三编 执行类

52. 杨某某与李某某、林某某、福建省汇峰林业发展有限公司等民间借贷纠纷执行复议案[*]

【关键词】

案外人 再审 适格主体

【裁判要旨】

案外人申请再审需以案外人异议为前置程序。该"案外人"是指对执行标的享有实体权利或者存在法律上利害关系，并认为案涉执行依据存在错误的案外第三人。案外人主体不适格的，应裁定不予受理或者驳回申请。申请人不服的，可向上一级人民法院申请复议，但并不享有通过再审途径寻求救济的权利。

一、简要案情

杨某某与李某某、吴某某、林某某、卢某某、福建省汇峰林业发展有限公司（以下简称汇峰公司）民间借贷纠纷一案，执行依据判令李某某、林某某应于判决生效之日起十日内共同偿还杨某某借款本金 2600 万元及利息；汇峰公司对上述债务承担连带清偿责任，并在承担保证责任后，有权向李某某、林某某追偿。福州市中级人民法院（以下简称福州中院）在执行过程中，未执行到足额财产，另发现被执行人汇峰公司名下位于建阳区的房地产（以下简称案涉房地产）被建阳区人民法院（以下简称建阳法院）另案拍卖，遂发函建阳法院申请参与分配。2020 年 3 月 25 日，建阳法院征得债权人同意后，就案涉房地产拍

---

[*] （2020）闽执复 156 号。

卖款作出分配方案，扣除相关费用和优先受偿债权后拍卖余款 25 615 269.76 元，清偿比例为 0.254574。其中，福建省高翔建设工程有限公司（以下简称高翔公司）可分配 53.4741 万元，福建省高华建设工程有限公司（以下简称高华公司）可分配 50.9148 万元，杨某某可分配 661.8924 万元。高翔公司、高华公司以及汇峰公司的股东陈某某均以参与分配债权人杨某某的执行依据存在错误，造成其利益损害为由，向福州中院提出异议，请求立即中止对案涉执行依据的执行程序，并将该执行依据移交有权单位再审审查。福州中院认为，三异议人主张执行依据错误，并非对执行行为提出异议，不属于执行异议审查范畴，依法不应予以受理，遂依照《最高人民法院关于人民法院办理执行异议和复议案件若干问题的规定》第 2 条之规定，裁定驳回三异议人的异议申请。

三异议人不服异议裁定，向福建省高级人民法院（以下简称福建高院）申请复议，请求撤销异议裁定，指令福州中院对其异议进行审查。三复议申请人认为，其是对执行标的即被执行人汇峰公司的案涉房地产提出异议。福州中院适用执行行为异议程序审查，存在适用法律错误，导致其无法申请再审。

福建高院另查明，高华公司与汇峰公司建设工程施工合同纠纷一案，生效判决判令汇峰公司应于判决生效之日起十日内偿还高华公司工程款 200 万元及逾期付款利息，并驳回高华公司的其他诉讼请求。高翔公司与汇峰公司追偿权纠纷一案，生效判决判令汇峰公司应于判决生效之日起十日内偿还高翔公司代偿款 2 100 533.33 元。

还查明，李某某、林某某犯非法吸收公众存款罪一案，生效判决未对李某某、林某某关于杨某某案涉债权的供述予以确认，也未认定杨某某案涉债权涉嫌刑事犯罪。

根据案件情况，本案的争议焦点为：异议裁定是否存在适用法律错误；异议裁定不予受理三异议人的异议申请是否正确。

二、撰写心得

裁判文书是司法机关审理过程和裁判结果的最终展示，更是人民群众感受个案公平正义的重要载体。因此，好的裁判文书不仅要展示法官的司法能力，更要让裁判对象尽可能接受和认可裁判的结果，从而在提升司法公信的同时，积极引导社会秩序的良性发展。以下谈三点心得体会。

（一）倾听诉求，回应质疑，使程序正义可见

"正义不仅应当得到实现，而且要以人们看得见的方式加以实现。"看得

见的程序正义方能让当事人更加主动地服从裁判结果。执行程序是执行部门运用国家强制力,强制被执行人履行生效法律文书确定的义务的程序。而作为执行救济的异议、复议审查程序也更加重视执行效率的保障。故,执行异议、复议案件以书面审查为原则,听证审查为例外。实践中,有些案件的当事人从最初异议提出到最后收到裁定,可能都没有机会接触法官,更没有机会全面表达自己的诉求。因此,相较其他司法救济程序而言,执行救济程序的特性决定了当事人更难以感知程序正义,更难以获得裁判公正的主观感受。

心理学家马斯洛提出,人都有被尊重的心理需求。人际交往心理学亦认为,尊重是获取信任、建立良好人际关系的基础,而倾听是表达尊重最有效的方式,回应是对他人最大的尊重。因此,在采取书面审查的执行案件中,让当事人感受到程序正义最有效的方式就是让当事人感受到被尊重,减少其"相对剥夺感",提高其在诉讼地位方面的自我认知和满足。首先,在裁判文书制作之前要倾听当事人的诉求,明确当事人关注和质疑的重点,保障其表达权。其次,在裁判文书查明事实部分,除了应尽可能展示相关的执行活动外,更要查明当事人认为与争议有关的基本事实,保障其知情权。最后,在裁判文书的说理部分,要根据案件事实、诉讼请求、攻辩意见,准确提炼争议焦点,并以事实为基础,以法律为依据,通过法律解释、漏洞补充等方法,逐一回应争议焦点,保障其参与权与监督权。

(二)围绕焦点,释法析理,让实体公正可信

邹碧华法官曾形象地将争议焦点比喻为案件的"指挥棒"与"主线"。争议焦点贯穿于裁判的全过程,发生于权利义务的针锋相对,固定于法律文书的条分缕析,化解于裁判对象所认可与接受的释法析理。本案中,复议申请人主张异议裁定错误的重要理由是法律适用错误以及因此造成的其再审权利被剥夺。究其本质,该异议的根本原因是复议申请人认为案涉执行依据存在错误,侵害其权益;终极目的是要求启动对执行依据的案外人再审程序,撤销案涉执行依据、排除妨害。追根溯源,裁判文书要在是否能启动再审程序上下功夫,关键是审查申请人是不是"案外人"的适格主体。

现行立法对生效判决危害案外人利益的救济,采取第三人撤销之诉与案外人申请再审并行适用,外加赋予当事人选择权的模式。但该模式先天不足后天尚未健全,运行过程中仍有很多问题需要解决。一是立法争议不断。救济模式是采用单纯的第三人撤销之诉抑或案外人再审,还是两者并存仍在探索讨论。案外人再审也历经了单纯执行内案外人再审到执行内、外案外人再

审并存,后又回归执行内案外人再审的三个阶段。二是申请主体范围不明。第三人撤销之诉的第三人,法律虽有明确规定,但该规定较为原则,尤其是对诉讼标的无独立请求权但与裁判结果有法律上利害关系的第三人应如何理解与把握,尚有争议。而且随着司法需求的提升,理解的范围也有所扩大。如《全国法院民商事审判工作会议纪要》将第三人扩展至诉讼标的优先债权人和具有法定撤销权的一般债权人。另外,案外人再审中的案外人主体范围,法律没有明确规定,实践中更难以统一。如有观点认为,案外人申请再审针对的标的是作为执行依据确定的标的。而有些学者认为,执行标的是指民事执行行为所指向的、用于满足债权人实体权利请求的财产或者行为。故案外人申请再审适用于对执行标的有异议且认为原执行依据有错误的情形。显然,理论与实践中对"案外人"定义与外延的理解尚未统一。三是程序启动后案外人不再享有程序选择权。撤销之诉与案外人再审在功能价值、诉讼效果等方面具有高度相似性。因此,在主体范围重合的情况下,两种救济只能选择其一。程序救济可替代性也使得主体范围的边界更加不清晰。

在立法及实践均有所争议的情况下,作为案外人再审的前置程序,应给予复议申请人最大范围的保护,以充分保障其诉权。承办人立足于案外人异议程序基础,参考借鉴第三人撤销之诉中第三人的范围界定,确定了本案的裁判观点,即"案外人"是指对执行标的享有实体权利或存在法律上利害关系,并认为案涉执行依据存在错误的案外第三人。在明晰争议焦点和裁判观点后,说理部分采取了多维度的释法析理,既从案涉执行依据标的分析,又从执行标的切入;不仅从股东代表诉讼角度考量,还从股东自行复议角度说明,全面有效地回应复议申请人的诉求。

(三)阶梯审查,分类处理,令救济效率可感

用最少的程序、最小的成本,及时有效解决矛盾纠纷,方可提升人民群众的司法获得感。案外人再审程序是法律赋予案外人对他人裁判的事后、非正常性救济途径。案外人申请再审,旨在撤销生效裁判,这必将不利于裁判的权威。因此,从既判力维持角度看,启动案外人再审程序要严格限制条件,且对于不符合立案条件的案件应及时予以剔除,防止相关当事人的法律关系长期处于不稳定状态,防止生效裁判的稳定性处于长期被冲击状态。

现行立法中,案外人再审是依附于执行程序,且必须以案外人异议为前置条件。虽然该程序的构建采取了二阶化的构造,但由于实施细则尚未明确,故在司法实践中难以实现程序过滤的作用。尤其是驳回案外人异议的裁定对后续

再审程序仅产生触发作用,并没有实质性的影响力。为节约司法资源,解决程序空转造成的"案生案"问题,承办人认为,案外人异议与案外人再审程序的衔接,应采用"诉讼阶梯推进理论"进行设置,即根据诉讼程序的先后顺序,逐步推进对案件的审查。具体而言,根据民事诉讼法理论,一个合法的民事诉讼通常应当包括起诉要件、诉讼要件和实体胜诉要件。而要获得胜诉裁判,必须同时满足以上三个要件。如果不区分要件的先后顺序,对三个要件的司法审查均赋予相同的救济途径,或者不区分司法救济的先后顺序,每个程序都同时对三个要件进行审查,将会造成司法资源的无端浪费。因此,在案外人异议审查的过程中,首先要对案外人主体是否适格等起诉要件进行审查。如经审查,案外人不具备起诉要件,则无须赋予其再审救济权利,即可适用《最高人民法院关于人民法院办理执行异议和复议案件若干问题的规定》第2条之规定,裁定不予受理或者驳回异议申请。这样一来,作为前置程序的案外人异议审查就可发挥程序二阶化构造的优势,将那些形式符合但实质不符合的主体进行过滤排除,实现在没有制约案外人诉权的情况下,降低再审对裁判稳定性的冲击。

(滕玲燕,福建省高级人民法院法官)

三、专家评析

案外人申请再审是人民群众迫切司法需求下催生的案外人救济程序。程序设计之初,缺乏充足的时间进行系统构建。现虽已历经十余年的司法实践,但案外人权益保障仍在案外人申请再审还是第三人撤销之诉,单一程序救济还是多元程序救济之间徘徊纠结,案外人异议与案外人再审之间的程序衔接仍不清晰。同时,申请再审的案外人主体原只限于对执行依据确定的执行标的物享有所有权或其他可转让权利的案外人。但随着实践中债务人恶意利用生效裁判和执行方式转移财产、稀释债权事件频发,原来设定的主体范围显然不利于案外人合法权益的保护。近年来,学理和司法实践对案外人主体范围的理解与把握均有所放宽,但由于现行立法对此尚未作出明确的限定与规范,个案的结果也不尽相同。本案为解决如何判断案外人主体是否适格,如何衔接案外人异议与再审程序等问题,提供了一套可行方案,对类案的办理具有示范和借鉴意义。本篇复议裁定围绕争议焦点,积极回应当事人的质疑与主张,表述客观、脉络清晰、论证严谨,有着较强方法论意义上的价值,值得推荐。

(一)纲举目张、化繁为简,准确归纳案件事实

本案所涉法律关系多元、主体多名、刑民关联、民事交叠,案件信息繁

多且零碎。为全面、利落地展现案件全貌，本文书采取围绕争议焦点的叙述方法，纲举目张、化繁为简。首先，按时间顺序说明主案的相关执行情况。其次，以汇峰公司案涉房地产拍卖款的分配为逻辑起点，归纳了参与分配债权人高翔公司、高华公司债权性质的相关事实。最后，聚焦主案与汇峰公司法定代表人等被控犯非法吸收公众存款罪一案审理过程与审理结果中关于讼争债权的重要细节。案件事实叙述主次分明、详略得当、逻辑清晰，为下一步说理部分奠定了扎实的基础。

（二）抽丝剥茧、层层递进，翔实论证争议焦点

本文书从论证异议申请非属执行行为异议范畴、非属案外人异议范畴切入，接着分析判断异议申请是否符合受理条件，最后推导出异议裁定存在疏漏瑕疵，但法律适用与结论并无不当。同时，就争议聚焦的异议申请是否属于案外人异议范畴的问题，逐一、详细地分析了各申请人的具体情况，全面回应了当事人的质疑。文书说理部分层层递进论述焦点问题，重点突出、说理透彻，完整展现案件基本事实与法律规范结合并推导出裁决结果的全过程。

（三）避害就利、程序减负，充分彰显裁决智慧

正如上文心得所言，承办法官在思考评判三复议申请人是不是适格主体的过程中，借鉴参考了第三人撤销之诉的主体范围界定，在更大的范围内对复议申请人的诉权予以保障。在即便扩大解释，复议申请人的请求也无法得到支持的情况下，本案维持了异议裁定不予受理的结论，通过前置程序过滤剥离了不适格主体进入再审程序，有效防止司法资源的浪费与程序空转。此外，文书说理部分避开了案外人再审主体范围这个尚有争议的问题，而是直接根据案外人异议程序本身对案外人主体的要求进行分析论证，既不会引发类案不同判的争议，也能得到当事人的理解与认同，较好展现了承办法官的司法能力与处理纠纷的智慧。

（点评人：马登科，西南政法大学法学院副院长，教授、博士生导师）

（2020）闽执复 156 号裁判文书原文

53. 广州市润树实业公司与信达广东公司等金融借款保证合同纠纷执行复议案[*]

【关键词】

评估机构　生效裁判既判力　公司权力边界　土地权属　撤销拍卖

【裁判要旨】

法院委托评估，旨在确定财产的起拍参考价，执行法院和评估机构均无权对土地权属等涉及当事人实体权益的争议作出判断。案外人对土地权属提出异议，应通过案外人执行异议程序或确权诉讼解决。在案外人异议已被前诉生效裁定驳回的情况下，执行法院和评估机构均应受前诉裁判内容的羁束。评估公司对土地权属作出与物权凭证和前诉生效裁定相反的认定，侵害了另案申请执行人的合法权益，本次拍卖应予撤销。

一、简要案情

在申请执行人信达资产与被执行人恒昌公司、广东省食品企业集团公司（以下简称食品集团）金融借款保证合同案执行过程中，广州市中级人民法院（以下简称广州中院）为拍卖被执行人恒昌公司持有的恒惠公司90%股权，委托评估公司对该股权价值进行评估，以确定起拍价。评估公司对股权价值评估过程中，将此前权属争议较大的鸡场土地作为恒惠公司资产进行了评估，并据此确定了股权评估价。广州中院采纳了该评估报告并在拍卖公告中披露鸡场土地系恒惠公司资产。其后，买受人竞得该股权支付了拍卖款并已完成过户。利害关系人广州市润树实业有限公司（以下简称润树公司）（另案申请执行人）知晓后向广州中院提出异议，请求撤销本次拍卖。其理由是，鸡场土地不是恒惠公司的资产。恒惠公司此前对鸡场土地提出过案外人异议，以其系鸡场土地实际所有权人为由请求排除执行，广州中院作出（2015）穗中法执议字第389号执行裁定，驳回恒惠公司的案外人异议。该执行裁定已发

---

[*]（2021）粤执复312号。

生法律效力。且国有土地使用权证书载明鸡场土地属食品集团，广州中院在委托评估程序中将鸡场土地重新确认为属于恒惠公司，侵害了润树公司合法权益。广州中院作出（2020）粤01执异568号执行裁定：驳回润树公司的异议请求。

润树公司不服向广东省高级人民法院申请复议。广东省高级人民法院生效裁定认为：本案争议焦点涉及广州中院在评估拍卖被执行人股权中采用评估分析报告确定股权起拍参考价，并将鸡场土地作为恒惠公司资产的做法是否违反法定程序、是否与已生效执行裁定相悖、是否损害润树公司合法权益、本次拍卖是否应予撤销等问题。

第一，关于执行法院及评估机构在评估股权价值过程中能否对土地权属自行作出认定的问题。首先，法院委托评估机构对股权价值进行评估，旨在确定股权的起拍参考价，在委托评估程序中，执行法院及评估机构无权对土地权属等涉及当事人实体权益的争议自行作出判断，更不得作出与登记的物权凭证或前诉生效裁判相反的认定。其次，在执行程序中，案外人对执行标的如土地权属提出异议的，应通过案外人执行异议程序解决。最后，前诉裁判具有既判力，该裁判的当事人及相关权利义务的承担人不得在后诉中对前诉裁判已查明和认定的主要法律事实和法律关系提出争议；即使前诉裁判认定有误，也只能通过再审程序改判，而不能直接作出相反的判断。执行法院在评估拍卖程序中，同样应受前诉裁判内容的羁束，不能在评估程序中对土地权属自行作出认定，更不能将属于执行法院的司法裁判权交由评估公司去判定。

第二，关于文曲公司出具的评估分析报告能否作为正式的评估报告用于本次拍卖、广州中院是否尽到审慎义务的问题。首先，审查评估报告是执行法院应尽的职责，不能简单地直接采信评估意见。其次，文曲公司评估师接受天河经侦大队询问时承认评估分析报告咨询成分更多，法定效力弱于评估报告。最后，向评估公司全面如实提供评估资料是执行法院的职责所在。执行法院责成恒昌公司提供资料，但恒昌公司明知（2015）穗中法执异议字第389号执行裁定已驳回恒惠公司提出的鸡场土地属其所有的案外人异议情况下，未向评估公司提供该裁定，导致文曲公司又将鸡场土地作为恒惠公司资产评估，作出与《国有土地使用证》、（2001）穗中法执字第1177号民事裁定及（2015）穗中法执异议字第389号执行裁定相反的认定，故广州中院未尽到审慎义务，导致同一执行法院在不同执行案件对同一土地权属作出相反认定。

第三,关于广州中院在拍卖公告披露鸡场土地为恒惠公司资产的行为,是否损害前诉执行裁定既判力、程序是否得当的问题。首先,关于不动产权属的认定,《民法典》第216条规定,"不动产登记簿是物权归属和内容的根据"。涉案《国有土地使用证》载明鸡场土地使用者为"广东省食品公司大岭头种鸡场",而"广东省食品公司大岭头种鸡场"是食品集团投资兴建的国有企业,广州中院在另案润树公司申请执行被执行人食品集团、恒昌公司土地使用权纠纷执行案中也将鸡场土地作为食品集团的财产予以查封和续封。其次,(2010)惠中法民二初字第4号民事判决解决的是借款抵押合同纠纷,第二判项旨在确定鑫昌隆公司对鸡场土地享有抵押权,并非确权判决。最后,《最高人民法院关于人民法院办理执行异议和复议案件若干问题的规定》(2020年修正)第26条第2款规定:"金钱债权执行中,案外人依据执行标的被查封、扣押、冻结后作出的另案生效法律文书提出排除执行异议的,人民法院不予支持。"本案鸡场土地自2007年5月14日开始被广州中院查封,至2019年评估时仍处于续封状态,而惠州中院(2010)惠中法民二初字第4号民事判决作出时间是2010年4月30日,即便恒惠公司依据该民事判决排除对鸡场土地的执行,恒惠公司该请求亦不能得到支持。广州中院异议裁定认为"判决在先裁定在后判决的效力大于裁定的效力,且判决是对实体法律关系的认定处理",违反前述法律规定,处理失当,依法应予纠正。

第四,关于广州中院本次网络司法拍卖行为是否损害润树公司合法权益及应否予以撤销的问题。恒惠公司并非鸡场土地登记的使用权人,其提出的案外人异议已被生效(2015)穗中法执异议字第389号执行裁定驳回。恒惠公司既未在规定期限提出案外人异议之诉,也未按法院指引通过实体审判程序解决土地权属问题,同时未办理土地变更手续,时隔数年,鸡场土地仍登记在"广东省食品公司大岭头种鸡场"名下,但广州中院拍卖公告却披露"涉案股权对应的资产评估范围详见评估报告",将鸡场土地作为恒惠公司资产,损害了润树公司作为鸡场土地首封债权人享有的执行期待利益,本次拍卖应予撤销。

2022年3月16日,广东省高级人民法院作出(2021)粤执复312号执行裁定:一、撤销广州中院(2020)粤01执异568号执行裁定。二、撤销广州中院于2019年12月23日作出的(2018)粤01执恢117号执行裁定及协助执行通知书。

二、撰写心得

制作高质量的裁判文书是法官工作的重要组成部分。裁判文书是人民法院代表国家行使审判权的一种形式，不仅是记录案件结果的重要文件，更是司法公开、公正、规范、严谨等特性的体现，是法官素质的反映，是社会主义法治理念的重要表达。因此，法官必须认真对待每一份裁判文书的撰写，尤其要重视裁判文书说理，让公平正义、司法温度以人民群众感受得到、看得见的方式得以实现。

撰写一份执行审查类裁判文书，有时候比民事判决更为复杂、困难。本案实质上是当事人对土地权属产生争议，法院作出三份生效民事判决均与该土地处置相关，三案执行中当事人仍对土地权属争议不断，民事诉讼、财产保全与案外人执行异议等程序交织在一起，形成疑难复杂的案情。执行之路，是守望公平正义"最后一公里""最后一道防线"，要保障当事人合法权益不受侵害，发现并纠正错误执行行为，法官必须具有深厚的民商法审判功底，同时还需具备抽丝剥茧、化繁为简的逻辑分析能力、统筹规划能力和流畅的语言文字表达能力。本篇裁判文书在撰写过程中有四点心得分享给各位读者。

（一）写好裁判文书，要从做好法庭审理工作做起

优秀的法律文书取决于案件审理在程序上的合法性和完整性，在事实调查中的全面性和准确性。优秀的法律文书是审出来的，而不是单纯地凭借个人的写作功夫写出来的。为了查明评估公司的评估人员是否存在违规问题，法官多次到公安机关经侦大队阅卷调取询问笔录，对关键事实作必要调查，不拘泥执行程序查明的事实，也不局限于当事人的举证能力，而是将三个交织一起的执行案件所覆盖的全部事实，尽最大努力查清，通过制作事实关系图表、"剥洋葱"等方法，对案件事实进行层层剖析、追根溯源，最终找出四个关键核心的争议焦点问题。对案件的描述做到完整准确，保证合议庭成员可快速了解案情全貌。

（二）写好裁判文书，要有逻辑思维能力和统筹规划能力

随着法院案件激增、案件复杂程度提高，法官要面对短时间内完成案件审理的巨大压力。因此，平日注重对法律逻辑思维和统筹规划、概括归纳能力的训练，是撰写高质量裁判文书必不可少的基本功。在保证裁判文书内容全面的同时，必须做到重点突出，主次分明。对案件争议焦点问题、案件性质、主次关系都要了然于胸。如何把众多的事实条理清晰地表述清楚，最重要的还是要求法官对案件事实有一个明确的全局性的把握，要有清晰的逻辑

思维能力，以案件焦点问题为主线，抓取关键事实，纳入法律大前提，得出裁判结论。每一个争议焦点问题，都必须要完成事实—法律—大前提—小前提的推演过程，还要合理安排篇章结构，不能面面俱到。

（三）写好裁判文书，要有优秀的语言文字表达能力

撰写一份精品文书，要清晰顺畅地把案件事实、法律关系和裁判结果表达清楚绝非易事。好的裁判文书看完一遍就能让读者把整个来龙去脉了解得很清楚，这就需要法官在语言表达上下功夫。撰写裁判文书也需要具备良好的心态和情商。本篇文书耗时两个月时间才完成，开始总感觉一团乱麻，说不到位写不透彻，挫败感很强。很快，通过调整心态、自我心理建设、自我激励等方式，迎难而上直面挑战，其间不断思考，反复修改，四易其稿，避免使用过于专业化或当事人难以理解的术语，最终用通俗易懂的语言将复杂的法律问题表述出来，呈现到当事人面前。深入浅出地将四个争议焦点问题阐述透彻，指明执行行为错误之处，既便于当事人和公众理解，提高裁判文书的可读性，又起到了规范统一法院执行行为的类案效果，这是本篇裁判文书最令人满意之处。

（四）写好裁判文书，要有精益求精不断修改的决心恒心

裁判文书的写作能力是在认真写好每一个份文稿的基础上逐步提高的，而优秀的裁判文书常常是经过反复修改而成的。学会修改，学会在运用文字语言表达的过程不断比较、斟酌和调整，都是提升裁判文书质量的重要环节。在修改本篇裁判文书时用到以下几种方法，提供给读者。

重读法：自己写完裁判文书初稿后，通过重读来发现问题。发现问题是修改的前提，而重读是发现问题最有效的方法。在重读过程中，将不通顺的、前后矛盾或逻辑有问题的地方，进行标注，然后确定修改思路，进而加以修改，修改后再前后贯通起来重读，发现问题再修改，直至没有问题为止。

放置法：自己写完裁判文书后搁置一段时间，然后再拿出来阅读修改。这种方法的目的在于跳出自己写作时固有的思想，因为人的思维定式很难改变。所以，放置法就是让自己在头脑冷静时，理性地以旁观者的角度去评判自己的裁判文书，从而发现问题，予以改正，提高文书质量。

总之，优秀裁判文书是大脑思考加上法律功底配以文字能力的综合表达，只有通过不断的学习、积累和反复的锤炼，不断地探索，才会创作出一篇高质量的优秀裁判文书！

（张磊，广东省高级人民法院法官）

三、专家评析

本篇裁判文书入选最高人民法院第五届全国法院"百篇优秀裁判文书",成为全国执行类仅有的三篇获奖文书之一,本案例入选广东省"2022年度全省法院系列十大案例(执行)"、广东省高级人民法院"2022年第一季度优秀案例"。

本篇优秀裁判文书体现了法官的中立性和能动性,精准地归纳出案件争议焦点问题,文书语言简洁流畅、结构严谨、语义确切,说理具有针对性,符合逻辑性与全面性,适用法律准确、全面、完整,对撤销拍卖的结论进行充分论证,充分反映出法官深厚的民商法功底、缜密的法律思维、超高的审判水平和精湛的文字语言表达能力,容易被人民群众理解和接受,不但起到很好的法治宣传效果,也为法院日后行为提供了示范和指引,具有类案指导作用。本篇文书体现出"司法为民、有错必纠"的审判作风,取得了良好的政治效果、法律效果和社会效果,确实是执行领域不可多得的高质量精品文书。

(一)政治效果方面

本案成功地解决了三个执行案件、多个生效判决裁定、民事诉讼与案外人异议多个程序交织一起、二十几年争议不断的土地权属问题。厘清了职责权限和法定程序,明确执行法院必须对拍卖财产做尽职调查的法定职责,指出执行法院放任评估公司改变土地权属对当事人合法权益造成侵害的错误行为,并通过撤销拍卖的方式修复了法院执行司法公信力,将公平正义以看得见、摸得着的方式还给当事人,将习近平法治思想贯彻到审判全过程,是法治中国建设的生动实践。

(二)法律效果方面

本案是规范人民法院执行行为的典型案例。针对执行实践中执行法院与评估公司权责不清、程序混淆等问题,明晰了评估公司的权力边界,强调执行法院不能将司法裁判权交由评估机构去判定,指出执行程序中当事人对土地权属有争议须经案外人异议程序解决,强调评估工作虽然专业性较强,但执行法院仍具有审查评估报告合法性的法定职责。要求执行法院和评估机构尊重生效裁判的既判力并受羁束。本案提炼出的裁判要点,用语规范、准确精练,是身处司法一线的法官经过实证考察的结果,是法官二十几年审判经验、思维方法、裁判方法的优秀体现。能够挖掘出案例的闪光点,能够更好地统摄裁判文书的事实认定和法律适用,加强内容间的有机联系,并能够确立起裁判思路的基本脉络和走向。从个案中提炼出的类案处理规则,对类案裁判具有指导和参考价值,在制度层面具有统一法律适用的作用,在执行实务层面具有提升法官执行质效的重大意义。

(三) 社会效果方面

本案严格贯彻"以民为本、公平公开"执法理念,通过公开透明的审理方式,对执行法院对同一块土地权属在不同执行案件中作出相反认定的错误执行行为,进行了纠正。充分保障了当事人的诉讼权利,有效地避免了当事人合法利益受到错误执行行为的损害,重新获得了人民群众对司法工作的信任。裁判文书语言流畅、逻辑缜密、抽丝剥茧、去繁就简,将事实认定和法律适用有机统一,充分展示了法官智慧,将公平正义的阳光重新照进百姓心田,取得良好的社会效果。

(点评人:杨明哲,广东省高级人民法院执行局副局长,广东省审判业务专家)

(2021) 粤执复 312 号裁判文书原文

54. 合肥稳银物业管理有限公司与安徽万世伟业投资集团有限公司、焦某某、许某某委托贷款纠纷执行复议案[*]

【关键词】

评估逾期　重新评估　利息承担

【裁判要旨】

评估机构逾期作出评估报告属于程序瑕疵，若逾期评估未实质影响评估结果，且重新评估不利于提高执行效率的，可不予重新评估。被执行人无其他法定事由，仅以评估逾期、评估价格低为由主张重新评估的，不予支持。

对生效法律文书确定的金钱债务及利息，被执行人应积极主动履行，债务未能及时履行导致的新增利息不因被执行人同意处置抵押物而免除。

一、简要案情

芜湖拓坤鼎沃投资中心（有限合伙）（以下简称拓坤鼎沃投资中心）与安徽万世伟业投资集团有限公司（以下简称万世伟业公司）、焦某某、许某某委托贷款纠纷一案，执行依据确定万世伟业公司等向拓坤鼎沃投资中心支付借款本金 50 000 000 元等。执行中，滁州市中级人民法院（以下简称滁州中院）于 2017 年 3 月 7 日委托双方当事人摇号选定的中安评估公司对案涉房产进行评估。2017 年 7 月 10 日，中安评估公司出具《估价报告（征求意见稿）》（以下简称《征求意见稿》），万世伟业公司、拓坤鼎沃投资中心均对该《征求意见稿》提出异议，中安评估公司分别给予了具体答复。针对万世伟业公司提出的案涉房产评估价值远低于市场价值的问题，中安评估公司答复认为，价格差异的原因是估价对象与三个可比案例在临街深度、宽深比、建筑面积等因素上均有差异。针对万世伟业公司提出的二层 KTV 装修未评估

---

[*] （2020）皖执复 131 号。

问题，中安评估公司答复称，估价人员两次现场勘察时，被申请方均未让进入现场勘察，并告知 KTV 已租赁给他人，装潢费用也是租赁方自己承担的，故本次评估不含 KTV 装修部分。2017 年 9 月 14 日，中安评估公司出具估价报告，评估总价为 9179.86 万元。此后，万世伟业公司又提出异议，认为二楼 KTV 的装修未评，严重漏评。滁州中院经研究决定对二楼 KTV 的装修部分补充评估。2018 年 1 月 23 日，中安评估公司在补充评估后，重新出具估价报告，评估总价为 10 420.61 万元。

案涉房产评估期间，万世伟业公司提供其在 2012 年与凤阳县帝城中心酒店管理有限公司（系万世伟业公司的关联公司，以下简称帝城酒店公司）签订的租赁合同一份，该合同约定了 20 年的第一承赁期和 20 年的第一续租期。2018 年 5 月 20 日，拓坤鼎沃投资中心以拟拍卖资产有长期租赁为由，向滁州中院申请暂缓拍卖。2018 年 8 月 24 日，拓坤鼎沃投资中心向滁州中院申请审查案涉租赁权。2018 年 9 月 4 日，滁州中院向万世伟业公司、帝城酒店公司发出通知，确定拍卖案涉房产时不负担租赁权。2018 年 9 月 13 日，拓坤鼎沃投资中心申请拍卖案涉房产。滁州中院分别于 2018 年 11 月 5 日、12 月 28 日两次对案涉房产进行拍卖，均因无人报名竞买而流拍。2019 年 3 月 4 日，拓坤鼎沃投资中心申请以二拍底价作为变卖价格对案涉房产进行变卖。2019 年 3 月 5 日，滁州中院对案涉房产进行变卖，变卖期间两个月，至 2019 年 5 月 20 日变卖期满仍无人购买。

2019 年 8 月 19 日，拓坤鼎沃投资中心将本案中的债权及相应的担保权、抵押权一并转让给合肥稳银物业管理有限公司（以下简称稳银公司），同日，稳银公司向滁州中院申请变更其为本案申请执行人。2019 年 8 月 20 日，稳银公司申请将案涉房产以二拍底价 7175 万元作价交付其抵偿债务。2019 年 12 月 31 日，滁州中院裁定将案涉房产以 7175 万元交付稳银公司冲抵本案债务。万世伟业公司、焦某某、许某某不服，向滁州中院提出异议，请求中止以物抵债，对案涉房产重新进行评估、拍卖，且不承担 2016 年 8 月之后因拓坤鼎沃投资中心和评估公司恶意拖延时间造成的利息和违约金损失。

滁州中院认为，第一，评估机构按照评估程序作出的评估报告确定的价格是一种估价，当事人或者利害关系人认为评估价格过高或者过低申请重新评估，都不是人民法院准许重新评估的法定事由。第二，法律规定人民法院执行必须依照生效的法律文书确定的内容予以执行。执行过程中，异议人提供过还款计划，也表示过愿意以抵押物抵付债务，但异议人既未按还款计划偿还债务，也未能将抵押物交付申请执行人抵偿所欠债务。异议人提供的证据不足以证明2016年8月之后的利息是申请执行人恶意造成的扩大损失，不支付的理由不能成立。该院裁定，驳回万世伟业公司、焦某某、许某某的异议请求。

万世伟业公司、焦某某、许某某向安徽高院申请复议，请求撤销异议裁定，支持其异议请求。其理由是：第一，评估程序违法。中安评估公司逾期三个多月出具《征求意见稿》，历时10个多月出具正式评估报告，严重违反程序规定，且评估价格与实际市场价格严重背离，评估结果不能作为拍卖、变卖依据。第二，扩大部分的利息不应由复议申请人承担。万世伟业公司分别于2017年8月25日、2018年7月1日向滁州中院提交书面材料，请求尽快推进拍卖工作，滁州中院于2018年11月5日才启动拍卖程序。申请执行人涉嫌串通执行人员拖延执行，使债务利息不断增加。根据案件情况，结合复议理由，本案争议焦点为：（1）案涉评估程序是否违法；（2）复议申请人是否应当承担执行期间的相应债务利息。经审查，安徽高院裁定驳回万世伟业公司、焦某某、许某某的复议申请，维持滁州中院异议裁定。

二、撰写心得

一篇优秀裁判文书，格式规范、文字准确、表述客观是基本要求，除此之外，还应当清晰完整地展现案件主要事实，准确归纳争议焦点，正确适用法律，做到说理针对性强、逻辑严谨、透彻易懂，让当事人读后胜败皆明。当然，不同的案件类型，不同的定分止争视角，会有不同的文书表达。结合案情，下面对本裁定书的撰写思路进行分析介绍。

（一）注重还原执行过程，清晰完整展现与争议焦点相关的案件事实

执行审查类法律文书是展现公平正义，让当事人、社会公众理解和认同人民法院执行工作的重要载体，而查明案件事实并在法律文书中予以展现，是赢得当事人、社会公众理解和认同的前提。实务中，有些执行法律文书未能展现必要的案件事实，给人一种"半遮半掩"的感觉，容易引发当事人及社会公众对执行行为合法性、正当性的质疑，甚至引发当事人申诉信访。因此，本裁定书围绕争议焦点，注重把相关事实及执行过程清晰完整地予以展现，实现查明事实与裁判说理的前后呼应，增强文书说服力。围绕案涉评估程序是否违法这一争议焦点，裁定书结合复议申请人提出的逾期评估、评估价格过低等复议事由，重点对是否存在逾期评估、逾期评估是否实质影响评

估结果、评估公司对评估价格异议如何答复等进行事实审查，清晰还原了执行法院委托评估、评估公司出具《征求意见稿》、当事人对评估报告提出异议、评估公司答复异议、补充评估、评估公司出具最终评估报告的完整过程，使人读后对争议由来和案件事实了然于胸。围绕复议申请人是否应当承担执行期间的相应债务利息这一争议焦点，裁定书结合复议申请人提出的申请执行人涉嫌串通执行人员拖延执行等复议事由，重点对评估公司是否拖延评估导致评估周期过长、申请执行人是否怠于行使抵押权导致执行周期不当延长等进行事实审查，明确了当事人特别是被执行人在评估期间多次提出过异议、被执行人及其关联公司在抵押房产处置过程中持续通过提出异议和提起诉讼等方式主张该房产已被长期租赁，通过清楚准确、客观公正的事实认定，为正确适用法律、公平公正裁决奠定坚实基础。

（二）注重法理情融合，充分展现对争议问题的认知判断过程

本案出现的评估机构逾期作出评估报告问题，在执行实务中较为多见，是否需要重新评估容易产生争议。本案评估期间，《最高人民法院关于人民法院确定财产处置参考价若干问题的规定》尚未施行，根据《最高人民法院关于人民法院委托评估、拍卖工作的若干规定》第8条规定，评估机构无正当理由不能按时完成评估工作，影响评估结果，侵害当事人合法利益的，人民法院将不再委托其从事委托评估工作。据此，评估机构逾期作出的评估报告并非必须委托其他评估机构重新评估，若逾期评估未实质影响评估结果的，可不予重新评估。本案中，关于案涉房产是否需要重新评估问题，裁定书认定："本案属于疑难复杂的评估案件，应在60个工作日内完成评估工作，而中安评估公司自2017年3月7日接受委托至2017年7月10日出具评估报告征求意见稿，扣除双休日及法定假日后，实际用了将近90个工作日，存在逾期行为，但没有证据证明上述逾期行为影响了评估结果，且复议申请人在评估报告征求意见期间并未对此提出异议。从本案具体情况来看，中安评估公司系双方当事人摇号选定，如果执行法院在中安评估公司逾期后终止委托，重新委托其他评估机构进行评估，很可能会造成评估周期进一步加长，不利于提高执行效率。因此，执行法院在中安评估公司逾期后没有重新委托其他评估机构进行评估，并无明显不当。"概括而言，本案裁定认定评估机构存在逾期评估的程序瑕疵，但未实质影响评估结果，并从提高执行效率的角度予以分析，得出未重新委托评估并无不当的结论，充分展现了对该问题的认知判断过程，让结论既合乎法理，又合乎情理。

（三）注重说理针对性，力争全面回应当事人所提复议理由

要让当事人信服裁决结果，除了说理逻辑严谨、层次清晰、论证有力，法律文书还应当对当事人的诉辩理由进行全面准确归纳，有针对性地予以全面回应。实务中，有的执行法律文书奉行"实用主义"，存在遗漏当事人主要观点、选择性回应当事人所提理由等问题，容易引发当事人不满。本案裁定紧扣案件事实，对当事人所提复议理由全面作出回应，努力做到说理针对性强、前后呼应、充分透彻。如针对复议申请人提出的不承担"扩大部分利息"的主张，裁定书回应："对生效法律文书确定的金钱债务及利息，被执行人依法应当主动履行，该义务并不因被执行人为债务提供了抵押担保而免除。本案中，因复议申请人未能主动履行生效法律文书确定的义务，申请执行人向人民法院申请强制执行，并在此后申请对案涉房产进行处置。在案涉房产处置过程中，受双方当事人多次提出异议、被执行人提出以物抵债和分期还款计划等执行和解方案、被执行人的关联公司主张对案涉房产享有租赁权并另行在其他法院提起诉讼、两次拍卖流拍后再行变卖等多重因素的影响，造成处置周期较长。复议申请人一方面申请加快案涉房产的评估拍卖进程，另一方面其和关联公司的多种行为又对执行进程产生了不利影响和干扰。因此，造成债务利息不断增长的主要原因是复议申请人未能主动履行生效法律文书确定的金钱债务。"又如，针对复议申请人提出的评估价格过低问题，裁定书除了直接回应"评估价仅为拍卖、变卖的参考价，拍卖物的真实价值需通过公开拍卖由市场检验。复议申请人主张评估价格过低，不能作为拍卖、变卖依据，该事由不属于应当重新评估的法定事由"。同时还借用查明的评估公司答复内容间接回应："价格差异的原因是估价对象与三个可比案例在临街深度、宽深比、建筑面积等因素上均有差异。"

（潘华武，安徽省高级人民法院法官）

三、专家评析

裁判文书要实现定分止争等应有功能，一方面取决于程序是否公正，另一方面取决于实体裁决是否正义，而实体裁决的正义性，必然离不开客观准确的事实认定。本裁判文书以执行流程和相关事件发生的先后顺序为线，全面展现与争议焦点相关的案件事实，将整个案件的来龙去脉贯穿起来，让纷繁复杂的执行过程得以准确还原，叙事条理清晰、一目了然，事实认定客观公正，为推理论证和依法裁判提供了坚实基础，增强了裁判文书的说服力。

本案中出现的逾期评估行为在实务中较为常见。在被执行人财产已经评估并处置完毕的情况下，如何定性逾期评估行为的性质，应当认定为程序瑕疵而确认评估报告的效力，还是应当认定为根本违法而导致需要重新评估，对当事人权益和全案执行程序影响巨大。本裁判文书对《最高人民法院关于人民法院委托评估、拍卖工作的若干规定》第8条规定进行了准确释明，明确本案评估机构逾期作出评估报告行为属于程序瑕疵，未实质影响评估结果，可不予重新委托评估。同时，基于执行程序的价值定位，从不利于提高执行效率的角度进行分析，不支持复议申请人重新委托评估的主张，合法合情合理，裁决规则亦对类似案件的处理具有较强的指引借鉴意义。

说理部分是一篇裁判文书的核心与精髓，最能体现办案法官的法律素养、文字水平、思辨能力等综合素质。本裁判文书紧紧围绕争议焦点，全面回应当事人的复议理由，不惜笔墨进行充分透彻的说理，逐一分析，驳斥有力，让当事人提出的每一项复议理由，不仅可以在文书中找到答案，而且可以从文书中找到答案，真正做到把事实摆明、把道理讲透，以法论事，以理服人，既展示了办案法官的公正品性、社会良知和责任担当，又彰显了司法裁判对社会生活的指引和规范作用。

综上，本裁判文书全面准确查明案件事实，紧紧围绕案件争议焦点，认真回应当事人的每一个质疑和主张，表述客观，脉络清晰，逻辑严谨，分析透彻，论证有力，针对性强，既推动定分止争，又彰显司法公正，实现了法律效果和社会效果的有机统一。同时，本案的审查标准和处理意见，对于类似案件的处理亦具有一定的实践指导价值。

（点评人：毛剑，安徽省高级人民法院执行局局长）

（2020）皖执复131号裁判文书原文

55. 江某某与胡某某、罗某、刘某某
民间借贷纠纷执行监督案*

【关键词】

混合担保的执行顺位　未办理不动产抵押登记的责任范围　债务清偿顺序

【裁判要旨】

债务人与连带责任保证人共同为被执行人的执行案件中，债务人与债权人约定以其房屋提供担保但未办理抵押登记，在案涉房屋不存在其他权利人的情况下，法院应当先执行债务人提供的物。执行款不足以清偿生效法律文书确定的债务（本金、利息、违约金）的，不适用"并还原则"，应当参照民事法律相关规定，依次按照实现债权的费用、利息、主债务的顺序进行抵充，违约金应当在上述债务清偿完毕后清偿。

一、简要案情

江某某向新疆维吾尔自治区高级人民法院（以下简称新疆高院）申诉称：要求执行刘某某本金 100 000 元及延期利息，要求执行胡某某、罗某诉讼费、利息、违约金合计 72 260 元及延期利息。事实及理由：根据《担保法》第 18 条①规定："当事人在保证合同中约定保证人与债务人对债务承担连带责任的，为连带责任保证。连带责任保证的债务人在主合同规定的债务履行期届满没有履行债务的，债权人可以要求债务人履行债务，也可以要求保证人在其保证范围内承担保证责任。"（2011）巴执监字第 18 号执行裁定适用《最高人民法院关于在执行工作中如何计算迟延履行期间的债务利息等问题的批复》第 2 条规定的并还原则是错误的，本案解决的是担保法范畴的保证人与被保证人清偿责任问题，应按照《最高人民法院关于适用〈中华人民共和国合同法〉

---

*　（2020）新执监 116 号。
①　现为《民法典》第 688 条。

若干问题的解释（二）》第 21 条①规定的顺序清偿。

新疆高院经审理查明：江某某与胡某某、罗某、刘某某民间借贷纠纷一案，2009 年 2 月 3 日，新疆维吾尔自治区库尔勒市人民法院（以下简称库尔勒市法院）作出（2009）库民初字第 67 号民事判决，判令：一、胡某某、罗某偿还江某某借款 100 000 元、支付利息 35 000 元、违约金 30 000 元，共计 165 000 元。二、刘某某不承担保证责任。三、驳回江某某的其他诉讼请求。本案受理费 3600 元，保全费 1320 元，胡某某、罗某负担 3660 元，退还江某某 1260 元。江某某不服该判决，上诉至新疆维吾尔自治区巴音郭楞蒙古自治州中级人民法院（以下简称巴州中院）。2009 年 7 月 24 日巴州中院作出（2009）巴民一终字第 494 号民事判决，一、维持库尔勒市法院（2009）库民初字第 67 号民事判决第一项；二、撤销库尔勒市法院（2009）库民初字第 67 号民事判决第二项、第三项；三、刘某某对借款本金 100 000 元承担连带清偿责任。二审案件受理费 3600 元由胡某某承担。被告胡某某、罗某、刘某某未履行生效法律文书确定的义务，江某某申请强制执行。库尔勒市法院于 2009 年 11 月 25 日立案执行，案号（2010）库执字第 141 号。（2009）库民初字第 67 号案件诉讼过程中，库尔勒市法院依江某某申请查封胡某某名下位于库尔勒市石化大道某小区某房产。该房产在江某某与胡某某签订的《借款合同》中约定作为归还借款本息的保证，但该房屋未办理抵押登记手续。（2010）库执字第 141 号案件执行过程中，库尔勒市法院评估、拍卖该房产，拍卖价 140 000 元。除去拍卖前该房产欠费 1726.81 元、拍卖佣金 7000 元、公告及资料费 350 元，拍卖机构实际支付库尔勒市法院拍卖款 130 923.19 元。执行过程中，江某某支付评估费 5000 元、房租 1533.75 元、执行费 2484 元。

新疆高院另查明，库尔勒市法院依据江某某申请作出（2010）库执字第 141 号裁定查封刘某某名下房屋。刘某某提出执行异议。库尔勒市法院作出（2011）库执异字第 9 号裁定，撤销（2010）库执字第 141 号裁定。江某某不服，向巴州中院提出复议，2011 年 5 月 12 日巴州中院作出（2011）巴执监字第 18 号执行裁定，撤销库尔勒市法院（2011）库执异字第 9 号裁定。（2011）巴执监字第 18 号执行裁定载明："本院认为，库尔勒市法院在执行中，将胡某某、罗某住房一套拍卖后得款 130 923.19 元，而本案执行标的为 165 000 元，尚欠约 34 076.81 元，但对已执行的和尚欠款现无法确定是本金还是利

---

① 该解释已废止，该条相关内容现规定于《民法典》第 561 条。

息。《最高人民法院关于在执行工作中如何计算迟延履行期间的债务利息等问题的批复》第 2 条规定，执行款不足以偿付全部债务的，应当根据并还原则按比例清偿法律文书确定的金钱债务与迟延履行期间的债务利息，但当事人在执行和解中对清偿顺序另有约定的除外。依据本条规定，作为本案被执行人刘某某对本金 100 000 元承担连带清偿责任，该 100 000 元本金在全部案件标的 165 000 元中占 60.6%，该案尚欠未执行标的额 34 076.81 元，刘某某应对其中 20 650.5 元承担连带清偿责任。江某某的复议请求部分予以支持。裁定：撤销库尔勒市法院（2011）库执异字第 9 号裁定。"

新疆高院再查明，2011 年 6 月 30 日刘某某向库尔勒市法院支付案款 20 650 元。库尔勒市法院解除对刘某某名下房产的查封。

二、撰写心得

撰写裁判文书过程中，通过对申诉人江某某审理请求及理由的归纳梳理，申诉人江某某主要诉求为根据目前执行到位的数额，对比申请执行标的，根据《最高人民法院关于在执行工作中如何计算迟延履行期间的债务利息等问题的批复》第 2 条规定，本案担保人刘某某的担保责任尚未履行完毕，应当继续执行担保人刘某某。且根据《担保法》第 18 条规定，申诉人江某某选择仅执行担保人刘某某，免除债务人胡某某、罗某的责任。因此，本案争议焦点有两点：一是执行款不足以清偿生效法律文书确定的债务时，如何确定清偿顺序的问题；二是债务人以其房产抵押但未办理抵押登记，在连带责任保证人提供保证的情况下，应当首先执行债务人的房产还是连带责任保证人的问题。

关于第一个争议焦点：执行款不足以清偿生效法律文书确定的债务时，如何确定清偿顺序的问题。《最高人民法院关于在执行工作中如何计算迟延履行期间的债务利息等问题的批复》第 2 条规定："执行款不足以偿付全部债务的，应当根据并还原则按比例清偿法律文书确定的金钱债务与迟延履行期间的债务利息，但当事人在执行和解中对清偿顺序另有约定的除外。"该法律条款适用的前提是执行款数额不足以清偿生效裁判确定的金钱债务及迟延履行金钱债务期间的利息时，根据并还原则按比例清偿。本案执行标的尚不足以清偿生效法律文书确定的金钱债务，即本金 100 000 元、利息 35 000 元、违约金 30 000 元。故本案并不适用并还原则。关于已执行到位款项的清偿顺位问题，执行法律法规无明文规定，故应当参照民事相关法律法规。依据《最高人民法院关于适用〈中华人民共和国合同法〉若干问题的解释（二）》第21条"债务人除主债务之外还应当支付利息和费用，当其给付不足以清偿全部债务时，并且当事人没有约定的，人民法院应当按照下列顺序抵充：（一）实现债权的有关费用；（二）利息；（三）主债务"之规定确定清偿顺序。根据上述法律规定，清偿顺序为实现债权的有关费用、利息、主债务。（1）实现债权的有关费用：实现债权的有关费用是指在债务人违约时，债权人为实现债权支出的合理且必要的费用，本案江某某实现债权的费用包括：案件受理费及保全费7260元、评估费5000元、房租1533.75元、执行费2484元，合计16 277.75元。（2）利息：本案生效法律文书确定的利息35 000元。（3）主债务：胡某某房屋拍卖款清偿实现债权的费用、利息之后，清偿本金79 645.44元（130 923.19元-实现债权的费用16 277.75元-利息35 000元），生效法律文书确定的主债务为100 000元，故尚欠本金20 354.56元（100 000元-79 645.44元）。刘某某已支付江某某20 650元，该数额高于胡某某未能清偿本金20 354.56元，故生效法律文书判决刘某某对借款本金100 000元承担连带清偿责任已履行完毕。关于生效法律文书确定胡某某、罗某应支付违约金30 000元是否应当在本金100 000元之前抵充的问题。从我国民事实体法关于违约金的规定看，违约金是根据法律规定或者合同约定，当一方当事人违约时，应当向对方当事人支付一定数额的金钱，具有补偿与惩罚的双重性质，其既非实现债权的费用，亦非利息，而属于生效法律文书确定的金钱债务，故不应在借款本金100 000元之前抵充。

关于第二个争议焦点：债务人以其房产抵押但未办理抵押登记，在连带责任保证人提供保证的情况下，应当首先执行债务人的房产还是连带责任保证人的问题。江某某依据《担保法》第18条"当事人在保证合同中约定保证人与债务人对债务承担连带责任的，为连带责任保证。连带责任保证的债务人在主合同规定的债务履行期届满没有履行债务的，债权人可以要求债务人履行债务，也可以要求保证人在其保证范围内承担保证责任"之规定，要求保证人刘某某承担借款本金100 000元，不要求债务人胡某某、罗某对借款本金100 000元承担还款责任。对此，经审查后认为，案涉《借款合同》中约定由胡某某名下的房屋为借款提供保证，实际上是设定抵押的意思表示。综观《借款合同》，当事人对案涉借款约定了两种担保方式：一是胡某某以其名下的房屋作为抵押；二是刘某某提供连带责任保证。对于第一种担保方式房屋抵押而言，《借款合同》关于以房屋作为借款担保的意思表示明确，只是因未办理抵押登记江某某对房屋不享有抵押权。而法律关于不动产担保物权的设定必须履行登记手续的规定，系为贯彻公示原则以保护善意第三人的利益和交易安全，对公示原则的违反尚不构成为法律秩序和法律基本价值所不容的行为。因此，未履行登记手续的抵押合同，其法律效力并非确定无效，在抵押人与抵押权人之间已经形成抵押合同法律关系，即双方具有债法上的权利义务关系。特别是在本案中，约定作为抵押的房屋不存在买受人等其他权利主体，无须在江某某依据抵押合同所享有债法上的权利与其他权利（如房屋买受人的权利）之间作出选择。在此种情形下，认定在胡某某以自有之物为其借款提供物保，既不违反江某某与胡某某设定抵押的意思表示，也不损害第三人的合法权益。因此，参照《物权法》第176条①关于"被担保的债权既有物的担保又有人的担保的，债务人不履行到期债务或者发生当事人约定的实现担保物权的情形，债权人应当按照约定实现债权；没有约定或者约定不明确，债务人自己提供物的担保的，债权人应当先就该物的担保实现债权；第三人提供物的担保的，债权人可以就物的担保实现债权，也可以要求保证人承担保证责任。提供担保的第三人承担担保责任后，有权向债务人追偿"的规定，案涉借款应当首先以胡某某名下的房屋清偿债务；清偿不足部分，江某某可以选择由胡某某履行债务或者刘某某承担连带保证责任。在债务人胡某某、罗某所有房屋的拍卖款可偿还借款本金100 000元的情形下，江某某免除要求债务人胡某某、罗某偿还借款本金100 000元的责任，仅要求连带保证人刘某某承担保证责任，既于法无据，也有违《借款合同》约定。综上，对江某某仅要求刘某某承担偿还借款本金100 000元、胡某某不承担借款本金清偿责任的主张不予采纳。

（阿不都艾内江，新疆维吾尔自治区高级人民法院法官）

三、专家评析

本案涉及混合担保情形中被执行人履行义务的顺位认定、担保责任中费用、利息、债务等具体项目的清偿次序。

（一）关于混合担保情形中被执行人的顺位认定问题

在存在多名被执行人的执行案件中，各被执行人是居于相同履行义务的顺位，还是存在先后之分，直接关系特定被执行人是否须实际承担清偿责任。

---

① 现为《民法典》第392条。

比如，债务人与连带责任保证人均为被执行人的情形中，如果优先执行连带责任保证人的财产，就存在保证人后期向债务人追偿无果，因而实质上最终清偿责任由保证人承担的情形。因此，正确认定各被执行人履行义务的顺位，既是执行公正的要义，也是最高人民法院近年来狠抓规范执行的要求。

  本案中，主债务人与债权人约定了担保条款，将主债务人所有的房屋作为主债权的抵押担保。虽然没有办理房屋抵押登记，但抵押合同仍然有效。在该抵押合同中，双方当事人的一致意思表示正是以特定抵押物担保主债权实现，其中承诺担保的意思表示既可以通过请求担保人通过办理登记来设立具有优先受偿性的担保物权实现，也可通过直接请求担保人以担保物的价值替债权人清偿债务来实现。且就抵押标的物房屋而言，该担保物上不存在其他买受人或抵押人等涉及第三人的情况。因此，债权人可主张对案涉房产具有优先受偿权。债权人的主张并未超出抵押人在订立合同时可以预见的责任范围，也未超出双方的缔约目的。

  进一步看，案涉主债权除主债务人提供自物保以外，还有第三人提供的保证，构成混合担保。参照提供担保行为时生效的《物权法》第176条的规定，执行法院可以优先执行自物保标的物，不足部分再执行保证人的财产。如果优先执行保证人的财产，在债权人与债务人纠纷解决完毕后，保证人还须向债务人追偿，徒增执行成本。

  可见，本案采用的履行义务顺位规则，既符合当事人真实意思表示，也体现执行效率原则，以最快捷的方式实现申请执行人权利，平衡债务人和保证人的利益，做到案结事了。

（二）关于担保责任中费用、利息、债务等具体项目的清偿次序问题

  执行实践中，当被执行人清偿能力不足，无法一次性清偿完毕生效法律文书确定的债务时，就需分期履行。在分期履行过程中，应当优先履行何种债务，则涉及迟延履行金与迟延履行利息的计算。比如，民间借贷案件中，通常生效法律文书判决包含利息，且利息随时间延长而不断产生。如果执行款首先抵偿利息，则本金未清偿而利息仍不断产生；如果执行款首先抵偿本金，则计算利息的基数在不断减少。对该问题，无论是2009年5月18日施行的《最高人民法院关于在执行工作中如何计算迟延履行期间的债务利息等问题的批复》，还是2014年8月1日施行的《最高人民法院关于执行程序中计算迟延履行期间的债务利息适用法律若干问题的解释》，对生效法律文书确定金钱债务的抵偿顺序都未规定。因此，参照当时生效的《最高人民法院关于

适用〈中华人民共和国合同法〉若干问题的解释（二）》第 21 条之规定，依次按照实现债权的有关费用、利息、主债务的顺序进行抵充，具有法律依据，且统一了裁判标准。

此外，该裁定围绕申诉人的申诉理由逐一明确回应，层次分明，文字精练，繁简适当。在法律、司法解释没有明确规定的情形下，参照实体法的相关规定，准确理解立法目的，充分考虑当事人真实意思表示，说理透彻有力，逻辑推理严密，不失为一篇妥当运用方法论的裁判文书。

[点评人：邓江源，新疆维吾尔自治区高级人民法院执行局副局长（第十批中央单位援疆干部），法学博士、已出站法学博士后]

（2020）新执监 116 号裁判文书原文

56. 浙商银行股份有限公司重庆分行申请执行重庆市新城开发建设股份有限公司、隆鑫集团有限公司金融借款合同纠纷执行案*

【关键词】

民事执行　上市公司股票　集中竞价

【裁判要旨】

在处置上市公司股票时，应综合考量拟处置股票性质、股票数量、股票价格、对证券市场的影响以及处置效率等因素，综合确定处置方式、处置参考价及具体实施方案等。处置上市公司股票为无限售流通股时，处置参考价可参照股票二级市场交易价格确定，无须交由评估机构评估。

上市公司股票为无限售流通股，且满足大宗交易条件时，在不会对股票市场交易价格产生较大影响的情形下，应优先选择适用集中竞价处置方式。处置时，需制定切实可行的实施方案，具体确定单次股票交易数量及时间，并对证券资金账户作出限制等，以确保股票市场稳定与交易安全。

一、简要案情

浙商银行股份有限公司重庆分行（以下简称浙商银行重庆分行）与重庆市新城开发建设股份有限公司（以下简称新城公司）、隆鑫集团有限公司（以下简称隆鑫公司）金融借款合同纠纷一案，重庆自由贸易试验区人民法院于2021年4月28日作出裁判。

判决生效后，因新城公司、隆鑫公司逾期未履行义务，浙商银行重庆分行于2021年7月1日向重庆自由贸易试验区人民法院申请强制执行。执行过程中，该院于2021年7月8日首轮冻结了被执行人新城公司名下账号为B8××
×××××1证券账户内的股票（股票简称：重庆银行，股票代码：601963），冻结数量为1 241 343股，股息红利及资金账户一并冻结，冻结期限三年。执行

---

* （2021）渝0192执2706号之二。

过程中查明该股票性质为首发股东限售股，限售期限一年，该股票上未设定质押登记及限售条件等权利负担。股票冻结后，被执行人仍未履行义务，申请执行人遂向重庆自由贸易试验区人民法院申请处置案涉股票。在拟处置过程中，案涉股票限售时间到期，转为无限售流通股。

执行法院认为，该案拟处置财产为上市公司股票，数额较大，不同于常见的不动产及动产等财产类型，需在确保证券市场稳定的前提下予以处置。处置上市公司股票涉及三个核心问题：案涉股票处置参考价是否应由评估机构评估确定；在集中竞价、股票大宗交易司法协助执行、网络司法拍卖三种常见处置方式中选取何种方式处置案涉股票；如何制定切实可行的实施方案。

执行法院认为，案涉股票处置参考价可参照股票二级市场交易价格确定，无须交由评估机构评估。同时，在比较三种处置方式的优劣后优先选择了集中竞价处置方式。最后在具体实施方案上，裁定将案涉股票交由托管券商在五个交易日内在股票二级市场集中竞价阶段以集合竞价的方式分批卖出，并禁止B8×××××××1证券账户资金转出、证券买入、转托管、撤指定。裁定作出后，双方当事人均未提出执行异议，案涉股票随后全部顺利成交。

二、撰写心得

一篇优秀的执行裁定书，只有始于案件事实、正确理解立法精神、准确适用现行法律、充分论证和说理、明确执行具体方案、严格遵守文书规范、彰显法律之公正才算是达到优秀之标准。

（一）准确理解执行标的性质

案件事实经查明后，对于案件的审查不能停留在表面，必须对涉案标的的性质有深刻的理解，这一过程是说理释法的重要逻辑起点，也是细化执行方案的价值衡量基础。随着社会的发展，执行实施案件在处置过程中，拟处置的财产也逐渐多元化，除了常见的房屋、车辆外，土地承包经营权、上市公司股票、林权、采矿权等特殊执行标的也越来越多，这时查明执行标的的现状，准确理解执行标的的性质就尤为重要。以本案为例，本案拟处置财产为上市公司股票，在前期的准备工作中，我们发现处置上市公司股票的三种常见方式均符合市场规律，经过搜集相关资料、学习专业知识、咨询金融行业从业人员以及对市场实际交易情况的充分调查，对上市公司股票有了较为全面的了解，在此基础上，最终在处置本案案涉股票时选择了与其金融属性最为贴近的方式即集中竞价处置方式，而非大宗交易和拍卖处置方式。

（二）力求逻辑推论严密并突出争议焦点

优秀执行文书的说理部分，既不能违背法理，也不能脱离实际，应聚焦争议核心问题，加强说理释法，并且将说理释法建立在有明确实证基础之上，而非流于表面和形式。在准确把握执行标的金融属性的基础上，确定执行标的选择何种处置方式的说理部分是本裁定书撰写过程中的重点。结合对实际交易情况的充分调查，我们通过排除论证的方式最终选择了集中竞价作为案涉股票的处置方式。经过定量分析和实证研究，我们认为对大宗交易中"大宗"二字的认定不可拘泥于现行法律规定的数额。同样，如何界定该交易会否对二级市场股票价格产生"较大影响"亦需置于对实际交易数据的分析之中。此外，结合案件执行成本、执行的可操作性以及对社会资源节约利用等综合衡量，排除使用大宗交易和拍卖并最终采用集中竞价方式的合理性和合法性得到充分的论证，夯实了对案涉标的处置方式裁定部分的释法说理。

（三）运用多方协同以细化执行方案

从司法功能的定位来看，执行裁定更加侧重于提高案件的实际执行效果。在执行过程中，法院的执行工作离不开各协助执行单位的配合，与协助执行单位的有效沟通有利于对案件细节进行把握并进一步细化具体执行方案。本案中从处置方式的选择到具体实施方案的确定和细化，与协助执行单位即案涉股票的托管券商的沟通起到重要作用。所谓专业人做专业事，法官除了需要不断加深法律专业知识、拓展多方面知识外，在遇到细分领域中更为具体和专业的问题时需要与相关行业的专业人士多方协同、充分沟通、虚心请教、认真采纳，全面充分了解具体情况，从而制定具有可操作性的执行方案，而非凭想象和臆断作出执行方案。因此，执行裁定书的制作过程不仅是法官行使裁判权力的过程，亦是探索在飞速发展的社会现实中不断调整公平正义之间衡平点的过程，必须时刻保持虚心谨慎的心态与吐故纳新的能力。

（四）追求法律效果与社会效果的良好统一

各级法院对执行工作的重视普遍提高，在执行工作的投入和执行方法的探索上，力度越来越大。然而在具体执行工作中所面临的困难依然较多，尤其在强制执行法还未出台的情况下，执行机构在一定程度上承担了补充裁判的职能，实践中需要执行部门自行解决或者作为牵头部门解决执行依据内容不明确的问题。因此，制作一份高质量的裁判文书成为执行工作能否高效推进的起点，这也对法官的业务水平、主观能动性的发挥以及对执行工作的整体认知高度均提出了更高要求。在本案的实施和文书制作过程中，我们始终保持着谨慎严谨的态度，避免简单粗暴地处置案涉股票而影响股票价格，力求使其遵循市场属性，使执行工作内容与金融市场运行规律相匹配，在确保股票交易市场稳定的前提下使案涉股票价值最大化。当申请执行人和被执行人双方的合法权益得到充分保障时，当事人即实实在在地感受到执行工作不仅是公权力对不正义的强制矫正，其亦不惮以最大的宽容和仁慈为任何一方保护其权益。彰显法律的公正指引着我们在制作这份裁判文书时力求实现法律效果与社会效果的良好统一。

（吴瑶，重庆自由贸易试验区人民法院法官）

三、专家评析

  该案是民事执行中处置上市公司股票的典型案例。核心问题是如何确定案涉股票处置参考价、案涉股票处置方式、案涉股票处置实施方案。上市公司股票不同于一般不动产或动产等典型性财产，其具有收益性、流通性、风险性等自身特点。在司法实务中，关于强制执行上市公司股票的规定比较零散，较为原则，缺乏可操作性，导致实践中各法院做法各异、尺度不一，未形成统一做法。因此如何在兼顾公平与效率的情况下，妥善高效处置上市公司股票是值得探讨的问题。

  该裁判文书围绕执行过程中如何处置上市公司股票展开评析，一是创新性地归纳总结了处置上市公司股票应遵循的原则：确保证券市场稳定，妥善维护各方利益，符合市场经济特点。二是厘清了处置上市公司股票的具体思路。首先，确定上市公司股票处置参考价。上市公司股票的处置参考价可参照公开市场交易价格确定，无须由评估机构评估。其次，确定上市公司股票处置方式。在确定处置方式时应综合考虑拟处置股票性质、股票数量、股票价格、对证券市场的影响以及处置效率等因素，并结合案件实际，在集中竞价方式、股票大宗交易司法协助执行方式、网络司法拍卖方式这三种常见的处置方式中选取最为合适的处置方式。最后，确定处置上市公司股票的具体实施方案。在确定实施方案时，要考虑维护股票二级市场稳定，并确保司法处置的顺利进行，决定是否对证券账户作出一定限制。该裁判文书综合考量了多方主体利益平衡问题，既平等保护了执行案件当事人的合法权益，又妥善维护了投资者、上市公司的合法利益，体现了善意文明执行理念。该裁判文书作为执行实施类裁定书，打破实施类执行裁定书不说理或说理较少的惯例，充分阐述了法院采取具体执行措施的理由，论述充分透彻，确定的上市公司股份处置思路具体明确，可复制性强，对同类案件具有较强的参考指导作用。但该裁判文书在比较三种处置方式的优劣时，说理论证还不够充分，在个别地方的语言文字表达还不够准确。

（点评人：李涛，重庆自由贸易试验区人民法院执行局局长、三级高级法官）

（2021）渝 0192 执 2706 号之二裁判文书原文